U0790469

24 years

24年匠心沉淀，虔诚如一

只 为 您 轻 松 过 关

1998-2022
轻松过关成长史

再升级 2022

《轻一》开创名师「轻一电台」，通栏排版，学习更高效。

飞跃 2016-2021

连续6年蝉联“天猫双11”图书考试行业销量冠军。
2020~2021年，连续2年登顶天猫教育行业榜首，“双11”销量破亿。

驰名 2001-2007

2001年《轻一》发行超千万册，被考生奉为「备考圣经」。
2007年东奥网校上线，书课同频，受百万考生热追。

诞生 1998

东奥诞生。
“轻松过关”品牌图书面世。

历经雕琢，方有绽放

这本《轻一》是如何诞生的？

STEP1 初稿研磨

每年考试结束，名师们就迅速围绕命题和趋势、时事热点，开启为期150余天的研讨，撰写。

STEP2 深度优化

初稿落成后，编著团队结合学员反馈与市场调研，优化内容和体验，迭代超30稿。

STEP3 融入变化

围绕教材变化，名师精解、精编新题。1道紧扣变化的好题，至少需投入6小时。

STEP4 三审三校

融入新变化的书稿，将历经教务团队再次严苛的校对、审核，终成定稿。

翻开这本《轻一》

名师伴您全程备考

名师将多年的教学经验灌注其中，
带您全阶段、全方位高效学习。

「五大模块」

带您跨越沟坎，轻松过关。

1 方法： *学习指南区*

—「开篇」分析最新考纲考情，
梳理框架，明确目标。

2 重点： *考点精讲区*

—「正文」全面渗透考点，
通过图、表、例题等形式，深入解读。

3 点睛： *关键提示区*

—「关键处」精妙点拨，
绘制图解，力破症结，应变自如。

4 做题 / 巩固 / 强化： *同步练习区*

— 精编「同步练习」，
巩固考点，查漏补缺，高效提升。

5 复盘： *各章小结区*

— 每章结尾处，凝练重点，
「知识卡」总结，音频讲解，及时复盘。

轻松过关® 1

2022年税务师职业资格考试
应试指导及全真模拟测试

税 法（Ⅱ）

（上册）

张泉春　主编
东奥会计在线　编

北京科学技术出版社

本书封面具有正版标识，请认真识别

（1）本书封面附有一枚防伪标签，上有二维码，扫描并激活账户即可获赠正版图书超值专享服务。
（2）本书防伪标签为正版标识，若无此标识即盗版，请广大读者拒绝购买。
（3）盗版举报电话：400-627-5599。

“轻松过关”小程序

扫描右侧的二维码进入“图书伴学”小程序，开启名师课堂、精编试题在线学习。更有轻松拍考点、看解析、图书笔记一键收藏，马上扫码开启“轻松过关”图书伴学之旅。

图书在版编目（CIP）数据

2022年税务师职业资格考试应试指导及全真模拟测试．税法．Ⅱ：上下册／张泉春主编；东奥会计在线编．—北京：北京科学技术出版社，2022.5
（轻松过关．1）
ISBN 978-7-5714-2278-3

Ⅰ．①2… Ⅱ．①张… ②东… Ⅲ．①税法—中国—资格考试—自学参考资料 Ⅳ．①F810.42

中国版本图书馆CIP数据核字（2022）第069888号

责任编辑：韩 晖
责任校对：贾 荣
装帧设计：韩文静 晓 莉
责任印制：张 良
出 版 人：曾庆宇
出版发行：北京科学技术出版社
社 址：北京西直门南大街16号
邮政编码：100035

电 话：0431-87635566（编辑部）
010-66135495（总编室）
网 址：www. bkydw. cn
印 刷：中教科（保定）印刷股份有限公司
开 本：787 mm×1092 mm 1/16
字 数：880千字
印 张：38
版 次：2022年5月第1版
印 次：2022年5月第1次印刷

ISBN 978-7-5714-2278-3

定 价：99.00元（上下册）

编 委 会

主　编：张泉春

编　委：（按姓氏笔画排序）

卢　玮　　兰　飞　　刘　畅

陈　然

目录
CONTENTS

上册

第一部分　命题规律总结及趋势预测

第二部分　考点精讲及同步训练

下册

第三部分　主观题演练及核心常考点

第四部分　全真模拟测试题及参考答案

01

第一部分
命题规律总结及趋势预测

命题规律总结及趋势预测

为规范税务专业人员队伍建设，提高税务专业人员素质，根据《国务院机构改革和职能转变方案》和国家职业资格证书制度的有关规定，国家设立税务师水平评价类职业资格制度，面向社会提供税务专业人员能力水平评价服务，并将其纳入全国专业技术人员职业资格证书制度统一规划。

税务师（Tax Advisor，TA）职业资格实行全国统一考试大纲、统一命题、统一组织的考试制度。原则上每年举行1次考试。考试共设5个科目：税法（Ⅰ）、税法（Ⅱ）、涉税服务相关法律、涉税服务实务和财务与会计。

一、2022年考试政策

（一）考试相关信息

事项	内容
考试科目	税法（Ⅰ）、税法（Ⅱ）、涉税服务相关法律、涉税服务实务、财务与会计
考试分值	140分（参考2021年）
及格线	84分（参考2021年）
考试方式	闭卷、机考
报考条件	中华人民共和国公民，遵守国家法律、法规，恪守职业道德，具有完全民事行为能力，并符合下列相应条件之一的，可报名参加税务师职业资格考试： （1）取得经济学、法学、管理学学科门类大学本科及以上学历（学位）或者取得其他学科门类大学本科学历，从事经济、法律相关工作满1年 （2）取得经济学、法学、管理学学科门类大学专科学历，从事经济、法律相关工作满2年；或者取得其他学科门类大学专科学历，从事经济、法律相关工作满3年
免试条件	符合报名条件，并具备下列条件之一者，可申请免试相应科目： （1）已评聘经济、审计等高级专业技术职务，从事涉税工作满2年的，可申请免试财务与会计科目 （2）已评聘法律高级专业技术职务，从事涉税工作满2年的，可申请免试涉税服务相关法律科目

<table>
<tr><th>事项</th><th colspan="2">内容</th></tr>
<tr><td rowspan="5">考试时间</td><td rowspan="3">2022 年 11 月 19 日
（周六）</td><td>税法（Ⅰ）9：00—11：30</td></tr>
<tr><td>税法（Ⅱ）13：00—15：30</td></tr>
<tr><td>涉税服务相关法律 16：30—19：00</td></tr>
<tr><td rowspan="2">2022 年 11 月 20 日
（周日）</td><td>财务与会计 9：00—11：30</td></tr>
<tr><td>涉税服务实务 14：00—16：30</td></tr>
<tr><td>报名时间</td><td colspan="2">2022 年 5 月 10 日 10：00—7 月 8 日 17：00</td></tr>
<tr><td>补报名时间</td><td colspan="2">2022 年 8 月 5 日 10：00—8 月 16 日 17：00</td></tr>
<tr><td>成绩查询</td><td colspan="2">中国注册税务师协会发布考试成绩查询公告后，考生登录“全国税务师职业资格考试报名系统”查询考试成绩，打印成绩单</td></tr>
<tr><td>成绩管理</td><td colspan="2">考试成绩实行以 5 年为一个周期的滚动管理办法，考生须在连续 5 个考试年度内通过全部应试科目的考试；免试人员须在连续 4 个考试年度内通过应试科目的考试</td></tr>
</table>

（二）税法（Ⅱ）考试的题型、题量与分值（参考 2021 年）

考试题型	题量	分值
单项选择题	40 小题	每小题 1.5 分，共 60 分
多项选择题	20 小题	每小题 2 分，共 40 分
计算题	2 大题（每大题 4 小题）	每小题 2 分，共 16 分
综合分析题	2 大题（每大题 6 小题）	每小题 2 分，共 24 分
合计	共 80 小题	总分 140 分（及格线为 84 分）

二、2022 年教材基本情况

取得税务师职业资格证书的人员，应当熟悉并掌握涉税服务相关的法律、法规和行业制度、准则；有丰富的税务专业知识，能够独立开展包括涉税鉴证、申报代理、税收筹划、接受委托审查纳税情况在内的各项涉税专业服务工作；能够运用财会、税收专业理论与方法，较好地完成涉税服务业务；能够独立解决涉税服务业务中的疑难问题。

税法（Ⅱ）是全国税务师职业资格考试科目之一，涵盖我国所得税、财产税和特定行为税类，主要包括企业所得税、个人所得税、国际税收、印花税、契税、房产税、车船税、城镇土地使用税、耕地占用税和船舶吨税等十个章节。该考试科目要求考生能够理解和掌握每一税种的纳税人、征税对象、税率、计税依据、纳税环节、纳税地点、税收优惠等税法要素和税收征收管理的相关规定，能正确计算每一税种的应纳税额。同时，在我国企业“走出去”的大背景下，要求考生具备分析和处理国际税收问题的能力。

（一）2022 年税法（Ⅱ）教材的基本框架

框架		教材内容
税收实体法	所得税法	第一章　企业所得税 第二章　个人所得税
	财产、行为税法	第四章　印花税 第五章　房产税 第六章　车船税 第七章　契税 第八章　城镇土地使用税 第九章　耕地占用税 第十章　船舶吨税
国际税收		第三章　国际税收

（二）教材难度、考试重要性及近 3 年的平均分值

章	学习难易度	考试重要性	近 3 年的平均分值
第一章　企业所得税	★★★	★★★	92 分
第二章　个人所得税	★★★	★★★	
第三章　国际税收	★★★	★★	21 分
第四章　印花税	★★	★★	
第五章　房产税	★★	★★	27 分
第六章　车船税	★	★	
第七章　契税	★	★	
第八章　城镇土地使用税	★	★	
第九章　耕地占用税	★	★	
第十章　船舶吨税	★	★	

注：★越多，表示该章学习难度越大，考试重要性越高。

（三）2022 年教材的主要变化

税法（Ⅱ）教材内容涵盖我国所得税、财产税和行为税，其适用的已颁布税收法律、税收法规、税收规章和税收规范性文件的截止日期为2022 年 3 月 31 日。税法（Ⅱ）教材为了给考生呈现每一个具体税种的全貌，采用一个税种自成一章的布局结构，每一个税种采用先税额计算后征收管理的内容安排，具体包括概述、纳税人、征税对象或范围、税率、计税依据、减免税优惠、应纳税额的计算、征收管理。

相比 2021 年大纲，本年度大纲总体结构无大的变化，只是将原第一章的第十节“源泉扣缴”移至第三章的第三节，改为“非居民企业税收管理”。内容方面除印花税修改内容稍多外，其他各税种只有不同程度的微调。印花税将从 2022 年 7 月起，由原来的《印花税暂

行条例》上升为现在的《印花税法》，在教材中也作了相应的修订或重新编写，如纳税人、征税范围、税率和计税依据的内容、印花税的法定减免、纳税期限等内容。税法（Ⅱ）重点考查的企业所得税和个人所得税新增修订了部分内容。比如科技型中小企业研发费用加计扣除的规定、小微企业的税收优惠、单边预约定价安排的简易程序、3岁以下婴幼儿照护专项附加扣除等。

章	主要变化
第一章　企业所得税	（1）新增企业取得各种政府财政支付的收入确认时间 （2）新增境外投资者在境内从事混合性投资业务的税务处理 （3）新增可转换债券转换为股权投资的企业所得税处理 （4）新增非货币性资产捐赠过程中发生的运费、保险费、人工费等相关支出税前扣除规定 （5）新增向冬奥会、杭州亚运会等捐赠资金、物资、服务支出税前扣除政策；北京冬奥会免征企业所得税政策 （6）新增企业所得税核定征收改为查账征收后有关资产的税务处理 （7）新增企业购买文物、艺术品用于收藏、展示、保值增值的税务处理 （8）新增基础设施REITs试点税收政策 （9）新增科技型中小企业研发费用加计扣除的规定 （10）新增中小微企业2022年新购进的器具、设备税前扣除的规定 （11）新增伤残人员专门用品生产和装配的企业所得税政策 （12）新增单边预约定价安排简易程序 （13）新增纳税人在纳税年度内预缴企业所得税税款超过汇算清缴应纳税款的，纳税人应及时申请退税，不再抵缴其下一年度应缴企业所得税税款的规定 （14）延长公益性扶贫捐赠政策、从事污染防治的第三方企业所得税优惠政策执行时间 （15）调整小微企业税收优惠政策 （16）调整研发费用中“其他相关费用”的计算规定 （17）删除境外所得间接负担税额的计算
第二章　个人所得税	（1）新增个体工商户年应纳税所得额不超过100万元的部分在现行优惠政策基础上再减半征收个人所得税的政策 （2）新增3岁以下婴幼儿照护专项附加扣除政策 （3）新增个人独资企业、合伙企业权益性投资经营所得税收征管 （4）新增上市公司股权激励税收政策 （5）调整取得综合所得需要办理年度汇算清缴纳税申报的情形 （6）延长外籍个人有关津补贴优惠政策、中央企业负责人任期激励单独计税优惠政策、全年一次性奖金单独计税优惠政策、上市公司股权激励单独计税优惠政策执行时间 （7）调整创业投资企业和天使投资个人投资初创科技型企业执行时间及条件 （8）调整取得境外所得纳税申报的相关规定 （9）调整综合所得汇算清缴管理办法 （10）删除过期或现已不适用政策

章	主要变化
第三章　国际税收	(1) 将企业所得税“源泉扣缴”移至本章第三节，改为“非居民企业税收管理” (2) 新增“引力法”下的相关规定 (3) 新增代理人常设机构判定中要注意的事项 (4) 新增我国对外签署税收协定的典型条款中“受雇所得”和“艺术家和运动员” (5) 新增《关于修订后的欧盟税收不合作辖区名单的结论》的相关规定 (6) 新增为完善反洗钱监管机制，进一步提升我国洗钱和恐怖融资风险防范能力，印发《金融机构客户尽职调查和客户身份资料及交易记录保存管理办法》 (7) 调整常设机构范围 (8) 将我国谈签、生效的国际税收协定的数据更新到2021年12月底
第四章　印花税	本章依据印花税法重新编写
第五章　房产税	(1) 新增部分税收优惠 (2) 延长部分已到期的税收优惠享受期限
第六章　车船税	本章今年无实质性变化
第七章　契税	(1) 依据财政部 税务总局公告2021年第23号和国家税务总局公告2021年第25号，对契税的征税范围、计税依据、免税的具体情形进行了修订 (2) 新增企事业单位改制重组的契税政策及其他多条税收优惠政策 (3) 新增部分契税征收管理的相关规定 (4) 删除过时政策
第八章　城镇土地使用税	(1) 新增城市公交站场等用地免税政策 (2) 延长部分已到期的税收优惠享受期限 (3) 将“在50%的税额幅度内减征城镇土地使用税”的适用范围扩大到增值税小规模纳税人、小型微利企业和个体工商户
第九章　耕地占用税	本章今年无实质性变化，将“在50%的税额幅度内减征耕地占用税”的适用范围扩大到增值税小规模纳税人、小型微利企业和个体工商户
第十章　船舶吨税	本章今年无实质性变化

三、近3年命题规律总结

（一）考试特点

1. 考查内容全面细致，考点覆盖教材的每个章节，考生必须通读教材。

2. 考试重点突出，企业所得税、个人所得税和国际税收分值占比大，“得所得税者，得税法（Ⅱ）”，考生应重点复习所得税，熟练掌握其内容。

3. 考查内容紧跟年度税收征收管理热点，考虑社会关切和服务税收工作大局。

4. 企业所得税应纳税额的计算和个人所得税中经营所得应纳税额的计算，综合度高、跨度大。

综合度高是指企业所得税、个人所得税经营所得的应纳税所得额的计算，以应税收入、可扣除成本、费用、损失、税金以及允许弥补的以前年度亏损的正确确认和计算为前提，夹杂着税会差异。跨度大，一方面是指应纳税所得额的计算，受到资产分期折旧摊销，可弥补亏损和限额扣除支出项目跨期结转、税收抵免等因素的影响；另一方面是指总分支机构的汇总纳税，母子公司间的费用分摊，在分税制背景下，需要正确处理总分支机构、母子公司的预缴和汇算清缴的关系。

（二）命题规律

1. 单项选择题

该题型每小题有4个选项，要求考生选择1个最符合题意的答案，难度较小。其主要分为知识型题目、理解型题目、判断型题目和计算型题目，近年来，计算型题目的比重逐步增加。

（1）知识型题目举例。

【例题】下列费用，应作为职工教育经费在企业所得税前全额扣除的是（　　）。

A. 核力发电企业发生的核电厂操纵员培养费用

B. 符合条件的软件生产企业发生的职工培训费用

C. 航空企业发生的乘务训练费

D. 航空企业发生的飞行训练费

【解析】选项A：核力发电企业为培养核电厂操纵员发生的培养费用作为发电成本扣除；选项CD：均应作为航空企业运输成本扣除，并不作为职工教育经费全额扣除。

【答案】B

（2）理解型题目举例。

【例题】甲企业销售一批货物给乙企业，该销售行为取得利润20万元；乙企业将该批货物销售给丙企业，取得利润200万元。税务机关经过调查后认定甲企业和乙企业之间存在关联交易，将200万元的利润按照6∶4的比例在甲企业和乙企业之间分配。该调整方法是（　　）。

A. 利润分割法

B. 再销售价格法

C. 交易净利润法

D. 可比非受控价格法

【解析】利润分割法是指根据企业与其关联方对关联交易合并利润的贡献计算各自应该分配的利润额，这里按照6∶4的比例在甲企业和关联企业乙企业之间分配，这种调整方法就是利润分割法。

【答案】A

（3）判断型题目举例。

【例题】 下列各项中，符合房产税纳税人规定的是（　　）。

A. 房屋产权出典的由出典人纳税

B. 房屋出租的由承租人纳税

C. 房屋产权未确定的由代管人或使用人纳税

D. 房屋出租约定有免收租金期限的，免收租金期间由承租人缴纳房产税

【解析】 选项 A：房屋产权出典的，由承典人纳税；选项 B：房屋出租的，由出租人纳税；选项 D：房屋出租约定有免收租金期限的，免收租金期间由产权所有人缴纳房产税。

【答案】 C

（4）计算型题目举例。

【例题】 2021 年年初，某企业拥有房产原值共计 8000 万元，其中生产经营用房原值为 6500 万元、企业办学校用房原值为 500 万元、托儿所用房原值为 300 万元、超市用房原值为 700 万元。当地政府规定计算房产余值时的扣除比例为 20%，2021 年该企业应缴纳房产税（　　）万元。

A. 62.4　　　　B. 69.12

C. 76.8　　　　D. 77.92

【解析】 企业办的各类学校、托儿所、幼儿园自用的房产，免征房产税。该企业应缴纳的房产税 =（8000−500−300）×（1−20%）×1.2% = 69.12（万元）。

【答案】 B

2. 多项选择题

该题型每小题有 5 个选项，有 2~4 个选项符合题意，不可能出现 5 个选项全对的情况，多选、错选不得分；少选，所选的每个选项得 0.5 分，考生在关键时候要懂得取舍。本题型分为知识型题目、理解型题目、判断型题目和计算型题目。

（1）知识型题目举例。

【例题】 除税法另有规定外，企业在计算企业所得税时，税前扣除一般应遵循的原则有（　　）。

A. 配比原则

B. 合理性原则

C. 谨慎性原则

D. 重要性原则

E. 权责发生制原则

【解析】 除税法另有规定外，税前扣除一般应遵循以下原则：①权责发生制原则；②配比原则；③合理性原则。

【答案】 ABE

（2）理解型题目举例。

【例题】 下列个人所得按“劳务报酬所得”项目缴纳个人所得税的有（　　）。

A. 不在公司任职的董事取得的董事费收入

B. 个人兼职收入

C. 高校教师为培训班授课取得的收入

D. 个人从事彩票代销业务取得的收入

E. 在校学生参加勤工俭学活动取得的收入

【解析】 不在公司任职的董事取得的董事费收入、个人兼职收入、高校教师为培训班授课取得的收入、在校学生参加勤工俭学活动取得的收入都属于“劳务报酬所得”；个人从事彩票代销业务取得的收入应按照“经营所得”项目计算缴纳个人所得税。

【答案】 ABCE

（3）判断型题目举例。

【例题】 依据企业所得税相关规定，下列表述中正确的有（　　）。

A. 商业折扣应当按折扣前的金额确定商品销售收入

B. 现金折扣应当按折扣后的金额确定商品销售收入

C. 属于提供初始及后续服务的特许权费，在提供服务时确认收入

D. 属于提供设备和其他有形资产的特许权费，在交付资产或转移资产所有权时确认收入

E. 申请入会或加入会员，只允许取得会籍，所有其他服务或商品都要另行收费的，在取得该会员费时确认收入

【解析】 选项A：商业折扣应当按折扣后的金额确定商品销售收入；选项B：现金折扣应当按折扣前的金额确定商品销售收入，现金折扣实际发生时计入财务费用。

【答案】 CDE

（4）计算型题目举例。

【例题】 某企业2021年年初拥有机动船舶3艘，每艘净吨位为200吨；拥有游艇3艘，艇身长度均为6米。2021年8月1日购置捕捞渔船2艘，每艘净吨位为190吨，购置当月取得船舶所有权。机动船舶净吨位小于或者等于200吨的，车船税年税额为3元/吨；游艇艇身长度不超过10米的，车船税年税额为每米600元。关于该企业2021年车船税的税务处理，下列说法中正确的有（　　）。

A. 该企业当年拥有的机动船舶应缴纳车船税1800元

B. 该企业当年购置的捕捞渔船应缴纳车船税570元

C. 该企业当年拥有的游艇应缴纳车船税10800元

D. 该企业当年应缴纳车船税12600元

E. 该企业当年应缴纳车船税13170元

【解析】 捕捞渔船免征车船税。该企业当年拥有的机动船舶应缴纳车船税$=3\times200\times3=1800$（元）；该企业当年拥有的游艇应缴纳车船税$=3\times6\times600=10800$（元）；该企业当年应缴

纳车船税 = 1800+10800 = 12600（元）。

【答案】ACD

3. 计算题（2 大题，每大题 4 个小问）

计算题采用单项选择题的方式，不需要列出计算的步骤，没有太强的综合性。主要的考查点在小税种及国际税收。

4. 综合分析题（2 大题，每大题 6 个小问）

采用选择题的方式，主要考查考生分析问题和处理问题的能力，考核知识点多，难度相对较大。一般两个所得税各命制一道题目，企业所得税的题目综合性强，税种交叉多；个人所得税的题目独立性强，涉及项目多。由于综合分析题是分步骤或分业务设问，在解答过程中，考生只要分别按照所设问题答题，就可保持完整而清晰的答题思路。

四、复习备考建议

（一）紧扣考试大纲，熟读、细读教材

考试大纲规定了考核的知识点，以及各知识点的具体考核要求。考试大纲中的考核要求分为“了解”“熟悉”和“掌握”三个能力等级，对于应“熟悉”和“掌握”的知识点，考生应保证时间投入，加深理解。

教材是考试的唯一指定用书，也是考试命题的依据和来源。熟读、细读教材是备考的必经之路。没有熟读、细读教材，而是把“宝”押到做练习题上，是不可取的。考试中的应用性内容，是构建在考生对法规的正确理解和交易定性基础之上，单纯做练习题和教材泛读于事无补。考生若不精读教材，一遇到应用性的内容，便无从下手。

建议考生务必加深对教材内容的理解。通读教材时，不建议做其他练习，以掌握教材中的例题和找出自己的疑点为首要任务。分章通读教材后，可通过做一定量的习题，来验证自己对教材内容的理解程度和法规运用能力，把书“读厚”。做完强化练习后，考生可以梳理总结出每章的重点内容，绘制教材重点内容的思维导图，重点记忆、反复思考，把书“读薄”。

（二）理解和掌握税种间的相互关系，提高综合分析题的解答能力

每个税种在教材中都是独立的，但实际工作中，一笔交易业务经常涉及多个税种，综合分析题考查的就是考生的综合能力。

例如，作为增值税一般纳税人的企业外购车辆就同时涉及增值税、车辆购置税、印花税和企业所得税。采购付款结算环节增值税的抵扣情况，会影响车辆的计税基础确认；车辆计税基础的确认金额，会影响车辆使用过程中的折旧，进而影响企业在该车辆处置环节企业所得税的计算。

又如，企业将自产的产品用于员工福利，企业一方面按照该产品的含税售价，确认应付职工薪酬所对应的成本或费用的增加；另一方面要按照产品不含税售价确认主营业务收入，确认对应的应交增值税，同时还要结转自产产品的生产成本。这样，一笔业务的发生会涉及收入、成本费用、税金及附加等多项涉税因素，从多个维度影响企业所得税应纳税所得额的确定。

建议考生在学习过程中，参考历年真题中的综合分析题，总结和梳理不同业务中企业所得税涉税因素、税种之间的相互影响，提高对综合分析题的解答能力。

（三）考试意识的培养

税务师职业资格考试和其他资格考试的一个较大的区别是考生群体比较复杂。税务师职业资格考试考查的不是单一的专业水平，也不是单一的知识面，而是考查考生如何把知道的与不知道的东西结合起来，转化成自己的东西，考生必须按指定教材的内容、观点和要求去回答考试中的所有问题。

税法（Ⅱ）涉及的税种多、考点多，这是不争的事实。考生唯有投入大量的复习时间，才可能保证取得理想的考试成绩。建议考生细化时间管理，制订科学、详细的学习计划，妥善安排时间细读教材和练习巩固非常重要。希望考生以教材为核心，勤读、勤练、勤总结，提高自己的涉税服务专业能力。

2022 年 5 月

第二部分

考点精讲及同步训练

第一章　企业所得税

本章学习指南

一、考情概况

本章在税法（Ⅱ）中处于主导地位，是税法（Ⅱ）最重要的章节。本章与个人所得税一同形成税法（Ⅱ）的核心，是通过税法（Ⅱ）考试的关键。根据历年考试情况来看，最近三年本章分值较为稳定，预计2022年本章分值应在60分左右。

本章考核的题型包括单项选择题、多项选择题、计算题和综合分析题。单项选择题和多项选择题，最近几年考查的知识点越来越细；计算题和综合分析题，往往可以与税法（Ⅰ）的增值税、消费税、土地增值税、城建税、教育费附加，税法（Ⅱ）的城镇土地使用税、房产税、车船税、印花税结合出题，题目难度较大。其中，税法（Ⅱ）涉及的税种和企业所得税结合出题的概率更大，但最近几年企业所得税的综合分析题当中越来越多地涉及税法（Ⅰ）的内容。要求考生对企业所得税与其他相关税种的关系要熟练掌握，并对税法（Ⅰ）中和企业所得税有交叉的跨税种综合分析题多加练习。

二、2022年教材主要变化

1. 新增企业取得各种政府财政支付的收入确认时间。
2. 新增境外投资者在境内从事混合性投资业务的税务处理。
3. 新增可转换债券转换为股权投资的企业所得税处理。
4. 新增非货币性资产捐赠过程中发生的运费、保险费、人工费等相关支出税前扣除规定。
5. 新增向冬奥会、杭州亚运会等捐赠资金、物资、服务支出税前扣除政策；北京冬奥会免征企业所得税政策。
6. 新增企业所得税核定征收改为查账征收后有关资产的税务处理。
7. 新增企业购买文物、艺术品用于收藏、展示、保值增值的税务处理。
8. 新增基础设施REITs试点税收政策。
9. 新增科技型中小企业研发费用加计扣除的规定。
10. 新增中小微企业2022年新购进的器具、设备税前扣除的规定。
11. 新增伤残人员专门用品生产和装配的企业所得税政策。
12. 新增单边预约定价安排简易程序。
13. 新增纳税人在纳税年度内预缴企业所得税税款超过汇算清缴应纳税款的，纳税人应及时申请退税，不再抵缴其下一年度应缴企业所得税税款的规定。
14. 延长公益性扶贫捐赠政策、从事污染防治的第三方企业所得税优惠政策执行时间。
15. 调整小微企业税收优惠政策。

16. 调整研发费用中“其他相关费用”的计算规定。
17. 删除境外所得间接负担税额的计算。

三、基本结构框架

- 第一章 企业所得税（一）
  - 概述
    - 企业所得税的概念和计税原理 ★★
    - 各国企业所得税的一般性做法 ★
    - 我国企业所得税的作用 ★
  - 纳税义务人、征税对象与税率
    - 纳税人的主要类型 ★★
    - 企业所得税的征税对象及所得来源地的确定 ★★
    - 基本税率的规定、低税率的适用范围 ★★★
  - 应纳税所得额的计算
    - 应税收入总额的确定 ★★★
    - 不征税收入、免税收入的内容和税务处理 ★★★
    - 企业接收政府和股东划入资产的企业所得税处理 ★★
    - 扣除项目的原则、范围和标准 ★★★
    - 不得扣除的项目 ★★★
    - 亏损弥补的规定 ★★★
  - 资产的所得税处理
    - 固定资产的税务处理 ★★★
    - 生物资产的税务处理 ★★
    - 无形资产的税务处理 ★★★
    - 长期待摊费用的税务处理 ★★★
    - 存货的税务处理 ★★
    - 投资资产的税务处理 ★★★
    - 税法规定与会计规定差异的处理 ★★★
  - 资产损失税前扣除的所得税处理
    - 资产损失的概念 ★★
    - 资产损失扣除的政策 ★★★
    - 资产损失税前扣除管理 ★★★
  - 企业重组的所得税处理
    - 企业重组的概念 ★★
    - 企业重组的一般性税务处理 ★★★
    - 企业重组的特殊性税务处理 ★★★
    - 股权、资产划转的所得税处理 ★★★

- **第一章 企业所得税（二）**
  - 房地产开发经营业务的所得税处理
    - 房地产开发的概念 ★★
    - 房地产开发经营业务收入的税务处理 ★★★
    - 房地产开发经营业务成本、费用扣除的税务处理 ★★★
    - 房地产开发经营业务计税成本的核算方法 ★★★
    - 房地产开发经营业务特定事项的税务处理 ★★★
  - 税收优惠
    - 免税收入的规定 ★★★
    - 减征与免征优惠 ★★★
    - 高新企业的优惠 ★★★
    - 小型微利企业的优惠 ★★★
    - 加计扣除的优惠 ★★★
    - 创投企业的优惠 ★★★
    - 加速折旧的优惠 ★★★
    - 减计收入的优惠 ★★★
    - 税额抵免的优惠 ★★★
    - 非居民企业的优惠 ★★★
    - 促进节能服务产业发展的优惠 ★★★
    - 其他有关行业（地区）的优惠 ★★★
  - 应纳税额的计算
    - 居民企业应纳税额的计算 ★★★
    - 境外所得抵扣税额的计算 ★★★
    - 居民企业核定征收应纳税额的计算 ★★★
    - 企业转让上市公司限售股应纳税额的计算 ★★★
  - 特别纳税调整
    - 特别纳税调整的概念及税务处理 ★★
    - 关联申报管理 ★★
    - 同期资料管理 ★★★
    - 预约定价安排管理 ★★★
    - 成本分摊协议管理 ★★
    - 受控外国企业管理 ★★
    - 资本弱化管理 ★★★
    - 特别纳税调整监控管理 ★★
    - 一般反避税管理 ★★★

第一章 企业所得税（三）

- 征收管理
  - 纳税地点 ★★
  - 纳税期限 ★★
  - 纳税申报 ★★★
  - 跨地区经营汇总纳税企业所得税征收管理 ★★★
  - 合伙企业所得税的征收管理 ★★
  - 境外注册中资控股企业所得税管理 ★★★
  - 企业政策性搬迁所得税管理办法 ★★★
  - 居民企业报告境外投资和所得信息的管理 ★★

本章核心考点精讲

第一单元　概　述

查看本单元视频，快速 GET 知识点
使用“会计云课堂”App 或“微信”扫码

01 企业所得税的概念和计税原理（★★）[1]

1. 概念

企业所得税是对我国境内的企业和其他取得收入的组织的生产经营所得和其他所得征收的所得税。

2. 企业所得税的计税原理

所得税的计税依据是应纳税所得额，而非收入。因此计算所得税时，计税依据即应纳税所得额的计算涉及纳税人的收入、成本、费用、税金、损失和其他支出等各个方面，使所得税计税依据的计算较为复杂。

02 各国对企业所得税征税的一般性做法（★）

项目	内容
纳税义务人	各国对纳税义务人的规定大致是相同的，只对具有独立法人资格的公司等法人企业和其他组织征收企业所得税

[1] 为方便您在学习中可以快速了解知识点的重要程度，本书中将知识点进行分类。★★★代表重要知识点，★★代表次重要知识点，★代表非重要知识点。

项目	内容
税基	各国企业所得税都是以利润即应纳税所得额为计税依据，其中利润包括生产经营利润和资本利得。应纳税所得额确定的基本点和关键点在于如何扣除赚取利润的成本，特别是对折旧和损失的处理方式等 各国企业所得税在确定税基上的差异主要表现在资产的折旧方法及损失处理的不同
税率	各国企业所得税的税率结构分为两类：一是比例税率，如法国、澳大利亚、波兰、新西兰、新加坡等国；二是累进税率，实行累进税率的国家虽然在级距、税率档次的设计上不相一致，但绝大多数国家采用超额累进税率，如瑞士、美国 累进税率对小型企业比较公平，对大型企业发挥税收调节作用，相较于比例税率，累进税率的计算比较繁琐
税收优惠	各国普遍注重对税收优惠政策的应用，不仅采用直接减免税政策，更注意应用间接的优惠政策。间接优惠主要方法有：①税收抵免，主要包括投资抵免和国外税收抵免两种形式；②税收豁免，包括豁免期和豁免税收项目；③加速折旧 各国所得税优惠的一个共同特点是淡化区域优惠，突出行业优惠和产业优惠

03 企业所得税的作用（★）

1. 促进企业改善经营管理活动，提升企业的盈利能力。
2. 调节产业结构，促进经济发展。
3. 为国家建设筹集财政资金。

第二单元　纳税义务人、征税对象与税率

查看本单元视频，快速 GET 知识点
使用“会计云课堂”App 或“微信”扫码

04 纳税义务人（★★）

1. 企业所得税的纳税义务人一般是指企业和其他取得收入的组织。

2.《企业所得税法》第一条规定，除个人独资企业、合伙企业不适用企业所得税法外，在我国境内，企业和其他取得收入的组织（以下统称“企业”）为企业所得税的纳税人，依照法律规定缴纳企业所得税。

3. 企业所得税的纳税人分为居民企业和非居民企业，这是基于不同企业承担的纳税义务不同所进行的分类。

纳税人分类	判定标准
居民企业	①依法在中国境内成立的企业 ②依照外国（地区）法律成立但实际管理机构在中国境内的企业
非居民企业	①依照外国（地区）法律成立且实际管理机构不在中国境内，但在中国境内设立机构、场所的企业 ②依照外国（地区）法律成立且实际管理机构不在中国境内，在中国境内未设立机构、场所，但有来源于中国境内所得的企业 【考点提示 1】所称机构、场所，是指在中国境内从事生产经营活动的机构、场所，包括：①管理机构、营业机构、办事机构；②工厂、农场、开采自然资源的场所；③提供劳务的场所；④从事建筑、安装、装配、修理、勘探等工程作业的场所；⑤其他从事生产经营活动的机构、场所 【考点提示 2】非居民企业委托营业代理人在中国境内从事生产经营活动的，包括委托单位或者个人经常代其签订合同，或者储存、交付货物等，该营业代理人被视为非居民企业在中国境内设立的机构、场所

经典题解

【例题 1·单选题】根据企业所得税相关规定，下列企业属于非居民企业的是（　　）。（2018 年）

A. 依法在中国境内成立的外商独资企业

B. 依法在境外成立但实际管理机构在中国境内的外国企业

C. 在中国境内未设立机构、场所，且没有来源于中国境内所得的外国企业

D. 在中国境内未设立机构、场所，但有来源于中国境内所得的外国企业

【解析】非居民企业是指依照外国（地区）法律成立且实际管理机构不在中国境内，但在中国境内设立机构、场所，或者在中国境内未设立机构、场所，但有来源于中国境内所得的企业。选项 AB 属于我国的居民企业，选项 C 不属于我国企业所得税的纳税义务人。

【答案】D

【例题 2 · 多选题】依据企业所得税的相关规定，下列企业中属于非居民企业的有（　　）。（2019 年）

A. 实际管理机构在法国，在中国境内销售机械的法国企业

B. 实际管理机构在美国，在中国境内开采石油资源的美国企业

C. 实际管理机构在韩国，在中国境内提供建筑劳务的韩国企业

D. 实际管理机构在中国大陆，在香港从事食品加工的香港企业

E. 实际管理机构在英国，向中国境内提供专利使用权的英国企业

【解析】选项 D：实际管理机构在境内，属于居民企业。

【答案】ABCE

05 征税对象和所得来源地的确定（★★）

（一）征税对象

纳税人分类	征税对象	
居民企业	来源于中国境内、境外的所得 【考点提示】所得包括销售货物所得、提供劳务所得、转让财产所得、股息红利等权益性投资所得、利息所得、租金所得、特许权使用费所得、接受捐赠所得和其他所得	
非居民企业	在中国境内设立机构、场所	①来源于中国境内的所得 ②发生在中国境外但与其所设机构、场所有实际联系的所得
	在中国境内未设立机构、场所	来源于中国境内的所得

（二）所得来源地的确定

所得来源地的确定

- 销售货物所得 —— 交易活动发生地
- 提供劳务所得 —— 劳务发生地
- 转让财产所得
  - 不动产转让所得 —— 不动产所在地
  - 动产转让所得 —— 转让动产企业所在地或机构、场所所在地
  - 权益性投资资产转让所得 —— 被投资企业所在地
- 股息、红利等权益性投资所得 —— 分配所得的企业所在地
- 利息、租金、特许权使用费所得 —— 负担、支付所得的企业、机构、场所所在地或负担、支付所得的个人住所地
- 其他所得 —— 国务院财政、税务主管部门确定

经典题解

【例题3·单选题】依据企业所得税的相关规定，下列所得按转让货物或资产的企业所在地确定所得来源地的是（　　）。（2019年）

A. 转让动产所得　　B. 销售货物所得

C. 转让不动产所得　　D. 转让权益性投资资产所得

【解析】选项B：销售货物所得，按照交易活动发生地确定。选项C：转让不动产所得，按照不动产所在地确定。选项D：转让权益性投资资产所得，按照被投资企业所在地确定。

【答案】A

【例题4·单选题】依据企业所得税的相关规定，销售货物所得来源地的判定标准是（　　）。（2017年）

A. 销售货物的目的地　　B. 销售货物的起运地

C. 销售货物的企业所在地　　D. 交易活动的发生地

【解析】根据企业所得税法律制度的规定，销售货物所得按照交易活动发生地确定所得来源地。

【答案】D

【例题5·多选题】下列所得中，按照支付、负担所得的企业或者机构、场所所在地确定所得来源地的有（　　）。

A. 销售货物所得　　B. 利息所得

C. 租金所得　　D. 动产转让所得

E. 特许权使用费所得

【解析】选项A：销售货物所得，按照交易活动发生地确定所得来源地。选项D：动产转让所得，按照转让动产的企业或者机构、场所所在地确定所得来源地。

【答案】BCE

06 税率（★★★）

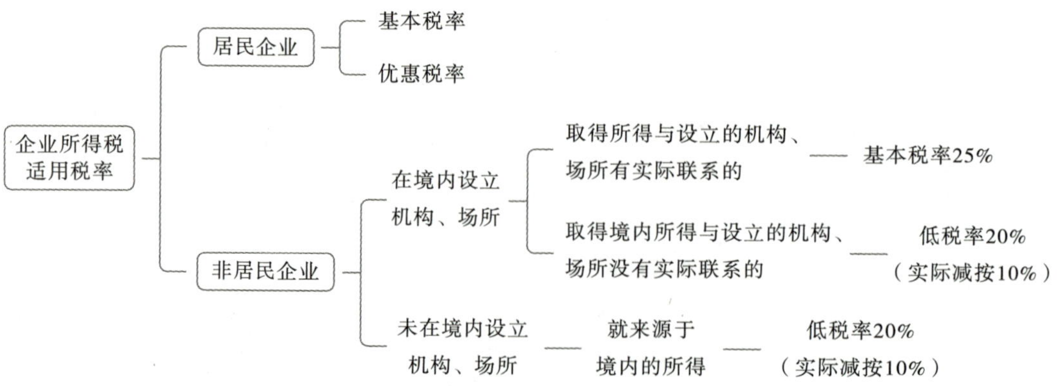

经典题解

【例题6·单选题】下列所得，实际适用10%的企业所得税税率的是（　　）。（2018年）

A. 居民企业来自于境外的所得

B. 小型微利企业来自于境内的所得

C. 在中国境内未设立经营机构的非居民企业来自于境内的股息所得

D. 高新技术企业来自于境内的所得

【解析】在中国境内未设立机构、场所的或者虽设立机构、场所但取得的所得与其所设机构、场所没有实际联系的非居民企业取得来源于境内的所得适用10%的税率。

【答案】C

【例题7·单选题】在中国境内设立机构、场所的非居民企业取得的下列所得，实际适用10%的企业所得税税率的是（　　）。

A. 与境内机构、场所没有实际联系的境外所得

B. 与境内机构、场所没有实际联系的境内所得

C. 与境内机构、场所有实际联系的境外所得

D. 与境内机构、场所有实际联系的境内所得

【解析】选项A：不需要在我国纳税；选项CD：按25%的企业所得税税率缴纳企业所得税。

【答案】B

第三单元　应纳税所得额的计算

查看本单元视频，快速GET知识点

使用“会计云课堂”App或“微信”扫码

应纳税所得额是企业所得税的计税依据，按照企业所得税法的规定，应纳税所得额为企业每一个纳税年度的收入总额，减除不征税收入、免税收入、各项扣除以及允许弥补的以前年度亏损后的余额。基本公式为：

应纳税所得额=收入总额-不征税收入-免税收入-各项扣除-允许弥补的以前年度亏损（直接法）

⇩

应纳税所得额=利润总额±纳税调整额（间接法）

考点提示

企业应纳税所得额的计算，除特殊规定外，以权责发生制为原则，即属于当期的收入和费用，不论款项是否收付，均作为当期的收入和费用；不属于当期的收入和费用，即使款项已经在当期收付，也不作为当期的收入和费用。

07 应税收入的确定（★★★）

（一）收入总额

1. 企业的收入总额包括以货币形式和非货币形式从各种来源取得的收入，具体有：销售货物收入，提供劳务收入，转让财产收入，股息、红利等权益性投资收益，利息收入，租金收入，特许权使用费收入，接受捐赠收入，其他收入。

2. 企业取得收入的货币形式，包括现金、存款、应收账款、应收票据、准备持有至到期的债券投资以及债务的豁免等。纳税人以非货币形式取得的收入，包括固定资产、生物资产、无形资产、股权投资、存货、不准备持有至到期的债券投资、劳务以及有关权益等，这些非货币资产应当按照公允价值确定收入额，公允价值是指按照市场价格确定的价值。

（二）一般收入的确认

收入种类	解释及收入的确认
销售货物收入	（1）企业销售商品同时满足下列条件的，应确认收入的实现： ①商品销售合同已经签订，企业已将与商品所有权相关的主要风险和报酬转移给购货方 ②企业对已售出的商品既没有保留通常与所有权相联系的继续管理权，也没有实施有效控制 ③收入的金额能够可靠地计量 ④已发生或将发生的销售方的成本能够可靠地核算 （2）符合收入确认条件，采取下列商品销售方式的，应按以下规定确认收入实现时间： ①销售商品采用托收承付方式的，在办妥托收手续时确认收入 ②销售商品采取预收款方式的，在发出商品时确认收入 ③以分期收款方式销售货物的，按照合同约定的收款日期确认收入 ④销售商品采用支付手续费方式委托代销的，在收到代销清单时确认收入 ⑤销售商品需要安装和检验的，在购买方接受商品以及安装和检验完毕时确认收入。如果安装程序比较简单，可在发出商品时确认收入 （3）采用售后回购方式销售商品的，销售的商品按售价确认收入，回购的商品作为购进商品处理。有证据表明不符合销售收入确认条件的，如以销售商品方式进行融资，收到的款项应确认为负债，回购价格大于原售价的，差额应在回购期间确认为利息费用 （4）销售商品以旧换新的，销售商品应当按照销售商品收入确认条件确认收入，回收的商品作为购进商品处理 （5）企业为促进商品销售而在商品价格上给予的价格扣除属于商业折扣，商品销售涉及商业折扣的，应当按照扣除商业折扣后的金额确定销售商品收入金额 （6）债权人为鼓励债务人在规定的期限内付款而向债务人提供的债务扣除属于现金折扣，销售商品涉及现金折扣的，应当按扣除现金折扣前的金额确定销售商品收入金额，现金折扣在实际发生时作为财务费用扣除 （7）企业因售出商品的质量不合格等原因而在售价上给予的减让属于销售折让；企业因售出商品质量、品种不符合要求等原因而发生的退货属于销售退回。企业已经确认销售收入的售出商品发生销售折让和销售退回，应当在发生当期冲减当期销售商品收入

<table>
<tr><th>收入种类</th><th colspan="2">解释及收入的确认</th></tr>
<tr><td rowspan="10">提供劳务收入</td><td colspan="2">企业在各个纳税期末，提供劳务交易的结果能够可靠估计的，应采用完工进度（完工百分比）法确认提供劳务收入
（1）提供劳务交易的结果能够可靠估计，是指同时满足下列条件：
①收入的金额能够可靠地计量
②交易的完工进度能够可靠地确定
③交易中已发生和将发生的成本能够可靠地核算
（2）企业提供劳务完工进度的确定，可选用下列方法：
①已完工作的测量
②已提供劳务占劳务总量的比例
③发生成本占总成本的比例
（3）下列提供劳务满足收入确认条件的，应按以下规定确认收入：</td></tr>
<tr><td>安装费</td><td>应根据安装完工进度确认收入
安装工作是商品销售附带条件的，安装费在确认商品销售实现时确认收入</td></tr>
<tr><td>宣传媒介收费</td><td>应在相关的广告或商业行为出现于公众面前时确认收入</td></tr>
<tr><td>广告制作费</td><td>应根据制作广告的完工进度确认收入</td></tr>
<tr><td>软件费</td><td>为特定客户开发软件的收费，应根据开发的完工进度确认收入</td></tr>
<tr><td>服务费</td><td>包含在商品售价内可区分的服务费，在提供服务的期间分期确认收入</td></tr>
<tr><td>艺术表演、招待宴会和其他特殊活动的收费</td><td>在相关活动发生时确认收入
收费涉及几项活动的，预收的款项应合理分配给每项活动，分别确认收入</td></tr>
<tr><td>会员费</td><td>①申请入会或加入会员，只允许取得会籍，所有其他服务或商品都要另行收费的，在取得该会员费时确认收入
②申请入会或加入会员后，会员在会员期内不再付费就可得到各种服务或商品，或者以低于非会员的价格销售商品或提供服务的，该会员费应在整个受益期内分期确认收入</td></tr>
<tr><td>特许权费</td><td>①属于提供设备和其他有形资产的特许权费，在交付资产或转移资产所有权时确认收入
②属于提供初始及后续服务的特许权费，在提供服务时确认收入</td></tr>
<tr><td>劳务费</td><td>长期为客户提供重复的劳务收取的劳务费，在相关劳务活动发生时确认收入</td></tr>
<tr><td>转让财产收入</td><td colspan="2">是指企业转让固定资产、生物资产、无形资产、股权、债权等财产取得的收入</td></tr>
</table>

收入种类	解释及收入的确认
股息、红利等权益性投资收益	是指企业因权益性投资从被投资方取得的收入 （1）股息、红利等权益性投资收益，除国务院财政、税务主管部门另有规定外，按照被投资方作出利润分配或转股决定的日期确认收入的实现 （2）被投资企业将股权（票）溢价所形成的资本公积转为股本的，不作为投资方企业的股息、红利收入，投资方企业也不得增加该项长期投资的计税基础
利息收入	按照合同约定的债务人应付利息的日期确认收入的实现
租金收入	按照合同约定的承租人应付租金的日期确认收入的实现 如果交易合同或协议中规定租赁期限跨年度，且租金提前一次性支付的，根据《企业所得税法实施条例》第九条规定的收入与费用配比原则，出租人可对上述已确认的收入，在租赁期内，分期均匀计入相关年度收入
特许权使用费收入	按照合同约定的特许权使用人应付特许权使用费的日期确认收入的实现
接受捐赠收入	按照实际收到捐赠资产的日期确认收入的实现
其他收入	是指企业取得的除以上收入外的其他收入，包括企业资产溢余收入、逾期未退包装物押金收入、确实无法偿付的应付款项、已作坏账损失处理后又收回的应收款项、债务重组收入、补贴收入、违约金收入、汇兑收益等
政府财政资金（新增）	（1）企业按照市场价格销售货物、提供劳务服务等，凡由政府财政部门根据企业销售货物、提供劳务服务的数量、金额的一定比例给予全部或部分资金支付的，应当按照权责发生制原则确认收入 （2）除上述情形外，企业取得的各种政府财政支付，如财政补贴、补助、补偿、退税等，应当按照实际取得收入的时间确认收入

经典题解

【例题 8 · 单选题】 依据企业所得税的相关规定，下列关于销售货物收入确认时间的说法，错误的是（　　）。（2017 年）

A. 销售商品采取预收货款方式的，在收到预收货款时确认收入

B. 销售商品采取托收承付方式的，在办妥托收手续时确认收入

C. 销售商品采取支付手续费方式委托代销的，在收到代销清单时确认收入

D. 销售商品需要简单安装和检验的，可在发出商品时确认收入

【解析】 选项 A：销售商品采取预收款方式的，在发出商品时确认收入。

【答案】 A

【例题 9 · 单选题】 下列关于企业所得税确认收入时间的说法，正确的是（　　）。（2020 年）

A. 采用支付手续费方式委托代销商品，在发出商品时确认收入

B. 采取预收款方式销售商品，在收到预收款时确认收入

C. 广告制作，在广告出现于公众面前时确认收入

D. 为客户开发软件，根据开发软件的完工进度确认收入

【解析】 选项A：销售商品采用支付手续费方式委托代销的，在收到代销清单时确认收入。选项B：销售商品采取预收款方式的，在发出商品时确认收入。选项C：广告的制作费根据制作广告的完工进度确认收入。

【答案】 D

【例题10·单选题】 依据企业所得税的相关规定，下列关于收入确认时间的说法，正确的是（　　）。（2019年）

A. 接受捐赠收入，按照合同约定的捐赠日期确认收入的实现

B. 特许权使用费收入，以实际取得收入的日期确认收入的实现

C. 采取产品分成方式取得收入的，按照企业分得产品的日期确认收入的实现

D. 股息、红利等权益性投资收益，以被投资方实际分红的日期确认收入的实现

【解析】 选项A：接受捐赠收入，按照实际收到捐赠资产的日期确认收入的实现。选项B：特许权使用费收入，按照合同约定的特许权使用人应付特许权使用费的日期确认收入的实现。选项D：股息、红利等权益性投资收益，除另有规定外，按照被投资企业作出利润分配或转股决定的日期确认收入的实现。

【答案】 C

【例题11·单选题】 2021年年末，某造船厂拟对一艘在建远洋客轮按照完工进度法确认其提供劳务的收入。下列测算方法，不符合企业所得税相关规定的是（　　）。

A. 已完工作的测量

B. 发生成本占总成本的比例

C. 已提供劳务占劳务总量的比例

D. 已建造时间占合同约定时间的比例

【解析】 企业提供劳务完工进度的确定，可选用下列方法：（1）已完工作的测量；（2）已提供劳务占劳务总量的比例；（3）发生成本占总成本的比例。

【答案】 D

【例题12·单选题】 某公司将设备租赁给他人使用，合同约定租期从2021年9月1日到2024年8月31日，每年不含税租金480万元，2021年8月15日一次性收取3年租金1440万元。下列关于该租赁业务的说法，正确的是（　　）。（2016年）

A. 2021年增值税应确认的计税收入为480万元

B. 2021年增值税应确认的计税收入为160万元

C. 2021年应确认企业所得税收入1440万元

D. 2021年可确认企业所得税收入160万元

【解析】 企业所得税中，租金收入，按照合同约定的承租人应付租金的日期确认收入的实现。如果交易合同或协议中规定租赁期限跨年度，且租金提前一次性支付的，根据规定的收入与费用配比原则，出租人可对上述已确认的收入，在租赁期内，分期均匀计入相关年度收入，所以2021年可确认企业所得税收入 $=480\div12\times4=160$（万元）。增值税中，纳税人提

供租赁服务采取预收款方式的，其纳税义务发生时间为收到预收款的当天，所以2021年增值税应确认的计税收入为1440万元。

【答案】D

【例题13·多选题】企业提供的下列劳务中，按照完工进度确认企业所得税应税收入的有（　　）。

A. 广告的制作

B. 提供宴会招待

C. 提供艺术表演

D. 为特定客户开发软件

E. 作为商品销售附带条件的安装

【解析】选项BC：在相关活动发生时确认收入。选项E：安装工作是商品销售附带条件的，安装费在确认商品销售实现时确认收入。

【答案】AD

（三）特殊收入的确认

1. 企业受托加工制造大型机械设备、船舶、飞机，以及从事建筑、安装、装配工程业务或者提供其他劳务等，持续时间超过12个月的，按照纳税年度内完工进度或者完成的工作量确认收入的实现。

经典题解

【例题14·单选题】某船舶制造企业2021年年初承接大型船舶制造业务，2021年全年按照完成工作量确认的收入是5800万元，船东确认的工作量为5000万元，合同约定船东按照确认工作量的80%支付进度款，实际收到价款4000万元。企业该制造业务应确认所得税收入（　　）万元。（2016年）

A. 4500　　B. 5000　　C. 4000　　D. 5800

【解析】企业受托加工制造大型机械设备、船舶、飞机，以及从事建筑、安装劳务等，持续时间超过12个月的，按照纳税年度内完工进度或者完成的工作量确认收入，所以2021年度该企业按完成的工作量应确认所得税收入5800万元。

【答案】D

2. 采取产品分成方式取得收入的，按照企业分得产品的日期确认收入的实现，其收入额按照产品的公允价值确定。

3. 企业发生非货币性资产交换，以及将货物、财产、劳务用于捐赠、偿债、赞助、集资、广告、样品、职工福利或者利润分配等用途的，应当视同销售货物、转让财产或者提供劳务，但国务院财政、税务主管部门另有规定的除外。

4. 关于股权处置收入

（1）企业转让股权收入，应于转让协议生效且完成股权变更手续时，确认收入的实现。

（2）转让股权收入扣除为取得该股权所发生的成本后，为股权转让所得。企业在计算股权转让所得时，不得扣除被投资企业未分配利润等股东留存收益中按该项股权所可能分配的金额。

考点提示

股权转让所得，只需考虑转让收入与股权的成本，无须考虑留存收益中该项股权对应的股息红利。

经典题解

【例题 15 · 单选题】 2019 年甲公司与乙公司签订股权转让协议，甲公司将所持丙公司 30% 的股权转让给乙公司。2020 年丙公司股东大会审议通过股权转让协议；2021 年完成股权变更手续；2022 年乙公司付讫股权转让价款。甲公司该股权转让企业所得税收入确认的年度是（　　）。（2019 年）

A. 2019 年　　B. 2020 年　　C. 2021 年　　D. 2022 年

【答案】 C

【例题 16 · 单选题】 2016 年 1 月甲居民企业以 800 万元直接投资乙居民企业，取得股权 40%。2021 年 12 月，甲企业将所持乙企业股权全部转让。取得转让收入 1000 万元。投资期间乙企业累计盈余公积和未分配利润 400 万元。下列关于甲企业股权转让业务的税务处理，正确的是（　　）。（2018 年）

A. 应确认应纳税所得额 160 万元

B. 应确认股权转让所得 200 万元

C. 应确认应纳税所得额 1000 万元

D. 应确认股息红利所得 840 万元

【解析】 转让股权收入扣除为取得该股权所发生的成本后，为股权转让所得。企业在计算股权转让所得时，不得扣除被投资企业未分配利润等股东留存收益中按该项股权所可能分配的金额。所以应确认股权转让所得 = 1000 − 800 = 200（万元）。

【答案】 B

【例题 17 · 单选题】 2018 年 1 月甲企业以 1000 万元直接投资乙企业，取得其 40% 的股权。2021 年 10 月甲企业将该股权全部转让，取得收入 1200 万元。股权转让时，乙企业累计的未分配利润 200 万元。甲企业该项投资业务的税务处理，正确的是（　　）。（2019 年）

A. 甲企业该项投资业务的股息所得 80 万元

B. 甲企业该项投资资产的转让所得 120 万元

C. 甲企业转让该项股权应缴纳企业所得税 50 万元

D. 甲企业投资成本 1000 万元在持股期间均摊扣除

【解析】 股权转让所得 = 1200 − 1000 = 200（万元），甲企业该项投资业务应缴纳企业所得税 = 200×25% = 50（万元）。

【答案】 C

（3）投资方企业从被清算企业分得的剩余资产，其中相当于从被清算企业累计未分配利润和累计盈余公积中按该股东所占股份比例计算的部分，应当确认为股息所得；剩余资产减除上述股息所得后的余额，超过或者低于投资成本的部分，应当确认为投资资产转让所得或者损失。

（4）投资企业从被投资企业撤回或减少投资，其取得的资产中，相当于初始出资的部分，应确认为投资收回；相当于被投资企业累计未分配利润和累计盈余公积按减少实收资本比例计算的部分，应确认为股息所得；其余部分确认为投资资产转让所得。

考点提示

①被投资企业发生的经营亏损，由被投资企业按规定结转弥补；投资企业不得调整减低其投资成本，也不得将其确认为投资损失。

②当涉及撤资、减资、清算，股权需要注销时，需要考虑留存收益中该项股权对应的股息红利；而在股权转让时，并不涉及股权注销，所以仅需考虑股权转让时取得的收入和对应的成本。

【案例精析】 A公司2018年以1000万元出资设立M公司，占M公司30%的股份。2022年1月经股东会决议，同意A公司撤回其投资，A公司分得现金2500万元。截至2021年年底，M公司共有未分配利润和盈余公积3000万元，按照A公司注册资本比例计算，A公司应该享有900万元。因此A公司股权转让所得=2500-1000-900=600（万元）。

经典题解

【例题18·单选题】 下列关于企业从被投资单位撤回投资时取得资产的企业所得税税务处理的说法中，正确的是（　　）。（2016年）

A. 相当于初始投资的部分应确认为股息所得

B. 取得的全部资产应确认为股息所得

C. 超过初始投资的部分应确认为投资资产转让所得

D. 相当于被投资企业累计未分配利润和累计盈余公积按减少实收资本比例计算的部分应确认为股息所得

【答案】 D

【例题19·单选题】 甲公司5年前以货币资金200万元投资乙公司、获得10%的股份。2021年乙公司因故被清算，甲公司分得剩余资产金额260万元，已知乙公司清算净资产总额中未分配利润占10%，盈余公积占5%。甲公司分得剩余资产应确认应纳税所得额（　　）万元。（2021年）

A. 60　　B. 47

C. 34　　D. 21

【解析】 投资方企业从被清算企业分得的剩余资产，其中相当于从被清算企业累计未分配利润和累计盈余公积中按该股东所占股份比例计算的部分，应当确认为股息所得；剩余资产减除上述股息所得后的余额，超过或者低于投资成本的部分，应当确认为投资资产转让所得或者损失。应确认应纳税所得额=260-260×（10%+5%）-200=21（万元）。

【答案】 D

5. 企业混合性投资业务的所得税处理

<table>
<tr><th>项目</th><th colspan="3">内容</th></tr>
<tr><td>条件</td><td colspan="3">混合性投资业务是指兼具权益性投资和债权性投资双重特征的投资业务：
①被投资企业接受投资后，需要按投资合同或协议约定的利率定期支付利息（或定期支付保底利息、固定利润、固定股息，下同）
②有明确的投资期限或特定的投资条件，并在投资期满或者满足特定投资条件后，被投资企业需要赎回投资或偿还本金
③投资企业对被投资企业净资产不拥有所有权
④投资企业不具有选举权和被选举权
⑤投资企业不参与被投资企业日常生产经营活动</td></tr>
<tr><td rowspan="2">税务处理</td><td>利息处理</td><td>①对于被投资企业支付的利息，投资企业应于被投资企业应付利息的日期，确认收入的实现并计入当期应纳税所得额
②被投资企业应于应付利息的日期，确认利息支出，并按税法和“非金融企业向非金融企业借款利息支出”的规定进行税前扣除</td><td rowspan="2">【考点提示】混合性投资（同时符合上述 5 个条件）视同债权性投资，把握混合性投资税务处理要点，就是要明确权益性投资和债权性投资的区别</td></tr>
<tr><td>投资赎回</td><td>对于被投资企业赎回的投资，投资双方应于赎回时将赎价与投资成本之间的差额确认为债务重组损益，分别计入当期应纳税所得额</td></tr>
<tr><td>境外投资者在境内从事混合性投资业务（新增）</td><td colspan="3">①满足上述规定的条件的，可以按照上述“利息处理”的规定进行企业所得税处理
②同时符合以下两种情形的，境内被投资企业向境外投资者支付的利息应视为股息，不得进行税前扣除：
a. 该境外投资者与境内被投资企业构成关联关系
b. 境外投资者所在国家（地区）将该项投资收益认定为权益性投资收益，且不征收企业所得税</td></tr>
</table>

经典题解

【例题 20 · 单选题】 2021 年 10 月甲公司向乙公司投资 300 万元，期限 5 年，每年年末收取固定利息，下列关于该投资业务的税务处理的说法，正确的是（　　）。（2014 年）

A. 甲公司收到的固定利息为免税收入

B. 乙公司应于应付固定利息的日期确认支出

C. 乙公司支付的固定利息可以据实在税前扣除

D. 甲公司应于实际收到固定利息的日期确认收入的实现

【解析】 选项 AD：对于被投资企业支付的利息，投资企业应于被投资企业应付利息的日期，确认收入的实现并计入当期应纳税所得额计税；选项 C：被投资企业的固定利息支出应按税法和“非金融企业向非金融企业借款利息支出”的规定进行税前扣除。

【答案】 B

6. 处置资产收入的确认

项目	税务处理
非视同销售 （内部处置）	企业发生下列情形的处置资产，除将资产转移至境外以外，由于资产所有权属在形式和实质上均不发生改变，可作为内部处置资产，不视同销售确认收入，相关资产的计税基础延续计算： ①将资产用于生产、制造、加工另一产品 ②改变资产形状、结构或性能 ③改变资产用途（如自建商品房转为自用或经营） ④将资产在总机构及其分支机构之间转移 ⑤上述两种或两种以上情形的混合 ⑥其他不改变资产所有权属的用途
视同销售 （外部处置，确认收入）	企业将资产移送他人的下列情形，因资产所有权属已发生改变而不属于内部处置资产，应按规定视同销售确定收入： ①用于市场推广或销售 ②用于交际应酬 ③用于职工奖励或福利 ④用于股息分配 ⑤用于对外捐赠 ⑥其他改变资产所有权属的用途 【考点提示】企业发生上述规定情形时，除另有规定外，应按照被移送资产的公允价值确定销售收入

考点提示

资产处置是否需要确认收入，关键把握资产所有权属是否发生改变或转移至境外。

经典题解

【例题21·单选题】 根据企业所得税相关规定，企业下列资产处置行为应视同销售的是（　　）。（2018年）

A. 将开发产品转为固定资产

B. 将外购材料用于产品生产

C. 将自产货物用于在建工程

D. 将外购礼品用于交际应酬

【解析】 选项ABC：属于内部处置资产，不视同销售确认收入。

【答案】 D

【例题22·多选题】 依据企业所得税相关规定，下列资产处置行为应视同销售的有（　　）。（2020年）

A. 将资产用于职工奖励

B. 将资产用于市场推广

C. 将资产用于交际应酬

D. 将资产用于生产另一产品

E. 将资产用于股息分配

【答案】 ABCE

7. 企业以买一赠一等方式组合销售本企业商品的，不属于捐赠，应将总的销售金额按各项商品的公允价值的比例来分摊确认各项的销售收入。

【案例精析】 假定 A 商品售价 x 元（不含税），B 商品售价 y 元（不含税）。若购买 A 商品赠送 B 商品，则其所得税收入和增值税收入处理存在一定区别：

①增值税：A 商品应纳增值税额 $=x\cdot13\%$，B 商品应纳增值税额 $=y\cdot13\%$；

②所得税：A 商品确认收入 $=x\cdot\frac{x}{x+y}$，B 商品确认收入 $=x\cdot\frac{y}{x+y}$。

8. 企业取得财产（包括各类资产、股权、债权等）转让收入、债务重组收入、接受捐赠收入、无法偿付的应付款收入等，不论是以货币形式还是非货币形式体现，除另有规定外，均应一次性计入确认收入的年度计算缴纳企业所得税。

9. 可转换债券转换为股权投资的税务处理问题（新增）

类型	税务处理
购买方	①购买方企业购买可转换债券，在其持有期间按照约定利率取得的利息收入，应当依法申报缴纳企业所得税 ②购买方企业可转换债券转换为股票时，将应收未收利息一并转为股票的，该应收未收利息即使会计上未确认收入，税收上也应当作为当期利息收入申报纳税；转换后以该债券购买价、应收未收利息和支付的相关税费为该股票投资成本
发行方	①发行方企业发生的可转换债券的利息，按照规定在税前扣除 ②发行方企业按照约定将购买方持有的可转换债券和应付未付利息一并转为股票的，其应付未付利息视同已支付，按照规定在税前扣除

10. 企业发行永续债的企业所得税政策

处理原则	税务处理
可以适用股息、红利企业所得税政策	投资方取得的永续债利息收入属于股息、红利性质，按照现行企业所得税政策相关规定进行处理，其中，发行方和投资方均为居民企业的，永续债利息收入可以适用企业所得税法规定的居民企业之间的股息、红利等权益性投资收益免征企业所得税规定；同时发行方支付的永续债利息支出不得在企业所得税税前扣除
符合条件的可以按照债券利息适用企业所得税政策	（1）发行方支付的永续债利息支出准予在其企业所得税税前扣除 （2）投资方取得的永续债利息收入应当依法纳税

08 不征税收入和免税收入（★★★）

（一）不征税收入

不征税收入	解释
财政拨款	是指各级人民政府对纳入预算管理的事业单位、社会团体等组织拨付的财政资金，但国务院和国务院财政、税务主管部门另有规定的除外
依法收取并纳入财政管理的行政事业性收费、政府性基金	（1）行政事业性收费，是指依照法律、法规等有关规定，按照规定程序批准，在实施社会公共管理，以及在向公民、法人或者其他组织提供特定公共服务过程中，向特定对象收取并纳入财政管理的费用 （2）政府性基金，是指企业依照法律、行政法规等有关规定，代政府收取的具有专项用途的财政资金 （3）对企业依照法律、法规及国务院有关规定收取并上缴财政的政府性基金和行政事业性收费，准予作为不征税收入，于上缴财政的当年在计算应纳税所得额时从收入总额中减除；未上缴财政的部分，不得从收入总额中减除 【考点提示】企业缴纳的不符合审批管理权限设立的基金、收费，不得在计算应纳税所得额时扣除
国务院财政、税务主管部门规定专项用途并经国务院批准的财政性资金	（1）财政性资金是指企业取得的来源于政府及其有关部门的财政补助、补贴、贷款贴息，以及其他各类财政专项资金，包括直接减免的增值税和即征即退、先征后退、先征后返的各种税收，但不包括企业按规定取得的出口退税款 （2）企业将符合规定条件的财政性资金作不征税收入处理后，在5年（60个月）内未发生支出且未缴回财政部门或其他拨付资金的政府部门的部分，应计入取得资金第6年的应税收入总额；计入应税收入总额的财政性资金发生的支出，允许在计算应纳税所得额时扣除
其他不征税收入	（1）社保基金取得的直接股权投资收益、股权投资基金收益 （2）自2018年3月13日至2023年12月31日，对在中国境内未设立机构、场所的，或者虽设立机构、场所但取得的所得与其所设机构、场所没有实际联系的境外机构投资者（包括境外经纪机构），从事中国境内原油期货交易取得的所得（不含实物交割所得），暂不征收企业所得税。对境外经纪机构在境外为境外投资者提供中国境内原油期货经纪业务取得的佣金所得，不属于来源于中国境内的劳务所得，不征收企业所得税

考点提示

企业的不征税收入用于支出所形成的费用，不得在计算应纳税所得额时扣除；企业的不征税收入用于支出所形成的资产，其计算的折旧、摊销不得在计算应纳税所得额时扣除。

经典题解

【例题 23 · 单选题】 下列收入中，属于企业所得税法规定的不征税收入的是（　　）。（2017 年）

A. 企业收到地方政府未规定专项用途的税收返还款收入

B. 外贸企业收到的出口退税款收入

C. 事业单位收到的财政拨款收入

D. 企业取得的国债利息收入

【解析】 选项 A：由国务院财政、税务主管部门规定专项用途并经国务院批准的财政性资金属于不征税收入。选项 B：企业取得的其他各类财政专项资金，包括直接减免的增值税和即征即退、先征后退、先征后返的各种税收，但不包括企业按规定取得的出口退税款。选项 D：国债利息收入属于免税收入。

【答案】 C

【例题 24 · 单选题】 根据企业所得税相关规定，下列收入属于居民企业不征税收入的是（　　）。（2018 年）

A. 债务的豁免

B. 接受企业的捐赠款

C. 依法收取并纳入财政管理的行政事业性收费

D. 一般企业取得的权益性投资收益

【解析】 不征税收入包括：（1）财政拨款；（2）依法收取并纳入财政管理的行政事业性收费、政府性基金；（3）国务院规定的其他不征税收入——专项用途财政性资金；（4）社保基金取得的直接股权投资收益、股权投资基金收益。

【答案】 C

【例题 25 · 多选题】 依据企业所得税的相关规定，企业取得的下列资金中，不计入企业收入总额的有（　　）。（2019 年）

A. 增加企业实收资本的国家投资

B. 无法偿付的应付款项

C. 企业资产的溢余收入

D. 企业使用后需归还财政的资金

E. 按规定取得的增值税出口退税款

【解析】 选项 AD：企业取得的各类财政性资金，除属于国家投资和资金使用后要求归还本金的以外，均应计入当年收入总额。选项 E：企业按规定取得的出口退税款不计入收入总额，作为“应收出口退税款”处理。

【答案】 ADE

（二）免税收入

1. 国债利息收入

（1）为鼓励企业积极购买国债，支援国家建设，税法规定企业因购买国债所得的利息收入，免征企业所得税。

（2）国债转让所得不免税，持有期间尚未兑付的国债利息收入免税。

持有期间尚未兑付的国债利息收入按以下公式计算确定：

国债转让应纳税所得额=国债转让收入-国债成本-国债持有期间未兑付的利息收入

$$国债持有期间未兑付的利息收入=国债金额\times年利率\times\frac{持有天数}{365}$$

考点提示

企业在不同时间购买同一品种国债的，其转让时的成本计算方法，可在先进先出法、加权平均法、个别计价法中选用一种。计价方法一经选用，不得随意改变。

2. 符合条件的股息、红利等权益性投资收益

（1）居民企业直接投资于其他居民企业取得的投资收益。

（2）在中国境内设立机构、场所的非居民企业从居民企业取得与该机构、场所有实际联系的股息、红利等权益性投资收益。

（3）居民企业和非居民企业取得的上述免税的投资收益不包括连续持有居民企业公开发行并上市流通的股票不足12个月取得的投资收益。

3. 符合条件的非营利组织的下列收入为免税收入：

（1）接受其他单位或者个人捐赠的收入；

（2）除《中华人民共和国企业所得税法》第七条规定的财政拨款以外的其他政府补助收入，但不包括因政府购买服务取得的收入；

（3）按照省级以上民政、财政部门规定收取的会费；

（4）不征税收入和免税收入孳生的银行存款利息收入；

（5）财政部、国家税务总局规定的其他收入。

考点提示

符合条件的非营利组织的免税收入主要为非营利性收入。非营利组织从事营利性活动取得的收入，照章纳税。

经典题解

【例题26·单选题】符合条件的非营利组织取得下列收入，应缴纳企业所得税的是（　　）。（2020年）

A. 免税收入孳生的银行存款利息收入

B. 按照省级以上财政部门规定收取的会费收入

C. 因政府购买服务而取得的收入

D. 接受个人的捐赠收入

【答案】C

【例题27·多选题】非营利组织取得的下列收入，为企业所得税免税收入的有（　　）。（2021年）

A. 免税收入孳生的利息收入

B. 不征税收入孳生的利息收入

C. 接受个人捐赠的收入

D. 因政府购买服务取得的收入

E. 接受其他单位捐赠的收入

【解析】 符合条件的非营利组织的下列收入为免税收入：(1) 接受其他单位或者个人捐赠的收入；(2) 除《中华人民共和国企业所得税法》第七条规定的财政拨款以外的其他政府补助收入，但不包括因政府购买服务取得的收入；(3) 按照省级以上民政、财政部门规定收取的会费；(4) 不征税收入和免税收入孳生的银行存款利息收入；(5) 财政部、国家税务总局规定的其他收入。

【答案】 ABCE

【例题 28 · 多选题】 企业取得的下列收入，属于企业所得税免税收入的有（　　）。

A. 国债利息收入

B. 企业债券利息收入

C. 符合条件的居民企业之间的股息、红利等权益性投资收益

D. 居民企业从在中国境内设立机构、场所的非居民企业取得的股息等权益性投资收益

E. 非居民企业在中国境内设立的机构、场所连续持有居民企业公开发行并上市流通的股票 1 年以上取得的投资收益

【解析】 选项 BD：属于应税收入。

【答案】 ACE

4. 对企业取得的 2009 年及以后年度发行的地方政府债券利息所得，免征企业所得税。

5. 自 2020 年 1 月 1 日起，跨境电子商务综合试验区内实行核定征收的跨境电商企业取得的收入属于第 1 点~第 3 点规定的免税收入，可享受免税收入优惠政策。

6. 对企业投资者转让创新企业境内发行存托凭证（创新企业 CDR）取得的差价所得和持有创新企业 CDR 取得的股息红利所得，按转让股票差价所得和持有股票的股息红利所得政策规定征免企业所得税。

7. 对公募证券投资基金（封闭式证券投资基金、开放式证券投资基金）转让创新企业 CDR 取得的差价所得和持有创新企业 CDR 取得的股息红利所得，按公募证券投资基金税收政策规定暂不征收企业所得税。

8. 对合格境外机构投资者（QFII）、人民币合格境外机构投资者（RQFII）转让创新企业 CDR 取得的差价所得和持有创新企业 CDR 取得的股息红利所得，视同转让或持有据以发行创新企业 CDR 的基础股票取得的权益性资产转让所得和股息红利所得征免企业所得税。

9. 自 2021 年 11 月 7 日起至 2025 年 12 月 31 日止，对境外机构投资境内债券市场取得的债券利息收入暂免征收企业所得税。（新增）

考点提示

上述暂免征收企业所得税的范围不包括境外机构在境内设立的机构、场所取得的与该机构、场所有实际联系的债券利息。（新增）

09 企业接收政府和股东划入资产的企业所得税处理（★★）

类型	税务处理
接收政府划入资产	①县级以上人民政府（包括政府有关部门，下同）将国有资产明确以股权投资方式投入企业，企业应作为国家资本金（包括资本公积）处理。该项资产如为非货币性资产，应按政府确定的接收价值确定计税基础 ②县级以上人民政府将国有资产无偿划入企业，凡指定专门用途并按规定进行管理的，企业可作为不征税收入进行企业所得税处理。其中，该项资产属于非货币性资产的，应按政府确定的接收价值计算不征税收入 ③县级以上人民政府将国有资产无偿划入企业，属于上述①、②项以外情形的，应按政府确定的接收价值计入当期收入总额计算缴纳企业所得税。政府没有确定接收价值的，按资产的公允价值计算确定应税收入
接收股东划入资产	①企业接收股东划入资产（包括股东赠予资产、上市公司在股权分置改革过程中接收原非流通股股东和新非流通股股东赠予的资产、股东放弃本企业的股权，下同），凡合同、协议约定作为资本金（包括资本公积）且在会计上已做实际处理的，不计入企业的收入总额，企业应按公允价值确定该项资产的计税基础 ②企业接收股东划入资产，凡作为收入处理的，应按公允价值计入收入总额，计算缴纳企业所得税，同时按公允价值确定该项资产的计税基础

经典题解

【例题29·单选题】依据企业所得税的相关规定，企业接收县政府以股权投资方式投入的国有非货币性资产，应确定的计税基础是（　　）。（2017年）

A. 该资产的公允价值

B. 该资产的账面净值

C. 政府确认的接收价值

D. 该资产的账面原值

【答案】C

【例题30·单选题】企业接收股东划入资产，凡合同、协议约定作为资本金（包括资本公积）且在会计上已做实际处理的，不计入企业的收入总额，企业应按（　　）确定该项资产的计税基础。

A. 该资产的公允价值

B. 该资产投入前的账面金额

C. 双方协商价值

D. 政府确定的接收价值

【答案】A

10 扣除原则和范围（★★★）

（一）税前扣除项目的原则

企业申报的扣除项目和金额要真实、合法。除税收法规另有规定外，税前扣除一般应遵循以下原则：

原则	要求
权责发生制原则	企业费用应在发生的所属期扣除
配比原则	企业发生的费用应当与收入匹配扣除 除另有规定外，企业发生的费用不得提前或滞后申报扣除
合理性原则	要求符合生产经营活动常规，计入当期损益或者有关资产成本的必要和正常的支出

经典题解

【例题 31 · 多选题】 除税法另有规定外，企业在计算企业所得税时，税前扣除一般应遵循的原则有（　　）。（2014 年）

A. 配比原则　　B. 合理性原则

C. 谨慎性原则　　D. 重要性原则

E. 权责发生制原则

【解析】 除税法另有规定外，税前扣除一般应遵循以下原则：（1）权责发生制原则；（2）配比原则；（3）合理性原则。

【答案】 ABE

（二）扣除项目的范围

企业所得税法规定，企业实际发生的与取得收入有关的、合理的支出，包括成本、费用、税金、损失和其他支出，准予在计算应纳税所得额时扣除。在实际中，计算应纳税所得额时还应注意三方面的内容：

1. 企业发生的支出应当区分收益性支出和资本性支出。收益性支出在发生当期直接扣除；资本性支出应当分期扣除或者计入有关资产成本，不得在发生当期直接扣除。

2. 企业的不征税收入用于支出所形成的费用或者财产，不得扣除或者计算对应的折旧、摊销扣除。

3. 除企业所得税法和实施条例另有规定外，企业实际发生的成本、费用、税金、损失和其他支出，不得重复扣除。

成本	是指企业在生产经营活动中发生的销售成本、销货成本、业务支出以及其他耗费，即企业销售商品（产品、材料、下脚料、废料、废旧物资等）、提供劳务、转让固定资产、无形资产（包括技术转让）的成本
费用	是指企业每一个纳税年度为生产、经营商品和提供劳务等所发生的销售（经营）费用、管理费用和财务费用。已经计入成本的有关费用除外

<table>
<tr><td rowspan="3">税金</td><td>当期直接扣除</td><td>计入税金及附加</td><td>消费税、城建税、资源税、土地增值税（房地产开发企业）、出口关税、教育费附加、地方教育附加、房产税、城镇土地使用税、车船税、印花税、环境保护税</td></tr>
<tr><td>分摊、结转扣除</td><td>计入相关资产成本</td><td>车辆购置税、契税、进口关税、耕地占用税、不得抵扣的增值税</td></tr>
<tr><td colspan="2">不得税前扣除</td><td>可以抵扣的增值税、企业所得税</td></tr>
<tr><td>损失</td><td colspan="3">是指企业在生产经营活动中发生的固定资产和存货的盘亏、毁损、报废损失，转让财产损失，呆账损失，坏账损失，自然灾害等不可抗力因素造成的损失以及其他损失
企业发生的损失，减除责任人赔偿和保险赔款后的余额，依照国务院财政、税务主管部门的规定扣除。企业已经作为损失处理的资产，在以后纳税年度又全部收回或者部分收回时，应当计入当期收入</td></tr>
<tr><td>其他支出</td><td colspan="3">是指除成本、费用、税金、损失外，企业在生产经营活动中发生的与生产经营活动有关的、合理的支出</td></tr>
</table>

（三）扣除项目及其标准

1. 工资、薪金支出

（1）企业发生的合理的工资、薪金支出准予据实扣除。

（2）属于国有性质的企业，其工资薪金，不得超过政府有关部门给予的限定数额；超过部分，不得计入企业工资薪金总额，也不得在计算企业应纳税所得额时扣除。

（3）企业因雇用季节工、临时工、实习生、返聘离退休人员所实际发生的费用，应区分为工资薪金支出和职工福利费支出，并按税法规定在企业所得税前扣除。

（4）企业接受外部劳务派遣用工所实际发生的费用，应分为两种情况按规定在税前扣除：

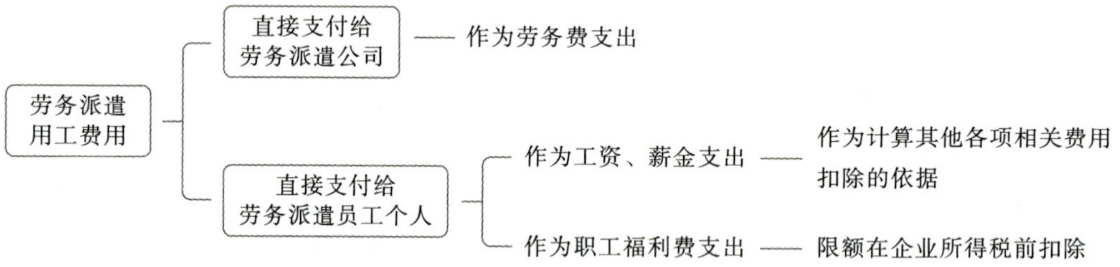

2. 职工福利费、工会经费、职工教育经费

项目	准予扣除	超过规定比例部分的处理
职工福利费	不超过工资薪金总额14%的部分	不得扣除
工会经费	不超过工资薪金总额2%的部分	
职工教育经费	不超过工资薪金总额8%的部分	准予在以后纳税年度结转扣除

考点提示

（1）“三费”按照实发工资薪金总额计算扣除限额；作为计算基数的企业工资薪金还要注意是否合理和真实，不合理、不真实的职工工资总额不得在企业所得税前扣除，也不能作为计算“三费”扣除限额的依据。

（2）集成电路设计企业和符合条件软件生产企业发生的职工培训费用，单独进行核算并按实际发生额在计算应纳税所得额时扣除。集成电路设计企业和符合条件软件生产企业应准确划分职工教育经费中的职工培训费支出，对于不能准确划分的，以及准确划分后职工教育经费中扣除职工培训费的余额，一律按照工资、薪金总额8%的比例扣除。

（3）职工福利费的构成：

①为职工卫生保健、生活、住房、交通等发放的各项补贴和非货币性福利，包括职工因公外地就医费用、未实行医疗统筹企业职工医疗费用、职工供养直系亲属医疗补贴、供暖费补贴、职工防暑降温费、职工困难补贴、救济费、职工食堂经费补贴、职工交通补贴等。

②企业尚未分离的内设集体福利部门所发生的设备、设施和人员费用，包括职工食堂、职工浴室、理发室、医务所、托儿所、疗养院、集体宿舍等集体福利部门设备、设施的折旧、维修保养费用以及集体福利部门工作人员的工资薪金、社会保险费、住房公积金、劳务费等人工费用。

③职工困难补助，或者企业统筹建立和管理的专门用于帮助、救济困难职工的基金支出。

④按规定发生的其他职工福利费，包括丧葬补助费、抚恤费、职工异地安家费、独生子女费、探亲假路费，以及符合企业职工福利费定义但没有包括在上述各条款项目中的其他支出。

【案例精析】某生产企业2021年计入成本、费用中的合理的实发工资为540万元，当年实际发生的工会经费15万元、职工福利费80万元、职工教育经费30万元，则职工工会经费、职工福利费、职工教育经费调整应纳税所得额如下表（单位：万元）：

项目	税前扣除限额	实际发生额	可扣除额	纳税调整额
工会经费	540×2% = 10.8	15	10.8	调增4.2
职工福利费	540×14% = 75.6	80	75.6	调增4.4
职工教育经费	540×8% = 43.2	30	30	0

经典题解

【例题32·单选题】某企业2021年支付正式职工的合理工资总额1000万元、临时工工资30万元。企业当年拨缴的工会经费28万元。在计算企业所得税时，工会经费应调增的应纳税所得额为（　　）万元。（2018年）

A. 7.40　　B. 8.00　　C. 28.00　　D. 9.76

【解析】企业因雇用临时工实际发生的费用，应区分为工资薪金支出和职工福利费支出，并按规定在企业所得税前扣除。其中属于工资薪金支出的，准予计入企业工资薪金总额的基数，作为计算其他各项相关费用扣除的依据。工会经费的扣除限额＝（1000＋30）×2%＝20.60（万元），应调增应纳税所得额＝28－20.60＝7.40（万元）。

【答案】A

【例题33·单选题】2021年某公司给自有员工实际发放合理工资总额为1000万元；公司生产部门接受外部劳务派遣员工6人，每人每月支付劳务费3000元。假设公司当年发生的职工福利费为200万元，职工福利费应调增应纳税所得额（　　）万元。（2017年）

A. 56.98　　B. 55.97　　C. 60.00　　D. 54.96

【解析】企业接受外部劳务派遣用工所实际发生的费用，应分两种情况按规定在税前扣除：按照协议（合同）约定直接支付给劳务派遣公司的费用，应作为劳务费支出；直接支付给员工个人的费用，应作为工资薪金支出和职工福利费支出。其中属于工资薪金支出的费用，准予计入企业工资薪金总额的基数，作为计算其他各项相关费用扣除的依据。职工福利费税前扣除限额＝（1000+0.3×12×6）×14%＝143.02（万元）<实际发生额200万元，应调增应纳税所得额＝200－143.02＝56.98（万元）。

【答案】A

【例题34·单选题】某企业2021年支付如下费用：合同工工资105万元，实习生工资20万元，返聘离休人员工资30万元，直接支付给劳务派遣公司用工费40万元。2021年企业计算企业所得税时允许扣除的职工工会经费限额是（　　）万元。（2016年）

A. 3.9　　B. 3.1　　C. 2.5　　D. 2.1

【解析】企业实际发生的合理的工资薪金支出＝105+20+30＝155（万元），允许扣除工会经费限额＝155×2%＝3.1（万元）。

【答案】B

【例题35·多选题】下列各项属于企业所得税法规定的职工福利费支出的有（　　）。（2015年）

A. 集体福利部门工作人员的住房公积金

B. 职工因公外地就医费用

C. 自办职工食堂经费补贴

D. 车间的离退休人员工资

E. 职工疗养费用

【解析】选项D：车间的离退休人员工资应列入工资薪金支出。

【答案】ABCE

3. 职工社会保险费及相关保险费

（1）企业依照国务院有关主管部门或者省级人民政府规定的范围和标准为职工缴纳的"五险一金"，即基本养老保险费、基本医疗保险费、失业保险费、工伤保险费、生育保险费等基本社会保险费和住房公积金，准予扣除。

安置残疾人的机关事业单位以及由机关事业单位改制后的企业，为残疾人缴纳的机关事业单位养老保险，属于基本养老保险范围。

（2）企业为在本企业任职或受雇的全体员工支付的补充养老保险费、补充医疗保险费，分别在不超过职工工资总额5%标准内的部分，准予扣除。超过部分，不得扣除。

（3）企业依照国家有关规定为特殊工种职工支付的人身安全保险费和符合国务院财政、税务主管部门规定可以扣除的商业保险费准予扣除。

（4）企业为投资者或者职工支付的商业保险费，除另有规定外，不得扣除。

（5）企业职工因公出差乘坐交通工具发生的人身意外保险费支出，准予企业在计算应纳税所得额时扣除。

（6）企业参加财产保险，按照规定缴纳的保险费，准予扣除。

（7）企业参加雇主责任险、公众责任险等责任保险，按照规定缴纳的保险费，准予在企业所得税税前扣除。

经典题解

【例题36·单选题】企业支付的下列保险费，不得在企业所得税税前扣除的是（　　）。（2017年）

A. 企业为投资者购买的商业保险

B. 企业按规定为职工购买的工伤保险

C. 企业为特殊工种职工购买的法定人身安全保险

D. 企业为本单位车辆购买的交通事故责任强制保险

【解析】企业为投资者或者职工支付的商业保险，除另有规定外，不得扣除。

【答案】A

4. 利息费用

（1）企业在生产经营活动中发生的利息费用，按下列规定扣除：

情形		扣除原则
向金融企业借款		非金融企业向金融企业借款的利息支出、金融企业的各项存款利息支出和同业拆借利息支出、企业经批准发行债券的利息支出可据实扣除
向非金融企业借款（包括向自然人借款）	非关联方	非金融企业向非关联方借款的利息支出，不超过按照金融企业同期同类贷款利率计算的数额的部分可据实扣除，超过部分不许扣除
	关联方	企业从其关联方接受的债权性投资与权益性投资的比例超过规定标准而发生的利息支出，不得在计算应纳税所得额时扣除 ①其接受关联方债权性投资与其权益性投资比例为：金融企业5∶1，其他企业2∶1 ②企业从其关联方取得没有超过债权性投资与权益性投资的比例规定标准的债权性投资而发生的利息支出部分，不超过按照金融企业同期同类贷款利率计算的数额的部分可据实扣除，超过部分不许扣除

考点提示

①向关联方借款而发生的利息支出，有“双标准”。

②企业如果能够按照税法及其实施条例的有关规定提供相关资料，并证明相关交易活动符合独立交易原则的，或者该企业的实际税负不高于境内关联方的，其实际支付给境内关联方的利息支出，在计算应纳税所得额时准予扣除。

易错易混

利息扣除要点：

- 利息扣除
  - 向金融企业借款——全额扣除，不作调整
  - 向非金融企业借款（包括向自然人借款）
    - 非关联方——不调本金，只调利率（利率不超过金融企业同期同类贷款利率）
    - 关联方
      - ①先调本金（本金一般不超过该关联方权益性投资的2倍）
      - ②再调利率（利率不超过金融企业同期同类贷款利率）

（2）企业投资者投资未到位发生利息支出的扣除问题

企业投资者在规定期限内未缴足其应缴资本额的，该企业对外借款所发生的利息，相当于投资者实缴资本额与在规定期限内应缴资本额的差额应计付的利息，其不属于企业合理的支出，应由企业投资者负担，不得在计算企业应纳税所得额时扣除。

具体计算不得扣除的利息，应以企业一个年度内每一账面实收资本与借款余额保持不变的期间作为一个计算期，每一计算期内不得扣除的借款利息按该期间借款利息发生额乘以该期间企业未缴足的注册资本占借款总额的比例计算，公式为：

$$\text{企业每一计算期不得扣除的借款利息}=\text{该期间借款利息额}\times\frac{\text{该期间未缴足注册资本额}}{\text{该期间借款额}}$$

企业一个年度内不得扣除的借款利息总额为该年度内每一计算期不得扣除的借款利息额之和。

经典题解

【例题37·单选题】某生产企业2021年12月31日归还关联企业一年到期借款本金1000万元，另支付利息费用100万元。已知该关联企业对该生产企业的权益性投资额为300万元，银行同期同类贷款利率8%。该生产企业在计算企业所得税应纳税所得额时利息费用调整金额为（　　）万元。

A. 0　　B. 20　　C. 40　　D. 52

【解析】关联方之间的借款利息扣除，先调本金，本金一般不超过关联方权益性投资的2倍。本题中关联方权益性投资额为300万元，关联方之间的借款本金则按照600万元处理。其次再调整利率，即不超过银行同期同类贷款利率，所以本题税前可以扣除的利息费用=600×8%=48（万元）。实际利息支出100万元，纳税调增金额=100−48=52（万元）。

【答案】D

【例题38·单选题】甲乙公司均为制造企业，2021年甲公司对关联企业乙公司的股权投资额为5000万元。3月1日乙公司向甲公司借款20000万元用于生产，当年12月31日归还，借款年利率为6%，金融机构同期同类贷款利率为4.8%。2021年乙公司该项借款在企业所得税前应扣除的利息费用是（　　）万元。（2020年）

A. 800　　B. 480　　C. 500　　D. 400

【解析】向关联企业借款需要考虑债资比和法定利率限制的问题。2021年乙公司该项借款在企业所得税前应扣除的利息费用=5000×2×4.8%/12×10=400（万元）。

【答案】D

【例题39·单选题】某电子公司（企业所得税税率15%）2020年1月1日向母公司（企业所得税税率25%）借入2年期贷款5000万元用于购置原材料，约定年利率为10%，银行同期同类贷款利率为7%。2021年电子公司企业所得税前可扣除的该笔借款的利息费用为（　　）万元。（2016年）

A. 1000　　B. 500　　C. 350　　D. 0

【解析】电子公司的实际税负不高于境内关联方，不需要考虑债资比的限制；该笔借款利息税前可以扣除的金额为不超过按照金融机构同期同类贷款利率计算的数额。2021年电子公司企业所得税前可扣除的该笔借款的利息费用=5000×7%=350（万元）。

【答案】C

5. 借款费用

（1）企业在生产经营活动中发生的合理的不需要资本化的借款费用，准予扣除。

（2）企业为购置、建造固定资产、无形资产和经过12个月以上的建造才能达到预定可销售状态的存货发生借款的，在有关资产购置、建造期间发生的合理的借款费用，应予以资本化，作为资本性支出计入有关资产的成本；有关资产交付使用后发生的借款利息，可在发生当期扣除。

（3）企业通过发行债券、取得贷款、吸收保户储金等方式融资而发生的合理的费用支出，符合资本化条件的，应计入相关资产成本。不符合资本化条件的，应作为财务费用，准予在企业所得税前据实扣除。

6. 汇兑损失

企业在货币交易中，以及纳税年度终了时将人民币以外的货币性资产、负债按照期末即期人民币汇率中间价折算为人民币时产生的汇兑损失，除已经计入有关资产成本以及与向所有者进行利润分配相关的部分外，准予扣除。

7. 业务招待费

（1）企业发生的与生产经营活动有关的业务招待费支出，按照实际发生额的60%扣除，但最高不得超过当年销售（营业）收入的5‰。

考点提示

作为业务招待费扣除限额的计算基数的收入范围是指当年主营业务收入、其他业务收入和视同销售收入，但是不含营业外收入、资产处置收益、投资收益（从事股权投资业务的企业除外）等。

（2）对从事股权投资业务的企业（包括集团公司总部、创业投资企业等），其从被投资企业所分配的股息、红利以及股权转让收入，可以按规定的比例计算业务招待费扣除限额。

（3）企业在筹建期间，发生的与筹办活动有关的业务招待费支出，可按实际发生额的60%计入企业筹办费，并按有关规定在税前扣除。

考点提示

业务招待费调整原则为“一个标准，一个限额”：按照“业务招待费实际发生额的60%”“销售（营业）收入的5‰”孰低原则税前扣除，即“哪个小扣哪个”。

经典题解

【例题40·单选题】 下列各项中，能作为业务招待费税前扣除限额计算基数的是（　　）。

A. 让渡固定资产使用权的收入

B. 因债权人原因确实无法支付的应付款项

C. 转让无形资产所有权的收入

D. 出售固定资产的收入

【答案】 A

【例题41·多选题】 依据企业所得税相关规定，关于业务招待费计算扣除的说法，正确的有（　　）。（2020年）

A. 企业筹建期间发生的业务招待费，可按实际发生额的60%计入筹办费在税前扣除

B. 创投企业从其被投资企业所分配的股息、红利，可作为业务招待费的计算基数

C. 从事股权投资业务的企业取得的股权转让收入，可作为业务招待费的计算基数

D. 企业税前可扣除的业务招待费，最高不得超过当年销售或营业收入的5‰

E. 企业视同销售的收入，不得作为业务招待费的计算基数

【解析】 选项E：计算业务招待费税前扣除限额的基数（销售或营业收入）包括视同销售收入。

【答案】 ABCD

【例题42·单选题】 某生产企业2021年取得产品销售收入5800万元，包装物出租收入200万元，转让商标所有权收入200万元，接受捐赠收入20万元，债务重组收益10万元，当年实际发生业务招待费100万元，该生产企业当年可在所得税前列支的业务招待费金额是（　　）万元。

A. 60　　B. 40

C. 31.15　　D. 30

【解析】 计算业务招待费限额的销售（营业）收入=主营业务收入+其他业务收入+视同销售收入，不包括营业外收入、资产处置收益和投资收益。实际发生额的60%=100×60%=60（万元）>销售（营业）收入的5‰=（5800+200）×5‰=30（万元），所以税前允许扣除的业务招待费为30万元。

【答案】 D

8. 广告费和业务宣传费

（1）扣除标准

企业类型	扣除标准	超过规定比例部分的处理
一般企业	不超过当年销售（营业）收入15%的部分	准予在以后纳税年度结转扣除
化妆品制造或销售企业	不超过当年销售（营业）收入30%的部分	
医药制造企业		
饮料（不含酒类）制造企业		
烟草企业	不得扣除	——

考点提示

业务招待费的扣除限额的计算基数与广告费和业务宣传费的扣除限额的计算基数存在一定的共性，即销售（营业）收入的确定相同。

（2）企业在筹建期间，发生的广告费与业务宣传费，可按实际发生额计入企业筹办费，并按规定在税前扣除。

（3）对签订广告费和业务宣传费分摊协议的关联企业，其中一方发生的不超过当年销售（营业）收入税前扣除限额比例内的广告费和业务宣传费支出可以在本企业扣除，也可以将其中的部分或全部按照分摊协议归集至另一方扣除。另一方在计算本企业广告费和业务宣传费支出企业所得税税前扣除限额时，可将按照上述办法归集至本企业的广告费和业务宣传费不计算在内。

【案例精析】A 公司和 B 公司是关联企业，根据双方签订的广告费分摊协议，A 公司在 2021 年发生的广告费的 40%应归集至 B 公司扣除。具体税务处理如下：

A 公司（本企业）	假设 2021 年 A 公司销售（营业）收入为 3000 万元，当年实际发生广告费为 600 万元，其广告费的扣除比例为销售（营业）收入的 15%，则： （1）A 公司广告费的税前扣除限额为：3000×15%＝450（万元） （2）转移到 B 公司扣除的广告费应为：450×40%＝180（万元） （3）在 A 公司扣除的广告费为：450－180＝270（万元） （4）结转以后年度扣除的广告费为：600－450＝150（万元）
B 公司（另一方）	假设 2021 年 B 公司销售（营业）收入为 6000 万元，当年实际发生广告费为 1200 万元，其广告费的扣除比例为销售（营业）收入的 15%，则： （1）B 公司广告费的税前扣除限额为：6000×15%＝900（万元） （2）A 公司当年分摊来的广告费为：180 万元 （3）B 公司本年度实际扣除的广告费为：900＋180＝1080（万元） （4）结转以后年度扣除的广告费为：1200－900＝300（万元）

经典题解

【例题43·单选题】企业发生的广告费，下列所得税处理正确的是（ ）。（2019年）

A. 酒类制造企业的广告费，不得在税前扣除

B. 医药销售企业的广告费，不超过当年销售收入30%的部分准予税前扣除

C. 企业筹建期间发生的广告费，可按实际发生额计入筹办费，按有关规定在税前扣除

D. 签订广告分摊协议的关联企业，计算税前可扣除的广告费，只能在关联企业之间平均扣除

【解析】选项A：烟草企业的烟草广告费和业务宣传费支出，一律不得在计算应纳税所得额时扣除，酒类制造企业的广告费可以在限额内（15%）税前扣除。选项B：对化妆品制造与销售、医药制造和饮料制造（不含酒类制造）企业发生的广告费和业务宣传费支出，不超过当年销售（营业）收入30%的部分，准予扣除；超过部分，准予在以后纳税年度结转扣除。选项D：对签订广告费和业务宣传费分摊协议的关联企业，其中一方发生的不超过当年销售（营业）收入税前扣除限额比例内的广告费和业务宣传费支出可以在本企业扣除，也可以将其中的部分或全部按照分摊协议归集至另一方扣除。

【答案】C

【例题44·多选题】依据企业所得税的相关规定，企业发生的广告费和业务宣传费可按当年销售（营业）收入30%的比例扣除的有（ ）。（2017年）

A. 化妆品销售企业

B. 化妆品制造企业

C. 医药制造企业

D. 饮料销售企业

E. 白酒制造企业

【答案】ABC

【例题45·单选题】某商贸公司2021年开始筹建，当年未取得收入，筹办期间发生业务招待费300万元、业务宣传费20万元、广告费用200万元。根据企业所得税相关规定，上述支出可计入企业筹办费并在税前扣除的金额是（ ）万元。（2013年）

A. 200　　B. 220　　C. 400　　D. 520

【解析】企业筹办期间发生的与筹办活动有关的业务招待费按实际发生额的60%计入企业筹办费；广告费和业务宣传费按实际发生额，计入筹办费。可计入筹办费并在税前扣除的金额$=300\times60\%+20+200=400$（万元）。

【答案】C

9. 环境保护专项资金

企业依照法律、行政法规有关规定提取的用于环境保护、生态恢复等方面的专项资金，准予扣除。上述专项资金提取后改变用途的，不得扣除。

10. 租赁费

租赁方式	扣除标准
经营租赁	以经营租赁方式租入固定资产发生的租赁费支出，按照租赁期限均匀扣除

租赁方式	扣除标准
融资租赁	以融资租赁方式租入固定资产发生的租赁费支出，按照规定构成融资租入固定资产价值的部分应当提取折旧费用，分期扣除

11. 劳动保护费

企业发生的合理的劳动保护支出，准予扣除。

考点提示

企业根据其工作性质和特点，由企业统一制作并要求员工工作时统一着装所发生的工作服饰费用，根据规定可以作为企业合理的支出给予税前扣除。

12. 公益性捐赠支出

公益性捐赠，是指企业通过公益性社会组织或者县级以上人民政府及其部门，用于符合法律规定的慈善活动、公益事业的捐赠。

考点提示

公益性捐赠支出强调的是通过“第三方”的捐赠。如果纳税人直接对外捐赠，除另有规定外，在计算应纳税所得额时不得扣除，需要全额进行纳税调增。

（1）企业发生的公益性捐赠支出，在年度利润总额12%以内的部分，准予在计算应纳税所得额时扣除；超过年度利润总额12%的部分，准予结转以后3年内在计算所得额时扣除。

考点提示

年度利润总额，是指企业依照国家统一会计制度的规定计算的年度会计利润。

（2）企业发生的公益性捐赠支出未在当年税前扣除的部分，准予向以后年度结转扣除，但结转年限自捐赠发生年度的次年起计算最长不得超过3年。企业在对公益性捐赠支出计算扣除时，应先扣除以前年度结转的捐赠支出，再扣除当年发生的捐赠支出。

【案例精析1】某企业2020年结转的公益性捐赠支出为5万元，2021年实际发生的符合扣除条件的公益性捐赠支出为8万元，2021年该企业会计利润总额为100万元。则2021年公益性捐赠支出扣除限额 = 100×12% = 12（万元）。以前年度结转的公益性捐赠支出+当年发生公益性捐赠支出 = 5+8 = 13（万元），大于企业当年年度利润总额的12%，则准予在当年税前扣除的公益性捐赠支出为当年年度利润总额的12%即12万元，剩余1万元准予结转以后三年内在计算应纳税所得额时扣除。（纳税调整：先调减5万元，再调增1万元）

【案例精析2】某企业2020年结转的公益性捐赠支出为4万元，2021年实际发生的符合扣除条件的公益性捐赠支出为7万元，2021年该企业利润总额为100万元。则2021年公益性捐赠支出扣除限额 = 100×12% = 12（万元）。以前年度结转的公益性捐赠支出+当年发生公益性捐赠支出 = 4+7 = 11（万元），小于企业当年年度利润总额的12%，准予在当年税前扣除的公益性捐赠支出为以前年度结转的公益性捐赠支出+当年发生公益性捐赠支出共11万元。（纳税调整：调减4万元）

（3）企业在非货币性资产捐赠过程中发生的运费、保险费、人工费用等相关支出，凡纳入国家机关、公益性社会组织开具的公益捐赠票据记载的数额中的，作为公益性捐赠支出按照规定在税前扣除；上述费用未纳入公益性捐赠票据记载的数额中的，作为企业相关费用按照规定在税前扣除。（新增）

（4）自2019年1月1日至2025年12月31日，企业通过公益性社会组织或者县级（含县级）以上人民政府及其组成部门和直属机构，用于目标脱贫地区的扶贫捐赠支出，准予在计算企业所得税应纳税所得额时据实扣除。在政策执行期限内，目标脱贫地区实现脱贫的，可继续适用上述政策。（调整）

考点提示

企业同时发生扶贫捐赠支出和其他公益性捐赠支出，在计算公益性捐赠支出年度扣除限额时，符合上述条件的扶贫捐赠支出不计算在内。

（5）自2017年7月12日起，对企业、社会组织和团体赞助、捐赠北京2022年冬奥会、冬残奥会、测试赛的资金、物资、服务支出，在计算企业应纳税所得额时予以全额扣除。（新增）

（6）自2020年4月9日起，对企业、社会组织和团体赞助、捐赠杭州亚运会的资金、物资、服务支出，在计算企业应纳税所得额时予以全额扣除。（新增）

（7）自2020年1月1日至2021年3月31日，企业通过公益性社会组织或者县级以上人民政府及其部门等国家机关，捐赠用于应对新型冠状病毒感染的肺炎疫情的现金和物品，允许在计算应纳税所得额时全额扣除。

经典题解

【例题46·单选题】2021年度某公司利润总额1000万元，当年发生公益性捐赠支出200万元，2020年度结转到2021年未抵扣完的公益性捐赠30万元。该公司2021年计算应纳税所得额时可扣除本年发生的公益性捐赠金额是（　　）万元。（2020年）

A. 120　　B. 110　　C. 90　　D. 80

【解析】当年可以扣除的公益性捐赠支出限额＝1000×12%＝120（万元）。企业在对公益性捐赠支出计算扣除时，应先扣除以前年度结转的捐赠支出，再扣除当年发生的捐赠支出。所以先扣除2020年结转的30万元，该公司2021年计算应纳税所得额时可扣除本年发生的公益性捐赠金额＝120－30＝90（万元）。

【答案】C

【例题47·多选题】根据企业所得税相关规定，企业下列支出超过税法规定扣除限额标准，准予向以后年度结转扣除的有（　　）。（2018年）

A. 业务宣传费支出　　B. 公益性捐赠支出
C. 广告费支出　　D. 职工教育经费支出
E. 职工福利费支出

【解析】超过税法规定扣除限额标准，准予向以后年度结转扣除的费用有：职工教育经费；广告费和业务宣传费支出；保险企业手续费及佣金支出；公益性捐赠支出（3年内）。

【答案】ABCD

13. 总机构分摊的费用

非居民企业在中国境内设立的机构、场所，就其中国境外总机构发生的与该机构、场所生产经营有关的费用，能够提供总机构出具的费用汇集范围、定额、分配依据和方法等证明文件，并合理分摊的，准予扣除。

14. 资产损失

企业当期发生的固定资产和流动资产盘亏、毁损净损失，由其提供清查盘存资料经申报后，准予扣除。

15. 依照有关法律、行政法规和国家有关税法规定准予扣除的其他项目。如会员费、合理的会议费、差旅费、违约金、诉讼费用等。

16. 手续费及佣金支出

考点提示

手续费，是因他人代为办理有关事项而支付的相应报酬。佣金，是指企业在销售业务发生时支付给中间人的报酬，中间人不能是本企业的职工。

（1）基本规定

企业类型	扣除政策	扣除差异比较		
		基数不同	比例不同	结转不同
一般企业	按与具有合法经营资格中介服务机构或个人（不含交易双方及其雇员、代理人和代表人等）所签订服务协议或合同确认的收入金额的5%计算限额；超出部分，不得扣除	合同或服务协议金额	5%	不可结转
保险企业	保险企业发生与其经营活动有关的手续费及佣金支出，不超过当年全部保费收入扣除退保金等后余额的18%（含本数）的部分，在计算应纳税所得额时准予扣除；超过部分，允许结转以后年度扣除	净保费收入	18%	可结转
电信企业	电信企业在发展客户、拓展业务等过程中（如委托销售电话入网卡、电话充值卡等），需向经纪人、代办商支付手续费及佣金的，其实际发生的相关手续费及佣金支出，不超过企业当年收入总额5%的部分，准予在企业所得税前据实扣除	当年收入	5%	不可结转

（2）其他规定

①企业不得将手续费及佣金支出计入回扣、业务提成、返利、进场费等费用。

②企业已计入固定资产、无形资产等相关资产的手续费及佣金支出，应当通过折旧、摊销等方式分期扣除，不得在发生当期直接扣除。

③企业支付的手续费及佣金不得直接冲减服务协议或合同金额，并如实入账。

④从事代理服务、主营业务收入为手续费、佣金的企业（如证券、期货、保险代理等企

业），其为取得该类收入而实际发生的营业成本（包括手续费及佣金支出），准予在企业所得税前据实扣除。

⑤除委托个人代理外，企业以现金等非转账方式支付的手续费及佣金不得在税前扣除。

经典题解

【例题48·多选题】自2019年1月1日起，下列关于手续费及佣金支出的企业所得税税务处理，正确的有（　　）。

A. 电信企业按照企业当年收入总额5%计算可扣除手续费及佣金限额

B. 企业计入固定资产的手续费及佣金支出应通过折旧方式分期扣除

C. 人身保险企业按照当年全部保费收入的18%计算可扣除佣金限额

D. 财产保险企业按照当年全部保费收入的18%计算可扣除佣金限额

E. 以现金方式支付给具有合法经营资格中介个人的符合规定的佣金可以扣除

【解析】选项CD：保险企业发生与其经营活动有关的手续费及佣金支出，不超过当年全部保费收入扣除退保金等后余额的18%（含本数）的部分，在计算应纳税所得额时准予扣除；超过部分，允许结转以后年度扣除。

【答案】ABE

17. 航空企业空勤训练费、核电厂操纵员培训费

（1）航空企业实际发生的飞行员养成费、飞行训练费、乘务训练费、空中保卫员训练费等空勤训练费用，根据规定可以作为航空企业运输成本在税前扣除。

（2）核力发电企业为培养核电厂操纵员发生的培养费用，依据规定可作为企业的发电成本在税前扣除。企业应将核电厂操纵员培养费与员工的职工教育经费严格区分，单独核算，员工实际发生的职工教育经费支出不得计入核电厂操纵员培养费直接扣除。

经典题解

【例题49·多选题】航空企业实际发生的下列费用，可作为航空企业运输成本在税前扣除的有（　　）。（2020年）

A. 乘务训练费

B. 地勤人员业务学习培训费

C. 飞行员养成费

D. 空中保卫员训练费

E. 飞行训练费

【答案】ACDE

18. 保险公司缴纳的保险保障基金

考点提示

保险保障基金，是指按照《中华人民共和国保险法》和《保险保障基金管理办法》规定缴纳形成的，在规定情形下用于救助保单持有人、保单受让公司或者处置保险业风险的非政府性行业风险救助基金。

（1）保险公司按下列规定缴纳的保险保障基金，准予据实税前扣除：

保险类型			税前扣除要求
财产保险	非投资型		不得超过保费收入的 0.8%
	投资型	有保证收益	不得超过业务收入的 0.08%
		无保证收益	不得超过业务收入的 0.05%
人寿保险	有保证收益		不得超过业务收入的 0.15%
	无保证收益		不得超过业务收入的 0.05%
健康保险	短期		不得超过保费收入的 0.8%
	长期		不得超过保费收入的 0.15%
意外伤害保险	非投资型		不得超过保费收入的 0.8%
	投资型	有保证收益	不得超过业务收入的 0.08%
		无保证收益	不得超过业务收入的 0.05%

考点提示

上述保费收入，是指投保人按照保险合同约定，向保险公司支付的保险费。上述业务收入，是指投保人按照保险合同约定，为购买相应的保险产品支付给保险公司的全部金额。

（2）保险公司有下列情形之一的，其缴纳的保险保障基金不得在税前扣除：

①财产保险公司的保险保障基金余额达到公司总资产 6% 的；

②人身保险公司的保险保障基金余额达到公司总资产 1% 的。

（3）保险公司按国务院财政部门的相关规定提取的未到期责任准备金、寿险责任准备金、长期健康险责任准备金、已发生已报案未决赔款准备金和已发生未报案未决赔款准备金，准予在税前扣除。

考点提示

已发生已报案未决赔款准备金，按最高不超过当期已经提出的保险赔款或者给付金额的 100% 提取；已发生未报案未决赔款准备金按不超过当年实际赔款支出额的 8% 提取。

（4）保险公司实际发生的各种保险赔款、给付，应首先冲抵按规定提取的准备金，不足冲抵部分，准予在当年税前扣除。

19. 关于我国居民企业实行股权激励计划有关企业所得税的税务处理

（1）对股权激励计划实行后立即可以行权的，上市公司可以根据实际行权时该股票的公允价格与激励对象实际行权支付价格的差额和数量，计算确定作为当年上市公司工资薪金支出，依照税法规定进行税前扣除。

（2）对股权激励计划实行后，需待一定服务年限或者达到规定业绩条件（简称“等待期”）方可行权的。上市公司等待期内会计上计算确认的相关成本费用，不得在对应年度计算缴纳企业所得税时扣除。在股权激励计划可行权后，上市公司方可根据该股票实际行权时的公允价格与当年激励对象实际行权支付价格的差额及数量，计算确定作为当年上市公司工资薪金支出，依照税法规定进行税前扣除。

（3）股票实际行权时的公允价格，以实际行权日该股票的收盘价格确定。

经典题解

【例题50·单选题】2019年1月某上市公司对本公司20名管理人员实施股票期权激励政策，约定如在公司连续服务2年，即可以4元/股的价格购买本公司股票1000股。2021年1月，20名管理人员全部行权，行权日股票收盘价20元/股。根据企业所得税相关规定，行权时该公司所得税前应扣除的费用金额是（　　）元。（2013年）

A. 300000　　B. 320000　　C. 380000　　D. 400000

【解析】应扣除的费用金额=（20-4）×20×1000=320000（元）。

【答案】B

20. 企业参与政府统一组织的工矿（含中央下放煤矿）棚户区改造、林区棚户区改造、垦区危房改造并同时符合一定条件的棚户区改造支出，准予在企业所得税前扣除。

21. 关于税前扣除规定与企业实际会计处理之间的税务处理

企业依据财务会计制度规定，并实际在财务会计处理上已确认的支出，凡没有超过《企业所得税法》和有关税收法规规定的税前扣除范围和标准的，可按企业实际会计处理确认的支出，在企业所得税前扣除，计算其应纳税所得额。

22. 金融企业贷款损失准备金企业所得税税前扣除有关政策

自2019年1月1日起，金融企业贷款（涉农贷款和中小企业贷款除外）损失准备金企业所得税税前扣除按以下规定处理：

项目	内容
准予税前提取贷款损失准备金的贷款资产范围	①贷款（含抵押、质押、保证、信用等贷款） ②银行卡透支、贴现、信用垫款（含银行承兑汇票垫款、信用证垫款、担保垫款等）、进出口押汇、同业拆出、应收融资租赁款等具有贷款特征的风险资产 ③由金融企业转贷并承担对外还款责任的国外贷款，包括国际金融组织贷款、外国买方信贷、外国政府贷款、日本国际协力银行不附条件贷款和外国政府混合贷款等资产
不得提取贷款损失准备金在税前扣除的资产范围	金融企业的委托贷款、代理贷款、国债投资、应收股利、上交央行准备金以及金融企业剥离的债权和股权、应收财政贴息、央行款项等不承担风险和损失的资产以及除上述准予税前提取贷款损失准备金的资产以外的其他风险资产
准予当年税前扣除的贷款损失准备金计算公式	准予当年税前扣除的贷款损失准备金=本年末准予提取贷款损失准备金的贷款资产余额×1%-截至上年末已在税前扣除的贷款损失准备金的余额 按上述公式计算的数额如为负数，应当相应调增当年应纳税所得额

项目	内容
扣除原则	金融企业发生的符合条件的贷款损失，应先冲减已在税前扣除的贷款损失准备金，不足冲减部分可据实在计算当年应纳税所得额时扣除

经典题解

【例题51·多选题】依据企业所得税的相关规定，金融企业准予税前提取贷款损失准备金的贷款有（　　）。（2017年）

A. 保证贷款

B. 委托贷款

C. 代理贷款

D. 抵押贷款

E. 质押贷款

【答案】ADE

【例题52·单选题】某金融企业2021年年末，准予提取贷款损失准备金的贷款资产余额为10000万元，截至2020年年末已在税前扣除的贷款损失准备金余额为60万元。该金融企业2021年准予税前扣除的贷款损失准备金为（　　）万元。（2020年）

A. 100　　B. 140

C. 40　　D. 240

【解析】金融企业准予当年税前扣除的贷款损失准备金=本年末准予提取贷款损失准备金的贷款资产余额×1%－截至上年末已在税前扣除的贷款损失准备金的余额=10000×1%－60=40（万元）。

【答案】C

23. 金融企业涉农贷款和中小企业贷款损失准备金税前扣除政策

自2019年1月1日起，金融企业涉农贷款和中小企业贷款损失准备金的企业所得税税前扣除政策如下：

<table>
<tr><th>项目</th><th colspan="2">内容</th></tr>
<tr><td rowspan="5">计提比例</td><td>贷款风险分类</td><td>计提比例</td></tr>
<tr><td>关注类贷款</td><td>2%</td></tr>
<tr><td>次级类贷款</td><td>25%</td></tr>
<tr><td>可疑类贷款</td><td>50%</td></tr>
<tr><td>损失类贷款</td><td>100%</td></tr>
<tr><td>扣除原则</td><td colspan="2">金融企业发生的符合条件的涉农贷款和中小企业贷款损失，应先冲减已在税前扣除的贷款损失准备金，不足冲减部分可据实在计算应纳税所得额时扣除</td></tr>
</table>

（四）扣除凭证

<table>
<tr><th>项目</th><th colspan="3">内容</th></tr>
<tr><td>原则要求</td><td colspan="3">（1）税前扣除凭证在管理中遵循真实性、合法性、关联性原则
（2）企业发生支出，应取得税前扣除凭证，作为计算企业所得税应纳税所得额时扣除相关支出的依据</td></tr>
<tr><td>凭证类型</td><td colspan="3">税前扣除凭证按照来源分为内部凭证和外部凭证：
（1）内部凭证是指企业自制用于成本、费用、损失和其他支出核算的会计原始凭证。内部凭证的填制和使用应当符合国家会计法律、法规等相关规定
（2）外部凭证是指企业发生经营活动和其他事项时，从其他单位、个人取得的用于证明其支出发生的凭证，包括但不限于发票（包括纸质发票和电子发票）、财政票据、完税凭证、收款凭证、分割单等
【考点提示】企业在经营活动、经济往来中常常伴生有合同协议、付款凭证等相关资料，在某些情形下，则为支出依据，如法院判决企业支付违约金而出具的裁判文书。以上资料不属于税前扣除凭证，但属于与企业经营活动直接相关且能够证明税前扣除凭证真实性的资料，企业也应按照法律、法规等相关规定，履行保管责任，以备包括税务机关在内的有关部门、机构或者人员核实</td></tr>
<tr><td rowspan="4">凭证要求</td><td rowspan="2">境内支出</td><td>应税项目</td><td>（1）企业在境内发生的支出项目属于增值税应税项目（简称“应税项目”）的，对方为已办理税务登记的增值税纳税人，其支出以发票（包括按照规定由税务机关代开的发票）作为税前扣除凭证
（2）对方为依法无须办理税务登记的单位或者从事小额零星经营业务的个人，其支出以税务机关代开的发票或者收款凭证及内部凭证作为税前扣除凭证，收款凭证应载明收款单位名称、个人姓名及身份证号、支出项目、收款金额等相关信息</td></tr>
<tr><td>非应税项目</td><td>企业在境内发生的支出项目不属于应税项目的，对方为单位的，以对方开具的发票以外的其他外部凭证作为税前扣除凭证；对方为个人的，以内部凭证作为税前扣除凭证
【考点提示】企业在境内发生的支出项目虽不属于应税项目，但按税务总局规定可以开具发票的，可以发票作为税前扣除凭证</td></tr>
<tr><td colspan="2">境外支出</td><td>企业从境外购进货物或者劳务发生的支出，以对方开具的发票或者具有发票性质的收款凭证、相关税费缴纳凭证作为税前扣除凭证</td></tr>
<tr><td colspan="2">限制性要求</td><td>企业取得私自印制、伪造、变造、作废、开票方非法取得、虚开、填写不规范等不符合规定的发票（简称“不合规发票”），以及取得不符合国家法律、法规等相关规定的其他外部凭证（简称“不合规其他外部凭证”），不得作为税前扣除凭证</td></tr>
</table>

项目	内容
凭证补（换）开	（1）企业应当取得而未取得发票、其他外部凭证或者取得不合规发票、不合规其他外部凭证的，若支出真实且已实际发生，应当在当年度汇算清缴期结束前，要求对方补开、换开发票、其他外部凭证。补开、换开后的发票、其他外部凭证符合规定的，可以作为税前扣除凭证 （2）企业在补开、换开发票、其他外部凭证过程中，因对方注销、撤销、依法被吊销营业执照、被税务机关认定为非正常户等特殊原因无法补开、换开发票、其他外部凭证的，可凭以下资料证实支出真实性后，其支出允许税前扣除： ①无法补开、换开发票、其他外部凭证原因的证明资料（包括工商注销、机构撤销、列入非正常经营户、破产公告等证明资料） ②相关业务活动的合同或者协议 ③采用非现金方式支付的付款凭证 ④货物运输的证明资料 ⑤货物入库、出库内部凭证 ⑥企业会计核算记录以及其他资料 【考点提示】第①项至第③项为必备资料 （3）汇算清缴期结束后，税务机关发现企业应当取得而未取得发票、其他外部凭证或者取得不合规发票、不合规其他外部凭证并且告知企业的，企业应当自被告知之日起60日内补开、换开符合规定的发票、其他外部凭证。其中，因对方特殊原因无法补开、换开发票、其他外部凭证的，企业应当按照规定，自被告知之日起60日内提供可以证实其支出真实性的相关资料 （4）企业在税务机关规定的期限未能补开、换开符合规定的发票、其他外部凭证，并且未能按照规定提供相关资料证实其支出真实性的，相应支出不得在发生年度税前扣除 （5）除发生规定的情形外，企业以前年度应当取得而未取得发票、其他外部凭证，且相应支出在该年度没有税前扣除的，在以后年度取得符合规定的发票、其他外部凭证或者按照规定提供可以证实其支出真实性的相关资料，相应支出可以追补至该支出发生年度税前扣除，但追补年限不得超过5年
凭证分割	（1）企业与其他企业（包括关联企业）、个人在境内共同接受应纳增值税劳务（简称“应税劳务”）发生的支出，采取分摊方式的，应当按照独立交易原则进行分摊，企业以发票和分割单作为税前扣除凭证，共同接受应税劳务的其他企业以企业开具的分割单作为税前扣除凭证 （2）企业与其他企业、个人在境内共同接受非应税劳务发生的支出，采取分摊方式的，企业以发票外的其他外部凭证和分割单作为税前扣除凭证，共同接受非应税劳务的其他企业以企业开具的分割单作为税前扣除凭证 （3）企业租用（包括企业作为单一承租方租用）办公、生产用房等资产发生的水、电、燃气、冷气、暖气、通讯线路、有线电视、网络等费用，出租方作为应税项目开具发票的，企业以发票作为税前扣除凭证；出租方采取分摊方式的，企业以出租方开具的其他外部凭证作为税前扣除凭证

11 不得扣除的项目（★★★）

1. 向投资者支付的股息、红利等权益性投资收益款项。

2. 企业所得税税款。

3. 税收滞纳金，是指纳税人违反税收法规，被税务机关加收的滞纳金。

4. 罚金、罚款和被没收财物的损失，是指纳税人违反国家有关法律、法规规定，被有关部门处以的罚款，以及被司法机关处以的罚金和被没收财物。

5. 不符合规定标准的捐赠支出。

6. 赞助支出，是指企业发生的与生产经营活动无关的各种非广告性质支出。

7. 未经核定的准备金支出，是指不符合国务院财政、税务主管部门规定的各项资产减值准备、风险准备等准备金支出。

考点提示

除财政部和国家税务总局核准计提的准备金可以税前扣除外，其他行业、企业计提的各项资产减值准备、风险准备等均不得税前扣除。

8. 企业之间支付的管理费、企业内营业机构之间支付的租金和特许权使用费，以及非银行企业内营业机构之间支付的利息。

9. 与取得收入无关的其他支出。

经典题解

【例题53·单选题】下列支出，在计算企业所得税应纳税所得额时准予扣除的是（　　）。（2020年考题改编）

A. 按规定缴纳的公众责任险

B. 企业内营业机构之间支付的租金

C. 外购未投入使用的设备计提的折旧费

D. 非银行企业内营业机构之间支付的利息

【解析】选项BD：企业之间支付的管理费、企业内营业机构之间支付的租金和特许权使用费，以及非银行企业内营业机构之间支付的利息，不得扣除。选项C：房屋、建筑物以外未投入使用的固定资产，不得计算折旧在税前扣除。

【答案】A

【例题54·单选题】下列支出，可以在企业所得税税前扣除的是（　　）。（2018年）

A. 子公司支付给母公司的管理费

B. 企业内设营业机构之间支付的租金

C. 企业内设营业机构之间支付的特许权使用费

D. 银行企业内设营业机构之间支付的利息

【答案】D

【例题 55 · 单选题】 下列各项支出，可在企业所得税前扣除的是（ ）。（2015 年）

A. 企业之间支付的管理费用

B. 非银行企业内营业机构之间支付的利息

C. 企业依照法律规定提取的环境保护专项资金

D. 烟草企业的烟草广告费和业务宣传费

【答案】 C

【例题 56 · 多选题】 软件生产企业的下列支出，在计算应纳税所得额时可在发生当期据实扣除的有（ ）。（2018 年）

A. 职工培训费

B. 劳动保护费

C. 诉讼费

D. 非广告性赞助支出

E. 工资薪金支出

【答案】 ABCE

【例题 57 · 多选题】 在计算企业所得税时，下列支出允许在税前扣除的有（ ）。（2017 年）

A. 企业发生的诉讼费用

B. 企业向银行支付的罚息

C. 企业支付的合同违约金

D. 企业缴纳的企业所得税税款

E. 企业向投资者支付的股息、红利

【答案】 ABC

12 亏损弥补（★★★）

（一）补亏原则

1. 税法规定，企业某一纳税年度发生的亏损可以用下一年度的所得弥补，下一年度的所得不足以弥补的，可以逐年延续弥补，但最长不得超过 5 年。

2. 自 2018 年 1 月 1 日起，当年具备高新技术企业或科技型中小企业资格的企业，其具备资格年度之前 5 个年度发生的尚未弥补完的亏损，准予结转以后年度弥补，最长结转年限由 5 年延长至 10 年。

3. 自 2020 年 1 月 1 日起，国家鼓励的线宽小于 130 纳米（含）的集成电路生产企业，属于国家鼓励的集成电路生产企业清单年度之前 5 个纳税年度发生的尚未弥补完的亏损，准予向以后年度结转，总结转年限最长不得超过 10 年。国家鼓励的集成电路生产企业或项目清单由国家发展改革委、工业和信息化部会同财政部、税务总局等相关部门制定。

4. 受疫情影响较大的困难行业企业 2020 年度发生的亏损，最长结转年限由 5 年延长至 8 年。

考点提示

困难行业企业，包括交通运输、餐饮、住宿、旅游（指旅行社及相关服务、游览景区管理两类）四大类，具体判断标准按照现行《国民经济行业分类》执行。困难行业企业 2020 年度主营业务收入须占收入总额（剔除不征税收入和投资收益）的 50% 以上。

5. 对电影行业企业2020年度发生的亏损，最长结转年限由5年延长至8年。

考点提示

电影行业企业限于电影制作、发行和放映等企业，不包括通过互联网、电信网、广播电视网等信息网络传播电影的企业。

6. 企业在汇总计算缴纳企业所得税时，其境外营业机构的亏损不得抵减境内营业机构的盈利。

记忆技巧 （一般情况下）五年结转，先亏先补；只许外补内，不许内补外。

【案例精析】某居民企业适用企业所得税税率为25%，执行5年弥补亏损的规定，2009年以前每年均实现盈利，2010年至2016年各年度未弥补亏损前的应纳税所得额如下表所示（单位：万元）：

年度	2010年	2011年	2012年	2013年	2014年	2015年	2016年
未弥补亏损前的应纳税所得额	-120	20	-30	25	30	35	50

关于2010年的亏损，要用2011年至2015年的所得弥补，尽管期间2012年亏损，也要占用5年补亏期的一个弥补年度，且先亏先补。截至2015年年底，一共结转弥补2010年的亏损110万元，2010年尚未弥补完的亏损还余10万元，该10万元则不能在2016年的应纳税所得额中弥补，因为超过了5年补亏期。2012年的亏损可以用2016年的所得弥补，则2016年弥补亏损后的应纳税所得额=50-30=20（万元），应纳税额=20×25%=5（万元）。

（二）筹办期间损益处理

1. 企业筹办期间不计算为亏损年度，企业开始生产经营的年度，为开始计算企业损益的年度。

2. 企业从事生产经营之前进行筹办活动期间发生筹办费用支出，不得计算为当期的亏损，企业可以在开始经营之日的当年一次性扣除，也可以按照税法有关长期待摊费用的处理规定处理，但一经选定，不得改变。

经典题解

【例题58·单选题】下列关于企业筹建期间相关业务的税务处理，正确的是（　　）。（2015年）

A. 筹建期应确认为企业的亏损年度

B. 筹办费应作为长期待摊费用在不低于2年的时间内进行摊销

C. 筹建期发生的广告费和业务宣传费可按实际发生额计入筹办费

D. 筹建期发生的业务招待费可按实际发生额计入筹办费

【解析】选项 A：企业筹办期间不计算为亏损年度；选项 B：筹办费可以在开始经营之日的当年一次性扣除，也可以按照长期待摊费用在不低于 3 年的时间内进行摊销；选项 D：企业在筹建期间发生的与筹办活动有关的业务招待费支出，可按实际发生额的 60% 计入企业筹办费。

【答案】C

【例题 59·多选题】依照企业所得税法的相关规定，下列关于企业亏损弥补的说法正确的有（　　）。

A. 企业某一纳税年度发生的亏损可以用下一年度的所得弥补，下一年度的所得不足以弥补的，可以逐年延续弥补，但通常最长不得超过 5 年

B. 企业在汇总计算缴纳企业所得税时，其境外营业机构的亏损可以用境内营业机构的盈利来弥补

C. 企业因以前年度实际资产损失未在税前扣除而多缴纳的企业所得税税款，可在追补确认年度企业所得税应纳税款中抵扣，不足抵扣的，可以在以后年度递延抵扣

D. 企业筹办期间不计算为亏损年度，企业开始生产经营的年度，为开始计算企业损益的年度

E. 企业在筹办期间发生的筹办费用可以在开始经营之日的当年一次性扣除，也可以按照税法有关长期待摊费用的处理规定处理，但一经选定，不得改变

【解析】选项 B：企业在汇总计算缴纳企业所得税时，其境外营业机构的亏损不得抵减境内营业机构的盈利。

【答案】ACDE

查看本单元视频，快速 GET 知识点
使用“会计云课堂”App或“微信”扫码

第四单元　资产的所得税处理

13 固定资产的税务处理（★★★）

固定资产，是指企业为生产产品、提供劳务、出租或者经营管理而持有的、使用时间超过 12 个月的非货币性资产，包括房屋、建筑物、机器、机械、运输工具以及其他与生产经营活动有关的设备、器具、工具等。

（一）计税基础

取得方式	计税基础
外购	购买价款+支付的相关税费+直接归属于使该资产达到预定用途发生的其他支出
自行建造	竣工结算前发生的支出

取得方式	计税基础	
融资租入	合同约定付款总额	租赁合同约定的付款总额+承租人在签订租赁合同过程中发生的相关费用
	合同未约定付款总额	该资产的公允价值+承租人在签订租赁合同过程中发生的相关费用
盘盈	同类固定资产的重置完全价值(重置成本)	
捐赠、投资、非货币性资产交换、债务重组	该资产的公允价值+支付的相关税费	
改建	除已足额提取折旧的固定资产的改建支出和租入固定资产的改建支出外，以改建过程中发生的改建支出增加计税基础	

考点提示

1. 已足额提取折旧的固定资产的改建支出和租入固定资产的改建支出，计入长期待摊费用。

2. 融资性售后回租业务中，承租人出售资产的行为，不确认为销售收入，对融资性租赁的资产，仍按承租人出售前原账面价值作为计税基础计提折旧。

经典题解

【例题60·单选题】根据企业所得税法律制度的规定，下列关于固定资产计税基础的确定方法的表述中，不正确的是（　　）。

A. 盘盈的固定资产，以同类固定资产的重置完全价值为计税基础

B. 融资租入的固定资产，租赁合同约定付款总额的，以租赁合同约定的付款总额和承租人在签订租赁合同过程中发生的相关费用为计税基础

C. 自行建造的固定资产，以达到预定可使用状态前发生的支出为计税基础

D. 外购的固定资产，以购买价款和支付的相关税费以及直接归属于使该资产达到预定用途发生的其他支出为计税基础

【解析】选项C：自行建造的固定资产，以竣工结算前发生的支出为计税基础。

【答案】C

（二）折旧范围

下列固定资产不得计算折旧扣除：

1. 房屋、建筑物以外未投入使用的固定资产；
2. 以经营租赁方式租入的固定资产；
3. 以融资租赁方式租出的固定资产；
4. 已足额提取折旧仍继续使用的固定资产；
5. 与经营活动无关的固定资产；
6. 单独估价作为固定资产入账的土地；
7. 其他不得计算折旧扣除的固定资产。

经典题解

【例题 61 · 单选题】依据企业所得税的相关规定，下列固定资产可以计提折旧的是（　　）。（2019 年）

A. 闲置未用的仓库和办公楼　　B. 以经营租赁方式租入的生产设备

C. 单独估价作为固定资产入账的土地　　D. 已提足折旧仍继续使用的运输工具

【答案】A

（三）折旧方法

1. 企业应当自固定资产投入使用月份的次月起计算折旧；停止使用的固定资产，应当自停止使用月份的次月起停止计算折旧。

2. 企业应当根据固定资产的性质和使用情况，合理确定固定资产的预计净残值。固定资产的预计净残值一经确定，不得变更。

3. 固定资产按照直线法计算的折旧，准予扣除。

4. 企业的固定资产由于技术进步等原因，确需加速折旧的，可以缩短折旧年限或者采取加速折旧的方法。（详见税收优惠）

5. 改扩建后固定资产的折旧

（1）企业对房屋、建筑物等固定资产在未足额提取折旧前进行改扩建的，如属于推倒重置的，该资产原值减除提取折旧后的净值，应并入重置后的固定资产计税成本，并在该固定资产投入使用后的次月起，按照税法规定的折旧年限，一并计提折旧。

（2）如属于提升功能、增加面积的，该固定资产的改扩建支出，并入该固定资产计税基础，并从改扩建完工投入使用后的次月起，重新按税法规定的该固定资产折旧年限计提折旧，如该改扩建后的固定资产尚可使用的年限低于税法规定的最低年限的，可以按尚可使用的年限计提折旧。

6. 企业固定资产投入使用后，由于工程款项尚未结清未取得全额发票的，可暂按合同规定的金额计入固定资产计税基础计提折旧，待发票取得后进行调整。但该项调整应在固定资产投入使用后 12 个月内进行。

（四）折旧年限

除国务院财政、税务主管部门另有规定外，固定资产计算折旧的最低年限如下：

固定资产种类	最低折旧年限
房屋、建筑物	20 年
飞机、火车、轮船、机器、机械和其他生产设备	10 年
与生产经营活动有关的器具、工具、家具等	5 年
飞机、火车、轮船以外的运输工具	4 年
电子设备	3 年

（五）折旧的所得税处理

1. 企业固定资产会计折旧年限如果短于税法规定的最低折旧年限，其按会计折旧年限计提的折旧高于按税法规定的最低折旧年限计提的折旧部分，应调增当期应纳税所得额；企业固定资产会计折旧年限已期满且会计折旧已提足，但税法规定的最低折旧年限尚未到期且税收折旧尚未足额扣除，其未足额扣除的部分准予在剩余的税收折旧年限继续按规定扣除。

2. 企业固定资产会计折旧年限如果长于税法规定的最低折旧年限，其折旧应按会计折旧年限计算扣除，税法另有规定除外。

3. 企业按会计规定提取的固定资产减值准备，不得税前扣除，其折旧仍按税法确定的固定资产计税基础计算扣除。

4. 企业按税法规定实行加速折旧的，其按加速折旧办法计算的折旧额可全额在税前扣除。

5. 石油天然气开采企业在计提油气资产折耗（折旧）时，由于会计与税法规定计算方法不同导致的折耗（折旧）差异，应按税法规定进行纳税调整。

6. 企业购买的文物、艺术品用于收藏、展示、保值增值的，作为投资资产进行税务处理。文物、艺术品资产在持有期间，计提的折旧、摊销费用，不得税前扣除。（新增）

经典题解

【例题62·单选题】某市一家彩电生产企业，为增值税一般纳税人，适用企业所得税税率25%。2021年6月，企业为了提高产品性能，从国内购入2台专用设备并于当月投入使用，取得的增值税专用发票上注明价款400万元，增值税52万元，企业未选择一次性计入成本费用扣除，会计上采用直线法按5年计提折旧，残值率8%（经税务机关认可），税法规定该设备直线法折旧年限为10年。计算企业所得税应纳税所得额时，2021年2台专用设备折旧费调整应纳税所得额的金额是（　　）万元。（2010年考题改编）

A. 18.40　　　　B. 33.25

C. 36.80　　　　D. 43.01

【解析】当年会计上的折旧=400×（1−8%）÷5÷12×6=36.8（万元），当年按照税法规定所得税前允许扣除的折旧=400×（1−8%）÷10÷12×6=18.4（万元），所以专用设备折旧费应调增应纳税所得额=36.8−18.4=18.4（万元）。

【答案】A

（六）企业所得税核定征收改为查账征收后有关资产的税务处理（新增）

1. 企业能够提供资产购置发票的，以发票载明金额为计税基础；不能提供资产购置发票的，可以凭购置资产的合同（协议）、资金支付证明、会计核算资料等记载金额，作为计税基础。

2. 核定征税期间投入使用的资产，改为查账征税后，按照税法规定的折旧、摊销年限，扣除该资产投入使用年限后，就剩余年限继续计提折旧、摊销额并在税前扣除。

14 生物资产的税务处理（★★）

项目	内容	
种类	消耗性生物资产	是指为出售而持有的或在将来收获为农产品的生物资产，包括生长中的大田作物、蔬菜、用材林以及存栏待售的牲畜等
	生产性生物资产	是指为产出农产品、提供劳务或出租等目的而持有的生物资产，包括经济林、薪炭林、产畜和役畜等
	公益性生物资产	是指以防护、环境保护为主要目的的生物资产，包括防风固沙林、水土保持林和水源涵养林等
计税基础	（1）外购的生产性生物资产，以购买价款和支付的相关税费为计税基础 （2）通过捐赠、投资、非货币性资产交换、债务重组等方式取得的生产性生物资产，以该资产的公允价值和支付的相关税费为计税基础	
折旧方法	（1）生产性生物资产按照直线法计算的折旧，准予扣除 （2）企业应当自生产性生物资产投入使用月份的次月起计算折旧；停止使用的生产性生物资产，应当自停止使用月份的次月起停止计算折旧 （3）企业应当根据生产性生物资产的性质和使用情况，合理确定生产性生物资产的预计净残值。生产性生物资产的预计净残值一经确定，不得变更	
折旧年限	生产性生物资产计算折旧的最低年限如下： （1）林木类生产性生物资产，为10 年 （2）畜类生产性生物资产，为3 年	

经典题解

【例题 63 · 单选题】某农场外购奶牛支付价款 20 万元，依据企业所得税相关规定，税前扣除方法为（　　）。（2009 年）

A. 一次性在税前扣除

B. 按奶牛寿命在税前分期扣除

C. 按直线法以不低于 3 年折旧年限计算折旧税前扣除

D. 按直线法以不低于 10 年折旧年限计算折旧税前扣除

【解析】奶牛属于畜类生产性生物资产，应当以直线法计提折旧在税前扣除，计算折旧的最低年限为 3 年。

【答案】C

15 无形资产的税务处理（★★★）

无形资产，是指企业长期使用但没有实物形态的资产，包括专利权、商标权、著作权、土地使用权、非专利技术、商誉等。

项目	内容
计税基础	（1）外购的无形资产，以购买价款和支付的相关税费以及直接归属于使该资产达到预定用途发生的其他支出为计税基础 （2）自行开发的无形资产，以开发过程中该资产符合资本化条件后至达到预定用途前发生的支出为计税基础 （3）通过捐赠、投资、非货币性资产交换、债务重组等方式取得的无形资产，以该资产的公允价值和支付的相关税费为计税基础
摊销范围	下列无形资产不得计算摊销费用扣除： （1）自行开发的支出已在计算应纳税所得额时扣除的无形资产 （2）自创商誉 （3）与经营活动无关的无形资产 （4）其他不得计算摊销费用扣除的无形资产
摊销方法	无形资产的摊销，采取直线法计算 【考点提示】外购商誉的支出，在企业整体转让或者清算时，准予扣除
摊销年限	（1）无形资产的摊销年限一般不得低于 10 年 （2）作为投资或者受让的无形资产，有关法律规定或者合同约定了使用年限的，可以按照规定或者约定的使用年限分期摊销 （3）企业购进软件，凡符合固定资产或无形资产确认条件的，可以按照固定资产或无形资产进行核算，其折旧或摊销年限可以适当缩短，最短可为2 年（含）

经典题解

【例题 64 · 单选题】根据企业所得税相关规定，一般情况下无形资产摊销年限不得低于（　　）年。（2011 年）

A. 3　　B. 5　　C. 7　　D. 10

【答案】D

【例题 65 · 多选题】关于无形资产的企业所得税处理，下列说法正确的有（　　）。（2019 年）

A. 无形资产的摊销，采用直线法，摊销年限一般不得低于 10 年

B. 外购商誉的支出，在企业整体转让或清算时扣除

C. 自创商誉不得计算摊销费用扣除

D. 通过债务重组方式取得的无形资产，以应收债权和支付的相关税费作为计税基础

E. 作为投资的无形资产，有关合同约定了使用年限的，可按照约定的使用年限摊销

【解析】选项 D：通过捐赠、投资、非货币性资产交换、债务重组等方式取得的无形资产，以该资产的公允价值和支付的相关税费为计税基础。

【答案】ABCE

【例题 66 · 单选题】 2021 年 1 月 1 日，某企业以不含税价 200 万元购买符合无形资产确认条件的软件一套，当月投入使用。2021 年该软件可在企业所得税前摊销的最高限额是（　　）万元。（2020 年）

A. 40　　B. 20

C. 100　　D. 200

【解析】 企业购进软件，凡符合固定资产或无形资产确认条件的，可以按照固定资产或无形资产进行核算，其折旧或摊销年限可以适当缩短，最短可为 2 年（含）。2021 年该软件可在企业所得税前摊销的最高限额 = 200÷2 = 100（万元）。

【答案】 C

16 长期待摊费用的税务处理（★★★）

1. 长期待摊费用，是指企业发生的应在 1 个年度以上或几个年度进行摊销的费用。在计算应纳税所得额时，企业发生的下列支出作为长期待摊费用，按照规定摊销的，准予扣除：

（1）已足额提取折旧的固定资产的改建支出；

（2）租入固定资产的改建支出；

（3）固定资产的大修理支出；

（4）其他应当作为长期待摊费用的支出。

2. 企业所得税法所指固定资产的大修理支出，是指同时符合下列条件的支出：

（1）修理支出达到取得固定资产时的计税基础 50% 以上；

（2）修理后固定资产的使用年限延长 2 年以上。

3. 企业的固定资产修理支出可在发生当期直接扣除。企业的固定资产改良支出，如果有关固定资产尚未提足折旧，可增加固定资产价值；如有关固定资产已提足折旧，可作为长期待摊费用，在规定的期间内平均摊销。

4. 其他应当作为长期待摊费用的支出，自支出发生月份的次月起，分期摊销，摊销年限不得低于 3 年。

经典题解

【例题 67 · 多选题】 根据企业所得税相关规定，下列支出应作为长期待摊费用进行税务处理的有（　　）。（2018 年）

A. 融资租入固定资产的租赁费支出　　B. 租入固定资产的改建支出

C. 固定资产的大修理支出　　D. 已提足折旧的固定资产的改建支出

E. 未提足折旧的固定资产改建支出

【解析】 选项 A：以融资租赁方式租入固定资产发生的租赁费支出，按照规定构成融资租入固定资产价值的部分应当提取折旧费用，分期扣除。选项 E：企业对房屋、建筑物固定资产在未足额提取折旧前进行改扩建的，如属于推倒重置的，该资产原值减除提取折旧后的净值，应并入重置后的固定资产计税成本，并在该固定资产投入使用后的次月起，按照税法规定的折旧年限一并计提折旧。如属于提升功能、增加面积的，该固定资产的改扩建支出，并入该固定资产计税基础，并从改扩建完工投入使用后的次月起，重新按税法规定的该固定资产折旧年限计提折旧，如该改扩建后的固定资产尚可使用的年限低于税法规定的最低年限的，可以按尚可使用的年限计提折旧。

【答案】BCD

【例题68·多选题】下列关于资产的企业所得税税务处理的说法，正确的有（　　）。（2016年）

A. 外购的固定资产，以购买价款和支付的增值税作为计税基础

B. 企业持有至到期投资成本按照预计持有期限分期摊销扣除

C. 固定资产的大修理支出按照尚可使用年限分期摊销扣除

D. 租入固定资产的改建支出应作为长期待摊费用摊销扣除

E. 外购商誉的支出在企业整体转让时准予扣除

【解析】选项A：外购的固定资产，以购买价款和支付的相关税费以及直接归属于使该资产达到预定用途发生的其他支出作为计税基础；选项B：企业持有至到期投资成本在转让或处置时，一次性扣除。

【答案】CDE

【例题69·单选题】2020年3月某商贸零售企业以经营租赁方式租入临街商铺一间，租期8年。2022年3月该企业发生商铺改建支出30万元。关于该笔改建支出，正确的企业所得税处理是（　　）。

A. 按2年分期摊销扣除

B. 按6年分期摊销扣除

C. 在发生的当期一次性扣除

D. 按8年分期摊销扣除

【解析】租入固定资产的改建支出，按照合同约定的剩余租赁期限分期摊销。

【答案】B

17 存货的税务处理（★★）

存货，是指企业持有以备出售的产品或者商品、处在生产过程中的在产品、在生产或者提供劳务过程中耗用的材料和物料等。

项目	内容
计税基础	（1）通过支付现金方式取得的存货，以购买价款和支付的相关税费为成本 （2）通过支付现金以外的方式取得的存货，以该存货的公允价值和支付的相关税费为成本 （3）生产性生物资产收获的农产品，以产出或者采收过程中发生的材料费、人工费和分摊的间接费用等必要支出为成本
成本计算方法	企业使用或者销售的存货的成本计算方法，可以在先进先出法、加权平均法、个别计价法中选用一种。计价方法一经选用，不得随意变更

18 投资资产的税务处理（★★★）

投资资产，是指企业对外进行权益性投资和债权性投资而形成的资产。

项目	内容
成本	（1）通过支付现金方式取得的投资资产，以购买价款为成本 （2）通过支付现金以外的方式取得的投资资产，以该资产的公允价值和支付的相关税费为成本
成本扣除方法	企业对外投资期间，投资资产的成本在计算应纳税所得额时不得扣除，企业在转让或者处置投资资产时，投资资产的成本准予扣除
非货币性资产投资企业所得税处理	（1）居民企业以非货币性资产对外投资确认的非货币性资产转让所得，可在不超过5年期限内，分期均匀计入相应年度的应纳税所得额，按规定计算缴纳企业所得税。企业以非货币性资产对外投资而取得被投资企业的股权，应以非货币性资产的原计税成本为计税基础，加上每年确认的非货币性资产转让所得，逐年进行调整 （2）企业在对外投资5年内转让上述股权或投资收回的，应停止执行递延纳税政策，并就递延期内尚未确认的非货币性资产转让所得，在转让股权或投资收回当年的企业所得税年度汇算清缴时，一次性计算缴纳企业所得税；企业在计算股权转让所得时，可按规定将股权的计税基础一次调整到位。企业在对外投资5年内注销的，应停止执行递延纳税政策，并就递延期内尚未确认的非货币性资产转让所得，在注销当年的企业所得税年度汇算清缴时，一次性计算缴纳企业所得税 【考点提示】非货币性资产投资的所得税处理，关键是能够正确理解会计的“账面价值”和税法的“计税基础”之间的差异。掌握账面价值和计税基础的差异，对于后续学习企业重组的所得税处理至关重要

经典题解

【例题70·单选题】关于非货币性资产投资企业所得税的处理，下列说法不正确的是（　　）。

A. 居民企业以非货币性资产对外投资确认的非货币性资产转让所得，可在不超过5年期限内，分期均匀计入相应年度的应纳税所得额，按规定计算缴纳企业所得税

B. 居民企业以非货币性资产对外投资，应对非货币性资产进行评估并按评估后的公允价值扣除计税基础后的余额，计算确认非货币性资产转让所得

C. 居民企业以非货币性资产对外投资而取得被投资企业的股权，应以非货币性资产的原计税成本为计税基础，加上每年确认的非货币性资产转让所得，逐年进行调整

D. 非货币性资产投资，限于非居民企业之间的非货币性资产投资

【解析】选项D：非货币性资产投资，限于居民企业将非货币性资产出资设立新的居民企业，或将非货币性资产注入现存的居民企业。

【答案】D

19 税法规定与会计规定差异的处理（★★★）

1. 企业不能提供完整、准确的收入及成本、费用凭证，不能正确计算应纳税所得额的，由税务机关核定其应纳税所得额。

2. 企业应纳税所得额是根据税收法规计算出来的，它在数额上与依据财务会计制度计算的利润总额往往不一致。因此，税法规定：对企业按照有关财务会计规定计算的利润总额，要按照税法的规定进行必要调整后，才能作为应纳税所得额计算缴纳所得税。

第五单元　资产损失税前扣除的所得税处理

查看本单元视频，快速GET知识点

使用“会计云课堂”App或“微信”扫码

20 资产损失的概念（★★）

1. 资产是指企业拥有或者控制的、用于经营管理活动相关的资产，包括现金、银行存款、应收及预付款项（包括应收票据、各类垫款、企业之间往来款项）等货币性资产，存货、固定资产、无形资产、在建工程、生产性生物资产等非货币性资产，以及债权性投资和股权（权益）性投资。

2. 准予在企业所得税税前扣除的资产损失，是指企业在实际处置、转让上述资产过程中发生的合理损失（简称“实际资产损失”），以及企业虽未实际处置、转让上述资产，但符合有关规定条件计算确认的损失（简称“法定资产损失”）。

考点提示

关于“实际资产损失”与“法定资产损失”的区别：

区分实际资产损失与法定资产损失的关键在于是否实际处置转让，只要不符合实际处置转让要件的，一般都属于法定资产损失。所谓实际处置转让，要符合两个条件：一是企业主观上有处置的意图；二是客观上采取了处置转让的手段。

假设某公司在欠款企业破产前，将1000万元的应收账款以800万元转让给了其他企业（不考虑相关税费），这时产生的200万元损失是公司主观有处置的意图，客观上采取了处置的手段，那么就属于“实际资产损失”。再比如某公司存货被盗，这时公司肯定产生了损失，但该损失并非公司有主观处置意图，被盗完全是意外事件，因此这种损失就不属于实际处置产生的实际资产损失，而属于“法定的资产损失”。

21 资产损失扣除的政策（★★★）

资产类型	损失扣除
货币性资金	（1）企业清查出的现金短缺减除责任人赔偿后的余额，作为现金损失在计算应纳税所得额时扣除 （2）企业将货币性资金存入法定具有吸收存款职能的机构，因该机构依法破产、清算，或者政府责令停业、关闭等原因，确实不能收回的部分，作为存款损失在计算应纳税所得额时扣除

<table>
<tr><th>资产类型</th><th colspan="3">损失扣除</th></tr>
<tr><td>应收、预付账款</td><td colspan="3">企业除贷款类债权外的应收、预付账款，符合下列条件之一的，减除可收回金额后确认的无法收回的应收、预付款项，可以作为坏账损失在计算应纳税所得额时扣除：
（1）债务人依法宣告破产、关闭、解散、被撤销，或者被依法注销、吊销营业执照，其清算财产不足清偿的
（2）债务人死亡，或者依法被宣告失踪、死亡，其财产或者遗产不足清偿的
（3）债务人逾期 3 年以上未清偿，且有确凿证据证明已无力清偿债务的
（4）与债务人达成债务重组协议或法院批准破产重整计划后，无法追偿的
（5）因自然灾害、战争等不可抗力导致无法收回的
（6）国务院财政、税务主管部门规定的其他条件</td></tr>
<tr><td>贷款类债权</td><td colspan="3">企业经采取所有可能的措施和实施必要的程序之后，符合相关条件的贷款类债权，可以作为贷款损失在计算应纳税所得额时扣除</td></tr>
<tr><td>股权投资</td><td colspan="3">企业的股权投资符合下列条件之一的，减除可收回金额后确认的无法收回的股权投资，可以作为股权投资损失在计算应纳税所得额时扣除：
（1）被投资方依法宣告破产、关闭、解散、被撤销，或者被依法注销、吊销营业执照的
（2）被投资方财务状况严重恶化，累计发生巨额亏损，已连续停止经营 3 年以上，且无重新恢复经营改组计划的
（3）对被投资方不具有控制权，投资期限届满或者投资期限已超过 10 年，且被投资单位因连续 3 年经营亏损导致资不抵债的
（4）被投资方财务状况严重恶化，累计发生巨额亏损，已完成清算或清算期超过 3 年的
（5）国务院财政、税务主管部门规定的其他条件</td></tr>
<tr><td rowspan="3">固定资产或存货</td><td>盘亏</td><td>以该固定资产的账面净值或存货的成本减除责任人赔偿后的余额，作为固定资产或存货盘亏损失在计算应纳税所得额时扣除</td><td rowspan="3">【考点提示】企业因存货盘亏、毁损、报废、被盗等原因不得从增值税销项税额中抵扣的进项税额，可以与存货损失一起在计算应纳税所得额时扣除</td></tr>
<tr><td>毁损、报废</td><td>以该固定资产的账面净值或存货的成本减除残值、保险赔款和责任人赔偿后的余额，作为固定资产或存货毁损、报废损失在计算应纳税所得额时扣除</td></tr>
<tr><td>被盗</td><td>以该固定资产的账面净值或存货的成本减除保险赔款和责任人赔偿后的余额，作为固定资产或存货被盗损失在计算应纳税所得额时扣除</td></tr>
<tr><td>境外资产损失</td><td colspan="3">企业境内、境外营业机构发生的资产损失应分开核算，对境外营业机构由于发生资产损失而产生的亏损，不得在计算境内应纳税所得额时扣除</td></tr>
</table>

考点提示

1. 企业在计算应纳税所得额时已经扣除的资产损失，在以后纳税年度全部或者部分收回时，其收回部分应当作为收入计入收回当期的应纳税所得额。

2. 企业对其扣除的各项资产损失，应当提供能够证明资产损失确属已实际发生的合法证据，包括具有法律效力的外部证据、具有法定资质的中介机构的经济鉴证证明、具有法定资质的专业机构的技术鉴定证明等。

经典题解

【例题71·单选题】下列应收账款损失，如已说明情况出具专项报告并在会计上已作为损失处理的，可以在企业所得税前扣除的是（ ）。（2016年）

A. 逾期3年的20万元应收账款损失

B. 相当于企业年度收入千分之一的应收账款损失

C. 逾期2年的10万元应收账款损失

D. 逾期1年的10万元应收账款损失

【解析】企业逾期3年以上的应收账款在会计上已作为损失处理的，可以作为坏账损失，但应说明情况，并出具专项报告。

【答案】A

【例题72·单选题】下列情形中，不能作为坏账损失在计算应纳税所得额时扣除的是（ ）。（2015年）

A. 因自然灾害导致无法收回的应收账款

B. 债务人被依法注销，其清算财产不足清偿的应收账款

C. 债务人2年未清偿，且有确凿证据证明无力偿还的应收账款

D. 法院批准破产重整计划后无法追偿的应收账款

【答案】C

【例题73·单选题】下列各项债权，准予作为损失在企业所得税前扣除的是（ ）。（2016年）

A. 行政部门干预逃废的企业债权

B. 担保人有经济偿还能力未按期偿还的企业债权

C. 企业未向债务人追偿的债权

D. 有国务院批准文件证明经国务院专案批准核销的贷款类债权

【解析】经国务院专案批准核销的贷款类债权可以作为贷款损失在计算应纳税所得额时扣除。

【答案】D

【例题74·单选题】某地板厂（增值税一般纳税人）2021年5月由于管理不善造成一批上月从一般纳税人手中购入的原材料丢失（已抵扣过进项税额），账面成本24.65万元（含向一般纳税人支付的运费4.65万元），取得直接负责人赔偿金额5万元，该地板厂的损失已经得到税务机关的审核和确认，该地板厂在计算企业所得税应纳税所得额时可以扣除的损失为（ ）万元。

A. 20 B. 22.67 C. 27.67 D. 19.65

【解析】企业因管理不善造成原材料丢失，进项税额不能从增值税销项税额中抵扣，可以与存货损失一起在计算应纳税所得额时扣除；已经抵扣过进项税额的，要作进项税额转出处理；企业发生的损失，应按减除责任人赔偿和保险赔款后的余额，在计算应纳税所得额时进行扣除。该地板厂可在税前扣除的损失 = 24.65 +（24.65 - 4.65）×13% + 4.65×9% - 5 = 22.67（万元）。

【答案】B

22 资产损失税前扣除管理（★★★）

企业发生的资产损失，应按规定的程序和要求向主管税务机关申报后方能在税前扣除。未经申报的损失，不得在税前扣除。

1. 申报管理

申报方式	损失类型
清单申报	①企业在正常经营管理活动中，按照公允价格销售、转让、变卖非货币资产的损失 ②企业各项存货发生的正常损耗 ③企业固定资产达到或超过使用年限而正常报废清理的损失 ④企业生产性生物资产达到或超过使用年限而正常死亡发生的资产损失 ⑤企业按照市场公平交易原则，通过各种交易场所、市场等买卖债券、股票、期货、基金以及金融衍生产品等发生的损失
专项申报	①除清单申报以外的资产损失，应以专项申报的方式向税务机关申报扣除 ②企业无法准确判别是否属于清单申报扣除的资产损失，可以采取专项申报的形式申报扣除

经典题解

【例题 75·单选题】依据企业所得税的相关规定，企业发生的下列资产损失，应采取清单申报方式向税务机关申报扣除的是（　　）。（2017 年）

A. 固定资产超过使用年限正常报废清理的损失

B. 因自然灾害等不可抗力导致无法收回的损失

C. 债务人死亡或者依法被宣告失踪造成的损失

D. 与债务人达成债务重组协议无法追偿的损失

【答案】A

2. 企业以前年度发生的资产损失未能在当年税前扣除的，可以按照规定，向税务机关说明并进行专项申报扣除。

（1）属于实际资产损失的，准予追补至该项损失发生年度扣除，其追补确认期限一般不得超过 5 年，但因计划经济体制转轨过程中遗留的资产损失、企业重组上市过程中因权属不清出现争议而未能及时扣除的资产损失、因承担国家政策性任务而形成的资产损失以及政策定性不明确而形成资产损失等特殊原因形成的资产损失，其追补确认期限经国家税务总局批准后可适当延长。

（2）属于法定资产损失，应在申报年度扣除。

（3）企业因以前年度实际资产损失未在税前扣除而多缴的企业所得税税款，可在追补确认年度企业所得税应纳税款中予以抵扣，不足抵扣的，向以后年度递延抵扣。

（4）企业实际资产损失发生年度扣除追补确认的损失后出现亏损的，应先调整资产损失发生年度的亏损额，再按弥补亏损的原则计算以后年度多缴的企业所得税税款，并按上述办法进行税务处理。

经典题解

【例题 76 · 多选题】根据企业所得税法的相关规定，下列关于资产损失的表述中，不正确的有（ ）。

A. 企业发生的资产损失，未经申报的，不得在税前扣除

B. 企业以前年度发生的资产损失未能在当年税前扣除的，按照规定进行专项申报扣除后，均应追补至该项损失发生年度扣除

C. 企业因以前年度实际资产损失未在税前扣除而多缴的企业所得税税款，可以在当年年度企业所得税应纳税款中予以抵扣

D. 企业以前年度发生的实际资产损失未能在当年税前扣除的，应按照规定向税务机关说明并进行专项申报扣除后，准予追补至该项损失发生年度扣除，其追补确认期限一般不得超过 5 年

E. 企业实际资产损失发生年度扣除追补确认的损失后出现亏损的，以后年度不得弥补该项亏损

【解析】选项 B：企业以前年度发生的资产损失未能在当年税前扣除的，可以按照规定向税务机关说明并进行专项申报扣除。其中，属于实际资产损失的，准予追补至该项损失发生年度扣除，其追补确认期限一般不得超过 5 年。属于法定资产损失的，应在申报年度扣除。选项 C：企业因以前年度实际资产损失未在税前扣除而多缴的企业所得税税款，可在“追补确认年度”企业所得税应纳税款中予以抵扣，不足抵扣的，向以后年度递延抵扣。选项 E：企业实际资产损失发生年度扣除追补确认的损失后出现亏损的，应先调整资产损失发生年度的亏损额，再按弥补亏损的原则计算以后年度多缴的企业所得税税款，并按规定进行税务处理。

【答案】BCE

3. 在中国境内跨地区经营的汇总纳税企业发生的资产损失，应按以下规定申报扣除：

（1）总机构及其分支机构发生的资产损失，除应按专项申报和清单申报的有关规定，各自向当地主管税务机关申报外，各分支机构同时还应上报总机构。

（2）总机构对各分支机构上报的资产损失，除税务机关另有规定外，应以清单申报的形式向当地主管税务机关进行申报。

（3）总机构将跨地区分支机构所属资产捆绑（打包）转让所发生的资产损失，由总机构向当地主管税务机关进行专项申报。

4. 商业零售企业存货损失税前扣除规定

（1）商业零售企业存货因零星失窃、报废、废弃、过期、破损、腐败、鼠咬、顾客退换货等正常因素形成的损失，为存货正常损失，准予按会计科目进行归类、汇总，然后再将汇总数据以清单的形式进行企业所得税纳税申报，同时出具损失情况分析报告。

（2）商业零售企业存货因风、火、雷、震等自然灾害，仓储、运输失事，重大案件等非正常因素形成的损失，为存货非正常损失，应当以专项申报形式进行企业所得税纳税申报。

（3）存货单笔（单项）损失超过 500 万元的，无论何种因素形成的，均应以专项申报方式进行企业所得税纳税申报。

经典题解

【例题 77 · 单选题】 下列关于资产损失税前扣除管理的规定，说法不正确的是（　　）。

A. 企业因国务院决定事项形成的资产损失，应以清单申报的方式向主管税务机关申报扣除

B. 商业零售企业存货因零星失窃、报废、废弃、过期、破损、腐败、鼠咬、顾客退换货等正常因素形成的损失，为存货正常损失，准予按会计科目进行归类、汇总，然后再将汇总数据以清单的形式进行企业所得税纳税申报

C. 商业零售企业存货因风、火、雷、震等自然灾害，仓储、运输失事，重大案件等非正常因素形成的损失，为存货非正常损失，应当以专项申报形式进行企业所得税纳税申报

D. 商业零售企业存货单笔损失超过 500 万元的，无论何种因素形成的，均应以专项申报方式进行企业所得税纳税申报

【解析】 选项 A：企业因国务院决定事项形成的资产损失，应以专项申报的方式向主管税务机关申报扣除。

【答案】 A

5. 资产损失确认证据

企业资产损失相关的证据包括具有法律效力的外部证据和特定事项的企业内部证据。

分类	主要类型
具有法律效力的外部证据	是指司法机关、行政机关、专业技术鉴定部门等依法出具的与本企业资产损失相关的具有法律效力的书面文件，主要包括： ①司法机关的判决或者裁定 ②公安机关的立案结案证明、回复 ③工商部门出具的注销、吊销及停业证明 ④企业的破产清算公告或清偿文件 ⑤行政机关的公文 ⑥专业技术部门的鉴定报告 ⑦具有法定资质的中介机构的经济鉴定证明 ⑧仲裁机构的仲裁文书 ⑨保险公司对投保资产出具的出险调查单、理赔计算单等保险单据 ⑩符合法律规定的其他证据

分类	主要类型
特定事项的企业内部证据	是指会计核算制度健全、内部控制制度完善的企业，对各项资产发生毁损、报废、盘亏、死亡、变质等内部证明或承担责任的声明，主要包括： ①有关会计核算资料和原始凭证 ②资产盘点表 ③相关经济行为的业务合同 ④企业内部技术鉴定部门的鉴定文件或资料 ⑤企业内部核批文件及有关情况说明 ⑥对责任人由于经营管理责任造成损失的责任认定及赔偿情况说明 ⑦法定代表人、企业负责人和企业财务负责人对特定事项真实性承担法律责任的声明

经典题解

【例题78·多选题】 依据企业所得税相关规定，下列资料可作为企业资产损失外部证据的有（　　）。（2020年）

A. 企业的破产清算公告

B. 司法机关的判决

C. 专业技术部门的鉴定报告

D. 企业相关经济行为的业务合同

E. 行政机关的公文

【解析】 选项D：属于内部证据。

【答案】 ABCE

第六单元　企业重组的所得税处理

查看本单元视频，快速GET知识点

使用“会计云课堂”App或“微信”扫码

23 企业重组的概念（★★）

1. 企业重组，是指企业在日常经营活动以外发生的法律结构或经济结构重大改变的交易，包括企业法律形式改变、债务重组、股权收购、资产收购、合并、分立等。

2. 重组过程中，对价支付形式：

（1）股权支付，是指企业重组中购买、换取资产的一方支付的对价中，以本企业或其控股企业的股权、股份作为支付的形式。

（2）非股权支付，是指以本企业的现金、银行存款、应收款项、本企业或其控股企业股权和股份以外的有价证券、存货、固定资产、其他资产以及承担债务等作为支付的形式。

3. 企业重组所得税处理原则

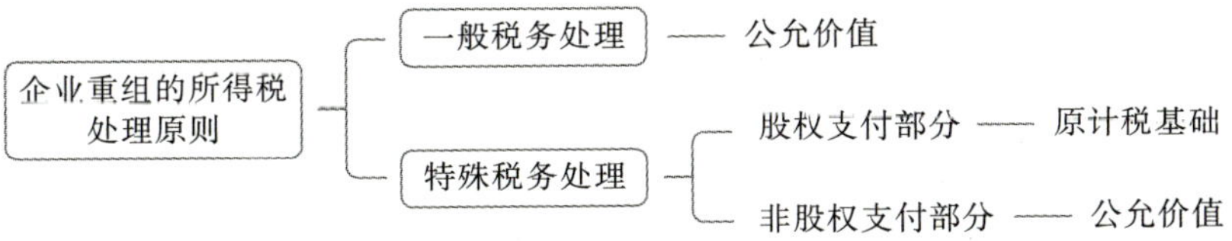

24 企业重组的一般性税务处理（★★★）

（一）法律结构或经济结构改变

企业由法人转变为个人独资企业、合伙企业等非法人组织，或将登记注册地转移至中华人民共和国境外（包括港澳台地区），应视同企业进行清算、分配，股东重新投资成立新企业。企业的全部资产以及股东投资的计税基础均应以公允价值为基础确定。

（二）债务重组

1. 以非货币资产清偿债务，应当分解为转让相关非货币性资产、按非货币性资产公允价值清偿债务两项业务，确认相关资产的所得或损失。

2. 发生债权转股权的，应当分解为债务清偿和股权投资两项业务，确认有关债务清偿所得或损失。

3. 债务人应当按照支付的债务清偿额低于债务计税基础的差额，确认债务重组所得；债权人应当按照收到的债务清偿额低于债权计税基础的差额，确认债务重组损失。

4. 债务人的相关所得税事项原则上保持不变。

【案例精析】甲企业（增值税一般纳税人）2022年1月与乙公司在公平交易市场中达成债务重组协议，甲企业以一批库存商品抵偿所欠乙公司一年前发生的债务24.6万元，并按市场价格开具了增值税专用发票，该批库存商品的账面成本为16万元，市场不含税销售价为20万元，该批商品的增值税税率为13%，甲企业适用25%的企业所得税税率。假定不予考虑其他税费，甲企业的该项重组业务应纳企业所得税是多少？乙公司的债务重组损失是多少？

【解析】

（1）甲企业的账务处理：

借：应付账款　　24.6

　　贷：库存商品　　16

　　　　应交税费——应交增值税（销项税额）　　2.6（20×13%）

　　　　其他收益——债务重组收益　　6

从会计的角度理解：其他收益——债务重组收益是倒挤出来的，即其他收益——债务重组收益的金额=24.6-16-2.6=6（万元）。

从税法的角度理解：这6万元的所得包括两个方面：①甲企业用货物抵偿债务，企业所得税视同销售要确认视同销售收入和成本，视同销售收入影响销售（营业）收入，从而影响广宣费和业务招待费扣除限额的计算，所以甲企业应该确认视同销售所得=20-16=4（万元）；②甲企业应确认2万元（24.6-20-2.6）的债务重组收益。综上，甲企业的该项重组业务应纳企业所得税＝6×25%＝1.5（万元）。

（2）乙公司的处理：

借：库存商品	20
应交税费——应交增值税（进项税额）	2.6
投资收益	2
贷：应收账款	24.6

从会计的角度理解：债务重组损失的金额＝24.6－20－2.6＝2（万元）。

从税法的角度理解：由于4万元的视同销售所得已经由甲企业缴纳过所得税，所以乙公司取得库存商品的计税基础应按照公允价值确认为20万元。综上，乙公司的债务重组损失是2万元。

经典题解

【例题79·单选题】A公司2021年发生财务困难，短期内不能支付已经到期的应付B公司账款700万元。当年12月经双方协商，B公司同意A公司以其生产的产品偿还债务。该产品不含税公允价值为400万元，实际成本为240万元。A、B公司均为居民企业且是增值税一般纳税人。按照企业重组的一般性税务处理方法，A公司该业务应缴纳的企业所得税为（　　）万元。

A. 41　　B. 59　　C. 76　　D. 102

【解析】A公司视同销售货物所得＝400－240＝160（万元）；债务重组利得＝700－400－400×13%＝248（万元）；A公司该业务应缴纳的企业所得税＝（160＋248）×25%＝102（万元）。

【答案】D

（三）股权收购、资产收购

1. 被收购方应确认股权、资产转让所得或损失。
2. 收购方取得股权或资产的计税基础应以公允价值为基础确定。
3. 被收购企业的相关所得税事项原则上保持不变。

【案例精析】2022年2月，A公司以500万元的银行存款购买B公司的部分经营性资产，A公司购买B公司该部分经营性资产的账面价值420万元，计税基础460万元，公允价值500万元。

（1）B公司（转让方/被收购方）的税务处理：B公司应确认资产转让所得：500－460＝40（万元）；

（2）A公司（受让方/收购方）的税务处理：A公司购买该经营性资产后，应以该资产的公允价值500万元为基础确定计税基础。

经典题解

【例题80·多选题】下列关于资产收购企业所得税一般性税务处理的说法中，正确的有（　　）。（2011年）

A. 被收购企业应确认资产转让所得或损失
B. 被收购企业原有的各项资产和负债应保持不变
C. 被收购企业的相关所得税事项原则上应保持不变
D. 收购企业取得资产的计税基础应以公允价值为基础确定
E. 收购企业取得资产的计税基础应以被收购资产的原有计税基础确定
【答案】ACD

（四）企业合并

1. 合并企业应按公允价值确定接受被合并企业各项资产和负债的计税基础。
2. 被合并企业及其股东都应按清算进行所得税处理。
3. 被合并企业的亏损不得在合并企业结转弥补。

经典题解

【例题 81 · 单选题】企业合并适用一般性税务处理方法时，下列说法错误的是（　　）。（2020 年）
A. 被合并企业及其股东都按清算进行所得税处理
B. 被合并企业亏损不得在合并企业结转弥补
C. 合并企业按公允价值确定接受被合并企业各项资产的计税基础
D. 被合并企业合并前相关所得税事项由合并企业承继
【解析】选项 D：属于特殊性税务处理方法下的规定。
【答案】D

【例题 82 · 单选题】下列关于企业合并实施一般性税务处理的说法，正确的是（　　）。（2016 年）
A. 被合并企业的亏损可按比例在合并企业结转弥补
B. 合并企业应按照账面净值确认被合并企业各项资产的计税基础
C. 被合并企业股东应按清算进行所得税处理
D. 合并企业应按照协商价格确认被合并企业各项负债的计税基础
【解析】选项 A：被合并企业的亏损不得在合并企业结转弥补；选项 BD：合并企业应按公允价值确定接受被合并企业各项资产和负债的计税基础；选项 C：被合并企业及其股东都应按清算进行所得税处理。
【答案】C

（五）企业分立

1. 被分立企业对分立出去的资产应按公允价值确认资产转让所得或损失。
2. 分立企业应按公允价值确认接受资产的计税基础。
3. 被分立企业继续存在时，其股东取得的对价应视同被分立企业分配进行处理。
4. 被分立企业不再继续存在时，被分立企业及其股东都应按清算进行所得税处理。
5. 企业分立相关企业的亏损不得相互结转弥补。

经典题解

【例题 83 · 单选题】 依据企业所得税的相关规定，当企业分立事项采取一般性税务处理方法时，分立企业接受资产的计税基础是（　　）。（2019 年）

A. 被分立资产的公允价值　　B. 被分立资产的账面净值

C. 被分立资产的账面原值　　D. 被分立资产的评估价值

【答案】 A

25 企业重组的特殊性税务处理（★★★）

（一）适用条件

1. 具有合理的商业目的，且不以减少、免除或者推迟缴纳税款为主要目的。
2. 被收购、合并或分立部分的资产或股权比例符合下述第（二）点规定的比例。
3. 企业重组后的连续 12 个月内不改变重组资产原来的实质性经营活动。
4. 重组交易对价中涉及股权支付金额符合下述第（二）点规定的比例。
5. 企业重组中取得股权支付的原主要股东，在重组后连续 12 个月内，不得转让所取得的股权。

（二）股权支付部分

1. 债务重组

企业债务重组确认的应纳税所得额占该企业当年应纳税所得额 50% 以上，可以在 5 个纳税年度的期间内，均匀计入各年度的应纳税所得额。

经典题解

【例题 84 · 单选题】 根据企业所得税相关规定，企业债务重组确认的应纳税所得额占当年应纳税所得额（　　）以上的，可以在 5 个纳税年度内均匀计入各年度应纳税所得额。（2010 年）

A. 50%　　B. 60%

C. 75%　　D. 85%

【答案】 A

2. 股权收购

收购企业购买的股权不低于被收购企业全部股权的 50%，且收购企业在该股权收购发生时的股权支付金额不低于其交易支付总额的 85%，可以选择按以下规定处理：

（1）被收购企业的股东取得收购企业股权的计税基础，以被收购股权的原有计税基础确定。

（2）收购企业取得被收购企业股权的计税基础，以被收购股权的原有计税基础确定。

（3）收购企业、被收购企业的原有各项资产和负债的计税基础和其他相关所得税事项保持不变。

3. 资产收购

受让企业收购的资产不低于转让企业全部资产的50%，且受让企业在该资产收购发生时的股权支付金额不低于其交易支付总额的85%，可以选择按以下规定处理：

（1）转让企业取得受让企业股权的计税基础，以被转让资产的原有计税基础确定。

（2）受让企业取得转让企业资产的计税基础，以被转让资产的原有计税基础确定。

4. 企业合并

企业股东在该企业合并发生时取得的股权支付金额不低于其交易支付总额的85%，以及同一控制下且不需要支付对价的企业合并，可以选择按以下规定处理：

（1）合并企业接受被合并企业资产和负债的计税基础，以被合并企业的原有计税基础确定。

（2）被合并企业合并前的相关所得税事项由合并企业承继。

（3）可由合并企业弥补的被合并企业亏损的限额：

可由合并企业弥补的被合并企业亏损的限额＝被合并企业净资产公允价值×截至合并业务发生当年年末国家发行的最长期限的国债利率

（4）被合并企业股东取得合并企业股权的计税基础，以其原持有的被合并企业股权的计税基础确定。

经典题解

【例题85·单选题】 下列有关企业合并的说法中，符合企业所得税特殊性税务处理规定的是（　　）。（2011年）

A. 被合并企业合并前的相关所得税事项由合并企业承继

B. 被合并企业未超过法定弥补期限的亏损额不能结转到合并企业

C. 被合并企业可要求合并企业支付其合并资产总额75%的货币资金

D. 被合并企业股东取得合并企业股权的计税基础以市场公允价值确定

【解析】 选项B：被合并企业未超过法定弥补期限的亏损额可以结转到合并企业在限额内进行弥补，可由合并企业弥补的被合并企业亏损的限额＝被合并企业净资产公允价值×截至合并业务发生当年年末国家发行的最长期限的国债利率；选项C：企业股东在该企业合并发生时取得的股权支付金额不低于其交易支付总额的85%，也就是说货币资金支付比例不能高于15%；选项D：被合并企业股东取得合并企业股权的计税基础，以其原持有的被合并企业股权的计税基础确定，而不是公允价值。

【答案】 A

【例题86·单选题】 2021年10月甲企业吸收合并乙企业，该业务符合特殊性税务处理相关条件且选择特殊性税务处理。合并日乙企业净资产账面价值1000万元、公允价值1200万元，五年内尚未弥补的亏损为60万元。假设年末国家发行的最长期限国债利率为4.5%，则甲企业当年可弥补的乙企业亏损限额是（　　）万元。（2019年）

A. 0　　B. 45　　C. 54　　D. 60

【解析】 在企业合并特殊性税务处理情形下，被合并企业未超过法定弥补期限的亏损额可以结转到合并企业在限额内进行弥补，可由合并企业弥补的被合并企业亏损的限额＝被合并企业净资产公允价值×截至合并业务发生当年年末国家发行的最长期限的国债利率＝1200×4.5%＝54（万元）。

【答案】C

5. 企业分立

被分立企业所有股东按原持股比例取得分立企业的股权，分立企业和被分立企业均不改变原来的实质经营活动，且被分立企业股东在该企业分立发生时取得的股权支付金额不低于其交易支付总额的85%，可以选择按以下规定处理：

（1）分立企业接受被分立企业资产和负债的计税基础，以被分立企业的原有计税基础确定。

（2）被分立企业已分立出去资产相应的所得税事项由分立企业承继。

（3）被分立企业未超过法定弥补期限的亏损额可按分立资产占全部资产的比例进行分配，由分立企业继续弥补。

（4）被分立企业的股东取得分立企业的股权（简称“新股”），如需部分或全部放弃原持有的被分立企业的股权（简称“旧股”），新股的计税基础应以放弃旧股的计税基础确定。如不需放弃旧股，则其取得新股的计税基础可从以下两种方法中选择确定：

①直接将新股的计税基础确定为零；

②以被分立企业分立出去的净资产占被分立企业全部净资产的比例先调减原持有的旧股的计税基础，再将调减的计税基础平均分配到新股上。

（三）非股权支付部分

重组交易各方按上述第（二）点1～5项规定对交易中股权支付暂不确认有关资产的转让所得或损失的，其非股权支付仍应在交易当期确认相应的资产转让所得或损失，并调整相应资产的计税基础。

$$\text{非股权支付对应的资产转让所得或损失}=(\text{被转让资产的公允价值}-\text{被转让资产的计税基础})\times\frac{\text{非股权支付金额}}{\text{被转让资产的公允价值}}$$

经典题解

【例题87·单选题】甲公司收购乙公司股权200万股中的80%，收购日乙公司每股资产的计税基础为5元，每股资产的公允价值为10元，在收购对价中甲公司以股权形式支付了1440万元，其余以银行存款付讫。乙公司取得非股权支付额应确认的股权转让所得为（　　）万元。（2020年）

A. 800　　　　B. 80

C. 144　　　　D. 720

【解析】被转让资产的公允价值＝200×80%×10＝1600（万元），非股权支付金额＝1600－1440＝160（万元），乙公司取得非股权支付对应的资产转让所得＝（被转让资产的公允价值－被转让资产的计税基础）×（非股权支付金额÷被转让资产的公允价值）＝（10－5）×200×80%×160/1600＝80（万元）。

【答案】B

【例题 88·单选题】甲企业持有乙企业 93%的股权，共计 3000 万股。2021 年 8 月丙企业决定收购甲企业所持有的乙企业全部股权，该股权每股计税基础为 10 元、收购日每股公允价值为 12 元。在收购中丙企业以公允价值为 32400 万元的股权以及 3600 万元银行存款作为支付对价。假定该收购行为符合且企业选择特殊性税务处理，则甲企业股权转让的应纳税所得额为（　　）万元。（2017 年）

A. 600　　B. 5400

C. 300　　D. 6000

【解析】非股权支付比例 = 3600÷（32400+3600）×100% = 10%，非股权支付对应的资产转让所得或损失 = 3000×（12−10）×10% = 600（万元），甲企业股权转让的应纳税所得额为 600 万元。

【答案】A

【例题 89·单选题】甲企业以本企业价值 1350 万元的股权和 150 万元货币资金为对价，收购乙企业 80%的经营性资产，该资产计税基础为 1000 万元。假设各方选择特殊性税务处理（不考虑其他税费），则乙企业应确认的资产转让所得是（　　）万元。（2019 年）

A. 0　　B. 50　　C. 400　　D. 500

【解析】对于企业重组特殊性税务处理：交易中股权支付的部分，暂不确认有关资产的转让所得或损失；交易中非股权支付部分仍应在交易当期确认相应的资产转让所得或损失，并调整相应资产的计税基础。乙企业应确认的资产转让所得 = [（1350+150）−1000]×[150÷（1350+150）] = 50（万元）。

【答案】B

【例题 90·多选题】甲股份公司共有股权 1000 万股，为了将来有更好的发展，将 80%的股权让乙公司收购，然后成为乙公司的子公司。收购日甲公司每股资产的计税基础为 7 元，每股资产的公允价值为 9 元，在收购对价中乙公司以股权形式支付 6480 万元，以银行存款支付 720 万元。该股权收购业务符合企业重组特殊性税务处理的条件且选择此方法执行。下列对于此项业务企业所得税税务处理的表述中，正确的有（　　）。

A. 非股权支付额对应的资产转让所得为 160 万元

B. 非股权支付额对应的资产转让所得为 72 万元

C. 甲公司取得乙公司股权的计税基础为 5040 万元

D. 乙公司取得甲公司股权的计税基础为 5760 万元

E. 此项业务暂不确认股权转让所得

【解析】该股权收购中乙公司股权支付金额占交易支付总额的比例（股权支付比例）= 6480÷（6480+720）×100% = 90%，非股权支付比例 = 100%−90% = 10%。（1）非股权支付对应的资产转让所得 =（被转让资产的公允价值−被转让资产的计税基础）×（非股权支付金额÷被转让资产的公允价值）= 1000×80%×（9−7）×10% = 160（万元）。（2）甲公司取得乙公司股权的计税基础 = 1000×80%×90%×7 = 5040（万元）。（3）乙公司取得甲公司股权的计税基础 = 720+1000×80%×90%×7 = 5760（万元）。

【答案】ACD

（四）其他规定

1. 企业发生涉及中国境内与境外之间（包括港、澳、台地区）的股权和资产收购交易，除应符合前述第（一）点规定的条件外，还应同时符合下列条件，才可选择适用特殊性税务处理规定：

（1）非居民企业向其100%直接控股的另一非居民企业转让其拥有的居民企业股权，没有因此造成以后该项股权转让所得预提税负担变化，且转让方非居民企业向主管税务机关书面承诺在3年（含3年）内不转让其拥有受让方非居民企业的股权；

（2）非居民企业向与其具有100%直接控股关系的居民企业转让其拥有的另一居民企业股权；

（3）居民企业以其拥有的资产或股权向其100%直接控股的非居民企业进行投资；

（4）财政部、国家税务总局核准的其他情形。

2. 在企业吸收合并中，合并后的存续企业性质及适用税收优惠的条件未发生改变的，可以继续享受合并前该企业剩余期限的税收优惠，其优惠金额按存续企业合并前一年的应纳税所得额（亏损计为零）计算。

3. 在企业存续分立中，分立后的存续企业性质及适用税收优惠的条件未发生改变的，可以继续享受分立前该企业剩余期限的税收优惠，其优惠金额按该企业分立前一年的应纳税所得额（亏损计为零）乘以分立后存续企业资产占分立前该企业全部资产的比例计算。

4. 企业在重组发生前后连续12个月内分步对其资产、股权进行交易，应根据实质重于形式原则将上述交易作为一项企业重组交易进行处理。

5. 基础设施REITs试点税收政策（新增）

（1）设立基础设施REITs前，原始权益人向项目公司划转基础设施资产相应取得项目公司股权，适用特殊性税务处理，即项目公司取得基础设施资产的计税基础，以基础设施资产的原计税基础确定；原始权益人取得项目公司股权的计税基础，以基础设施资产的原计税基础确定。原始权益人和项目公司不确认所得，不征收企业所得税。

（2）基础设施REITs设立阶段，原始权益人向基础设施REITs转让项目公司股权实现的资产转让评估增值，当期可暂不缴纳企业所得税，允许递延至基础设施REITs完成募资并支付股权转让价款后缴纳。其中，对原始权益人按照战略配售要求自持的基础设施REITs份额对应的资产转让评估增值，允许递延至实际转让时缴纳企业所得税。

26 股权、资产划转的所得税处理（★★★）

对100%直接控制的居民企业之间，以及受同一或相同多家居民企业100%直接控制的居民企业之间按账面净值划转股权或资产，凡具有合理商业目的、不以减少、免除或者推迟缴纳税款为主要目的，股权或资产划转后连续12个月内不改变被划转股权或资产原来的实质性经营活动，且划出方企业和划入方企业均未在会计上确认损益的，可以选择按以下规定进行特殊性税务处理：

1. 划出方企业和划入方企业均不确认所得。

2. 划入方企业取得被划转股权或资产的计税基础，以被划转股权或资产的原账面净值确定。

3. 划入方企业取得的被划转资产，应按其原账面净值计算折旧扣除。

经典题解

【例题 91 · 多选题】 对 100%直接控制的居民企业之间按照账面净值划转资产，符合特殊性税务处理条件的下列税务处理，正确的有（ ）。（2016 年）

A. 划入方企业取得的被划转资产，应按其账面原值计算折旧扣除

B. 划入方企业取得被划转资产的计税基础以账面原值确定

C. 划入方企业不确认所得

D. 划入方企业取得的被划转资产，应按其原账面净值计算折旧扣除

E. 划出方企业不确认所得

【答案】 CDE

第七单元 房地产开发经营业务的所得税处理

查看本单元视频，快速 GET 知识点
使用“会计云课堂”App 或“微信”扫码

27 房地产开发的概念（★★）

企业房地产开发经营业务是指包括土地的开发，建造、销售住宅、商业用房以及其他建筑物、附着物、配套设施等开发产品的一系列经营活动。

1. 完工判断

在中国境内从事房地产开发经营业务的企业，除土地开发之外，其他开发产品符合下列条件之一的，应视为已经完工：

（1）开发产品竣工证明材料已报房地产管理部门备案；

（2）开发产品已开始投入使用；

（3）开发产品已取得了初始产权证明。

2. 税务处理

房地产开发企业开发产品已经完工的，应按规定及时结算开发产品计税成本并计算此前以预售方式销售开发产品所取得收入的实际毛利额，同时将开发产品实际毛利额与其对应的预计毛利额之间的差额，计入当年（完工年度）应纳税所得额。

28 房地产开发经营业务收入的税务处理（★★★）

（一）销售收入的范围

1. 开发产品销售收入的范围为销售开发产品过程中取得的全部价款，包括现金、现金等价物及其他经济利益。

2. 企业代有关部门、单位和企业收取的各种基金、费用和附加等，凡纳入开发产品价内或由企业开具发票的，应按规定全部确认为销售收入。

考点提示

未纳入开发产品价内并由企业之外的其他收取部门、单位开具发票的，可作为代收代缴款项进行管理。

（二）销售收入的确认

<table>
<tr><th colspan="2">销售方式</th><th>收入确认</th></tr>
<tr><td colspan="2">一次性全额收款方式</td><td>应于实际收讫价款或取得索取价款凭据（权利）之日确认收入的实现</td></tr>
<tr><td colspan="2">分期收款方式</td><td>①应按销售合同或协议约定的价款和付款日确认收入的实现
②付款方提前付款的，在实际付款日确认收入的实现</td></tr>
<tr><td colspan="2">银行按揭方式</td><td>应按销售合同或协议约定的价款确定收入额，其首付款应于实际收到日确认收入的实现，余款在银行按揭贷款办理转账之日确认收入的实现</td></tr>
<tr><td rowspan="4">委托销售</td><td>支付手续费方式</td><td>按销售合同或协议中约定的价款于收到受托方已销开发产品清单之日确认收入的实现</td></tr>
<tr><td>视同买断方式</td><td>①属于企业与购买方签订销售合同或协议，或企业、受托方、购买方三方共同签订销售合同或协议的，应比较销售合同或协议中约定的价格和买断价格，遵循从高原则，于收到受托方已销开发产品清单之日确认收入的实现
②属于受托方与购买方签订销售合同或协议的，则应按买断价格计算的价款于收到受托方已销开发产品清单之日确认收入的实现</td></tr>
<tr><td>基价（保底价）并实行超基价双方分成方式</td><td>①属于由企业与购买方签订销售合同或协议，或企业、受托方、购买方三方共同签订销售合同或协议的，应比较销售合同或协议中约定的价格与基价，遵循从高原则，于收到受托方已销开发产品清单之日确认收入的实现
②属于由受托方与购买方直接签订销售合同的，则应按基价加上按规定取得的分成额于收到受托方已销开发产品清单之日确认收入的实现</td></tr>
<tr><td>包销方式</td><td>①包销期内可根据包销合同的有关约定，参照上述规定确认收入的实现
②包销期满后尚未出售的开发产品，企业应根据包销合同或协议约定的价款和付款方式确认收入的实现</td></tr>
<tr><td colspan="2">视同销售</td><td>企业将开发产品用于捐赠、赞助、职工福利、奖励、对外投资、分配给股东或投资人、抵偿债务、换取其他企事业单位和个人的非货币性资产等行为，应视同销售，于开发产品所有权或使用权转移，或于实际取得利益权利时确认收入（或利润）的实现</td></tr>
</table>

经典题解

【例题92·单选题】2021年8月，某房地产公司采取基价并实行超基价分成方式委托销售开发产品，假设截至当年12月31日，房地产公司、中介公司与购买方三方共同签订销售合同的成交额为5000万元，其中房地产公司获得基价、超基价分成额分别为4200万元和500万元。房地产公司企业所得税的应税收入是（　　）万元。（2019年）

A. 4200　　B. 4500

C. 4700　　D. 5000

【解析】房地产开发企业采取基价（保底价）并实行超基价双方分成方式委托销售开发产品的，属于由开发企业与购买方签订销售合同或协议，或开发企业、受托方、购买方三方共同签订销售合同或协议的，如果销售合同或协议中约定的价格高于基价，则应按销售合同或协议中约定的价格计算的价款于收到受托方已销开发产品清单之日确认收入的实现。

【答案】D

【例题93·多选题】根据企业所得税法的相关规定，下列关于房地产开发企业销售开发产品收入确认时间的表述，正确的有（　　）。

A. 采取一次性全额收款方式销售开发产品的，应于实际收讫价款或取得索取价款凭据（权利）之日，确认收入的实现

B. 采取分期收款方式销售开发产品且付款方提前付款的，在实际付款日确认收入的实现

C. 采取银行按揭方式销售开发产品的，应于实际收到首付款之日按销售合同或协议中约定的价款确认收入额

D. 采取支付手续费方式委托销售开发产品的，应于收到受托方已销开发产品清单之日确认收入的实现

E. 采取视同买断方式委托销售开发产品的，受托方与购买方签订销售合同的应于收到受托方已销开发产品清单之日确认收入的实现

【解析】选项C：采取银行按揭方式销售开发产品的，应按销售合同或协议约定的价款确定收入额，其首付款应于实际收到日确认收入的实现，余款在银行按揭贷款办理转账之日确认收入的实现。

【答案】ABDE

（三）视同销售确认收入（或利润）的方法和顺序

1. 按本企业近期或本年度最近月份同类开发产品市场销售价格确定。

2. 由主管税务机关参照当地同类开发产品市场公允价值确定。

3. 按开发产品的成本利润率确定。开发产品的成本利润率不得低于15%，具体比例由主管税务机关确定。

（四）销售未完工开发产品

1. 计税毛利率（由省、自治区、直辖市税务局确定）

项目类型	项目所在地	计税毛利率
经济适用房、限价房、危改房	不区分	不得低于 3%
非经济适用房、限价房、危改房	省、自治区、直辖市和计划单列市人民政府所在地城市城区和郊区	不得低于 15%
	地级市城区和郊区	不得低于 10%
	其他地区	不得低于 5%

2. 应纳税所得额

（1）企业销售未完工开发产品取得的收入，应先按预计计税毛利率分季（或月）计算出预计毛利额，计入当期应纳税所得额。

（2）开发产品完工后，企业应及时结算其计税成本并计算此前销售收入的实际毛利额，同时将其实际毛利额与其对应的预计毛利额之间的差额，计入当年度企业本项目与其他项目合并计算的应纳税所得额。

（3）在年度纳税申报时，企业须出具对该项开发产品实际毛利额与预计毛利额之间差异调整情况的报告以及税务机关需要的其他相关资料。

29 房地产开发经营业务成本、费用扣除的税务处理（★★★）

（一）扣除规则

1. 企业在进行成本、费用的核算与扣除时，必须按规定区分期间费用和开发产品计税成本、已销开发产品计税成本与未销开发产品计税成本。

2. 开发产品计税成本的核算应按有关计税成本核算方法的规定进行处理。

3. 企业发生的期间费用、已销开发产品计税成本、税金及附加、土地增值税准予当期按规定扣除。

其中，已销开发产品的计税成本，按当期已实现销售的可售面积和可售面积单位工程成本确认。可售面积单位工程成本和已销开发产品的计税成本按下列公式计算确定：

$$可售面积单位工程成本=\frac{成本对象总成本}{成本对象总可售面积}$$

已销开发产品的计税成本=已实现销售的可售面积×可售面积单位工程成本

（二）相关成本、费用扣除要求

成本、费用类型	扣除要求
维修费用	企业对尚未出售的已完工开发产品和按照有关法律、法规或合同规定对已售开发产品（包括共用部位、共用设施设备）进行日常维护、保养、修理等实际发生的维修费用，准予在当期据实扣除
共用部位、共用设施设备维修基金	企业将已计入销售收入的共用部位、共用设施设备维修基金按规定移交给有关部门、单位的，应于移交时扣除
配套设施成本	企业在开发区内建造的会所、物业管理场所、电站、热力站、水厂、文体场馆、幼儿园等配套设施，按以下规定进行处理： （1）属于非营利性且产权属于全体业主的，或无偿赠与地方政府、公用事业单位的，可将其视为公共配套设施，其建造费用按公共配套设施费的有关规定进行处理 （2）属于营利性的，或产权归企业所有的，或未明确产权归属的，或无偿赠与地方政府、公用事业单位以外的其他单位的，应当单独核算其成本。除企业自用应按建造固定资产进行处理外，其他一律按建造开发产品进行处理
在房地产开发区内的邮电通讯、学校、医疗设施的建造成本	企业在房地产开发区内建造的邮电通讯、学校、医疗设施应单独核算成本，其中，由企业与国家有关业务管理部门、单位合资建设，完工后有偿移交的，国家有关业务管理部门、单位给予的经济补偿可直接抵扣该项目的建造成本，抵扣后的差额应调整当期应纳税所得额
银行按揭的保证金	企业采取银行按揭方式销售开发产品，凡约定企业为购买方的按揭贷款提供担保的，其销售开发产品时向银行提供的保证金（担保金）不得从销售收入中减除，也不得作为费用在当期税前扣除，但实际发生损失时可据实扣除
境外机构的销售费用	企业委托境外机构销售开发产品的，其支付境外机构的销售费用（含佣金或手续费）不超过委托销售收入10%的部分，准予据实扣除
利息	（1）企业为建造开发产品借入资金而发生的符合税收规定的借款费用，可按企业会计准则的规定进行归集和分配，其中属于财务费用性质的借款费用，可直接在税前扣除 （2）企业集团或其成员企业统一向金融机构借款分摊集团内部其他成员企业使用的，借入方凡能出具从金融机构取得借款的证明文件，可以在使用借款的企业间合理地分摊利息费用，使用借款的企业分摊的合理利息准予在税前扣除
无偿收回土地使用权的损失	企业因国家无偿收回土地使用权而形成的损失，可作为财产损失按有关规定在税前扣除
报废或毁损的损失	企业开发产品（以成本对象为计量单位）整体报废或毁损，其净损失按有关规定审核确认后准予在税前扣除

成本、费用类型	扣除要求
开发产品转为自用而产生的折旧	企业开发产品转为自用的，其实际使用时间累计未超过12个月又销售的，不得在税前扣除折旧费用

经典题解

【例题94·单选题】房地产公司采用银行按揭方式销售开发产品，为购房者支付的按揭贷款担保金，正确的企业所得税处理是（　　）。（2018年）

A. 在实际发生损失的当期据实扣除

B. 作为销售费用在支付当期据实扣除

C. 作为营业外支出在支付当期据实扣除

D. 作为财务费用在支付当期据实扣除

【答案】A

【例题95·单选题】某房地产开发企业委托境外机构销售开发产品，实现销售收入10000万元，支付境外机构的销售费用1200万元。在计算应纳税所得额时可扣除的境外销售费用是（　　）万元。（2020年）

A. 1200　　B. 500　　C. 1000　　D. 800

【解析】委托境外机构销售开发产品的，其支付境外机构的销售费用（含佣金或手续费支出），不超过委托销售收入10%的部分准予据实扣除，在计算应纳税所得额时可扣除的境外销售费用=10000×10%=1000（万元）。

【答案】C

【例题96·单选题】下列关于房地产开发企业成本、费用扣除的企业所得税处理，正确的是（　　）。（2011年）

A. 开发产品整体报废或毁损的，其确认的净损失不得在税前扣除

B. 因国家无偿收回土地使用权而形成的损失，可按高于实际成本的10%在税前扣除

C. 企业集团统一融资再分配给其他成员企业使用，发生的利息费用不得在税前扣除

D. 开发产品转为自用的，实际使用时间累计未超过12个月又销售的，折旧费用不得在税前扣除

【解析】选项A：房地产开发企业开发产品（以成本对象为计量单位）整体报废或毁损，其净损失按有关规定审核确认后准予在税前扣除；选项B：企业因国家无偿收回土地使用权而形成的损失，可作为财产损失按有关规定在税前扣除，没有按高于实际成本的10%在税前扣除的规定；选项C：企业集团或其成员企业统一向金融机构借款分摊给集团内部其他成员企业使用的，借入方凡能出具从金融机构取得借款的证明文件，可以在使用借款的企业间合理地分摊利息费用，使用借款的企业分摊的合理利息准予在税前扣除。

【答案】D

【例题97·单选题】关于房地产开发经营业务企业所得税处理的说法，正确的是（　　）。（2010年）

A. 企业对尚未出售的已完工开发产品进行日常维护发生的费用，准予在当期据实扣除

B. 采取分期收款方式销售开发产品的，付款方提前付款的，按合同约定付款日期确认收入实现

C. 企业委托境外机构销售开发产品的，其支付境外机构的销售费用不超过委托销售收入 15%的部分，准予据实扣除

D. 企业开发产品转为自用的，其实际使用时间累计未超过 12 个月又销售的，可以在税前扣除折旧费用

【解析】 选项 B 不正确，采取分期收款方式销售开发产品的，应按销售合同或协议约定的价款和付款日确认收入的实现；付款方提前付款的，在实际付款日确认收入的实现。选项 C 不正确，企业委托境外机构销售开发产品的，其支付境外机构的销售费用（含佣金或手续费）不超过委托销售收入 10%的部分，准予据实扣除。选项 D 不正确，企业开发产品转为自用的，其实际使用时间累计未超过 12 个月又销售的，不得在税前扣除折旧费用。

【答案】 A

30 房地产开发经营业务计税成本的核算方法（★★★）

（一）概念

计税成本是指企业在开发、建造开发产品（包括固定资产）过程中所发生的按照税收规定进行核算与计量的应归入某项成本对象的各项费用。

（二）确定原则

成本对象是指为归集和分配开发产品开发、建造过程中的各项耗费而确定的费用承担项目。计税成本对象的确定原则如下：

确定原则	要求
可否销售原则	①开发产品能够对外经营销售的，应作为独立的计税成本对象进行成本核算 ②不能对外经营销售的，可先作为过渡性成本对象进行归集，然后再将其相关成本摊入能够对外经营销售的成本对象
功能区分原则	开发项目某组成部分相对独立，且具有不同使用功能时，可以作为独立的成本对象进行核算
定价差异原则	开发产品因其产品类型或功能不同等而导致其预期售价存在较大差异的，应分别作为成本对象进行核算
成本差异原则	开发产品因建筑上存在明显差异可能导致其建造成本出现较大差异的，要分别作为成本对象进行核算
权益区分原则	开发项目属于受托代建的或多方合作开发的，应结合上述原则分别划分成本对象进行核算

（三）计税成本支出的内容

计税成本内容	具体构成
土地征用费及拆迁补偿费	是指为取得土地开发使用权（或开发权）而发生的各项费用，主要包括土地买价或出让金、大市政配套费、契税、耕地占用税、土地使用费、土地闲置费、土地变更用途和超面积补缴的地价及相关税费、拆迁补偿支出、安置及动迁支出、回迁房建造支出、农作物补偿费、危房补偿费等
前期工程费	是指项目开发前期发生的水文地质勘察、测绘、规划、设计、可行性研究、筹建、场地通平等前期费用
建筑安装工程费	是指开发项目开发过程中发生的各项建筑安装费用。主要包括开发项目建筑工程费和开发项目安装工程费等
基础设施建设费	是指开发项目在开发过程中所发生的各项基础设施支出，主要包括开发项目内道路、供水、供电、供气、排污、排洪、通讯、照明等社区管网工程费和环境卫生、园林绿化等园林环境工程费
公共配套设施费	是指开发项目内发生的、独立的、非营利性的，且产权属于全体业主的，或无偿赠与地方政府、政府公用事业单位的公共配套设施支出
开发间接费	是指企业为直接组织和管理开发项目所发生的，且不能将其归属于特定成本对象的成本费用性支出。主要包括管理人员工资、职工福利费、折旧费、修理费、办公费、水电费、劳动保护费、工程管理费、周转房摊销以及项目营销设施建造费等

（四）计税成本核算程序

程序	要求
整理、归类	对当期实际发生的各项支出，按其性质、经济用途及发生的地点、时间区进行整理、归类，并将其区分为应计入成本对象的成本和应在当期税前扣除的期间费用。同时还应按规定对有关预提费用和待摊费用进行计量与确认
归集、分配	对应计入成本对象中的各项实际支出、预提费用、待摊费用等合理地划分为直接成本、间接成本和共同成本，并按规定将其合理地归集、分配至已完工成本对象、在建成本对象和未建成本对象
已销、未销分配	对期前已完工成本对象应负担的成本费用按已销开发产品、未销开发产品和固定资产进行分配，其中应由已销开发产品负担的部分，在当期纳税申报时进行扣除，未销开发产品应负担的成本费用待其实际销售时再予扣除
结算、扣除	对本期已完工成本对象分类为开发产品和固定资产并对其计税成本进行结算。其中属于开发产品的，应按可售面积计算其单位工程成本，据此再计算已销开发产品计税成本和未销开发产品计税成本。对本期已销开发产品的计税成本，准予在当期扣除，未销开发产品计税成本待其实际销售时再予扣除

（五）计税成本的分配

1. 企业开发、建造的开发产品应按制造成本法进行计量与核算。

2. 应计入开发产品成本中的费用属于直接成本和能够分清成本对象的间接成本，直接计入成本对象。

3. 共同成本和不能分清负担对象的间接成本，应按受益的原则和配比的原则分配至各成本对象，具体分配方法可按以下规定选择其一：

分配方法	解释	适用
占地面积法	是指按已动工开发成本对象占地面积占开发用地总面积的比例进行分配	土地成本，一般按占地面积法进行分配。如果确需结合其他方法进行分配的，应协商税务机关同意
建筑面积法	是指按已动工开发成本对象建筑面积占开发用地总建筑面积的比例进行分配	单独作为过渡性成本对象核算的公共配套设施开发成本，应按建筑面积法进行分配
直接成本法	是指按期内某一成本对象的直接开发成本占期内全部成本对象直接开发成本的比例进行分配	借款费用属于不同成本对象共同负担的，按直接成本法或按预算造价法进行分配
预算造价法	是指按期内某一成本对象预算造价占期内全部成本对象预算造价的比例进行分配	

经典题解

【例题 98 · 单选题】依据企业所得税的相关规定，房地产企业开发产品的成本计量与核算的方法是（　　）。（2017 年）

A. 标准成本法　　B. 实际成本法

C. 制造成本法　　D. 作业成本法

【答案】C

【例题 99 · 单选题】房地产开发企业单独作为过渡性成本对象核算的公共配套设施开发成本，分配至各成本对象的方法是（　　）。（2016 年）

A. 建筑面积法　　B. 占地面积法

C. 直接成本法　　D. 预算造价法

【答案】A

（六）非货币交易方式取得土地使用权的成本确定

<table>
<tr><th colspan="2">换取方式</th><th>确认时点</th><th>土地使用权的成本</th></tr>
<tr><td rowspan="2">用开发产品换取土地使用权</td><td>本土地开发、建造的开发产品</td><td>接受土地使用权时暂不确认其成本，待首次分出开发产品时</td><td rowspan="2">应分出（包括首次分出和以后应分出的）或付出开发产品的公允价值+土地使用权转移过程中应支付的相关税费+应付补价-应收补价</td></tr>
<tr><td>其他土地开发、建造的开发产品</td><td rowspan="2">投资交易发生时</td></tr>
<tr><td colspan="2">以股权换取土地使用权</td><td>土地使用权公允价值+土地使用权转移过程中应支付的相关税费+应付补价-应收补价</td></tr>
</table>

（七）除以下几项预提（应付）费用外，计税成本均应为实际发生的成本（可以预提的三种情况）

1. 出包工程未最终办理结算而未取得全额发票的，在证明资料充分的前提下，其发票不足金额可以预提，但最高不得超过合同总金额的10%。

2. 公共配套设施尚未建造或尚未完工的，可按预算造价合理预提建造费用。此类公共配套设施必须符合已在售房合同、协议或广告、模型中明确承诺建造且不可撤销，或按照法律、法规规定必须配套建造的条件。

3. 应向政府上缴但尚未上缴的报批报建费用、物业完善费用可以按规定预提。物业完善费用是指按规定应由企业承担的物业管理基金、公建维修基金或其他专项基金。

经典题解

【例题100·单选题】下列关于房地产开发企业预提（应付）费用的企业所得税处理，正确的是（　　）。（2011年）

A. 部分房屋未销售的，清算相关税款时可按计税成本预提费用

B. 公共配套设施尚未建造或尚未完工的，可按预算造价合理预提费用

C. 向其他单位分配的房产还未办理完手续的，可按预计利润率预提费用

D. 出包工程未最终办理结算而未取得全额发票的，可按合同总金额的30%预提费用

【解析】选项AC：不能预提费用扣除。选项D：出包工程未最终办理结算而未取得全额发票的，在证明资料充分的前提下，其发票不足金额可以预提，但最高不得超过合同总金额的10%。

【答案】B

（八）其他

1. 企业单独建造的停车场所，应作为成本对象单独核算。利用地下基础设施形成的停车场所，作为公共配套设施进行处理。

2. 企业在结算计税成本时其实际发生的支出应当取得但未取得合法凭据的，不得计入计税成本，待实际取得合法凭据时，再按规定计入计税成本。

经典题解

【例题 101 · 多选题】下列关于房地产开发企业成本、费用扣除的企业所得税处理，正确的有（　　）。(2016 年)

A. 企业利用地下基础设施建成的停车场，应作为公共配套设施处理

B. 企业因国家无偿收回土地使用权形成的损失可按照规定扣除

C. 企业支付给境外销售机构的销售费用不超过委托销售收入 20% 的部分准予扣除

D. 企业单独建造的停车场所，应作为成本对象单独核算

E. 应向政府上缴但尚未上缴的报批报建费用可以按规定预提

【解析】选项 C：企业支付给境外销售机构的销售费用（含佣金或手续费）不超过委托销售收入 10% 的部分准予据实扣除。

【答案】ABDE

【例题 102 · 单选题】下列关于房地产开发企业计税成本的税务处理，符合企业所得税相关规定的是（　　）。(2021 年)

A. 单独建造且销售的停车场所，作为公共配套设施进行处理

B. 利用地下基础设施形成的停车场所，作为成本对象单独核算

C. 公共配套设施尚未建成或尚未完工的，可按预算造价预提建造费用

D. 应向政府上缴但尚未上缴的物业管理基金应按应缴全额 50% 计提

【解析】选项 AB：企业单独建造的停车场所，应作为成本对象单独核算。利用地下基础设施形成的停车场所，作为公共配套设施进行处理。选项 D：应向政府上缴但尚未上缴的报批报建费用、物业完善费用可以按规定预提。物业完善费用是指按规定应由企业承担的物业管理基金、公建维修基金或其他专项基金。

【答案】C

31 房地产开发经营业务特定事项的税务处理（★★★）

（一）企业以本企业为主体联合其他企业、单位、个人合作或合资开发房地产项目，且该项目未成立独立法人公司的，企业向投资方（合作方、合资方）的分配

分配内容	税务处理
分配开发产品	①企业在首次分配开发产品时，如该项目已经结算计税成本，其应分配给投资方开发产品的计税成本与其投资额之间的差额计入当期应纳税所得额 ②如未结算计税成本，则将投资方的投资额视同销售收入进行相关的税务处理
分配项目利润	①企业应将该项目形成的营业利润额并入当期应纳税所得额统一申报缴纳企业所得税，不得在税前分配该项目的利润。同时，不能因接受投资方投资额而在成本中摊销或在税前扣除相关的利息支出 ②投资方取得该项目的营业利润应视同股息、红利进行相关的税务处理

（二）企业以换取开发产品为目的将土地使用权投资其他企业房地产开发项目的税务处理

企业应在首次取得开发产品时，将其分解为转让土地使用权和购入开发产品两项经济业务进行所得税处理，并按应从该项目取得的开发产品（包括首次取得的和以后应取得的）的市场公允价值计算确认土地使用权转让所得或损失。

（三）土地增值税清算涉及企业所得税退税问题处理

1. 企业按规定对开发项目进行土地增值税清算后，当年企业所得税汇算清缴出现亏损且有其他后续开发项目的，该亏损应按照税法规定向以后年度结转，用以后年度所得弥补。

考点提示

后续开发项目，是指正在开发以及中标的项目。

2. 企业按规定对开发项目进行土地增值税清算后，当年企业所得税汇算清缴出现亏损，且没有后续开发项目的，可以按照以下方法，计算出该项目由于土地增值税原因导致的项目开发各年度多缴企业所得税税款，并申请退税：

（1）该项目缴纳的土地增值税总额，应按照该项目开发各年度实现的项目销售收入占整个项目销售收入总额的比例，在项目开发各年度进行分摊，具体按以下公式计算：

$$各年度应分摊的土地增值税=土地增值税总额\times\frac{项目年度销售收入}{整个项目销售收入总额}$$

考点提示

销售收入包括视同销售房地产的收入，但不包括企业销售的增值额未超过扣除项目金额20%的普通标准住宅的销售收入。

（2）该项目开发各年度应分摊的土地增值税减去该年度已经在企业所得税税前扣除的土地增值税后，余额属于当年应补充扣除的土地增值税；企业应调整当年度的应纳税所得额，并按规定计算当年度应退的企业所得税税款；当年度已缴纳的企业所得税税款不足退税的，应作为亏损向以后年度结转，并调整以后年度的应纳税所得额。

（3）按照上述方法进行土地增值税分摊调整后，导致相应年度应纳税所得额出现正数的，应按规定计算缴纳企业所得税。

（4）企业按上述方法计算的累计退税额，不得超过其在该项目开发各年度累计实际缴纳的企业所得税；超过部分作为项目清算年度产生的亏损，向以后年度结转。

【案例精析】某房地产开发企业适用所得税税率为25%。2019年1月开始开发某房地产项目，2021年10月项目全部竣工并销售完毕，12月进行土地增值税清算，整个项目共缴纳土地增值税1100万元，其中2019年~2021年预缴土地增值税分别为240万元、300万元、60万元；2021年清算后补缴土地增值税500万元。2019年~2021年实现的项目销售收入分别为12000万元、15000万元、3000万元，缴纳的企业所得税分别为45万元、310万元、0万元。该企业2021年度汇算清缴出现亏损，应纳税所得额为-400万元。企业没有后续开发项目，拟申请退税，具体计算详见下表（单位：万元）：

项目	2019 年	2020 年	2021 年
预缴土地增值税	240	300	60
补缴土地增值税	——	——	500
分摊土地增值税	440（$1100\times\frac{12000}{30000}$）	550（$1100\times\frac{15000}{30000}$）	110（$1100\times\frac{3000}{30000}$）
应纳税所得额调整	-200（240-440）	-270（300-550-20）	450（60+500-110）
调整后应纳税所得额	——	——	50（-400+450）
应退企业所得税	50（200×25%）	67.5（270×25%）	——
已缴纳企业所得税	45	310	0
实退企业所得税	45	67.5	——
亏损结转（调整后）	-20（$\frac{45-50}{25\%}$）	——	——
应补企业所得税	——	——	12.5（50×25%）
累计退税额	——	——	100（45+67.5-12.5）

第八单元　税收优惠

查看本单元视频，快速 GET 知识点
使用“会计云课堂”App或“微信”扫码

32 免税收入的规定（★★★）

企业的下列收入为免税收入：

1. 国债利息收入。
2. 符合条件的居民企业之间的股息、红利等权益性投资收益。
3. 在中国境内设立机构、场所的非居民企业从居民企业取得与该机构、场所有实际联系的股息、红利等权益性投资收益。
4. 符合条件的非营利组织的收入。
5. 企业取得的 2009 年及以后年度发行的地方政府债券利息所得。

33 减征与免征优惠（★★★）

（一）企业从事农、林、牧、渔业项目的所得

优惠	项目
免税	（1）蔬菜、谷物、薯类、油料、豆类、棉花、麻类、糖料、水果、坚果的种植 （2）农作物新品种的选育 （3）中药材的种植 （4）林木的培育和种植 （5）牲畜、家禽的饲养 （6）林产品的采集 （7）灌溉、农产品初加工、兽医、农技推广、农机作业和维修等农、林、牧、渔服务业项目 （8）远洋捕捞
减半	（1）花卉、茶以及其他饮料作物和香料作物的种植 （2）海水养殖，内陆养殖

经典题解

【例题103·单选题】企业从事下列项目的所得，免征企业所得税的是（　　）。（2020年）

A. 香料作物的种植　　B. 牲畜的饲养

C. 花卉的种植　　D. 海水养殖

【解析】选项ACD：减半征收企业所得税。

【答案】B

【例题104·单选题】下列所得，可享受企业所得税减半征税优惠的是（　　）。（2018年）

A. 种植油料作物的所得　　B. 种植豆类作物的所得

C. 种植香料作物的所得　　D. 种植糖料作物的所得

【解析】选项ABD：免征企业所得税。

【答案】C

【例题105·多选题】企业从事下列项目所得，免征企业所得税的有（　　）。（2015年）

A. 企业受托从事蔬菜种植　　B. 企业委托个人饲养家禽

C. 企业外购蔬菜分包后销售　　D. 农机作业和维修

E. 农产品初加工

【解析】选项C：企业购买农产品后直接进行销售的贸易活动产生的所得，不能享受农、林、牧、渔业项目的税收优惠政策。

【答案】ABDE

（二）从事国家重点扶持的公共基础设施项目的投资经营的所得

1. 自项目取得第一笔生产经营收入所属纳税年度起，第 1 年至第 3 年免征企业所得税，第 4 年至第 6 年减半征收企业所得税。

考点提示

（1）国家重点扶持的公共基础设施项目主要包括：港口码头项目、机场项目、铁路项目、公路项目、城市公共交通项目、电力项目、水利项目、农村饮水安全工程等。

（2）企业承包经营、承包建设和内部自建自用本条规定项目的所得，不得享受本条规定的企业所得税优惠。

2. 自 2013 年 1 月 1 日起，居民企业从事符合《公共基础设施项目企业所得税优惠目录（2008 年版）》规定条件和标准的电网（输变电设施）的新建项目，可依法享受“三免三减半”的企业所得税优惠政策。

考点提示

基于企业电网新建项目的核算特点，暂以资产比例法，即以企业新增输变电固定资产原值占企业总输变电固定资产原值的比例，合理计算电网新建项目的应纳税所得额，并据此享受“三免三减半”的企业所得税优惠政策。

3. 对饮水工程运营管理单位从事《公共基础设施项目企业所得税优惠目录》规定的饮水工程新建项目投资经营的所得，自项目取得第一笔生产经营收入所属纳税年度起，第 1 年至第 3 年免征企业所得税，第 4 年至第 6 年减半征收企业所得税。

（三）从事符合条件的环境保护、节能节水项目的所得

自项目取得第一笔生产经营收入所属纳税年度起，第 1 年至第 3 年免征企业所得税，第 4 年至第 6 年减半征收企业所得税。

考点提示

1. 符合条件的环境保护、节能节水项目主要包括：公共污水处理项目、公共垃圾处理项目、沼气综合开发利用项目、节能减排技术改造项目、海水淡化项目等。

2. 以上规定享受减免税优惠的项目，在减免税期限内转让的，受让方自受让之日起，可以在剩余期限内享受规定的减免税优惠；减免税期限届满后转让的，受让方不得就该项目重复享受减免税优惠。

经典题解

【例题 106 · 多选题】甲企业 2018 年开始从事符合税法“三免三减半”企业所得税优惠的公共污水处理项目，2019 年取得第一笔收入，2020 年开始盈利，2021 年甲企业将该项目转让给乙企业，乙企业当年未取得项目收入。下列关于甲、乙企业享受税收优惠政策的说法正确的有（　　）。（2021 年）

A. 乙企业自受让之日起在剩余期限内享受规定的减免税优惠

B. 甲企业从2019年开始享受“三免三减半”优惠政策

C. 享受优惠政策企业应在优惠年度汇算清缴结束之前向税务机关报备

D. 乙企业以取得第一笔收入的年度作为“三免三减半”优惠政策的起始年度

E. 甲企业转让项目时应补缴免征的企业所得税税款

【解析】选项ABDE：纳税人从事符合条件的环境保护、节能节水项目的所得，自项目取得第一笔生产经营收入所属纳税年度起，第1年至第3年免征企业所得税，第4年至第6年减半征收企业所得税。上述优惠项目，在减免税期限内转让的，受让方自受让之日起，可以在剩余期限内享受规定的减免税优惠。选项C：企业享受优惠事项采取“自行判别、申报享受、相关资料留存备查”的办理方式。

【答案】AB

（四）符合条件的技术转让所得

1. 一个纳税年度内，居民企业技术转让所得不超过500万元的部分，免征企业所得税；超过500万元的部分，减半征收企业所得税。

2. 技术转让包括居民企业转让专利技术、计算机软件著作权、集成电路布图设计权、植物新品种、生物医药新品种以及财政部和国家税务总局确定的其他技术的所有权或5年以上（含5年）全球独占许可使用权的行为。

考点提示

自2015年10月1日起，全国范围内的居民企业转让5年（含）以上非独占许可使用权的技术转让所得，纳入享受上述优惠范围。

3. 技术转让所得的计算

技术转让所得=技术转让收入-技术转让成本-相关税费

4. 居民企业从直接或间接持有股权之和达到100%的关联方取得的技术转让所得，不享受技术转让减免企业所得税优惠政策。

5. 享受技术转让所得减免企业所得税优惠的企业，应单独计算技术转让所得，并合理分摊企业的期间费用；没有单独计算的，不得享受技术转让所得企业所得税优惠。

经典题解

【例题107·多选题】居民企业的下列所得，可以享受企业所得税技术转让所得优惠政策的有（　　）。（2018年）

A. 转让拥有5年以上的技术所有权的所得

B. 转让计算机软件著作权的所得

C. 转让植物新品种的所得

D. 从直接或间接持有股权之和达100%的关联方取得的技术转让所得

E. 转让5年以上非独占许可使用权的所得

【答案】ABCE

（五）沪港（深港）股票市场交易互联互通机制试点（简称“沪港通”或“深港通”）有关税收政策

内地企业投资者通过沪港通（深港通）投资香港联交所上市股票，取得所得的处理：

所得类型	企业所得税处理	
转让差价	征税	
股息、红利	H 股	①连续持有 H 股满 12 个月取得的股息红利所得，依法免征企业所得税 ②持有 H 股未满 12 个月取得的股息红利所得，计入其收入总额，依法计征企业所得税 ③H 股公司对内地企业投资者不代扣股息红利所得税款，应纳税款由企业自行申报缴纳
	非 H 股	①持有非 H 股取得的股息红利所得，计入其收入总额，依法计征企业所得税 ②非 H 股上市公司代扣代缴的股息红利企业所得税，可依法申请税收抵免

经典题解

【例题 108·多选题】下列关于深港股票市场交易互联互通机制试点有关税收政策的理解，正确的有（　　）。

A. 对内地企业投资者通过深港通投资香港联交所上市股票取得的转让差价所得，暂免征收企业所得税

B. 对内地企业投资者通过深港通投资香港联交所上市股票取得的连续持有 H 股满 12 个月的股息红利所得，依法免征企业所得税

C. 内地企业投资者自行申报缴纳企业所得税时，对香港联交所非 H 股上市公司已代扣代缴的股息红利所得税，可依法申请税收抵免

D. 对内地企业投资者通过深港通投资香港联交所上市股票取得的非 H 股股息红利所得，计入其收入总额，依法计征企业所得税

E. 香港联交所上市 H 股公司应向中国结算提出申请，由中国结算向 H 股公司提供内地企业投资者名册，H 股公司对内地企业投资者应代扣股息红利所得税款

【解析】选项 A：对内地企业投资者通过深港通投资香港联交所上市股票取得的转让差价所得，计入其收入总额，依法征收企业所得税。选项 E：香港联交所上市 H 股公司应向中国结算提出申请，由中国结算向 H 股公司提供内地企业投资者名册，H 股公司对内地企业投资者不代扣股息红利所得税款，应纳税款由企业自行申报缴纳。

【答案】BCD

（六）内地与香港基金互认有关税收政策

对内地企业投资者通过基金互认买卖香港基金份额取得的转让差价所得，计入其收入总额，依法征收企业所得税。

对内地企业投资者通过基金互认从香港基金分配取得的收益，计入其收入总额，依法征收企业所得税。

（七）文化事业单位转制为企业有关税收政策

经营性文化事业单位转制为企业，自转制注册之日起 5 年内免征企业所得税。2018 年 12 月 31 日之前已完成转制的企业，自 2019 年 1 月 1 日起可继续免征 5 年企业所得税。

（八）重点群体创业就业有关税收政策

企业招用建档立卡贫困人口，以及在人力资源社会保障部门公共就业服务机构登记失业半年以上且持《就业创业证》或《就业失业登记证》（注明“企业吸纳税收政策”）的人员，与其签订 1 年以上期限劳动合同并依法缴纳社会保险费的，自签订劳动合同并缴纳社会保险当月起，在 3 年内按实际招用人数予以定额依次扣减增值税、城建税、教育费附加、地方教育附加和企业所得税。

（九）铁路债券利息收入

对企业投资者持有 2011 年~2023 年发行的铁路债券取得的利息收入，减半征收企业所得税。

考点提示

铁路债券是指以中国铁路总公司为发行和偿还主体的债券，包括中国铁路建设债券、中期票据、短期融资券等债务融资工具。

（十）北京冬奥会有关的税收政策（调整）

1. 自 2019 年 11 月 11 日起，对国际奥委会相关实体中的非居民企业取得的与北京冬奥会有关的收入，免征企业所得税。

2. 对北京冬奥组委免征应缴纳的企业所得税。

3. 对国际奥委会取得的与北京 2022 年冬奥会有关的收入免征企业所得税。

4. 对国际残奥委会取得的与北京 2022 年冬残奥会有关的收入免征企业所得税。

5. 对中国残奥委会根据《联合市场开发计划协议》取得的由北京冬奥组委分期支付的收入免征企业所得税。

6. 对按中国奥委会、主办城市签订的《联合市场开发计划协议》和中国奥委会、主办城市、国际奥委会签订的《主办城市合同》规定，中国奥委会取得的由北京冬奥组委分期支付的收入、按比例支付的盈余分成收入免征企业所得税。

34 高新企业的优惠（★★★）

1. 国家需要重点扶持的高新技术企业，减按15%的税率征收企业所得税。
2. 对经认定的技术先进型服务企业，减按15%的税率征收企业所得税。

35 小型微利企业的优惠（★★★）

（一）认定标准

行业类别	年度应纳税所得额	从业人数	资产总额
国家非限制和禁止行业	≤300万元	≤300人	≤5000万元

考点提示

1. 从业人数，包括与企业建立劳动关系的职工人数和企业接受劳务派遣用工人数。
2. 从业人数和资产总额指标应按企业全年季度平均值确定。具体计算公式为：

$$季度平均值=\frac{季初值+季末值}{2}$$

$$全年季度平均值=\frac{全年各季度平均值之和}{4}$$

3. 年度中间开业或者终止经营活动的，以其实际经营期作为一个纳税年度确定上述相关指标。

4. 企业设立不具有法人资格分支机构的，应当汇总计算总机构及其各分支机构的从业人数、资产总额、年度应纳税所得额，依据合计数判断是否符合小型微利企业条件。（新增）

经典题解

【例题109·单选题】某企业成立于2020年5月，其财务人员于2021年4月向聘请的注册会计师咨询可享受企业所得税优惠政策的小型微利企业认定标准。财务人员的下列表述中，符合税法规定的是（　　）。

A. 小型微利企业优惠政策可适用于限制性行业

B. 年度中间开业的小型微利企业从下一实际经营期开始确定相关指标

C. 计算小型微利企业从业人数指标时不包括企业接受的劳务派遣人数

D. 小型微利企业资产总额指标按企业全年的季度平均值确定

【解析】（1）选项A：符合条件的小微企业是指：全部生产经营活动产生的所得均负有我国企业所得税纳税义务且从事国家非限制和禁止行业的企业（包括采取查账征收方式和核定征收方式的企业）；（2）选项B：年度中间开业或者终止经营活动的，以其实际经营期作为一个纳税年度确定相关指标；（3）选项C：从业人数包括与企业建立劳动关系的职工人数和企业接受劳务派遣用工人数；（4）选项D：从业人数和资产总额指标，应按企业全年的季度平均值确定。

【答案】D

（二）优惠政策

1. 小型微利企业减按20%的税率征收企业所得税。

2. 2021年1月1日至2022年12月31日，对年应纳税所得额不超过100万元的部分，减按12.5%计入应纳税所得额。

3. 2019年1月1日至2021年12月31日，对年应纳税所得额超过100万元但不超过300万元的部分，减按50%计入应纳税所得额。

4. 2022年1月1日至2024年12月31日，对年应纳税所得额超过100万元但不超过300万元的部分，减按25%计入应纳税所得额。（新增）

记忆技巧

考虑到小型微利企业减免企业所得税的优惠文件较多，考生需重点关注2021年度和2022年度的优惠政策：

纳税年度	应纳税所得额		税率
	不超过100万元的部分	超过100万元但不超过300万元的部分	
2021年度	减按12.5%	减按50%	20%
2022年度	减按12.5%	减按25%	

【案例精析1】某公司2021年从业人数130人，资产总额2000万元，年度应纳税所得额210万元，则该公司当年应纳企业所得税＝［100×12.5%＋（210－100）×50%］×20%＝13.5（万元）。

【案例精析2】某公司2022年从业人数130人，资产总额2000万元，年度应纳税所得额210万元，则该公司当年应纳企业所得税＝［100×12.5%＋（210－100）×25%］×20%＝8（万元）。

经典题解

【例题110·单选题】某商业企业2021年年均职工人数275人，年均资产总额3960万元，当年经营收入1440万元，税前准予扣除项目金额1200万元。该企业2021年应缴纳企业所得税（　　）万元。（2018年考题改编）

A. 30　　　　B. 19

C. 16.5　　　　D. 14

【解析】该企业符合小型微利企业条件，该企业2021年应缴纳的企业所得税＝100×12.5%×20%＋（1440－1200－100）×50%×20%＝16.5（万元）。

【答案】C

【例题111·单选题】某企业为一家小型微利企业，2022年度应纳税所得额280万元。该企业2022年应缴纳企业所得税（　　）万元。（2020年考题改编）

A. 28　　B. 23

C. 20.5　　D. 11.5

【解析】该企业 2022 年应缴纳企业所得税 = 100×12.5%×20% +（280 - 100）×25%×20% = 11.5（万元）。

【答案】D

（三）征收管理

1. 符合规定条件的小型微利企业，无论采取查账征收还是核定征收方式均可享受小型微利企业所得税优惠政策。

2. 小型微利企业优惠政策只适用于全部生产经营活动产生的所得均负有我国企业所得税纳税义务的企业。仅就来源于我国所得负有我国纳税义务的非居民企业，不适用上述规定。

3. 小型微利企业所得税统一实行按季度预缴。

4. 预缴企业所得税时，小型微利企业的资产总额、从业人数、年度应纳税所得额指标，暂按当年度截至本期预缴申报所属期末的情况进行判断。

5. 自 2020 年 1 月 1 日起，跨境电子商务综合试验区内实行核定征收的跨境电商企业符合小型微利企业优惠政策条件的，可享受小型微利企业所得税优惠政策。

经典题解

【例题 112·多选题】下列关于小型微利企业享受企业所得税优惠政策征收管理的说法，正确的有（　　）。（2021 年考题改编）

A. 小型微利企业所得税可以选择按月预缴或按季预缴税款

B. 小型微利企业的从业人数包括接受的劳务派遣用工

C. 企业设立不具有法人资格分支机构的，应当汇总计算总机构及其各分支机构的从业人数、资产总额、年度应纳税所得额，依据合计数判断是否符合小型微利企业条件

D. 核定征收企业所得税的小型微利企业可享受所得税优惠政策

E. 负有我国纳税义务的非居民企业不适用小型微利企业优惠政策

【解析】选项 A：小型微利企业所得税统一实行“按季度预缴”。

【答案】BCDE

36 加计扣除的优惠（★★★）

（一）研究开发费用

1. 加计扣除政策

（1）一般企业

自 2018 年 1 月 1 日至 2023 年 12 月 31 日，企业的研究开发费，未形成无形资产计入当期损益的，在按规定据实扣除的基础上，按照实际发生额的 75% 加计扣除；形成无形资产的，按照无形资产成本的 175% 摊销。

（2）制造业企业

制造业企业开展研发活动中实际发生的研发费用，未形成无形资产计入当期损益的，在按规定据实扣除的基础上，自2021年1月1日起，再按照实际发生额的100%在税前加计扣除；形成无形资产的，自2021年1月1日起，按照无形资产成本的200%在税前摊销。

考点提示

①所称制造业企业，是指以制造业业务为主营业务，享受优惠当年主营业务收入占收入总额的比例达到50%以上的企业。

②企业预缴申报当年第三季度（按季预缴）或9月份（按月预缴）企业所得税时，可以自行选择就当年上半年研发费用享受加计扣除优惠政策，采取“自行判别、申报享受、相关资料留存备查”办理方式。企业办理第三季度或9月份预缴申报时，未选择享受研发费用加计扣除优惠政策的，可在次年办理汇算清缴时统一享受。

（3）科技型中小企业开展研发活动中实际发生的研发费用，未形成无形资产计入当期损益的，在按规定据实扣除的基础上，自2022年1月1日起，再按照实际发生额的100%在税前加计扣除；形成无形资产的，自2022年1月1日起，按照无形资产成本的200%在税前摊销。（新增）

2. 研究开发费的构成：

项目	具体要求
（1）人员人工费用	包括直接从事研发活动人员的工资薪金、基本养老保险费、基本医疗保险费、失业保险费、工伤保险费、生育保险费和住房公积金，以及外聘研发人员的劳务费用
（2）直接投入费用	①研发活动直接消耗的材料、燃料和动力费用 ②用于中间试验和产品试制的模具、工艺装备开发及制造费，不构成固定资产的样品、样机及一般测试手段购置费，试制产品的检验费 ③用于研发活动的仪器、设备的运行维护、调整、检验、维修等费用，以及通过经营租赁方式租入的用于研发活动的仪器、设备租赁费
（3）折旧费用	包括用于研发活动的仪器、设备的折旧费
（4）无形资产摊销	包括用于研发活动的软件、专利权、非专利技术（包括许可证、专有技术、设计和计算方法等）的摊销费用
（5）新产品设计费、新工艺规程制定费、新药研制的临床试验费、勘探开发技术的现场试验费	指企业在新产品设计、新工艺规程制定、新药研制的临床试验、勘探开发技术的现场试验过程中发生的与开展该项活动有关的各类费用

项目	具体要求
（6）其他相关费用	①包括与研发活动直接相关的其他费用，如技术图书资料费、资料翻译费、专家咨询费、高新科技研发保险费，研发成果的检索、分析、评议、论证、鉴定、评审、评估、验收费用，知识产权的申请费、注册费、代理费，差旅费、会议费等 【考点提示】“其他相关费用”总额不得超过可加计扣除研发费用总额的10% ②自2021年开始，企业在一个纳税年度内同时开展多项研发活动的，由原来按照每一研发项目分别计算“其他相关费用”限额，改为统一计算全部研发项目“其他相关费用”限额。企业按照以下公式计算：（新增） $\text{全部研发项目的其他相关费用限额}=\frac{\text{全部研发项目的人员人工等五项费用之和}}{1-10\%}\times 10\%$ 当其他相关费用实际发生数小于限额时，按实际发生数计算税前加计扣除数额；当其他相关费用实际发生数大于限额时，按限额计算税前加计扣除数额

3. 研究开发费用限制性要求

项目	内容
不适用税前加计扣除政策的活动	①企业产品（服务）的常规性升级 ②对某项科研成果的直接应用，如直接采用公开的新工艺、材料、装置、产品、服务或知识等 ③企业在商品化后为顾客提供的技术支持活动 ④对现存产品、服务、技术、材料或工艺流程进行的重复或简单改变 ⑤市场调查研究、效率调查或管理研究 ⑥作为工业（服务）流程环节或常规的质量控制、测试分析、维修维护 ⑦社会科学、艺术或人文学方面的研究
不适用税前加计扣除政策的行业	①烟草制造业 ②住宿和餐饮业 ③批发和零售业 ④房地产业 ⑤租赁和商务服务业 ⑥娱乐业 【考点提示】不适用税前加计扣除政策行业的企业，是指以以上所列行业业务为主营业务，其研发费用发生当年的主营业务收入占企业按《企业所得税法》及其实施条例规定计算的收入总额减除不征税收入和投资收益的余额50%（不含）以上的企业

经典题解

【例题 113·单选题】依据企业所得税相关规定，企业开展的下列活动适用研发费用加计扣除政策的是（　　）。（2021 年）

A. 成本管理研究活动

B. 社会科学研究活动

C. 服务升级研究活动

D. 新药配方研制活动

【解析】下列活动不适用税前加计扣除政策：（1）企业产品（服务）的常规性升级（选项 C）；（2）对某项科研成果的直接应用，如直接采用公开的新工艺、材料、装置、产品、服务或知识等；（3）企业在商品化后为顾客提供的技术支持活动；（4）对现存产品、服务、技术、材料或工艺流程进行的重复或简单改变；（5）市场调查研究、效率调查或管理研究（选项 A）；（6）作为工业（服务）流程环节或常规的质量控制、测试分析、维修维护；（7）社会科学、艺术或人文学方面的研究（选项 B）。

【答案】D

4. 对企业共同合作开发的项目，由合作各方就自身实际承担的研发费用分别按照规定计算加计扣除。

5. 委托研发费的加计扣除

情形	加计扣除政策
委托境内研发	企业委托外部机构或个人进行研发活动所发生的费用，按照费用实际发生额的 80% 计入委托方研发费用计算加计扣除，受托方不得再进行加计扣除
委托境外研发	委托境外进行研发活动所发生的费用，按照费用实际发生额的 80% 计入委托方的委托境外研发费用，委托境外研发费用不超过境内符合条件的研发费用 2/3 的部分，可以按规定在企业所得税前加计扣除 【考点提示】委托境外进行研发活动不包括委托境外个人进行的研发活动

【案例精析】2021 年 A 企业（非制造业和科技型中小企业）委托境外 B 企业进行研发活动，研发符合研发费用加计扣除的相关条件，且符合独立交易原则，研发活动未形成无形资产，A 企业支付 B 企业委托研发费用 100 万元。

（1）假设 A 企业 2021 年境内符合条件的研发费用为 180 万元，则委托境外研发费用 80 万元（$100\times80\%=80$ 万元）未超过 180 万元的 2/3（120 万元），所以 A 企业委托境外研发费用在按规定据实扣除（100 万元）的基础上，还可以加计扣除的金额为 $80\times75\%=60$（万元）。

（2）假设 A 企业 2021 年境内符合条件的研发费用为 90 万元，则委托境外研发费用 80 万元（$100\times80\%=80$ 万元）超过 90 万元的 2/3（60 万元），所以 A 企业委托境外研发费用在按规定据实扣除（100 万元）的基础上，还可以加计扣除的金额为 $60\times75\%=45$（万元）。

经典题解

【例题 114 · 单选题】下列关于研发费用加计扣除政策的表述中，符合企业所得税法规定的是（　　）。

A. 企业委托境外机构的研发费用可全额加计扣除

B. 按规定对研发人员进行股权激励的支出不得作为人员人工费用享受加计扣除

C. 委托境内关联企业开展研发活动发生的费用可按照实际发生额 70% 加计扣除

D. 临时聘用且直接参与研发活动临时工的劳务费用可全额加计扣除

【解析】（1）选项 A：委托境外进行研发活动所发生的费用，按照费用实际发生额的 80% 计入委托方的委托境外研发费用。委托境外研发费用不超过境内符合条件的研发费用 2/3 的部分，可以按规定在企业所得税前加计扣除。（2）选项 B：按规定对研发人员进行股权激励的支出可作为人员人工费用全额加计扣除。（3）选项 C：企业委托境内外部机构或个人进行研发活动所发生的费用，按照费用实际发生额的 80% 计入委托方研发费用计算加计扣除，受托方不得再进行加计扣除。

【答案】D

【例题 115 · 单选题】下列关于企业委托境外研究开发费用税前加计扣除政策的表述，错误的是（　　）。

A. 委托境外进行研发活动不包括委托境外个人进行的研发活动

B. 企业对委托境外研发费用以及留存备查资料的真实性、合法性承担法律责任

C. 委托方与受托方存在关联关系的，受托方应向委托方提供研发项目费用支出明细情况

D. 委托境外进行研发活动所发生的费用，按照费用实际发生额的 80% 计入委托方的委托境外研发费用并在企业所得税前加计扣除

【解析】委托境外进行研发活动所发生的费用，按照费用实际发生额的 80% 计入委托方的委托境外研发费用。委托境外研发费用不超过境内符合条件的研发费用 2/3 的部分，可以按规定在企业所得税前加计扣除。

【答案】D

（二）企业安置残疾人员支付的工资

企业安置残疾人员所支付工资的加计扣除，是指企业安置残疾人员的，在按照支付给残疾职工工资据实扣除的基础上，按照支付给残疾职工工资的 100% 加计扣除。

37 创投企业的优惠（★★★）

1. 创业投资企业采取股权投资方式投资于未上市的中小高新技术企业 2 年（24 个月，下同）以上的，可以按照其投资额的 70% 在股权持有满 2 年的当年抵扣该创业投资企业的应纳税所得额；当年不足抵扣的，可以在以后纳税年度结转抵扣。

2. 公司制创业投资企业采取股权投资方式直接投资于种子期、初创期科技型企业（简称“初创科技型企业”）满 2 年的，可以按照投资额的 70% 在股权持有满 2 年的当年抵扣该

公司制创业投资企业的应纳税所得额；当年不足抵扣的，可以在以后纳税年度结转抵扣。

3. 有限合伙制创业投资企业采取股权投资方式直接投资于初创科技型企业满2年的，该合伙创投企业的合伙人是法人合伙人的，可以按照对初创科技型企业投资额的70%抵扣法人合伙人从合伙创投企业分得的所得；当年不足抵扣的，可以在以后纳税年度结转抵扣。

38 加速折旧的优惠（★★★）

（一）固定资产加速折旧

行业	固定资产种类		税务处理
所有行业	①由于技术进步、产品更新换代较快的固定资产 ②常年处于强震动、高腐蚀状态的固定资产		缩短折旧年限或采取加速折旧
	对企业持有的单位价值不超过5000元的固定资产		允许一次性计入当期成本费用在计算应纳税所得额时扣除
	对企业新购进的专门用于研发的仪器、设备	单位价值不超过100万元	允许一次性计入当期成本费用在计算应纳税所得额时扣除
		单位价值超过100万元	缩短折旧年限或采取加速折旧
全部制造业	购进的固定资产（包括自行建造）		缩短折旧年限或采取加速折旧
	小型微利企业新购进的研发和生产经营共用的仪器、设备	单位价值不超过100万元	允许一次性计入当期成本费用在计算应纳税所得额时扣除
		单位价值超过100万元	缩短折旧年限或采取加速折旧
所有行业	企业在2018年1月1日至2023年12月31日期间新购进的设备、器具	单位价值不超过500万元	允许一次性计入当期成本费用在计算应纳税所得额时扣除
		单位价值超过500万元	正常计提折旧扣除，符合条件可缩短折旧年限或采取加速折旧
中小微企业（新增）	在2022年1月1日至2022年12月31日期间新购置的设备、器具	单位价值超过500万元	按照单位价值的一定比例自愿选择在企业所得税税前扣除。其中，企业所得税法实施条例规定最低折旧年限为3年的设备器具，单位价值的100%可在当年一次性税前扣除；最低折旧年限为4年、5年、10年的，单位价值的50%可在当年一次性税前扣除，其余50%按规定在剩余年度计算折旧进行税前扣除

考点提示

1. 采取缩短折旧年限方法的，最低折旧年限不得低于规定折旧年限的60%；采取加速折旧方法的，可以采取双倍余额递减法或者年数总和法。

2. 所称设备、器具，是指除房屋、建筑物以外的固定资产。

经典题解

【例题116·单选题】下列关于企业所得税加速折旧优惠政策的说法，正确的是（　　）。（2020年考题改编）

A. 2022年中小微企业新购进单台价值600万元的生产机器，可一次性全额在税前扣除

B. 企业选择享受一次性税前扣除政策的，其资产的税务处理可与会计处理不一致

C. 价值不超过500万元的固定资产在投入使用月份的当月所属年度一次性税前扣除

D. 采取缩短折旧年限的，最低折旧年限不得低于规定折旧年限的50%

【解析】选项A：中小微企业在2022年1月1日至2022年12月31日期间新购进的最低折旧年限为4年、5年、10年的设备、器具，单位价值超过500万元的，单位价值的50%可在当年一次性税前扣除，其余50%按规定在剩余年度计算折旧进行税前扣除。选项C：固定资产在投入使用月份的次月所属年度一次性税前扣除。选项D：采取缩短折旧年限方法的，最低折旧年限不得低于规定折旧年限的60%。

【答案】B

（二）疫情防控设备扣除

自2020年1月1日至2021年3月31日，对疫情防控重点保障物资生产企业为扩大产能新购置的相关设备，允许一次性计入当期成本费用在企业所得税税前扣除。

39 减计收入的优惠（★★★）

1. 综合利用资源，是指企业以《资源综合利用企业所得税优惠目录（2008年版）》规定的资源作为主要原材料，生产国家非限制和禁止并符合国家和行业相关标准的产品取得的收入，减按90%计入收入总额。

2. 自2019年6月1日至2025年12月31日，为社区提供养老、托育、家政等服务的机构提供社区养老、托育、家政服务取得的收入，在计算应纳税所得额时，减按90%计入收入总额。

3. 自2017年1月1日至2023年12月31日，对金融机构农户小额贷款的利息收入，在计算应纳税所得额时，按90%计入收入总额。

4. 自2017年1月1日至2023年12月31日，对保险公司为种植业、养殖业提供保险业务取得的保费收入，在计算应纳税所得额时，按90%计入收入总额。

5. 自2017年1月1日至2023年12月31日，对经省级金融管理部门（金融办、局等）批准成立的小额贷款公司取得的农户小额贷款利息收入，在计算应纳税所得额时，按90%计入收入总额。

经典题解

【例题117·多选题】下列项目所得，可以享受企业所得税“三免三减半”优惠政策的有（ ）。（2020年）

A. 符合条件的节能服务公司实施的合同能源管理项目所得

B. 环境保护项目所得

C. 国家重点扶持的公共基础设施项目所得

D. 节能节水项目所得

E. 资源综合利用项目所得

【答案】ABCD

40 税额抵免的优惠（★★★）

1. 企业购置并实际使用《环境保护专用设备企业所得税优惠目录》《节能节水专用设备企业所得税优惠目录》和《安全生产专用设备企业所得税优惠目录》规定的环境保护、节能节水、安全生产等专用设备的，该专用设备的投资额的10%可以从企业当年的应纳税额中抵免；当年不足抵免的，可以在以后5个纳税年度结转抵免。

2. 享受上述企业所得税优惠的企业，应当实际购置并自身实际投入使用规定的专用设备。企业购置上述专用设备在5年内转让、出租的，应当停止享受企业所得税优惠，并补缴已经抵免的企业所得税税款。转让的受让方可以按照该专用设备投资额的10%抵免当年企业所得税应纳税额；当年应纳税额不足抵免的，可以在以后5个纳税年度结转抵免。

经典题解

【例题118·单选题】某企业（增值税一般纳税人）2021年6月购置并投入使用环境保护专用设备一台（属于企业所得税优惠目录的范围），取得增值税专用发票注明的金额300万元、税额39万元，2021年该企业应纳税所得额168万元，适用25%的企业所得税税率。该企业当年应缴纳的企业所得税是（ ）万元。（2017年考题改编）

A. 42.0 B. 26.0 C. 12.0 D. 6.9

【解析】该企业当年应纳的企业所得税 = 168×25% - 300×10% = 12（万元）。

【答案】C

【例题119·单选题】2020年11月甲企业购进符合税法规定可享受税额抵免优惠政策安全生产专用设备一台，增值税专用发票注明金额100万元、税额13万元。甲企业依法进行了进项税额抵扣，并享受了企业所得税抵免优惠。2021年11月甲企业将该设备转让给乙企业，下列税务处理正确的是（ ）。（2021年）

A. 甲企业转让设备可税前扣除的资产净值为113万元

B. 甲企业转让设备后应补缴已抵免的企业所得税税款

C. 乙企业不得享受企业所得税抵免优惠

D. 甲企业转让设备时应转出已抵扣的进项税额

【解析】企业购置符合税法规定可享受税额抵免优惠政策的环境保护、节能节水、安全生产等专用设备在5年内转让、出租的，应当停止享受企业所得税优惠，并补缴已经抵免的企业所得税税款。转让的受让方可以按照该专用设备投资额的10%抵免当年企业所得税应纳税额；当年应纳税额不足抵免的，可以在以后5个纳税年度结转抵免。

【答案】B

41 非居民企业的优惠（★★★）

优惠类型	具体规定
减按10%低税率	在我国境内未设立机构、场所，或虽设立机构、场所，但取得的所得与该机构、场所没有实际联系的非居民企业，应当就其来源于中国境内的所得减按10%的税率征收企业所得税
免征企业所得税	（1）外国政府向中国政府提供贷款取得的利息所得 （2）国际金融组织向中国政府和居民企业提供优惠贷款取得的利息所得 （3）经国务院批准的其他所得

经典题解

【例题120·单选题】下列各项收入中免征企业所得税的是（　　）。（2015年）

A. 转让国债取得的转让收入

B. 非营利组织免税收入孳生的银行存款利息

C. 国际金融组织向居民企业提供一般贷款的利息收入

D. 种植观赏性作物并销售取得的收入

【解析】选项A：国债利息收入免税，但国债的转让收入不免税；选项C：国际金融组织向中国政府和居民企业提供优惠贷款取得的利息所得免征企业所得税；选项D：观赏性作物的种植，按“花卉、茶及其他饮料作物和香料作物的种植”项目处理，减半征收企业所得税。

【答案】B

【例题121·多选题】在境内未设立机构、场所的非居民企业取得的下列利息所得，可享受企业所得税免税优惠的有（　　）。（2019年）

A. 国际金融组织向中国政府提供优惠贷款取得的利息所得

B. 外国企业向中国居民企业提供优惠贷款取得的利息所得

C. 外国政府向中国政府提供贷款取得的利息所得

D. 国际金融组织向中国居民企业提供优惠贷款取得的利息所得

E. 国际金融组织向中国非居民企业提供优惠贷款取得的利息所得

【答案】ACD

42 促进节能服务产业发展的优惠（★★★）

对符合条件的节能服务公司实施合同能源管理项目，符合《企业所得税法》有关规定的，自项目取得第一笔生产经营收入所属纳税年度起，第1年至第3年免征企业所得税，第4年至第6年按照25%的法定税率减半征收企业所得税。

43 其他有关行业（地区）的优惠（★★★）

（一）关于促进集成电路产业和软件产业高质量发展的优惠政策

1. 国家鼓励的集成电路线宽小于28纳米（含），且经营期在15年以上的集成电路生产企业或项目，第1年至第10年免征企业所得税。

2. 国家鼓励的集成电路线宽小于65纳米（含），且经营期在15年以上的集成电路生产企业或项目，第1年至第5年免征企业所得税，第6年至第10年按照25%的法定税率减半征收企业所得税。

3. 国家鼓励的集成电路线宽小于130纳米（含），且经营期在10年以上的集成电路生产企业或项目，第1年至第2年免征企业所得税，第3年至第5年按照25%的法定税率减半征收企业所得税。

考点提示

对于按照集成电路生产企业享受税收优惠政策的，优惠期自获利年度起计算；对于按照集成电路生产项目享受税收优惠政策的，优惠期自项目取得第一笔生产经营收入所属纳税年度起计算，集成电路生产项目需单独进行会计核算、计算所得，并合理分摊期间费用。

4. 国家鼓励的线宽小于130纳米（含）的集成电路生产企业，属于国家鼓励的集成电路生产企业清单年度之前5个纳税年度发生的尚未弥补完的亏损，准予向以后年度结转，总结转年限最长不得超过10年。

5. 国家鼓励的集成电路设计、装备、材料、封装、测试企业和软件企业，自获利年度起，享受“两免三减半”的企业所得税优惠待遇。即：第1年至第2年免征企业所得税，第3年至第5年按照25%的法定税率减半征收企业所得税。

6. 国家鼓励的重点集成电路设计企业和软件企业，自获利年度起，第1年至第5年免征企业所得税，接续年度减按10%的税率征收企业所得税。

（二）关于鼓励证券投资基金发展的优惠政策

1. 对证券投资基金从证券市场中取得的收入，包括买卖股票、债券的差价收入，股权的股息、红利收入，债券的利息收入及其他收入，暂不征收企业所得税。

2. 对投资者从证券投资基金分配中取得的收入，暂不征收企业所得税。

3. 对证券投资基金管理人运用基金买卖股票、债券的差价收入，暂不征收企业所得税。

（三）保险保障基金有关企业所得税优惠规定

对中国保险保障基金有限责任公司根据《保险保障基金管理办法》取得的下列收入，免征企业所得税：

1. 境内保险公司依法缴纳的保险保障基金。

2. 依法从撤销或破产保险公司清算财产中获得的受偿收入和向有关责任方追偿所得，以及依法从保险公司风险处置中获得的财产转让所得。

3. 接受捐赠收入。

4. 银行存款利息收入。

5. 购买政府债券、中央银行、中央企业和中央级金融机构发行债券的利息收入。

6. 国务院批准的其他资金运用取得的收入。

（四）西部大开发的税收优惠

自2021年1月1日至2030年12月31日，对设在西部地区的鼓励类产业企业减按15%的税率征收企业所得税。

考点提示

1. 西部地区包括内蒙古自治区、广西壮族自治区、重庆市、四川省、贵州省、云南省、西藏自治区、陕西省、甘肃省、青海省、宁夏回族自治区、新疆维吾尔自治区和新疆生产建设兵团。湖南省湘西土家族苗族自治州、湖北省恩施土家族苗族自治州、吉林省延边朝鲜族自治州和江西省赣州市，可以比照西部地区的企业所得税政策执行。

2. 鼓励类产业企业是指以《西部地区鼓励类产业目录》中规定的产业项目为主营业务，且其主营业务收入占企业收入总额60%以上的企业。

（五）从事污染防治的第三方企业所得税优惠

自2019年1月1日至2023年12月31日，对符合条件的从事污染防治的第三方企业（以下称“第三方防治企业”）减按15%的税率征收企业所得税。（调整）

考点提示

第三方防治企业是指受排污企业或政府委托，负责环境污染治理设施（包括自动连续监测设施）运营维护的企业。

（六）伤残人员专用品生产和装配的企业所得税政策（新增）

自2021年1月1日至2023年12月31日期间，对符合规定条件的生产和装配伤残人员专门用品的居民企业，免征企业所得税。

（七）中国（上海）自贸试验区临港新片区

自2020年1月1日起，对新片区内从事集成电路、人工智能、生物医药、民用航空等关键领域核心环节相关产品（技术）业务，并开展实质性生产或研发活动的符合条件的法人企业，自设立之日起5年内减按15%的税率征收企业所得税。

（八）海南自由贸易港企业所得税优惠

1. 自2020年1月1日至2024年12月31日，对注册在海南自由贸易港并实质性运营的鼓励类产业企业，减按15%的税率征收企业所得税。

考点提示

（1）鼓励类产业企业，是指以海南自由贸易港鼓励类产业目录中规定的产业项目为主营业务，且其主营业务收入占企业收入总额60%以上的企业。

（2）所称实质性运营，是指企业的实际管理机构设在海南自由贸易港，并对企业生产经营、人员、账务、财产等实施实质性全面管理和控制。对不符合实质性运营的企业，不得享受优惠。

2. 对总机构设在海南自由贸易港的符合条件的企业，仅就其设在海南自由贸易港的总机构和分支机构的所得，适用15%税率；对总机构设在海南自由贸易港以外的企业，仅就其设在海南自由贸易港内的符合条件的分支机构的所得，适用15%税率。

3. 对在海南自由贸易港设立的旅游业、现代服务业、高新技术产业企业新增境外直接投资取得的所得，免征企业所得税。

4. 对在海南自由贸易港设立的企业，新购置（含自建、自行开发）固定资产或无形资产，单位价值不超过500万元（含）的，允许一次性计入当期成本费用在计算应纳税所得额时扣除，不再分年度计算折旧和摊销；新购置（含自建、自行开发）固定资产或无形资产，单位价值超过500万元的，可以缩短折旧、摊销年限或采取加速折旧、摊销的方法。

考点提示

上述所称固定资产，是指除房屋、建筑物以外的固定资产。

第九单元　应纳税额的计算

查看本单元视频，快速GET知识点

使用“会计云课堂”App或“微信”扫码

44 居民企业应纳税额的计算（★★★）

应纳税额=应纳税所得额×适用税率-减免税额-抵免税额

1. 直接计算法的应纳税所得额计算公式

应纳税所得额=收入总额-不征税收入-免税收入-各项扣除金额-弥补亏损

2. 间接计算法的应纳税所得额计算公式

应纳税所得额=会计利润总额±纳税调整项目金额

考点提示

纳税调整项目金额包括两方面的内容：一是企业财务会计制度规定的项目范围与税收法规规定的项目范围不一致应予以调整的金额；二是企业财务会计制度规定的扣除标准与税法规定的扣除标准不一致的差异应予以调整的金额。

45 境外所得抵扣税额的计算（★★★）

（一）抵免原则

1. 居民企业以及非居民企业，取得的下列所得已在境外缴纳的所得税税额，可以从其当期应纳税额中抵免，抵免限额为该项所得依照《企业所得税法》及其实施条例计算的应纳税额；超过抵免限额的部分，可以在以后 5 个年度内，用每年度抵免限额抵免当年应抵税额后的余额进行抵补：

（1）居民企业来源于中国境外的应税所得；

（2）非居民企业在中国境内设立机构、场所，取得发生在中国境外但与该机构、场所有实际联系的应税所得。

2. 居民企业从其直接或者间接控制的外国企业分得的来源于中国境外的股息、红利等权益性投资收益，外国企业在境外实际缴纳的所得税税额中属于该项所得负担的部分，可以作为该居民企业的可抵免境外所得税税额，在企业所得税法规定的抵免限额内抵免。

（二）不应作为可抵免境外所得税税额的情形

1. 按照境外所得税法律及相关规定属于错缴或错征的境外所得税税款。

2. 按照税收协定规定不应征收的境外所得税税款。

3. 因少缴或迟缴境外所得税而追加的利息、滞纳金或罚款。

4. 境外所得税纳税人或者其利害关系人从境外征税主体得到实际返还或补偿的境外所得税税款。

5. 按照我国《企业所得税法》及其实施条例规定，已经免征我国企业所得税的境外所得负担的境外所得税税款。

6. 按照国务院财政、税务主管部门有关规定已经从企业境外应纳税所得额中扣除的境外所得税税款。

（三）抵免计算项目

企业应按照税法的有关规定准确计算下列当期与抵免境外所得税有关的项目后，确定当期实际可抵免分国（地区）别的境外所得税税额和抵免限额：

1. 境内所得的应纳税所得额（境内应纳税所得额）和分国（地区）别的境外所得的应纳税所得额（境外应纳税所得额）。

2. 分国（地区）别的可抵免境外所得税税额。

3. 分国（地区）别的境外所得税的抵免限额。

考点提示

自 2017 年 1 月 1 日起，企业可以选择“分国（地区）不分项”（简称“分国抵免法”）或者“不分国（地区）不分项”（简称“综合抵免法”）计算其来源于境外的应纳税所得额，并按照有关规定计算其可抵免境外所得税税额和抵免限额。上述方式一经选择，5 年内不得改变。

（四）境外应纳税所得额的计算要求

1. 居民企业在境外投资设立不具有独立纳税地位的分支机构，其来源于境外的所得，以境外收入总额扣除与取得境外收入有关的各项合理支出后的余额为应纳税所得额。

考点提示

由于分支机构不具有分配利润职能，因此居民企业在境外设立不具有独立纳税地位的分支机构取得的各项境外所得，无论是否汇回中国境内，均应计入企业所属纳税年度的境外应纳税所得额。

2. 居民企业应就其来源于境外的股息、红利等权益性投资收益，以及利息、租金、特许权使用费、转让财产等收入，扣除按照《企业所得税法》及其实施条例等规定计算的与取得该项收入有关的各项合理支出后的余额为应纳税所得额。

（1）来源于境外的股息、红利等权益性投资收益，应按被投资方作出利润分配决定的日期确认收入实现；

（2）来源于境外的利息、租金、特许权使用费、转让财产等收入，应按有关合同约定应付交易对价款的日期确认收入实现。

3. 在计算境外应纳税所得额时，企业为取得境内、境外所得而在境内、境外发生的共同支出，与取得境外应税所得有关的、合理的部分，应在境内、境外［分国（地区）别］应税所得之间，按照合理比例进行分摊后扣除。

4. 在汇总计算境外应纳税所得额时，企业在境外同一国家（地区）设立不具有独立纳税地位的分支机构，按照《企业所得税法》及其实施条例的有关规定计算的亏损，不得抵减其境内或他国（地区）的应纳税所得额，但可以用同一国家（地区）其他项目或以后年度的所得按规定弥补［基于“分国（地区）不分项”］。

经典题解

【例题122·单选题】2020年甲公司在境外设立不具有独立纳税地位的分支机构，该分支机构2021年产生利润200万元，下列关于该境外利润确认收入时间的说法，正确的是（　　）。（2014年）

A. 按照利润所属年度确认收入的实现

B. 按照利润实际汇回的日期确认收入的实现

C. 按照双方约定汇回利润的日期确认收入的实现

D. 按照境外分支机构作出利润汇回的决定日期确认收入的实现

【解析】居民企业在境外设立不具有独立纳税地位的分支机构取得的各项境外所得，无论是否汇回中国境内，均应计入该企业所属纳税年度的境外应纳税所得额。

【答案】A

（五）抵免限额的计算

抵免方法	计算公式
分国（地区）不分项	某国（地区）所得税抵免限额＝境内、境外所得依照企业所得税法和实施条例规定计算的应纳税总额×$\frac{\text{来源于某国（地区）应纳税所得额}}{\text{境内、境外应纳税所得总额}}$ 该公式可以简化成： 某国（地区）所得税抵免限额＝来源于某国（地区）的应纳税所得额×国内税率
不分国（地区）不分项	抵免限额＝境内、境外所得依照企业所得税法和实施条例规定计算的应纳税总额×$\frac{\text{来源于境外的应纳税所得额}}{\text{境内、境外应纳税所得总额}}$ 该公式可以简化成： 抵免限额＝来源于境外的应纳税所得额×国内税率

考点提示

1. 中国境内、境外所得依照《企业所得税法》及其实施条例的规定计算的应纳税总额的税率一般是25%。

2. 符合规定的高新技术企业其来源于境外的所得可以按照15%的优惠税率缴纳企业所得税，在计算境外抵免限额时，可按照15%的优惠税率计算境内外应纳税总额。

（六）实际抵免

在计算实际应抵免的境外已缴纳和间接负担的所得税税额时，企业在境外一国（地区）当年缴纳和间接负担的符合规定的所得税税额低于所计算的该国（地区）抵免限额的，应以该项税额作为境外所得税抵免额从企业应纳税总额中据实抵免；超过抵免限额的，当年应以抵免限额作为境外所得税抵免额进行抵免，超过抵免限额的余额允许从次年起在连续5个纳税年度内，用每年度抵免限额抵免当年应抵税额后的余额进行抵补。

【案例精析】居民企业A在甲国设有分支机构B，在乙国设有分支机构D。2021年，居民企业A境内所得的应纳税所得额为300万元；设在甲国的分支机构B当年度应纳税所得额为200万元，在甲国缴纳企业所得税20万元；设在乙国的分支机构D当年度应纳税所得额为200万元，在乙国缴纳企业所得税60万元，D分支机构上年度结转抵免额为15万元。

（1）假设2021年采用“分国（地区）不分项”计算：

①甲国所得抵免限额＝$(300+200+200)\times25\%\times\frac{200}{300+200+200}=50$（万元），在甲国实际缴纳税额20万元<抵免限额50万元，甲国所得当年可实际抵免税额为20万元。

②乙国所得抵免限额＝$(300+200+200)\times25\%\times\frac{200}{300+200+200}=50$（万元），在乙国实际缴纳税额60万元>抵免限额50万元，乙国所得当年可实际抵免税额为50万元。

③居民企业 A 当年可实际抵免税额 = 20 + 50 = 70（万元），还有 25 万元税额（乙国分支机构 2021 年度尚未抵免的税额 10 万元加上年度结转抵免的税额 15 万元）结转以后年度用乙国的抵免限额抵免当年应抵税额后的余额进行抵补。

④居民企业 A 当年应在我国缴纳企业所得税 =（300+200+200）×25%−70 = 105（万元）。

（2）假设 2021 年采用“不分国（地区）不分项”计算：

①甲、乙两国合并计算境外所得抵免限额 = $(300+200+200)\times25\%\times\frac{200+200}{300+200+200}=100$（万元），当年境外实际缴纳税额 = 20+60 = 80（万元），以前年度结转抵免额为 15 万元，居民企业 A 当年境外所得可抵免税额 = 80+15 = 95（万元）<抵免限额 100 万元，实际抵免税额 95 万元。

②居民企业 A 当年应在我国缴纳企业所得税 =（300+200+200）×25%−95 = 80（万元）。

46 居民企业核定征收应纳税额的计算（★★★）

（一）核定征收企业所得税的范围

1. 依照法律、行政法规的规定可以不设置账簿的。
2. 依照法律、行政法规的规定应当设置但未设置账簿的。
3. 擅自销毁账簿或者拒不提供纳税资料的。
4. 虽设置账簿，但账目混乱或者成本资料、收入凭证、费用凭证残缺不全，难以查账的。
5. 发生纳税义务，未按照规定的期限办理纳税申报，经税务机关责令限期申报，逾期仍不申报的。
6. 申报的计税依据明显偏低，又无正当理由的。

（二）不适用核定征收办法的“特定纳税人”

1. 享受企业所得税优惠政策的企业（不包括仅享受规定免税收入优惠政策的企业、符合条件的小型微利企业）。
2. 汇总纳税企业。
3. 上市公司。
4. 银行、信用社、小额贷款公司、保险公司、证券公司、期货公司、信托投资公司、金融资产管理公司、融资租赁公司、担保公司、财务公司、典当公司等金融企业。
5. 会计、审计、资产评估、税务、房地产估价、土地估价、工程造价、律师、价格鉴证、公证机构、基层法律服务机构、专利代理、商标代理以及其他经济鉴证类社会中介机构。
6. 国家税务总局规定的其他企业。

考点提示

专门从事股权（股票）投资业务的企业，不得核定征收企业所得税。

经典题解

【例题 123 · 单选题】依据企业所得税法和税收征管法的相关规定，下列纳税人可以适用核定征收企业所得税的是（　　）。（2013 年）

A. 停牌的上市公司

B. 跨省汇总纳税企业

C. 擅自销毁账簿的汽车修理厂

D. 经营规模较小的税务师事务所

【答案】C

【例题 124 · 多选题】下列居民企业中，不得核定征收企业所得税的有（　　）。（2019 年）

A. 小额贷款公司

B. 上市公司

C. 担保公司

D. 进出口代理公司

E. 专门从事股权（股票）投资业务的企业

【答案】ABCE

（三）核定征收办法

核定办法	具体规定
核定应税所得率	具有下列情形之一的，核定其应税所得率： （1）能正确核算（查实）收入总额，但不能正确核算（查实）成本费用总额的 应纳税额=应税收入×应税所得率×适用税率 （2）能正确核算（查实）成本费用总额，但不能正确核算（查实）收入总额的 $应纳税额=\frac{成本（费用）支出}{1-应税所得率}×应税所得率×适用税率$ （3）通过合理方法，能计算和推定纳税人收入总额或成本费用总额的
核定应纳税额	（1）纳税人不属于以上情形的，核定其应纳所得税额 （2）税务机关采用下列方法核定征收企业所得税： ①参照当地同类行业或者类似行业中经营规模和收入水平相近的纳税人的税负水平核定 ②按照应税收入额或成本费用支出额定率核定 ③按照耗用的原材料、燃料、动力等推算或测算核定 ④按照其他合理方法核定 【考点提示】采用上述①至④所列一种方法不足以正确核定应纳税所得额或应纳税额的，可以同时采用两种以上的方法核定。采用两种以上方法测算的应纳税额不一致时，可按测算的应纳税额从高核定

考点提示

纳税人的生产经营范围、主营业务发生重大变化，或者应纳税所得额或应纳税额增减变化达到20%的，应及时向税务机关申报调整已确定的应纳税额或应税所得率。

经典题解

【例题125·单选题】下列关于核定征收企业所得税的说法，正确的是（　　）。（2016年）

A. 采用两种以上方法测算的应纳税额不一致时，应按测算的应纳税额从低核定征收

B. 经营多业的纳税人经营项目单独核算的，税务局分别确定各项目的应税所得率

C. 纳税人的法定代表人发生变化的，应向税务机关申报调整已确定的应税所得率

D. 专门从事股权投资业务的企业不得核定征收企业所得税

【解析】选项A：采用两种以上方法测算的应纳税额不一致时，可按测算的应纳税额从高核定征收；选项B：实行应税所得率方式核定征收企业所得税的纳税人，经营多业的，无论其经营项目是否单独核算，均由税务机关根据主营项目确定适用的应税所得率；选项C：纳税人的生产经营范围、主营业务发生重大变化，或者应纳税所得额或者应纳税额增减变化达到20%的，应及时向税务机关申报调整已确定的应税所得率或应纳税额。

【答案】D

【例题126·单选题】某服装生产企业，因无法准确核算成本支出，被税务机关确定为核定征收企业所得税，企业当年收入总额30万元，其中7月份取得股票转让收入5万元，转让成本3万元，核定应税所得率15%，该企业当年应缴纳企业所得税（　　）万元。（2014年）

A. 0.6　　B. 0.75　　C. 1.13　　D. 1.44

【解析】（1）核定征收企业所得税的企业，采用应税所得率方式核定征收的，应纳税额=应税收入总额×应税所得率×适用税率；（2）对采取应税所得率方式核定征收企业所得税的企业，取得的转让股权（股票）收入，应全额计入应税收入额，按照主营项目（业务）确定适用的应税所得率计算征税；（3）该企业当年应缴纳企业所得税=30×15%×25%=1.13（万元）。

【答案】C

（四）跨境电子商务综合试验区（简称“综试区”）零售出口企业核定征收企业所得税的有关问题

项目	要求
适用范围	综试区内的跨境电商企业，同时符合下列条件的，试行核定征收企业所得税办法： （1）在综试区注册，并在注册地跨境电子商务线上综合服务平台登记出口货物日期、名称、计量单位、数量、单价、金额的 （2）出口货物通过综试区所在地海关办理电子商务出口申报手续的 （3）出口货物未取得有效进货凭证，其增值税、消费税享受免税政策的

项目	要求
核定办法	综试区内核定征收的跨境电商企业应准确核算收入总额，并采用应税所得率方式核定征收企业所得税，应税所得率统一按照4%确定
其他政策	综试区内实行核定征收的跨境电商企业符合小型微利企业优惠政策条件的，可享受小型微利企业所得税优惠政策；其取得的收入属于免税收入的，可享受免税收入优惠政策

47 企业转让上市公司限售股应纳税额的计算（★★★）

项目	要求
转让限售股的纳税人	转让限售股取得收入的企业（包括事业单位、社会团体、民办非企业单位等）
转让代个人持有的限售股	因股权分置改革造成原由个人出资而由企业代持有的限售股，企业在转让时按以下规定处理： （1）企业转让上述限售股取得的收入，应作为企业应税收入计算纳税 （2）上述限售股转让收入扣除限售股原值和合理税费后的余额为该限售股转让所得 应纳税所得额=限售股转让收入-限售股原值-合理税费 （3）企业未能提供完整、真实的限售股原值凭证，不能准确计算该限售股原值的，主管税务机关一律按该限售股转让收入的15%，核定为该限售股原值和合理税费 应纳税所得额=限售股转让收入×（1-15%） （4）依照规定完成纳税义务后的限售股转让收入余额转付给实际所有人时不再纳税 （5）依法院判决、裁定等原因，通过证券登记结算公司，企业将其代持的个人限售股直接变更到实际所有人名下的，不视同转让限售股 **【案例精析】**甲企业代个人A持有上市公司股权分置改革后的限售股10万股，每股购置成本1.5元。限售股解禁后企业转让该10万股限售股，转让价为每股9元，转让收入为90万元，不考虑相关税费。则限售股转让所得=90-15=75（万元），企业应将该项所得并入当期应纳税所得额缴纳的企业所得税=75×25%=18.75（万元），剩余部分90-18.75=71.25（万元）转付给个人时，个人不再纳税。如果甲企业在转让该10万股限售股之前，按照法院判决、裁定，通过证券登记结算公司，将其代持的10万股限售股直接变更到A个人名下，不视同甲企业转让限售股，不需要就此项业务缴纳企业所得税。但个人将10万股限售股转让后，需按规定缴纳个人所得税

项目	要求
限售股解禁前转让	按照相关规定，限售股解禁前，不能上市流通，但不会影响持有者事实上的转让交易。对此，企业持有的限售股解禁前的转让行为，仍要缴纳企业所得税。但可以按照实质与形式相结合的原则，对于已经纳税的所得不重复纳税。即按以下规定处理： （1）企业应按减持在证券登记结算机构登记的限售股取得的全部收入，计入企业当年度应税收入计算纳税 （2）企业持有的限售股在解禁前已签订协议转让给受让方，但未变更股权登记、仍由企业持有的，企业实际减持该限售股取得的收入，按上述规定纳税后，其余额转付给受让方的，受让方不再纳税

经典题解

【例题127·单选题】某企业转让因股权分置改革所持有的限售股，取得转让收入6000万元，但不能提供限售股原值凭证。在计算企业所得税时，该限售股核定的原值和合理税费是（　　）万元。（2020年）

A. 180　　B. 300

C. 600　　D. 900

【解析】该限售股核定的原值和合理税费＝6000×15%＝900（万元）。

【答案】D

【例题128·单选题】某企业因股权分置改革代张某持有限售股10000股，解禁后企业按照5元/股予以转让，企业无法提供限售股原值凭证，适用企业所得税税率25%。限售股转让后企业将净所得支付给张某。关于上述业务税务处理正确的是（　　）。（2021年）

A. 企业应缴纳企业所得税10625元

B. 张某应按偶然所得缴纳个人所得税

C. 限售股转让收入应作为张某的应税收入

D. 张某应按股息红利所得缴纳企业所得税

【解析】选项A：因股权分置改革造成原由个人出资而由企业代持有的限售股，企业转让限售股取得的收入，应作为企业应税收入计算纳税；限售股转让收入扣除限售股原值和合理税费后的余额为该限售股转让所得；企业未能提供完整、真实的限售股原值凭证，不能准确计算该限售股原值的，主管税务机关一律按该限售股转让收入的15%，核定为该限售股原值和合理税费。应纳税额＝10000×5×（1－15%）×25%＝10625（元）。选项BCD：依照规定完成纳税义务后的限售股转让收入余额转付给实际所有人时不再纳税。

【答案】A

查看本单元视频，快速 GET 知识点
使用“会计云课堂”App或“微信”扫码

第十单元　特别纳税调整

48 特别纳税调整的概念及税务处理（★★）

（一）概念

企业与其关联方之间的业务往来，不符合独立交易原则而减少企业或者其关联方应纳税收入或者所得额的，税务机关有权按照合理方法调整。企业与其关联方共同开发、受让无形资产，或者共同提供、接受劳务发生的成本，在计算应纳税所得额时应当按照独立交易原则进行分摊。

考点提示

独立交易原则，是指没有关联关系的交易各方，按照公平成交价格和营业常规进行业务往来遵循的原则。

（二）关联方

关联方是指与企业有下列关联关系之一的企业、其他组织或者个人，具体指：

1. 在资金、经营、购销等方面存在直接或者间接的控制关系。
2. 直接或者间接地同为第三者控制。
3. 在利益上具有相关联的其他关系。

（三）特别纳税调整管理的内容

特别纳税调整事项的管理包括税务机关对企业的转让定价、预约定价安排、成本分摊协议、受控外国企业、资本弱化、特别纳税调整监控以及一般反避税等方面的管理。

管理内容	概念
预约定价安排管理	是指税务机关按照规定，对企业提出的未来年度关联交易的定价原则和计算方法进行审核评估，并与企业协商达成预约定价安排等工作的总称
成本分摊协议管理	是指税务机关按照规定，对企业与其关联方签署的成本分摊协议是否符合独立交易原则进行审核评估和调查调整等工作的总称
受控外国企业管理	是指税务机关按照规定，对受控外国企业不作利润分配或减少分配进行审核评估和调查，并对归属于中国居民企业所得进行调整等工作的总称
资本弱化管理	是指税务机关按照规定，对企业接受关联方债权性投资与企业接受的权益性投资的比例是否符合规定比例或独立交易原则进行审核评估和调查调整等工作的总称

管理内容	概念
特别纳税调整监控管理	是指税务机关通过启动特别纳税调查程序、确定合理转让定价调整方法、调整程序实施、纳税调整协商等监控管理手段实施税务调整工作的总称
一般反避税管理	是指税务机关按照规定，对企业实施其他不具有合理商业目的的安排而减少其应纳税收入或所得额进行审核评估和调查调整等工作的总称

（四）母子公司之间提供服务支付费用有关企业所得税处理

情形	处理方法
母公司为其子公司提供各种服务而发生的费用	按照独立企业之间公平交易原则确定服务的价格，作为企业正常的劳务费用进行税务处理 【考点提示】未按照独立企业之间的业务往来收取价款的，税务机关有权予以调整
母公司向其子公司提供各项服务	双方应签订服务合同或协议，明确规定提供服务的内容、收费标准及金额等，凡按上述合同或协议规定所发生的服务费： （1）母公司应作为营业收入申报纳税 （2）子公司作为成本费用在税前扣除
母公司向其多个子公司提供同类项服务	收取的服务费可以采取分项签订合同或协议收取，也可以采取服务分摊协议的方式，即由母公司与各子公司签订服务费用分摊合同或协议，以母公司为其子公司提供服务所发生的实际费用并附加一定比例利润作为向子公司收取的总服务费，在各服务受益子公司（包括盈利企业、亏损企业和享受减免税企业）之间按规定合理分摊
母公司以管理费形式向子公司提取费用	子公司因此支付给母公司的管理费，不得在税前扣除

考点提示

子公司申报税前扣除向母公司支付的服务费用，应向主管税务机关提供与母公司签订的服务合同或者协议等与税前扣除该项费用相关的材料。不能提供相关材料的，支付的服务费用不得税前扣除。

经典题解

【例题129·单选题】下列关于母子公司间提供服务的税务处理，符合企业所得税相关规定的是（　　）。（2021年）

A. 母子公司均不能提供支付服务费用相关资料的，由税务机关核定扣除金额

B. 母公司与多个子公司签订服务费用分摊协议的，母公司以实际发生的费用申报纳税

C. 子公司为其母公司提供服务发生的费用不得在母公司企业所得税前扣除

D. 母公司以管理费形式向子公司提取的费用不得在子公司企业所得税前扣除

【解析】选项 A：不能提供相关材料的，支付的服务费用不得税前扣除。选项 B：以母公司为其子公司提供服务所发生的实际费用并附加一定比例利润申报纳税。选项 C：按照独立企业之间公平交易原则确定服务的价格，作为企业正常的劳务费用进行税务处理。

【答案】D

49 关联申报管理（★★）

实行查账征收的居民企业和在中国境内设立机构、场所并据实申报缴纳企业所得税的非居民企业向税务机关报送年度企业所得税纳税申报表时，应当就其与关联方之间的业务往来进行关联申报。

（一）关联关系

企业与其他企业、组织或者个人具有下列关系之一的，构成关联关系：

1. 一方直接或者间接持有另一方的股份总和达到25%以上；双方直接或者间接同为第三方所持有的股份达到25%以上。

考点提示

（1）如果一方通过中间方对另一方间接持有股份，只要其对中间方持股比例达到25%以上，则其对另一方的持股比例按照中间方对另一方的持股比例计算。

（2）两个以上具有夫妻、直系血亲、兄弟姐妹以及其他抚养、赡养关系的自然人共同持股同一企业，在判定关联关系时持股比例合并计算。

2. 双方存在持股关系或者同为第三方持股，虽持股比例未达到上述第1项规定，但双方之间借贷资金总额占任一方实收资本比例达到50%以上，或者一方全部借贷资金总额的10%以上由另一方担保（与独立金融机构之间的借贷或者担保除外）。

3. 双方存在持股关系或者同为第三方持股，虽持股比例未达到上述第1项规定，但一方的生产经营活动必须由另一方提供专利权、非专利技术、商标权、著作权等特许权才能正常进行。

4. 双方存在持股关系或者同为第三方持股，虽持股比例未达到上述第1项规定，但一方的购买、销售、接受劳务、提供劳务等经营活动由另一方控制。

5. 一方半数以上董事或者半数以上高级管理人员（包括上市公司董事会秘书、经理、副经理、财务负责人和公司章程规定的其他人员）由另一方任命或者委派，或者同时担任另一方的董事或者高级管理人员；或者双方各自半数以上董事或者半数以上高级管理人员同为第三方任命或者委派。

6. 具有夫妻、直系血亲、兄弟姐妹以及其他抚养、赡养关系的两个自然人分别与双方具有上述第1至5项关系之一。

7. 双方在实质上具有其他共同利益。

考点提示

仅因国家持股或者由国有资产管理部门委派董事、高级管理人员而存在上述第 1 至 5 项关系的，不构成关联关系。

（二）关联交易类型

1. 有形资产使用权或者所有权的转让。
2. 金融资产的转让。
3. 无形资产使用权或所有权的转让。
4. 资金融通。
5. 劳务交易。

（三）国别报告

国别报告主要披露最终控股企业所属跨国企业集团所有成员实体的全球所得、税收和业务活动的国别分布情况。

1. 存在下列情形之一的居民企业，应当在报送年度关联业务往来报告表时，填报国别报告：

（1）该居民企业为跨国企业集团的最终控股企业，且其上一会计年度合并财务报表中的各类收入金额合计超过 55 亿元；

（2）该居民企业被跨国企业集团指定为国别报告的报送企业。

2. 最终控股企业为中国居民企业的跨国企业集团，其信息涉及国家安全的，可以按照国家有关规定，豁免填报部分或者全部国别报告。

3. 税务机关可以按照我国对外签订的协定、协议或者安排实施国别报告的信息交换。

50 同期资料管理（★★★）

- 同期资料
  - 主体文档
    - 组织架构
    - 企业集团业务
    - 无形资产
    - 融资活动
    - 财务与税务状况
  - 本地文档
    - 企业概况
    - 关联关系
    - 关联交易
    - 可比性分析
    - 转让定价方法的选择和使用
  - 特殊事项文档
    - 成本分摊协议特殊事项文档
    - 资本弱化特殊事项文档

1. 主体文档主要披露最终控股企业所属企业集团的全球业务整体情况。符合下列条件之一的企业，应当准备主体文档：

（1）年度发生跨境关联交易，且合并该企业财务报表的最终控股企业所属企业集团已准备主体文档；

（2）年度关联交易总额超过10亿元。

2. 本地文档主要披露企业关联交易的详细信息。年度关联交易金额符合下列条件之一的企业，应当准备本地文档：

（1）有形资产所有权转让金额（来料加工业务按照年度进出口报关价格计算）超过2亿元；

（2）金融资产转让金额超过1亿元；

（3）无形资产所有权转让金额超过1亿元；

（4）其他关联交易金额合计超过4000万元。

经典题解

【例题130·多选题】依据企业所得税同期资料管理规定，下列年度关联交易金额应当准备本地文档的有（　　）。（2020年）

A. 金融资产转让金额超过10000万元

B. 无形资产所有权转让金额超过10000万元

C. 有形资产所有权转让金额超过20000万元

D. 无形资产使用权转让金额未超过5000万元

E. 劳务关联交易金额合计超过4000万元

【答案】ABCE

3. 豁免情形

（1）企业仅与境内关联方发生关联交易的，可以不准备主体文档、本地文档和特殊事项文档；

（2）企业执行预约定价安排的，可以不准备预约定价安排涉及关联交易的本地文档和特殊事项文档。

4. 其他要求

（1）主体文档应当在企业集团最终控股企业会计年度终了之日起12个月内准备完毕；本地文档和特殊事项文档应当在关联交易发生年度次年6月30日之前准备完毕。同期资料应当自税务机关要求之日起30日内提供。

（2）企业因不可抗力无法按期提供同期资料的，应当在不可抗力消除后30日内提供同期资料。

（3）同期资料应当自税务机关要求的准备完毕之日起保存10年。

51 预约定价安排管理（★★★）

（一）预约定价安排管理基本规定

企业可以与税务机关就其未来年度关联交易的定价原则和计算方法达成预约定价安排。

项目	具体规定
阶段	预备会谈、谈签意向、分析评估、正式申请、协商签署、监控执行
类型	单边、双边和多边
适用范围	（1）适用于主管税务机关向企业送达接收其谈签意向的《税务事项通知书》之日所属纳税年度起3~5个年度的关联交易 （2）一般适用于主管税务机关向企业送达接收其谈签意向的《税务事项通知书》之日所属纳税年度前3个年度每年度发生的关联交易金额4000万元人民币以上的企业
预备会谈	（1）企业有谈签预约定价安排意向的，应当向税务机关书面提出预备会谈申请。税务机关可以与企业开展预备会谈 （2）企业申请单边预约定价安排的，应当向主管税务机关书面提出预备会谈申请，提交《预约定价安排预备会谈申请书》。主管税务机关组织与企业开展预备会谈 （3）企业申请双边或者多边预约定价安排的，应当同时向国家税务总局和主管税务机关书面提出预备会谈申请，提交《预约定价安排预备会谈申请书》。国家税务总局统一组织与企业开展预备会谈
谈签意向	（1）税务机关和企业在预备会谈期间达成一致意见的，主管税务机关向企业送达同意其提交谈签意向的《税务事项通知书》。企业收到《税务事项通知书》后向税务机关提出谈签意向 （2）企业申请单边预约定价安排的，应当向主管税务机关提交《预约定价安排谈签意向书》，并附送单边预约定价安排申请草案 （3）企业申请双边或者多边预约定价安排的，应当同时向国家税务总局和主管税务机关提交《预约定价安排谈签意向书》，并附送双边或者多边预约定价安排申请草案
协商签署	（1）主管税务机关与企业就单边预约定价安排文本达成一致后，由双方的法定代表人或者法定代表人授权的代表签署单边预约定价安排 （2）国家税务总局与税收协定缔约对方税务主管当局就双边或者多边预约定价安排文本达成一致后，由双方或者多方税务主管当局授权的代表签署双边或者多边预约定价安排
监控执行	（1）企业应当在纳税年度终了后6个月内，向主管税务机关报送执行预约定价安排情况的纸质版和电子版年度报告，主管税务机关将电子版年度报告报送国家税务总局；涉及双边或者多边预约定价安排的，企业应当向主管税务机关报送执行预约定价安排情况的纸质版和电子版年度报告，同时将电子版年度报告报送国家税务总局 （2）预约定价安排执行期间，企业发生影响预约定价安排的实质性变化，应当在发生变化之日起30日内书面报告主管税务机关，详细说明该变化对执行预约定价安排的影响，并附送相关资料 【考点提示】由于非主观原因而无法按期报告的，可以延期报告，但延长期限不得超过30日
安排管理	采用四分位法确定价格或者利润水平

经典题解

【例题131·单选题】 根据企业所得税相关规定，预约定价安排中确定关联交易价格采取的方法是（　　）。（2018年）

A. 中位数法　　B. 四分位法

C. 百分位法　　D. 八分位法

【答案】 B

（二）预约定价简易程序（新增）

1. 适用企业

企业在主管税务机关向其送达受理申请的《税务事项通知书》之日所属纳税年度前3个年度，每年度发生的关联交易金额4000万元人民币以上，并符合下列条件之一的，可以申请适用简易程序：

（1）已向主管税务机关提供拟提交申请所属年度前3个纳税年度的、符合规定的同期资料；

（2）自企业提交申请之日所属纳税年度前10个年度内，曾执行预约定价安排，且执行结果符合安排要求的；

（3）自企业提交申请之日所属纳税年度前10个年度内，曾受到税务机关特别纳税调查调整且结案的。

2. 简易程序包括申请评估、协商签署和监控执行3个阶段。

3. 企业应当向主管税务机关提出适用简易程序的申请，主管税务机关分析评估后，决定是否受理。

4. 有下列情形之一的，主管税务机关不予受理企业提交的申请：

（1）税务机关已经对企业实施特别纳税调整立案调查或者其他涉税案件调查，且尚未结案；

（2）未按照有关规定填报年度关联业务往来报告表，且不按时更正；

（3）未按照有关规定准备、保存和提供同期资料；

（4）未按照要求提供相关资料或者提供的资料不符合税务机关要求，且不按时补正或者更正；

（5）拒不配合税务机关进行功能和风险实地访谈。

5. 主管税务机关收到企业申请后，应当开展分析评估，进行功能和风险实地访谈，并于收到企业申请之日起90日内向企业送达《税务事项通知书》，告知其是否受理；不予受理的，说明理由。

6. 主管税务机关受理企业申请后，应当与企业就其关联交易是否符合独立交易原则进行协商，并于向企业送达受理申请的《税务事项通知书》之日起6个月内协商完毕。协商期间，主管税务机关可以要求企业补充提交相关资料，企业补充提交资料时间不计入上述6个月内。

7. 同时涉及两个或者两个以上省、自治区、直辖市和计划单列市税务机关的单边预约定价安排，暂不适用简易程序。

52 成本分摊协议管理（★★）

成本分摊协议管理指对企业与其关联方签署的成本分摊协议是否符合独立交易原则进行审核评估和调查调整等工作的总称。企业与其关联方签署成本分摊协议，共同开发、受让无形资产，或者共同提供、接受劳务，应符合独立交易原则。

1. 成本分摊协议的参与方对开发、受让的无形资产或参与的劳务活动享有受益权，并承担相应的活动成本。关联方承担的成本应与非关联方在可比条件下为获得上述受益权而支付的成本相一致。

2. 参与方使用成本分摊协议所开发或受让的无形资产不需另支付特许权使用费。

3. 企业对成本分摊协议所涉及无形资产或劳务的受益权应有合理的、可计量的预期收益，且以合理商业假设和营业常规为基础。

4. 涉及劳务的成本分摊协议一般适用于集团采购和集团营销策划。

5. 成本分摊协议主要包括以下内容：

（1）参与方的名称、所在国家（地区）、关联关系、在协议中的权利和义务；

（2）成本分摊协议所涉及的无形资产或劳务的内容、范围，协议涉及研发或劳务活动的具体承担者及其职责、任务；

（3）协议期限；

（4）参与方预期收益的计算方法和假设；

（5）参与方初始投入和后续成本支付的金额、形式、价值确认的方法以及符合独立交易原则的说明；

（6）参与方会计方法的运用及变更说明；

（7）参与方加入或退出协议的程序及处理规定；

（8）参与方之间补偿支付的条件及处理规定；

（9）协议变更或终止的条件及处理规定；

（10）非参与方使用协议成果的规定。

经典题解

【例题 132·多选题】下列规定或计算方法中，属于企业与关联方签署成本分摊协议内容的有（　　）。（2011 年）

A. 非参与方使用协议成果的规定

B. 非参与方预期收益的计算方法

C. 参与方会计方法的运用及变更说明

D. 参与方之间补偿支付的条件及处理规定

E. 参与方加入或退出协议的程序及处理规定

【答案】ACDE

6. 企业与其关联方签署成本分摊协议，有下列情形之一的，其自行分摊的成本不得税前扣除：

（1）不具有合理商业目的和经济实质；

（2）不符合独立交易原则；

（3）没有遵循成本与收益配比原则；

（4）未按有关规定备案或准备、保存和提供有关成本分摊协议的同期资料；

（5）自签署成本分摊协议之日起经营期限少于20年。

7. 已经执行并形成一定资产的成本分摊协议，参与方发生变更或协议终止执行，应根据独立交易原则作如下处理：

（1）加入支付，即新参与方为获得已有协议成果的受益权应作出合理的支付；

（2）退出补偿，即原参与方退出协议安排，将已有协议成果的受益权转让给其他参与方应获得合理的补偿；

（3）参与方变更后，应对各方受益和成本分摊情况作出相应调整；

（4）协议终止时，各参与方应对已有协议成果作出合理分配。

8. 对于符合独立交易原则的成本分摊协议，有关税务处理如下：

（1）企业按照协议分摊的成本，应在协议规定的各年度税前扣除；

（2）涉及补偿调整的，应在补偿调整的年度计入应纳税所得额；

（3）涉及无形资产的成本分摊协议，加入支付、退出补偿或终止协议时对协议成果分配的，应按资产购置或处置的有关规定处理。

经典题解

【例题133·单选题】甲企业与其关联方签署了成本分摊协议，共同开发无形资产，并约定退出补偿时协议成果转让给关联方，该成本分摊协议符合独立交易原则，下列关于甲企业成本分摊的税务处理中，不正确的是（　　）。

A. 协议终止时，应与关联方对已有协议成果作出合理分配

B. 按照协议分摊的成本，应在协议规定的各年度税前扣除

C. 退出补偿时，该无形资产应按资产处置的税务规定处理

D. 涉及补偿调整的，应调整成本发生年度的应纳税所得额

【解析】选项D：涉及补偿调整的，应在补偿调整的年度计入应纳税所得额。

【答案】D

53 受控外国企业管理（★★）

受控外国企业是指根据所得税法第四十五条的规定，由居民企业，或者由居民企业和居民个人（统称“中国居民股东”，包括中国居民企业股东和中国居民个人股东）控制的设立在实际税负低于所得税法规定税率水平50%的国家（地区），并非由于合理经营需要对利润不作分配或减少分配的外国企业。

考点提示

上述利润中应归属于该居民企业的部分，应当计入该居民企业的当期收入。

1. 所称控制，是指在股份、资金、经营、购销等方面构成实质控制。其中，股份控制是指由中国居民股东在纳税年度任何一天单层直接或多层间接单一持有外国企业10%以上有表决权股份，且共同持有该外国企业50%以上股份。中国居民股东多层间接持有股份按各层持股比例相乘计算，中间层持有股份超过50%的，按100%计算。

2. 计入中国居民企业股东当期的视同受控外国企业股息分配的所得，应按以下公式计算：

$$中国居民企业股东当期所得=视同股息分配额\times\frac{实际持股天数}{受控外国企业纳税年度天数}\times股东持股比例$$

中国居民股东多层间接持有股份的，股东持股比例按各层持股比例相乘计算。

3. 中国居民企业股东能够提供资料证明其控制的外国企业满足以下条件之一的，可免于将外国企业不作分配或减少分配的利润视同股息分配额，计入中国居民企业股东的当期所得：

（1）设立在国家税务总局指定的非低税率国家（地区）；

（2）主要取得积极经营活动所得；

（3）年度利润总额低于500万元人民币。

54 资本弱化管理（★★★）

1.《企业所得税法》规定，企业从其关联方接受的债权性投资与权益性投资的比例超过规定标准而发生的利息支出，不得在计算应纳税所得额时扣除。

2. 不得在计算应纳税所得额时扣除的利息支出应按以下公式计算：

$$不得扣除的利息支出=年度实际支付的全部关联方利息\times\left(1-\frac{标准比例}{关联债资比例}\right)$$

（1）关联债资比例是指企业从其全部关联方接受的债权性投资占企业接受的权益性投资的比例，关联债权投资包括关联方以各种形式提供担保的债权性投资。

考点提示

权益投资为企业资产负债表所列示的所有者权益金额。如果所有者权益小于实收资本（股本）与资本公积之和，则权益投资为实收资本（股本）与资本公积之和；如果实收资本（股本）与资本公积之和小于实收资本（股本）金额，则权益投资为实收资本（股本）金额。

（2）企业实际支付给关联方的利息支出，除符合下述第（3）项规定外，其接受关联方债权性投资与权益性投资比例为：①金融企业，为5∶1；②其他企业，为2∶1。

（3）企业如果能够按照《企业所得税法》及其实施条例的有关规定提供相关资料，并证明相关交易活动符合独立交易原则的；或者该企业的实际税负不高于境内关联方的，其实际支付给境内关联方的利息支出，在计算应纳税所得额时准予扣除。

3. 企业未按规定准备、保存和提供同期资料证明关联债权投资金额、利率、期限、融资条件以及债资比例等符合独立交易原则的，其超过标准比例的关联方利息支出，不得在计算应纳税所得额时扣除。

经典题解

【例题134·单选题】 在资本弱化管理中，计算关联债资比例时，如果所有者权益小于实收资本与资本公积之和，则权益投资为（　　）。（2021年）

A. 实收资本　　B. 实收资本与资本公积之和

C. 资本公积　　D. 所有者权益

【解析】 如果所有者权益小于实收资本（股本）与资本公积之和，则权益投资为实收资本（股本）与资本公积之和；如果实收资本（股本）与资本公积之和小于实收资本（股本）金额，则权益投资为实收资本（股本）金额。

【答案】 B

55 特别纳税调整监控管理（★★）

（一）调查程序

1. 税务机关实施特别纳税调查，应当重点关注具有以下风险特征的企业：

（1）关联交易金额较大或者类型较多；

（2）存在长期亏损、微利或者跳跃性盈利；

（3）低于同行业利润水平；

（4）利润水平与其所承担的功能风险不相匹配，或者分享的收益与分摊的成本不相配比；

（5）与低税国家（地区）关联方发生关联交易；

（6）未按照规定进行关联申报或者准备同期资料；

（7）从其关联方接受的债权性投资与权益性投资的比例超过规定标准；

（8）由居民企业，或者由居民企业和中国居民控制的设立在实际税负低于12.5%的国家（地区）的企业，并非由于合理的经营需要而对利润不作分配或者减少分配；

（9）实施其他不具有合理商业目的的税收筹划或者安排。

2. 税务机关实施特别纳税调查时，应当按照法定权限和程序进行，可以采用实地调查、检查纸质或者电子数据资料、调取账簿、询问、查询存款账户或者储蓄存款、发函协查、国际税收信息交换、异地协查等方式，收集能够证明案件事实的证据材料。收集证据材料过程中，可以记录、录音、录像、照相和复制，录音、录像、照相前应当告知被取证方。记录内容应当由两名以上调查人员签字，并经被取证方核实签章确认。被取证方拒绝签章的，税务机关调查人员（两名以上）应当注明。

3. 税务机关实施转让定价调查时，应当进行可比性分析，可比性分析一般包括以下5个方面：

（1）交易资产或者劳务特性；

（2）交易各方执行的功能、承担的风险和使用的资产；

（3）合同条款；

（4）经济环境；

（5）经营策略。

（二）转让定价方法

转让定价方法	相关概念及适用范围
可比非受控价格法	（1）可比非受控价格法以非关联方之间进行的与关联交易相同或者类似业务活动所收取的价格作为关联交易的公平成交价格 （2）可比非受控价格法可以适用于所有类型的关联交易。可比非受控价格法的可比性分析，应当按照不同交易类型，特别考察关联交易与非关联交易中交易资产或者劳务的特性、合同条款、经济环境和经营策略上的差异
再销售价格法	（1）再销售价格法以关联方购进商品再销售给非关联方的价格减去可比非关联交易毛利后的金额作为关联方购进商品的公平成交价格。其计算公式为： 公平成交价格=再销售给非关联方的价格×（1-可比非关联交易毛利率） $可比非关联交易毛利率=\frac{可比非关联交易毛利}{可比非关联交易收入净额}\times100\%$ （2）再销售价格法一般适用于再销售者未对商品进行改变外形、性能、结构或者更换商标等实质性增值加工的简单加工或者单纯购销业务
成本加成法	（1）成本加成法以关联交易发生的合理成本加上可比非关联交易毛利后的金额作为关联交易的公平成交价格。其计算公式为： 公平成交价格=关联交易发生的合理成本×（1+可比非关联交易成本加成率） $可比非关联交易成本加成率=\frac{可比非关联交易毛利}{可比非关联交易成本}\times100\%$ （2）成本加成法一般适用于有形资产使用权或者所有权的转让、资金融通、劳务交易等关联交易
交易净利润法	（1）交易净利润法以可比非关联交易的利润指标确定关联交易的利润。利润指标包括息税前利润率、完全成本加成率、资产收益率、贝里比率等。具体计算公式为： $息税前利润率=\frac{息税前利润}{营业收入}\times100\%$ $完全成本加成率=\frac{息税前利润}{完全成本}\times100\%$ $资产收益率=息税前利润\div\frac{年初资产总额+年末资产总额}{2}\times100\%$ $贝里比率=\frac{毛利}{营业费用+管理费用}\times100\%$ 利润指标的选取应当反映交易各方执行的功能、承担的风险和使用的资产 利润指标的计算以企业会计处理为基础，必要时可以对指标口径进行合理调整 （2）交易净利润法一般适用于不拥有重大价值无形资产企业的有形资产使用权或者所有权的转让和受让、无形资产使用权受让以及劳务交易等关联交易

转让定价方法	相关概念及适用范围
利润分割法	（1）利润分割法根据企业与其关联方对关联交易合并利润（实际或者预计）的贡献计算各自应当分配的利润额。利润分割法主要包括一般利润分割法和剩余利润分割法 （2）利润分割法一般适用于企业及其关联方均对利润创造具有独特贡献，业务高度整合且难以单独评估各方交易结果的关联交易。利润分割法的适用应当体现利润应在经济活动发生地和价值创造地征税的基本原则
其他方法	其他符合独立交易原则的方法包括成本法、市场法和收益法等资产评估方法，以及其他能够反映利润与经济活动发生地和价值创造地相匹配原则的方法

经典题解

【例题 135 · 单选题】 转让定价方法中的成本加成法，其公平成交价格的计算公式为（　　）。（2018 年）

A. 关联交易的实际价格×（1+可比非关联交易成本加成率）

B. 关联交易的实际价格÷（1-可比非关联交易成本加成率）

C. 关联交易的合理成本×（1+可比非关联交易成本加成率）

D. 关联交易的合理成本÷（1-可比非关联交易成本加成率）

【答案】 C

【例题 136 · 单选题】 下列转让定价方法，可以适用于所有类型关联交易的是（　　）。（2017 年）

A. 交易净利润法　　B. 成本加成法

C. 再销售价格法　　D. 可比非受控价格法

【答案】 D

【例题 137 · 单选题】 下列关于转让定价方法的说法，正确的是（　　）。（2013 年）

A. 可比非受控价格法可以适用所有类型的关联交易

B. 再销售价格法通常适用于资金融通的关联交易

C. 成本加成法通常适用于无形资产的购销、转让的关联交易

D. 交易净利润法通常适用于高度整合且难以单独评估的关联交易

【答案】 A

【例题 138 · 多选题】 下列指标，属于特别纳税调整转让定价方法中交易净利润法的利润指标有（　　）。（2020 年）

A. 息税前利润率　　B. 贝里比率

C. 资产收益率　　D. 可比非关联交易毛利率

E. 完全成本加成率

【答案】 ABCE

（三）来料加工业务调整

税务机关分析评估被调查企业为其关联方提供的来料加工业务，在可比企业不是相同业务模式，且业务模式的差异会对利润水平产生影响的情况下，应当对业务模式的差异进行调整，还原其不作价的来料和设备价值。企业提供真实完整的来料加工产品整体价值链相关资料，能够反映各关联方总体利润水平的，税务机关可以就被调查企业与可比企业因料件还原产生的资金占用差异进行可比性调整，利润水平调整幅度超过10%的，应当重新选择可比企业。

除上述规定外，对因营运资本占用不同产生的利润差异不作调整。

（四）受让无形资产使用权调整

判定企业及其关联方对无形资产价值的贡献程度及相应的收益分配时，应当全面分析企业所属企业集团的全球营运流程，充分考虑各方在无形资产开发、价值提升、维护、保护、应用和推广中的价值贡献，无形资产价值的实现方式，无形资产与集团内其他业务的功能、风险和资产的相互作用。

企业仅拥有无形资产所有权而未对无形资产价值做出贡献的，不应当参与无形资产收益分配。无形资产形成和使用过程中，仅提供资金而未实际执行相关功能和承担相应风险的，应当仅获得合理的资金成本回报。

（五）非受益性劳务价款调整

1. 企业向其关联方支付非受益性劳务的价款，税务机关可以按照已税前扣除的金额全额实施特别纳税调整。

2. 非受益性劳务主要包括以下情形：

（1）劳务接受方从其关联方接受的，已经购买或者自行实施的劳务活动；

（2）劳务接受方从其关联方接受的，为保障劳务接受方的直接或者间接投资方的投资利益而实施的控制、管理和监督等劳务活动；

（3）劳务接受方从其关联方接受的，并非针对其具体实施的，只是因附属于企业集团而获得额外收益的劳务活动；

（4）劳务接受方从其关联方接受的，已经在其他关联交易中给予补偿的劳务活动；

（5）与劳务接受方执行的功能和承担的风险无关，或者不符合劳务接受方经营需要的关联劳务活动；

（6）其他不能为劳务接受方带来直接或者间接经济利益，或者非关联方不愿意购买或者不愿意自行实施的关联劳务活动。

3. 企业接受或者提供的受益性劳务应当充分考虑劳务的具体内容和特性，劳务提供方的功能、风险、成本和费用，劳务接受方的受益情况、市场环境，交易双方的财务状况，以及可比交易的定价情况等因素，按照规定选择合理的转让定价方法。

（六）特别纳税调整程序实施

1. 企业向未执行功能、承担风险，无实质性经营活动的境外关联方支付费用，不符合独立交易原则的，税务机关可以按照已税前扣除的金额全额实施特别纳税调整。

2. 实际税负相同的境内关联方之间的交易，只要该交易没有直接或者间接导致国家总体税收收入的减少，原则上不作特别纳税调整。

3. 经调查，税务机关未发现企业存在特别纳税调整问题的，应当作出特别纳税调查结论，并向企业送达《特别纳税调查结论通知书》。

4. 税务机关对企业实施特别纳税调整，涉及企业向境外关联方支付利息、租金、特许权使用费的，除另有规定外，不调整已扣缴的税款。

5. 企业自行调整补税且主动提供同期资料等有关资料，或者按照有关规定不需要准备同期资料但根据税务机关要求提供其他相关资料的，其2008年1月1日以后发生交易的自行调整补税按照基准利率加收利息。

税务机关依照规定对企业作出特别纳税调整的，应对2008年1月1日以后发生交易补征的企业所得税税款，企业在《特别纳税调查调整通知书》送达前缴纳或者送达后补缴税款的，自税款所属纳税年度的次年6月1日起至补缴税款之日止的期间，按日加收利息。

利息率按照税款所属纳税年度12月31日公布的与补税期间同期的中国人民银行人民币贷款基准利率加5个百分点计算，并按照一年365天折算日利息率。

经典题解

【例题139·单选题】2021年6月2日，税务机关在审查某公司的纳税申报情况过程中，发现该公司2019年的某项关联交易不符合独立交易原则，少缴纳企业所得税30万元（企业未按照规定提供同期资料和其他相关资料）并送达《特别纳税调查调整通知书》，要求公司在15日内补缴税款。该公司于2021年6月10日补缴了该税款。对该公司补缴税款应加收利息（　　）万元。（假设中国人民银行公布的同期人民币贷款基准年利率为5.5%）

A. 1.65　　　　B. 1.70

C. 3.24　　　　D. 5.63

【解析】税务机关依照规定对企业作出特别纳税调整的，应对2008年1月1日以后发生交易补征的企业所得税税款，企业在《特别纳税调查调整通知书》送达前缴纳或者送达后补缴税款的，自税款所属纳税年度的次年6月1日起至补缴税款之日止的期间，按日加收利息。利息率按照税款所属纳税年度12月31日公布的与补税期间同期的中国人民银行人民币贷款基准利率加5个百分点计算，并按照一年365天折算日利息率。应加收的利息=30×（5.5%+5%）÷365×（365+10）=3.24（万元）。

【答案】C

（七）特别纳税调整协商

1. 根据我国对外签署的税收协定的有关规定，国家税务总局可以依据企业申请或者税收协定缔约对方税务主管当局请求启动相互协商程序，与税收协定缔约对方税务主管当局开展协商谈判，避免或者消除由特别纳税调整事项引起的国际重复征税。相互协商内容包括：

（1）双边或者多边预约定价安排的谈签；

（2）税收协定缔约一方实施特别纳税调查调整引起另一方相应调整的协商谈判。

2. 有下列情形之一的，国家税务总局可以拒绝企业申请或者税收协定缔约对方税务主管当局启动相互协商程序的请求：

（1）企业或者其关联方不属于税收协定任一缔约方的税收居民；

（2）申请或者请求不属于特别纳税调整事项；

（3）申请或者请求明显缺乏事实或者法律依据；

（4）申请不符合税收协定有关规定；

（5）特别纳税调整案件尚未结案或者虽然已经结案但是企业尚未缴纳应纳税款。

3. 有下列情形之一的，国家税务总局可以暂停相互协商程序：

（1）企业申请暂停相互协商程序；

（2）税收协定缔约对方税务主管当局请求暂停相互协商程序；

（3）申请必须以另一被调查企业的调查调整结果为依据，而另一被调查企业尚未结束调查调整程序；

（4）其他导致相互协商程序暂停的情形。

4. 有下列情形之一的，国家税务总局可以终止相互协商程序：

（1）企业或者其关联方不提供与案件有关的必要资料，或者提供虚假、不完整资料，或者存在其他不配合的情形；

（2）企业申请撤回或者终止相互协商程序；

（3）税收协定缔约对方税务主管当局撤回或者终止相互协商程序；

（4）其他导致相互协商程序终止的情形。

5. 国家税务总局决定暂停或者终止相互协商程序的，应当书面通知省税务机关。负责特别纳税调整事项的主管税务机关应当在收到书面通知后15个工作日内，向企业送达暂停或者终止相互协商程序的《税务事项通知书》。

6. 应纳税收入或者所得额以外币计算的，应当按照相互协商协议送达企业之日上月最后一日人民币汇率中间价折合成人民币，计算应补缴或者应退还的税款。补缴税款应当加收利息的，按照规定的人民币贷款基准利率执行。

56 一般反避税管理（★★★）

自2015年2月1日起（2015年2月1日前税务机关尚未结案处理的避税安排也适用），对企业实施的不具有合理商业目的而获取税收利益的避税安排，实施的特别纳税调整。

【解释1】不具有合理商业目的，是指以减少、免除或者推迟缴纳税款为主要目的。

【解释2】税收利益是指减少、免除或者推迟缴纳企业所得税应纳税额。

项目	内容
不适用一般反避税规定的情形	（1）与跨境交易或者支付无关的安排 （2）涉嫌逃避缴纳税款、逃避追缴欠税、骗税、抗税以及虚开发票等税收违法行为

项目	内容
调整方法	税务机关对企业的避税安排应当以具有合理商业目的和经济实质的类似安排为基准，按照实质重于形式的原则实施特别纳税调整。调整方法包括： （1）对安排的全部或者部分交易重新定性 （2）在税收上否定交易方的存在，或者将该交易方与其他交易方视为同一实体 （3）对相关所得、扣除、税收优惠、境外税收抵免等重新定性或者在交易各方间重新分配 （4）其他合理方法
反避税立案	（1）主管税务机关发现企业存在避税嫌疑的，层报省、自治区、直辖市和计划单列市（简称“省”）税务机关复核同意后，报税务总局申请立案 （2）省税务机关应当将税务总局形成的立案申请审核意见转发主管税务机关。税务总局同意立案的，主管税务机关实施一般反避税调查
反避税调查	（1）主管税务机关实施一般反避税调查时，应当向被调查企业送达《税务检查通知书》。被调查企业认为其安排不属于规定的避税安排的，应当自收到《税务检查通知书》之日起 60 日内提供相关资料 （2）如果企业因特殊情况不能按期提供相关资料的，可以向主管税务机关提交书面延期申请，经批准可以延期提供，但是最长不得超过 30 日。主管税务机关应当自收到企业延期申请之日起 15 日内书面回复。逾期未回复的，视同税务机关同意企业的延期申请 （3）企业拒绝提供资料的，主管税务机关可以按照规定进行核定
反避税结案	主管税务机关根据调查过程中获得的相关资料，自税务总局同意立案之日起 9 个月内进行审核，综合判断企业是否存在避税安排，形成案件不予调整或者初步调整方案的意见和理由，层报省税务机关复核同意后，报税务总局申请结案
反避税争议处理	（1）被调查企业对主管税务机关作出的一般反避税调整决定不服的，可以按照有关法律法规的规定申请法律救济 （2）主管税务机关作出的一般反避税调整方案导致国内双重征税的，由税务总局统一组织协调解决 （3）被调查企业认为我国税务机关作出的一般反避税调整，导致国际双重征税或者不符合税收协定规定征税的，可以按照税收协定及其相关规定申请启动相互协商程序

经典题解

【例题 140 · 多选题】 在特别纳税调整中，对企业实施不具有合理商业目的而获取税收利益的避税安排，税务机关有权实施的调整方法有（　　）。（2018 年）

A. 对安排的全部或部分交易重新定性

B. 在税收上否认安排交易的发生

C. 在税收上否定交易方的存在

D. 对相关所得、扣除、税收优惠及境外税收抵免等重新定性

E. 将交易方与其他交易方视为同一实体

【答案】 ACDE

第十一单元 征收管理

57 纳税地点（★★）

企业类型	纳税地点
居民企业	除税收法律、行政法规另有规定外，居民企业以企业登记注册地为纳税地点；但登记注册地在境外的，以实际管理机构所在地为纳税地点
非居民企业	（1）非居民企业在中国境内设立机构、场所的，应当就其所设机构、场所取得的来源于中国境内的所得，以及发生在中国境外但与其所设机构、场所有实际联系的所得，以机构、场所所在地为纳税地点 （2）非居民企业在中国境内设立两个或者两个以上机构、场所的，符合国务院税务主管部门规定条件的，可以选择由其主要机构、场所汇总缴纳企业所得税 （3）非居民企业在中国境内未设立机构、场所的，或者虽设立机构、场所但与其所设机构、场所没有实际联系的境内所得，以扣缴义务人所在地为纳税地点 （4）汇总纳税的非居民企业应在汇总纳税的年度中持续符合下列所有条件： ①汇总纳税的各机构、场所已在所在地主管税务机关办理税务登记，并取得纳税人识别号 ②主要机构、场所符合相关规定，汇总纳税的各机构、场所不得采用核定方式计算缴纳企业所得税 ③汇总纳税的各机构、场所能够按照规定准确计算本机构、场所的税款分摊额，并按要求向所在地主管税务机关办理纳税申报 【考点提示】汇总纳税的各机构、场所实行“统一计算、分级管理、就地预缴、汇总清算、财政调库”的企业所得税征收管理办法

考点提示

1. 居民企业在中国境内设立不具有法人资格的营业机构的，应当汇总计算并缴纳企业所得税。

2. 除国务院另有规定外，企业之间不得合并缴纳企业所得税。

经典题解

【例题 141 · 多选题】下列关于企业所得税纳税地点的表述，正确的有（ ）。（2009年考题改编）

A. 非居民企业在中国境内设立机构、场所的，其来源于境内的与机构、场所有实际联系的所得以机构、场所所在地为纳税地点

B. 非居民企业在中国境内未设立机构、场所的，其来源于境内的所得以扣缴义务人所在地为纳税地点

C. 非居民企业在中国境内设立机构、场所但取得的境内所得与其所设机构、场所没有实际联系的，以机构、场所所在地为纳税地点

D. 除另有规定外，居民企业以企业登记注册地为纳税地点

E. 居民企业登记注册地在境外的，以实际管理机构所在地为纳税地点

【解析】 选项C：非居民企业在中国境内设立机构、场所但取得的境内所得与其所设机构、场所没有实际联系的，以扣缴义务人所在地为纳税地点。

【答案】 ABDE

58 纳税期限和纳税申报（★★）

1. 企业所得税按年计征，分月或者分季预缴，年终汇算清缴，多退少补。

2. 企业所得税的纳税年度，自公历1月1日起至12月31日止。企业在一个纳税年度的中间开业，或者终止经营活动，使该纳税年度的实际经营期不足12个月的，应当以其实际经营期为1个纳税年度。企业依法清算时，应当以清算期间作为1个纳税年度。

3. 企业应当自年度终了之日起5个月内，向税务机关报送年度企业所得税纳税申报表，并汇算清缴，结清应缴应退税款。

4. 企业在年度中间终止经营活动的，应当自实际经营终止之日起60日内，向税务机关办理当期企业所得税汇算清缴。

5. 按月或按季预缴的，应当自月份或者季度终了之日起15日内，向税务机关报送预缴企业所得税纳税申报表，预缴税款。企业在报送企业所得税纳税申报表时，应当按照规定附送财务会计报告和其他有关资料。

6. 2021年度及以后年度企业所得税汇算清缴，纳税人在纳税年度内预缴企业所得税税款超过汇算清缴应纳税款的，纳税人应及时申请退税，主管税务机关应及时按有关规定办理退税，不再抵缴其下一年度应缴企业所得税税款。（新增）

经典题解

【例题142·单选题】 企业在年度中间终止经营活动，办理企业所得税汇算清缴的时间是（　　）。（2019年）

A. 自清算完成之日起30日内

B. 注销营业执照之前30日内

C. 自实际经营终止之日起60日内

D. 自人民法院宣告破产之日起15日内

【答案】 C

59 跨地区经营汇总纳税企业所得税征收管理（★★★）

1. 居民企业在中国境内跨地区（指跨省、自治区、直辖市和计划单列市，下同）设立不具有法人资格分支机构的，该居民企业为跨地区经营汇总纳税企业（以下简称“汇总纳税企业”），除另有规定外，其企业所得税征收管理适用以下规定。

2. 总机构和具有主体生产经营职能的二级分支机构，就地分摊缴纳企业所得税。不具有主体生产经营职能，且在当地不缴纳增值税的产品售后服务、内部研发、仓储等汇总纳税企业内部辅助性的二级分支机构，不就地分摊缴纳企业所得税。

3. 上年度认定为小型微利企业的，其二级分支机构不就地分摊缴纳企业所得税。

4. 新设立的二级分支机构，设立当年不就地分摊缴纳企业所得税。当年撤销的二级分支机构，自办理注销税务登记之日所属企业所得税预缴期间起，不就地分摊缴纳企业所得税。汇总纳税企业在中国境外设立的不具有法人资格的二级分支机构，不就地分摊缴纳企业所得税。

5. 汇总纳税企业按照《企业所得税法》规定汇总计算的企业所得税，包括预缴税款和汇算清缴应缴应退税款，50%在各分支机构间分摊，各分支机构根据分摊税款就地办理缴库或退库；50%由总机构分摊缴纳，其中25%就地办理缴库或退库，25%就地全额缴入中央国库或退库。

6. 总机构应将本期企业应纳所得税额的50%部分，在每月或季度终了后15日内就地申报预缴。总机构应将本期企业应纳所得税额的另外50%部分，按照各分支机构应分摊的比例，在各分支机构之间进行分摊，并及时通知到各分支机构；各分支机构应在每月或季度终了之日起15日内，就其分摊的所得税额就地申报预缴。

7. 总机构按以下公式计算分摊税款：

总机构分摊税款=汇总纳税企业当期应纳所得税额×50%

分支机构按以下公式计算分摊税款：

所有分支机构分摊税款总额=汇总纳税企业当期应纳所得税额×50%

某分支机构分摊税款=所有分支机构分摊税款总额×该分支机构分摊比例

总机构应按照上一年度分支机构的营业收入、职工薪酬和资产总额三个因素计算各分支机构应分摊所得税款的比例；三级及以下分支机构，其营业收入、职工薪酬和资产总额统一计入二级分支机构；三个因素的权重依次为0.35、0.35、0.30，计算公式如下：

$$\text{某分支机构分摊比例}=\frac{\text{该分支机构营业收入}}{\text{各分支机构营业收入之和}}\times 0.35+\frac{\text{该分支机构职工薪酬}}{\text{各分支机构职工薪酬之和}}\times 0.35+\frac{\text{该分支机构资产总额}}{\text{各分支机构资产总额之和}}\times 0.30$$

考点提示

一个纳税年度内，总机构首次计算分摊税款时采用的分支机构营业收入、职工薪酬和资产总额数据，与此后经过中国注册会计师审计确认的数据不一致的，不作调整。

经典题解

【例题143·多选题】 依据《跨地区经营汇总纳税企业所得税征收管理办法》的规定，计算各分支机构企业所得税分摊比例，需要考虑的因素有（　　）。（2019年）

A. 职工薪酬　　　　B. 期间费用

C. 营业收入　　　　D. 资产总额

E. 利润总额

【答案】 ACD

【例题 144·单选题】总分机构汇总纳税时，一个纳税年度内总机构首次计算分摊税款时采用的分支机构营业收入、职工薪酬和资产总额数据与此后经过中国注册会计师确认的数据不一致时，正确的处理方法是（ ）。（2021 年）

A. 不作调整

B. 总机构及时向主管税务机关报告

C. 总机构根据中国注册会计师确认的数据予以调整

D. 和中国注册会计师再次核对

【解析】一个纳税年度内，总机构首次计算分摊税款时采用的分支机构营业收入、职工薪酬和资产总额数据，与此后经过中国注册会计师审计确认的数据不一致的，不作调整。

【答案】A

60 合伙企业所得税的征收管理（★★）

（一）纳税义务人

合伙企业以每一个合伙人为纳税义务人。合伙企业合伙人是自然人的，缴纳个人所得税；合伙人是法人和其他组织的，缴纳企业所得税。

（二）“先分后税”的原则

合伙企业生产经营所得和其他所得采取“先分后税”的原则。具体应纳税所得额的计算按照有关规定执行。生产经营所得和其他所得包括合伙企业分配给所有合伙人的所得和企业当年留存的所得（利润）。

（三）确定应纳税所得额的原则

1. 合伙企业的合伙人以合伙企业的生产经营所得和其他所得，按照合伙协议约定的分配比例确定应纳税所得额。

2. 合伙协议未约定或者约定不明确的，以全部生产经营所得和其他所得，按照合伙人协商决定的分配比例确定应纳税所得额。

3. 协商不成的，以全部生产经营所得和其他所得，按照合伙人实缴出资比例确定应纳税所得额。

4. 无法确定出资比例的，以全部生产经营所得和其他所得，按照合伙人数量平均计算每个合伙人的应纳税所得额。

考点提示

合伙协议不得约定将全部利润分配给部分合伙人。

（四）亏损处理

合伙企业的合伙人是法人和其他组织的，合伙人在计算其缴纳企业所得税时，不得用合伙企业的亏损抵减其盈利。

经典题解

【例题145·单选题】2021年8月某商贸公司和张某、李某成立合伙企业，根据企业所得税和个人所得税相关规定，下列关于该合伙企业所得税征收管理的说法，错误的是（　　）。

A. 商贸公司需要就合伙所得缴纳企业所得税

B. 商贸公司可使用合伙企业的亏损抵减其盈利

C. 张某、李某需要就合伙所得缴纳个人所得税

D. 合伙企业生产经营所得采取“先分后税”的原则

【答案】B

61 境外注册中资控股企业（非境内注册居民企业）所得税管理（★★★）

1. 境外注册中资控股企业是指由中国内地企业或者企业集团作为主要控股投资者，在中国内地以外国家或地区（含香港、澳门、台湾）注册成立的企业。

2. 境外注册中资控股居民企业是指因实际管理机构在中国境内而被认定为中国居民企业的境外注册中资控股企业。

3. 非境内注册居民企业的实际管理机构所在地与境内主要控股投资者所在地一致的，其主管税务机关是指境外注册中资控股居民企业中国境内主要投资者登记注册地主管税务机关。

62 企业政策性搬迁所得税管理办法（★★★）

项目	内容
政策性搬迁定义	由于社会公共利益的需要，在政府主导下企业进行整体搬迁或部分搬迁。企业由于下列需要之一，提供相关文件证明资料的，属于政策性搬迁： （1）国防和外交的需要 （2）由政府组织实施的能源、交通、水利等基础设施的需要 （3）由政府组织实施的科技、教育、文化、卫生、体育、环境和资源保护、防灾减灾、文物保护、社会福利、市政公用等公共事业的需要 （4）由政府组织实施的保障性安居工程建设的需要 （5）由政府依照《中华人民共和国城乡规划法》有关规定组织实施的对危房集中、基础设施落后等地段进行旧城区改建的需要 （6）法律、行政法规规定的其他公共利益的需要

项目	内容
核算管理要求	企业应按相关要求，就政策性搬迁过程中涉及的搬迁收入、搬迁支出、搬迁资产税务处理、搬迁所得等所得税征收管理事项，单独进行税务管理和核算。不能单独进行税务管理和核算的，应视为企业自行搬迁或商业性搬迁等非政策性搬迁进行所得税处理
搬迁收入	(1) 企业的搬迁收入，包括搬迁过程中从本企业以外（包括政府或其他单位）取得的搬迁补偿收入，以及本企业搬迁资产处置收入等 (2) 企业取得的搬迁补偿收入，是指企业由于搬迁取得的货币性和非货币性补偿收入。具体包括： ①对被征用资产价值的补偿 ②因搬迁、安置而给予的补偿 ③对停产停业形成的损失而给予的补偿 ④资产搬迁过程中遭到毁损而取得的保险赔款 ⑤其他补偿收入 (3) 企业搬迁资产处置收入，是指企业由于搬迁而处置企业各类资产所取得的收入 【考点提示】企业由于搬迁处置存货而取得的收入，应按正常经营活动取得的收入进行所得税处理，不作为企业搬迁收入
搬迁支出	(1) 企业的搬迁支出，包括搬迁费用支出以及由于搬迁所发生的企业资产处置支出 (2) 搬迁费用支出，是指企业搬迁期间所发生的各项费用，包括安置职工实际发生的费用、停工期间支付给职工的工资及福利费、临时存放搬迁资产而发生的费用、各类资产搬迁安装费用以及其他与搬迁相关的费用 (3) 资产处置支出，是指企业由于搬迁而处置各类资产所发生的支出，包括变卖及处置各类资产的净值、处置过程中所发生的税费等支出 【考点提示】企业由于搬迁而报废的资产，如无转让价值，其净值作为企业的资产处置支出
搬迁资产的税务处理	(1) 企业搬迁的资产，简单安装或不需要安装即可继续使用的，在该项资产重新投入使用后，就其净值按规定的该资产尚未折旧或摊销的年限，继续计提折旧或摊销 (2) 企业搬迁的资产，需要进行大修理后才能重新使用的，应就该资产的净值，加上大修理过程所发生的支出，为该资产的计税成本。在该项资产重新投入使用后，按该资产尚可使用的年限，计提折旧或摊销 (3) 企业搬迁中被征用的土地，采取土地置换的，换入土地的计税成本按被征用土地的净值，以及该换入土地投入使用前所发生的各项费用支出，为该换入土地的计税成本，在该换入土地投入使用后，按规定年限摊销 (4) 企业搬迁期间新购置的各类资产，应按有关规定，计算确定资产的计税成本及折旧或摊销年限 【考点提示】企业发生的购置资产支出，不得从搬迁收入中扣除

项目	内容
应税所得	（1）企业在搬迁期间发生的搬迁收入和搬迁支出，可以暂不计入当期应纳税所得额，而在完成搬迁的年度，对搬迁收入和支出进行汇总清算。企业的搬迁收入，扣除搬迁支出后的余额，为企业的搬迁所得。企业应在搬迁完成年度，将搬迁所得计入当年度企业应纳税所得额计算纳税 （2）企业同时符合下列条件的，视为已经完成搬迁： ①搬迁规划已基本完成 ②当年生产经营收入占规划搬迁前年度生产经营收入 50%以上 （3）下列情形之一的，为搬迁完成年度，企业应进行搬迁清算，计算搬迁所得： ①从搬迁开始，5 年内（包括搬迁当年度）任何一年完成搬迁的 ②从搬迁开始，搬迁时间满 5 年（包括搬迁当年度）的年度 （4）企业搬迁收入扣除搬迁支出后为负数的，应为搬迁损失。搬迁损失可在下列方法中选择其一进行税务处理： ①在搬迁完成年度，一次性作为损失进行扣除 ②自搬迁完成年度起分 3 个年度，均匀在税前扣除 上述方法由企业自行选择，但一经选定，不得改变 （5）企业边搬迁、边生产的，搬迁年度应从实际开始搬迁的年度计算 （6）企业以前年度发生尚未弥补的亏损的，凡企业由于搬迁停止生产经营无所得的，从搬迁年度次年起，至搬迁完成年度前一年度止，可作为停止生产经营活动年度，从法定亏损结转弥补年限中减除；企业边搬迁、边生产的，其亏损结转年度应连续计算
征收管理	（1）企业应当自搬迁开始年度，至次年 5 月 31 日前，向主管税务机关（包括迁出地和迁入地）报送政策性搬迁依据、搬迁规划等相关材料。逾期未报的，除特殊原因并经主管税务机关认可外，按非政策性搬迁处理 （2）企业迁出地和迁入地主管税务机关发生变化的，由迁入地主管税务机关负责企业搬迁清算

经典题解

【例题 146 · 单选题】下列收入，不属于企业所得税搬迁收入的是（　　）。（2020 年）

A. 搬迁处置存货的收入

B. 搬迁资产的处置收入

C. 资产搬迁过程中遭到毁损而取得的保险赔款

D. 因搬迁安置而给予的补偿

【答案】A

【例题 147 · 单选题】关于企业政策性搬迁损失的所得税处理，下列说法正确的是（　　）。（2018 年）

A. 自搬迁完成年度起分 2 个纳税年度，均匀在税前扣除

B. 自搬迁完成年度起分 3 个纳税年度，均匀在税前扣除

C. 自搬迁完成年度起分 5 个纳税年度，均匀在税前扣除

D. 自搬迁完成年度起分 4 个纳税年度，均匀在税前扣除

【答案】 B

【例题 148 · 多选题】 企业取得的下列收入中，属于企业所得税政策性搬迁收入的有（　　）。（2019 年）

A. 由于搬迁处置存货而取得的处置收入

B. 由于搬迁、安置而给予的补偿

C. 对被征用资产价值的补偿

D. 对停产停业形成的损失而给予的补偿

E. 搬迁过程中的资产毁损而取得的保险赔款

【答案】 BCDE

63 居民企业报告境外投资和所得信息的管理（★★）

居民企业成立或参股外国企业，或者处置已持有的外国企业股份或有表决权股份，符合以下情形之一，且按照中国会计制度可确认的，应当在办理企业所得税预缴申报时向主管税务机关填报《居民企业参股外国企业信息报告表》：

1. 在规定施行之日，居民企业直接或间接持有外国企业股份或有表决权股份达到 10%（含）以上。

2. 在规定施行之日后，居民企业在被投资外国企业中直接或间接持有的股份或有表决权股份自不足 10% 的状态改变为达到或超过 10% 的状态。

3. 在规定施行之日后，居民企业在被投资外国企业中直接或间接持有的股份或有表决权股份自达到或超过 10% 的状态改变为不足 10% 的状态。

本章小结

用“会计云课堂”App 扫码学习

您已成功完成“第一章”的学习，本章共 63 个考点，您都学会了吗？

为了让您对本章有更清晰的理解，加倍巩固。本书作者张泉春老师将通过“电台音频课”的方式，带您回顾重要考点。

名师点拨，高效提分。

※ 欢迎扫码免费学习。

同步强化练习题

使用“会计云课堂”App或“微信”扫码快速做题、对答案、看解析、掌握解题思路，开启轻松过关之旅。

一、单项选择题

1. 根据企业所得税法的相关规定，下列企业中，属于我国居民企业的是（　　）。
   A. 依照日本法律成立且实际管理机构在日本，但在我国境内从事安装作业的企业
   B. 依照法国法律成立且实际管理机构在法国，但在我国境内设立营业场所的企业
   C. 依照香港特别行政区法律成立，但实际管理机构在中国内地的企业
   D. 依照越南法律成立，实际管理机构在中国香港的企业

2. 2021年某居民企业向主管税务机关申报应税收入总额120万元，成本费用支出总额127.5万元，全年亏损7.5万元。经税务机关检查，成本费用支出核算准确，但收入总额不能确定。税务机关对该企业采取核定征税办法，应税所得率为25%。2021年度该企业应缴纳企业所得税（　　）万元。
   A. 10.07　　B. 10.15
   C. 10.5　　D. 10.63

3. 以下企业实际发生的资产损失，不属于企业以清单申报的方式向税务机关申报扣除的是（　　）。
   A. 企业日常经营管理中按公允价格变卖固定资产的损失
   B. 商业零售企业存货因零星失窃形成的损失
   C. 商业零售企业超过500万元的存货单笔（单项）损失
   D. 企业按照市场公平交易原则，通过证券交易场所买卖债券以及金融衍生产品等发生的损失

4. 根据企业所得税的相关规定，下列有关确定所得来源地的表述中，不正确的是（　　）。
   A. 权益性投资资产转让所得按照投资企业所在地确定
   B. 提供劳务所得，按照劳务发生地确定
   C. 股息、红利等权益性投资所得，按照分配所得的企业所在地确定
   D. 不动产转让所得按照不动产所在地确定

5. 依据企业所得税法的规定，下列各项中按负担所得的所在地确定所得来源地的是（　　）。
   A. 销售货物所得
   B. 权益性投资所得
   C. 动产转让所得
   D. 特许权使用费所得

6. 依据企业所得税法的规定，下列所得不属于来源于中国境内所得的是（　　）。
   A. 位于美国的某企业在山东销售一批货物给英国一家公司
   B. 位于我国的外商投资企业分配股息、红利给外国投资者

C. 某外商投资企业转让位于杭州的某处厂房给其他企业

D. 美国某企业支付给我国境内企业的一笔租金

7. 下列关于企业所得税收入确认的表述，不符合规定的是（　　）。

A. 销售商品采用支付手续费方式委托代销的，在收到代销清单时确认收入

B. 为特定客户开发软件的收费，应根据开发的完工进度确认收入

C. 属于提供初始及后续服务的特许权费，在提供服务时确认收入

D. 申请入会收取的会员费，均在取得该会员费时确认收入

8. 以下关于企业所得税收入确认时间的表述正确的是（　　）。

A. 股息、红利等权益性投资收益，以投资方收到分配金额作为收入的实现

B. 利息收入，按照合同约定的债务人应付利息的日期确认收入的实现

C. 租金收入，在实际收到租金收入时确认收入的实现

D. 接受捐赠收入，在签订捐赠合同时确认收入的实现

9. 某企业对原价 1000 万元的机器设备（使用年限 10 年，不考虑净残值）使用 8 年时进行改造，取得变价收入 30 万元，领用自产产品一批，成本 350 万元，不含税售价 400 万元，改造工程分摊人工费用 100 万元，改造后该资产使用年限延长 3 年。改造后该资产的年折旧额为（　　）万元。（企业按直线法计提折旧）

A. 124　　B. 134

C. 137.6　　D. 140

10. 甲企业销售一批货物给乙企业，该销售行为取得利润 20 万元；乙企业将该批货物销售给丙企业，取得利润 200 万元。税务机关经过调查后认定甲企业和乙企业之间存在关联交易，将 200 万元的利润按照 6∶4 的比例在甲企业和乙企业之间分配。该调整方法是（　　）。

A. 利润分割法

B. 再销售价格法

C. 交易净利润法

D. 可比非受控价格法

11. 税务机关在对某企业进行调查时，发现其与关联企业在购进货物时定价存在问题。税务机关按照纳税人从关联方购进商品再销售给无关联关系的交易方的价格，减除可比非关联交易毛利后的金额进行定价的方法进行特别纳税调整。这一转让定价方法称为（　　）。

A. 可比非受控价格法

B. 成本加成法

C. 再销售价格法

D. 交易净利润法

12. 某经认定的技术先进型服务企业 2021 年已计入成本费用的实际发放的合理工资、薪金总额为 500 万元，实际发生职工福利费 72 万元，拨缴工会经费 14 万元，实际发生职工教育经费 28.5 万元，该企业在计算 2021 年应纳税所得额时，就上述业务应调整的应纳税所得额为（　　）万元。

A. 22　　B. 2

C. 6　　D. 8

13. 2021 年某居民企业购买符合规定的安全生产专用设备用于生产经营，取得的增值税普通发票上注明价税合计金额 11.3 万元。已知该企业 2019 年亏损 40 万元，2020 年盈利 20 万元。2021 年度经审核的未弥补亏损前应纳税所得额为 60 万元。2021 年度该企业实际应缴纳企业所得税（　　）万元。

A. 6.83　　B. 8.87

C. 9　　D. 10

14. 某小型微利企业（增值税一般纳税人）2021 年购买并实际使用国产环保专用设备一台，取得的增值税专用发票上注明价款 10 万元。已知截至 2021 年年初，该企业 2015 年尚未弥补的亏损为 20 万元，2021 年经审核的未弥补亏损前应纳税所得额为 200 万元。该企业 2021 年实际应缴纳企业所得税（　　）万元。

A. 36　　B. 20

C. 9.5　　D. 11.5

15. 下列对深港通相关的企业所得税政策中，说法错误的是（　　）。

A. 内地企业投资者通过深港通投资香港联交所上市股票取得的转让差价所得，依法征收企业所得税

B. 内地企业投资者通过深港通投资香港联交所上市股票取得的转让差价所得，免予征收企业所得税

C. 内地企业投资者连续持有 H 股满 12 个月取得的股息红利所得，依法免征企业所得税

D. 内地企业投资者通过深港通投资香港联交所上市股票 3 个月取得的股息红利收入，依法征收企业所得税

16. 根据企业所得税法律制度的规定，下列收入中，属于企业所得税免税收入的是（　　）。

A. 依法收取并纳入财政管理的行政事业性收费

B. 地方政府债券利息收入

C. 逾期未退包装物押金收入

D. 市政府无偿将国有资产划入企业，并指定用途

17. 某公司自 2020 年 6 月开始筹建，至年底筹建结束，共发生筹办费 100 万元，其中业务招待费 10 万元，筹办费会计处理为（单位：万元）：

借：管理费用——开办费　　100

　贷：银行存款　　100

2021 年 1 月，该公司开始生产经营，当年实现销售（营业）收入 2500 万元，成本费用 2300 万元，其中发生业务招待费 20 万元，该公司选择筹办费一次性在开业当年扣除。该公司 2021 年度企业所得税应纳税所得额为（　　）万元。

A. 112　　B. 96

C. 100　　D. 60

18. 以下关于居民企业以非货币性资产对外投资确认的非货币性资产转让所得的说法，正确的是（　　）。

A. 须在投资协议生效时计入投资年度的应纳税所得额，按规定计算缴纳企业所得税

B. 应在投资收回时计入投资年度的应纳税所得额，按规定计算缴纳企业所得税

C. 可在不超过 5 年期限内，分期均匀计入相应年度的应纳税所得额

D. 应在投资期满 5 年后，一次性计入应纳税所得额

19. A 公司和 B 公司共同投资成立 M 公司（非上市），A 公司出资 4000 万元，占 M 公司股份的 40%，B 公司出资 6000 万元，占 M 公司股份的 60%，由于双方持股比例接近，公司治理屡屡引发矛盾，因此 A 公司决定撤回投资，2021 年 A 公司撤回投资取得收入 12000 万元，撤资后 M 公司成为 B 公司的全资子公司。截至撤回投资前，M 公司的未分配利润为 5000 万元，盈余公积 5000 万元。则 A 公司撤资行为应缴纳企业所得税（　　）万元。

A. 1000　　B. 2000

C. 2500　　D. 3000

20. 汇总纳税企业汇总计算的企业所得税中由总机构分摊缴入中央国库的比例为（　　）。

A. 25%　　B. 50%

C. 75%　　D. 100%

21. A化妆品生产企业为增值税一般纳税人，2021年6月与B公司达成债务重组协议，A化妆品生产企业以自产的化妆品抵偿所欠B公司一年前发生的债务160万元，该批化妆品成本为100万元，市场不含税价值130万元。就该项业务A企业应纳的企业所得税是（　　）万元。（不考虑城建税、教育费附加及地方教育附加）

A. 3.28　　B. 7.5

C. 9.8　　D. 10.78

22. 某食品生产企业（增值税一般纳税人）2021年销售收入情况如下：开具增值税专用发票上注明的价款为2900万元，端午节发放自产产品给员工作为节日礼物，账面价值为50万元，企业同期不含税销售价格为80万元。企业发生管理费用110万元（其中：业务招待费20万元），发生的销售费用595万元（其中：广告费300万元、业务宣传费160万元、广告性赞助费50万元），发生向金融机构借款的财务费用200万元、非广告性赞助费5万元。该企业上述费用准予在企业所得税前扣除的金额为（　　）万元。

A. 850　　B. 879

C. 834　　D. 902

23. 省级人民政府将国有资产明确以股权投资方式投入企业，企业接受国有资产正确的企业所得税处理方式是（　　）。

A. 作为递延收益

B. 作为接受捐赠收入

C. 作为非货币性资产收入

D. 作为国家资本金

24. 企业的下列收入中，属于企业所得税应税收入的是（　　）。

A. 转让国债收入

B. 国债利息收入

C. 财政拨款

D. 居民企业直接投资于其他居民企业取得的符合条件的股息、红利收入

25. 依据企业所得税法的相关规定，下列各项应计入应纳税所得额征收企业所得税的是（　　）。

A. 事业单位从事经营活动取得的收入

B. 符合条件的非营利组织的不征税收入孳生的银行存款利息

C. 软件生产企业实行增值税即征即退政策所退还的用于研究开发软件产品和扩大再生产的增值税税款

D. 符合条件的非营利组织接受个人的捐赠

26. 下列各项税金中，在计算企业所得税时，不可以在税前扣除的是（　　）。

A. 消费税

B. 准予抵扣的增值税

C. 房产税

D. 印花税

27. 2021年6月，某企业（增值税一般纳税人）因管理不善丢失上月从一般纳税人处外购钢材一批（已抵扣进项税额），账面成本100万元。保险公司审核后同意赔付3万元，仓库管理员李某同意赔付7万元，则该企业在企业所得税前可以扣除的损失为（　　）万元。

A. 41　　B. 93

C. 103　　D. 113

28. 某企业2020年度发生职工福利费170万元，2020年度税前准予扣除的职工工资总额900万元，2021年度发生职工福利费120万元，2021年度税前准予扣除的

职工工资总额1100万元，则该企业2021年度允许扣除职工福利费（　　）万元。

A. 164　　B. 120

C. 154　　D. 100

29. 某鞋业公司2021年度实现会计利润总额30万元。经税务师审核，“财务费用”账户中列支两笔利息费用：向银行借入生产用资金400万元，借款期限3个月，支付借款利息5万元；经过批准向本公司职工借入生产用资金120万元，该公司与职工的借贷是真实、合法、有效的，且签订了借款合同，借款期限5个月，支付借款利息5.5万元（金融企业同期同类贷款年利率5%）。假定该公司无其他纳税调整事项，则该公司2021年度的企业所得税应纳税所得额为（　　）万元。

A. 30　　B. 33

C. 35.5　　D. 35.1

30. 某酒类生产企业2021年取得全年产品不含税销售收入16700万元，出租机器设备取得不含税租金收入330万元，接受一辆小汽车捐赠，不含税市价20万元，从联营企业分回投资收益300万元；当年实际发生业务招待费100万元。该企业当年准予在企业所得税税前扣除的业务招待费金额是（　　）万元。

A. 85.15　　B. 100

C. 60　　D. 40

31. 甲化工企业2021年3月1日向某制造厂借款500万元用于建造厂房，4月1日动工建造，借款期限1年，当年向制造厂支付了借款利息90万元，银行同期同类贷款年利率为10%，该厂房于8月31日完工结算并投入使用，当年该企业税前可直接扣除的利息费用为（　　）万元。

A. 37.5　　B. 20.83

C. 50　　D. 45

32. 某公司2021年实际支付的合理的工资总额为1000万元（其中不含临时工的相关费用支出），公司拥有临时工10人，每人月收入2000元，其中4人是职工浴池的工作人员；另外4人是生产车间工人，还有2人是公司办公室的行政职员，公司当年拨缴的工会经费21万元，该公司在计算企业所得税时，针对工会经费应纳税调整（　　）万元。

A. 1　　B. 0.71

C. 0.98　　D. 0.49

33. 甲企业2021年发现2019年有笔实际资产损失12万元在当年未扣除，已知甲企业2019年应纳税所得额是9万元，2020年应纳税所得额是4万元，2021年应纳税所得额是13万元，甲企业将上述损失在2021年进行资产损失申报，该企业2021年实际应缴纳的企业所得税为（　　）万元。

A. 0.25　　B. 0.5

C. 1　　D. 2

34. 某房地产企业2021年度采取拆迁安置方式对某小区进行住宅开发建设，在安置方式上，该企业采取产权调换方式对被拆迁人房屋进行安置补偿。2021年2月就地安置拆迁户5000平方米，每平方米不含增值税市场售价8000元。整个开发项目土地成本2亿元，建筑施工等其他开发成本8000万元，总可售建筑面积8万平方米，其中包括用于拆迁安置的面积5000平方米。在计算企业所得税时，该项拆迁安置行为需要确认的所得为（　　）万元。

A. 6000　　B. 4000

C. 2000　　D. 8000

35. 下列关于符合规定的企业混合性投资业务的表述错误的是（　　）。
A. 企业混合性投资业务是指兼具权益和债权双重特性的投资业务
B. 对于被投资企业支付的利息，投资企业应于被投资企业应付利息的日期，确认收入的实现并计入当期应纳税所得额
C. 被投资企业应于应付利息的日期，确认利息支出，并按规定进行税前扣除
D. 对于被投资企业赎回的投资，投资双方于赎回时就赎价与投资成本之间的差额无须计入当期应纳税所得额

36. 根据税法相关规定，下列各项中，表述不正确的是（　　）。
A. 企业发生的职工教育经费支出，不超过工资薪金总额 8%的部分，准予在计算当年企业所得税应纳税所得额时扣除
B. 高新技术企业和科技型中小企业亏损结转年限由 5 年延长至 10 年
C. 2022 年小型微利企业年应纳税所得额不超过 100 万元的部分，减按 25%计入应纳税所得额，按 20%的税率缴纳企业所得税
D. 企业新购进的设备、器具，单位价值不超过 500 万元的，允许一次性计入当期成本费用在计算应纳税所得额时扣除，不再分年度计算折旧

37. 下列各项中，符合企业所得税弥补亏损规定的是（　　）。
A. 被投资企业发生经营亏损，可用投资方所得弥补
B. 企业境外分支机构的亏损，可用境内总机构的所得弥补
C. 境内总机构发生的亏损，不可用境外分支机构的所得弥补
D. 境内营业机构发生亏损，可用境外营业机构的所得弥补

38. 依据企业所得税的相关规定，因财务会计制度与税收法规的规定不同而产生的差异，在计算企业所得税应纳税所得额时应按照税收法规的规定进行调整。下列各项中，属于暂时性差异的是（　　）。
A. 业务招待费产生的差异
B. 职工教育经费产生的差异
C. 工会经费产生的差异
D. 职工福利费产生的差异

39. 下列费用，应作为职工教育经费在企业所得税前全额扣除的是（　　）。
A. 核力发电企业发生的核电厂操纵员培养费用
B. 软件生产企业发生的职工培训费用
C. 航空企业发生的乘务训练费
D. 航空企业发生的飞行训练费

40. 下列各项中，在计算企业所得税应纳税所得额时准予扣除的是（　　）。
A. 企业之间支付的管理费
B. 银行内营业机构之间支付的利息
C. 企业内营业机构之间支付的租金
D. 企业内营业机构之间支付的特许权使用费

41. 依据企业所得税的相关规定，下列各项中，可以计提折旧在企业所得税税前扣除的生物资产是（　　）。
A. 经济林
B. 防风固沙林
C. 用材林
D. 存栏待售牲畜

42. 2021 年 1 月某公司购进一套价值 60 万元（不考虑增值税）的管理软件，符合无形资产确认条件，公司按照无形资产

进行核算。根据企业所得税相关规定，2021年该公司计算应纳税所得额时摊销无形资产费用的最高金额是（ ）万元。

A. 6　　B. 10

C. 30　　D. 60

43. 下列保险费不可以在企业所得税税前扣除的是（ ）。

A. 企业按规定标准为职工缴纳的工伤保险费

B. 企业支付的财产保险费

C. 为投资者支付的商业保险费

D. 为特殊工种的职工支付的人身安全保险费

44. 税务机关对某居民企业进行税务检查时发现，该企业能正确核算（查实）收入总额，但不能正确核算（查实）成本费用总额。则税务机关应对该企业采用（ ）的方式征收企业所得税。

A. 核定其应税所得率

B. 核定其应纳所得税额

C. 查账征收

D. 查定征收

45. 某市生产企业2021年度会计利润200万元，当年“营业外支出”账户中列支了通过当地民政部门向灾区的捐赠15万元；企业直接向洪涝灾区捐赠5万元；通过某关联企业向灾区捐赠5万元；直接向某地受灾群众捐赠了3万元。假设除此之外没有其他纳税调整事项。该企业2021年企业所得税税前可以扣除的捐赠支出为（ ）万元。

A. 15　　B. 5

C. 24　　D. 20

46. 某批发兼零售的居民企业，2021年度自行申报应税收入总额350万元，成本费用总额370万元，当年经营亏损20万元，经税务机关审核，该企业申报的收入总额无法核实，成本费用总额核算正确。税务机关对该企业采取核定征收企业所得税，核定的应税所得率为8%，该居民企业2021年度应缴纳企业所得税（ ）万元。

A. 7.00　　B. 7.40

C. 7.61　　D. 8.04

47. 某企业2019年4月18日开业，2021年5月19日终止经营活动，至2021年6月20日清算结束，该企业自开业以来共有（ ）纳税年度。

A. 一个　　B. 两个

C. 三个　　D. 四个

48. 关于手续费和佣金的税务处理，下列表述中错误的是（ ）。

A. 企业以现金等非转账方式支付的手续费及佣金不得在税前扣除

B. 企业不得将手续费及佣金支出计入回扣、业务提成、返利、进场费等费用

C. 从事代理服务、主营业务收入为手续费、佣金的企业，其为取得该类收入而实际发生的手续费及佣金支出，准予在税前据实扣除

D. 电信企业在发展客户、拓展业务等过程中向经纪人、代办商实际支付的相关手续费及佣金支出，不超过企业当年收入总额5%的部分，准予在企业所得税税前据实扣除

49. 某企业是普通的化妆品生产企业，当年发生下列支出，依据企业所得税法相关规定，在计算应纳税所得额时，允许在税前扣除的是（ ）。

A. 税收滞纳金

B. 未经核定的准备金支出

C. 环保专项资金

D. 企业为员工（非特殊工种职工）缴纳的商业保险费

50. 按照企业所得税的规定，下列表述错误的是（　　）。

A. 企业计提的计入成本费用的工资、薪金支出准予全额税前扣除

B. 企业发生的职工福利费支出不超过工资、薪金总额 14% 的部分准予税前扣除

C. 为职工支付的补充养老保险费、补充医疗保险费在规定标准内的部分准予税前扣除

D. 企业参加财产保险，按规定缴纳的保险费，准予税前扣除

51. 某内资企业在 A、B 两国设有分支机构，2021 年该企业境内总机构的应纳税所得额为 1000 万元，在 A 国和 B 国的分支机构，其应纳税所得额分别为 400 万元和 600 万元，分别按各国税法规定缴纳了企业所得税，A 国企业所得税税率 30%，B 国企业所得税税率 20%。2021 年该企业在中国境内实际应缴纳企业所得税（　　）万元。（该企业选择“分国不分项”方法计算抵免限额；以上货币均为人民币）

A. 400　　B. 280

C. 340　　D. 380

52. 甲企业与乙企业于 2020 年 11 月 17 日签订股权转让协议，协议约定，乙企业应于 2020 年 11 月 30 日向甲企业支付股权转让款项，股权转让款项全部支付时股权转让协议生效。乙企业实际于 2020 年 12 月 20 日向甲企业支付了股权转让全部款项。2021 年 1 月 18 日办理了股权变更手续。则甲企业该项股权转让收入的实现时间为（　　）。

A. 2020 年 11 月 17 日

B. 2020 年 11 月 30 日

C. 2020 年 12 月 20 日

D. 2021 年 1 月 18 日

53. 某有限责任公司 2021 年 1 月 1 日成立，注册资本为 500 万元，按照规定投资者的投资应于 2021 年 3 月 1 日全部到位。投资者于 3 月 1 日实际缴纳股本 300 万元，6 月 1 日缴纳股本 100 万元，9 月 1 日缴纳股本 100 万元。假设该公司 2021 年各月负债均为 2000 万元（全部为向金融机构的借款），每月支付利息 18 万元，2021 年度不得扣除的借款利息总额为（　　）万元。

A. 5.4　　B. 8.1

C. 10.9　　D. 11.7

54. 在中华人民共和国境内，企业和其他取得收入的组织为企业所得税的纳税人，但不包括（　　）。

A. 德资高新技术企业

B. 法院下属的印刷厂

C. 集体生产企业

D. 个人独资企业

55. 某居民企业 2021 年度权益性投资额为 900 万元，当年向其关联企业（非金融机构）借款 2000 万元用于生产经营，借款期从 2021 年 1 月 1 日至 12 月 31 日，2021 年 12 月 31 日归还关联企业借款本金 2000 万元，另支付全年借款利息 180 万元；2021 年 4 月 1 日，该企业向银行借款 100 万元，用于生产经营，期限 1 年，2021 年支付银行借款利息共计 6 万元。该企业可在 2021 年企业所得税税前扣除的利息费用金额是（　　）万元。（已知：金融机构同期同类的贷款利率为 8%，且关联企业实际税负低于该居民企业）

A. 30　　B. 42

C. 150　　D. 186

56. 下列各项中，能作为一般企业业务招待费税前扣除限额计算基数的是（　　）。

A. 固定资产的租金收入

B. 出售无使用价值固定资产的收入

C. 股息收入

D. 因债权人原因确实无法支付的应付款项

57. 居民企业实际发生的下列支出中，在计算企业所得税时，可以加计扣除的是（　　）。

A. 广告费

B. 非银行企业内营业机构之间支付的利息

C. 企业支付给残疾职工的工资

D. 环保专项资金

58. 根据企业所得税的相关规定，林木类和畜类生产性生物资产计算折旧的最低年限分别是（　　）。

A. 10年、3年　　B. 10年、5年

C. 20年、3年　　D. 20年、5年

59. 某居民企业于2021年转让了一台旧的电机生产设备（因达到使用年限而正常报废清理），取得转让收入80万元，该项设备净值为100万元。在不考虑增值税和其他税费的情况下，对该项业务的所得税处理正确的是（　　）。

A. 按80万元计入应纳税所得额，不得扣除设备净值100万元

B. 资产转让损失20万元以专项申报方式向税务机关申报扣除

C. 资产转让损失20万元以清单申报方式向税务机关申报扣除

D. 不确认资产转让收入，允许扣除设备净值100万元

60. 依据企业所得税相关规定，下列各项收入，不属于搬迁收入的是（　　）。

A. 因搬迁安置而给予的补偿收入

B. 由于搬迁处置存货而取得的收入

C. 因搬迁停产停业形成的损失而给予的补偿收入

D. 资产搬迁过程中遭到毁损而取得的保险赔款收入

61. 下列地区，属于西部大开发企业所得税优惠政策适用范围的是（　　）。

A. 江西省宜春市

B. 黑龙江省杜尔伯特蒙古族自治县

C. 广东省连南瑶族自治县

D. 湖北恩施土家族苗族自治州

二、多项选择题

1. 根据企业所得税相关规定，划分居民企业和非居民企业管辖权的标准有（　　）。

A. 地域管辖权

B. 居民管辖权

C. 公民管辖权

D. 所得来源管辖权

E. 收入来源管辖权

2. 根据企业所得税的相关规定，下列属于居民企业的有（　　）。

A. 依法在上海成立的个体工商户

B. 依法在深圳成立的外商投资企业

C. 在北京设立办事机构的境外企业

D. 依照日本法律成立，且实际管理机构在日本的企业

E. 依照美国法律成立，实际管理机构在我国境内的企业

3. 注册地与实际管理机构均在香港特别行政区的某银行，取得的下列各项所得中，适用25%的企业所得税税率的有（　　）。

A. 来自于内地但与内地分行没有直接联系的利息所得

B. 总行持有在纽约证券交易所上市的内地某公司股票，取得的分红所得

C. 在内地设立的分行，取得来自泰国的贷款利息所得

D. 转让内地分行位于内地的不动产，取得的财产转让所得

E. 在内地设立的分行，来自于内地的理财咨询服务所得

4. 根据企业所得税的规定，下列收入中，属于企业所得税不征税收入的有（　　）。

A. 财政拨款

B. 地方政府债券利息收入

C. 逾期未退包装物押金收入

D. 依法收取并纳入财政管理的政府性基金

E. 符合条件的非营利组织收入

5. 企业发生下列资产转移情形，应当确认收入缴纳企业所得税的有（　　）。

A. 将产品用于市场推广

B. 将资产在境内总机构及其境内分支机构之间转移

C. 将产品用于交际应酬

D. 将产品用于对外捐赠

E. 自建商品房转为自用或经营

6. 依据企业所得税的相关规定，下列行为应视同销售确认收入的有（　　）。

A. 将自产货物用于广告样品

B. 将自产货物用于集体福利

C. 将自建办公楼转为自用

D. 将自产货物作为原材料投入生产

E. 将自产货物移送到境外分支机构

7. 下列关于企业所得税收入确认的表述，符合规定的有（　　）。

A. 企业受托加工大型机械设备，持续时间超过12个月的，按照纳税年度内完工进度或者完成的工作量确认收入的实现

B. 广告的制作费，应在相关的广告出现于公众面前时确认收入

C. 销售货物采用托收承付方式的，在办妥托收手续时确认收入的实现

D. 包含在商品售价内可区分的服务费，在提供服务的期间分期确认收入

E. 销售商品需要安装和检验的，均在发出商品时确认收入的实现

8. 下列项目中，可以在企业所得税税前扣除的有（　　）。

A. 购买存货允许抵扣的增值税

B. 出口关税

C. 购置摩托车未取得增值税专用发票不得抵扣的增值税

D. 企业所得税

E. 房产税

9. 依据居民企业企业所得税核定征收办法的规定，下列情形中应核定其应税所得率的有（　　）。

A. 虽设置账簿，但账目混乱或者成本资料、收入凭证、费用凭证残缺不全，难以查账的

B. 通过合理方法，能计算和推定纳税人收入总额或成本费用总额的

C. 能正确核算（查实）成本费用总额，但不能正确核算（查实）收入总额的

D. 能正确核算（查实）收入总额，但不能正确核算（查实）成本费用总额的

E. 申报的计税依据明显偏低，又无正当理由的

10. 根据企业所得税的相关规定，下列各项中，在计算应纳税所得额时不得扣除的项目有（　　）。

A. 工业企业内营业机构之间支付的租金

B. 业务招待费支出

C. 企业违反销售协议向采购方支付的违约金

D. 被税务机关征收的税收滞纳金

E. 为企业职工子女入托支付给幼儿园的非广告性质的赞助支出

11. 下列各项中，不得在企业所得税税前扣除的有（　　）。
   A. 业务招待费支出
   B. 为固定资产计提的未经核准的减值准备
   C. 以融资租赁方式租入的固定资产计提的折旧
   D. 单独估价作为固定资产入账的土地计提的折旧
   E. 自创商誉计算的摊销费用

12. 下列各项中，属于企业以清单申报的方式向税务机关申报扣除的资产损失有（　　）。
   A. 企业各项存货发生的正常损耗
   B. 企业固定资产超过使用年限而正常报废清理的损失
   C. 企业按照市场公平交易原则，通过证券交易场所买卖股票发生的损失
   D. 商业零售企业存货因风、火、雷、震等自然灾害形成的损失
   E. 企业在正常经营管理活动中，按照公允价格销售非货币资产的损失

13. 企业取得下列各项所得，可以免征企业所得税的有（　　）。
   A. 中药材的种植所得
   B. 海水养殖、内陆养殖所得
   C. 香料作物的种植所得
   D. 农作物新品种的选育所得
   E. 花卉的种植所得

14. 根据企业所得税的相关规定，下列关于所得来源地的表述中，正确的有（　　）。
   A. 销售货物所得，按照交易活动发生地确定
   B. 不动产转让所得，按照不动产所在地确定
   C. 动产转让所得，按照转让动产的企业或者机构、场所所在地确定
   D. 股息、红利等权益性投资所得，按照分配所得的企业所在地确定
   E. 利息所得、租金所得、特许权使用费所得，按照取得所得的企业或者机构、场所所在地确定，或者按照取得所得的个人的住所地确定

15. 下列各项中属于职工福利费内容的有（　　）。
   A. 职工困难补助
   B. 职工异地安家费
   C. 企业医务所设备的维修保养费
   D. 支付给车间临时工的工资
   E. 职工独生子女费

16. 甲企业股东赠予本企业一部分优良资产，合同、协议约定作为资本金（包括资本公积）投入，且在会计上已作实际接受投资处理，则下列说法正确的有（　　）。
   A. 企业确认收入
   B. 企业不确认收入
   C. 企业应按公允价值确定该项资产的计税基础
   D. 企业应按接收资产的原账面价值确定该项资产的计税基础
   E. 企业可自行决定是否确认收入

17. 根据企业所得税法相关规定，下列说法正确的有（　　）。
   A. 企业购买农产品后直接进行销售的贸易活动产生的所得，可以享受农、林、牧、渔业项目的税收优惠
   B. 对取得农业部颁发的“远洋渔业企业资格证书”并在有效期内的远洋渔业企业，从事远洋捕捞业务取得的所得免征企业所得税
   C. 企业对外购茶叶进行筛选、分装、包装后进行销售的所得，不享受农产品初加工的优惠政策
   D. 企业根据委托合同，受托对所有农产品进行初加工服务，其所收取的

加工费，可以按照农产品初加工的免税项目处理

E. 企业种植花卉作物的所得，免征企业所得税

18. 下列关于企业技术转让相关所得税规定，说法正确的有（　　）。

A. 居民企业从直接或间接持有股权之和达到80%的关联方取得的技术转让所得，不享受技术转让减免企业所得税优惠政策

B. 境内的技术转让须经省级以上（含省级）商务部门认定登记

C. 不属于与技术转让项目密不可分的技术咨询、技术服务、技术培训等收入，不得计入技术转让收入

D. 享受减免企业所得税优惠的技术转让主体是《企业所得税法》规定的居民企业

E. 跨境的技术转让须经省级以上（含省级）科技部门认定登记

19. 下列关于企业所得税的表述，正确的有（　　）。

A. 企业政策性搬迁应在搬迁完成年度，将搬迁所得计入当年度企业应纳税所得额计算纳税

B. 企业政策性搬迁收入扣除搬迁支出后的余额，为企业的搬迁所得

C. 企业在计算股权转让所得时，不得扣除被投资企业未分配利润等股东留存收益中按该项股权所可能分配的金额

D. 被投资企业将股权（票）溢价所形成资本公积转为股本的，不作为投资方企业的股息、红利收入

E. 居民企业来源于境外的股息、红利所得，应按被投资方支付股息、红利的日期确定收入的实现

20. 下列关于房地产开发企业所得税处理的表述中，正确的有（　　）。

A. 开发项目位于省、自治区、直辖市和计划单列市人民政府所在地城市城区和郊区的，计税毛利率不得低于15%

B. 企业销售未完工开发产品取得的收入，当期不用计入应纳税所得额计税

C. 经济适用房开发项目，计税毛利率不得低于5%

D. 开发项目位于地级市城区及郊区的，计税毛利率不得低于10%

E. 在年度纳税申报时，企业须出具对该项开发产品实际毛利额与预计毛利额之间差异调整情况的报告以及税务机关需要的其他相关资料

21. 境内居民企业发生的下列支出中，可以作为研发费用在企业所得税前加计扣除的有（　　）。

A. 用于研发活动的软件的摊销费用

B. 房屋的折旧和租赁费

C. 与研发活动直接相关的技术图书资料费

D. 专门用于中间试验和产品试制的制造费用

E. 从事研发活动间接耗用的材料费

22. 在计算企业所得税应纳税所得额时，允许扣除的保险费用有（　　）。

A. 按规定支付的职工基本养老保险费

B. 为职工个人支付的家庭财产保险费

C. 企业参加财产保险按规定支付的财产保险费

D. 为特殊工种职工支付的人身安全保险费

E. 为股东支付的商业保险费

23. 根据企业所得税法的有关规定，下列关于企业所得税税收优惠政策的表述正确的有（　　）。

A. 企业从事符合条件的环境保护、节能

节水项目取得的所得，自项目取得第一笔生产经营收入所属纳税年度起，第一年至第三年免征企业所得税，第四年至第六年减半征收企业所得税

B. 企业从事国家重点扶持的公共基础设施项目的投资经营取得的所得，自项目取得第一笔生产经营收入所属纳税年度起，第一年至第三年免征企业所得税，第四年至第六年减半征收企业所得税

C. 技术转让的免征额度是技术转让收入的500万元以内

D. 企业从事海水养殖、内陆养殖取得的所得减半征收企业所得税

E. 企业购置并实际使用规定的环境保护专用设备的，其投资额的20%可以从企业当年的应纳税额中抵免；当年不足抵免的，可以在以后5个纳税年度结转抵免

24. 下列关于企业所得税税前扣除的说法，不符合现行税法规定的有（　　）。

A. 高新技术企业计提的无形资产减值准备可以在企业所得税税前扣除

B. 商场因顾客购物使用信用卡付款而向银行支付的手续费8万元，可以在企业所得税税前扣除

C. 委托境外单位进行研发活动所发生的费用，按照费用实际发生额的80%计入委托方的委托境外研发费用，委托境外研发费用不超过境内符合条件的研发费用2/3的部分，可以按规定在企业所得税前加计扣除

D. 企业以转账形式支付的手续费和佣金不得在企业所得税税前扣除

E. 酒类企业的广告费一律不得在企业所得税税前扣除

25. 某企业为提升厂房功能和扩大厂房面积对自有厂房进行改建，该厂房购置成本2000万元，已经使用4年，已提折旧380万元（符合税法规定）。改建过程中领用自产产品一批，该批产品成本220万元，不含税销售价300万元，改建工程发生人工费用等300万元，改建后该厂房使用寿命延长3年。下列表述中，正确的有（　　）。

A. 改建费用应作为长期待摊费用，按照固定资产尚可使用年限分期摊销

B. 改建后固定资产的计税基础为2140万元

C. 改建中领用自产产品应视同销售，缴纳增值税和企业所得税

D. 改建支出应并入该固定资产计税基础，并从改建完工投入使用后的次月起，重新按税法规定的该固定资产折旧年限计提折旧

E. 如该改建后的固定资产尚可使用的年限低于税法规定的最低年限，可以按尚可使用的年限计提折旧

26. 下列项目中，不可以计算折旧或摊销费用在企业所得税税前扣除的有（　　）。

A. 未投入使用的房屋、建筑物

B. 自创商誉

C. 未投入使用的设备

D. 以融资租赁方式租入的固定资产

E. 奶制品厂饲养的奶牛

27. 下列关于企业在2021年纳税年度内新购进设备、器具一次性税前列支的说法中，正确的有（　　）。

A. 单位价值不超过500万元的，允许一次性计入当期成本费用在计算应纳税所得额时扣除

B. 设备、器具是指除房屋、建筑物以外的固定资产

C. 购进包括以货币形式购进或自行建造，其中以货币形式购进的固定资产包括购进使用过的固定资产

D. 固定资产在投入使用月份的次月所属年度一次性税前扣除

E. 企业未选择享受一次性税前扣除政策的，以后年度可以变更

28. 对房地产开发企业，下列各项中，说法正确的有（　　）。

A. 在进行成本、费用的核算与扣除时，必须按规定区分期间费用和开发产品计税成本、已销开发产品计税成本与未销开发产品计税成本

B. 发生的期间费用、已销开发产品计税成本、税金及附加、土地增值税准予当期按规定扣除

C. 已销开发产品的计税成本，按当期全部可售面积和可售面积单位工程成本确认

D. 对尚未出售的已完工开发产品和按照有关法律、法规或合同规定对已售开发产品（包括共用部位、共用设施设备）进行日常维护、保养、修理等实际发生的维修费用，准予在当期据实扣除

E. 委托境外机构销售开发产品的，其支付境外机构的销售费用不超过委托销售收入 15% 的部分，准予据实扣除

29. 以下关于房地产开发企业成本、费用扣除规定的表述中，正确的有（　　）。

A. 企业将已计入销售收入的共用部位、共用设施设备维修基金按规定移交给有关部门、单位的，应于移交时扣除

B. 企业因国家无偿收回土地使用权而形成的损失，不得在税前扣除

C. 企业采取银行按揭方式销售开发产品的，其销售开发产品时向银行提供的保证金（担保金）可作为费用在当期税前据实扣除

D. 企业因国家无偿收回土地使用权而形成的损失，可作为财产损失按有关规定在税前扣除

E. 企业开发产品转为自用的，其实际使用时间累计未超过 12 个月又销售的，可以在税前扣除折旧费用

30. 下列各项中，属于企业所得税的纳税义务人的有（　　）。

A. 有应税收入的境内行政单位

B. 依据中国法律、行政法规的规定成立的个人独资企业和合伙企业

C. 依照外国法律成立但实际管理机构在中国境内的企业

D. 依照外国法律成立且实际管理机构不在中国境内，但在中国境内设立机构、场所且有来源于境内所得的企业

E. 境内的个体工商户

31. 按照现行企业所得税规定，下列说法正确的有（　　）。

A. 企业销售存货，按规定计算的存货成本可以在税前扣除

B. 企业某一纳税年度发生的亏损，准予向以后年度结转弥补，直到弥补完为止

C. 企业在汇总计算缴纳企业所得税时，境外营业机构的亏损可以抵减境内营业机构的盈利

D. 企业按照市场公平交易原则，在证券市场买卖股票发生的损失，应以清单申报方式申报扣除

E. 企业将自产货物用于市场推广，应确认收入计入企业应纳税所得额

32. 下列关于企业所得税征收管理的说法，正确的有（　　）。

A. 企业在清算时，应当以清算期间作为一个纳税年度

B. 企业在年度中间终止生产经营活动的，汇算清缴期为自实际经营终止

之日起5个月内

C. 居民企业登记注册地在境外的，以实际管理机构所在地为纳税地点

D. 企业在报送企业所得税纳税申报表时，应当附送财务会计报告和其他有关资料

E. 企业所得以外币计算的，应当按规定折合成人民币计算并缴纳企业所得税

33. 下列各种情形，投资企业应按规定确认股息、红利收入的有（　　）。

A. 投资企业转让股权收入

B. 被投资企业以未分配利润转增股本

C. 被投资企业以资本公积中的股权（票）溢价转增股本

D. 被投资企业清算且有累计留存收益，投资企业取得剩余资产

E. 被投资企业将自产的货物分配给投资企业

34. 企业发生的下列借款费用中，应当作为资本性支出计入有关资产成本的有（　　）。

A. 存货生产期间（生产周期为2个月）发生的合理的借款费用

B. 固定资产购置、建造期间发生的合理的借款费用

C. 无形资产购置、开发期间发生的合理的借款费用

D. 企业为经营性租入固定资产而发生的合理的借款费用

E. 投资者投资未到位期间发生的借款费用

35. 居民企业发生的下列各项利息支出，在计算企业所得税应纳税所得额时，准予在发生当期直接扣除的有（　　）。

A. 企业经批准发行债券的利息支出（不符合资本化条件）

B. 建造、购置固定资产期间的利息支出

C. 因生产经营需要向关联企业借款且超过关联债资比例部分的利息支出

D. 固定资产建造之前和已竣工结算并交付使用之后发生的符合规定的借款利息支出

E. 银行企业内部营业机构之间支付的利息

36. 国家需要重点扶持的高新技术企业，减按15%税率征收企业所得税。高新技术企业除拥有核心自主知识产权外，还应同时符合的条件有（　　）。

A. 从事研发和相关技术创新活动的科技人员占企业当年职工总数的比例不低于规定比例

B. 企业近3个会计年度的研究开发费用总额占同期销售收入总额的比例不低于规定比例

C. 来源于境外的所得须占企业应纳税所得总额的一定比例

D. 企业申请认定时须注册成立一年以上

E. 对企业主要产品（服务）发挥核心支持作用的技术属于《国家重点支持的高新技术领域（2016年修订）》规定的范围

37. 依据企业所得税特别纳税调整的相关规定，转让定价的方法主要包括（　　）。

A. 再销售价格法

B. 现金与实物分配法

C. 交易净利润法

D. 可比非受控价格法

E. 利润分割法

38. 根据企业所得税法的相关规定，以下关于关联业务的税务处理正确的有（　　）。

A. 母公司以管理费形式向子公司提取

费用，子公司因此支付给母公司的管理费，可以在税前扣除

B. 企业从其关联方接受的债权性投资与权益性投资的比例超过规定标准而发生的利息支出，不得在计算应纳税所得额时扣除

C. 居民企业设立在实际税负明显低于12.5%的国家或地区的受控外国企业并非由于合理的经营需要而对利润不作分配或者减少分配的，上述利润中应归属于该居民企业的部分，不计入该居民企业的当期收入

D. 母公司为其子公司提供各种服务而发生的费用，应按照独立企业之间公平交易原则确定服务的价格，作为企业正常的劳务费用进行税务处理

E. 子公司申报税前扣除向母公司支付的服务费用，不能提供相关资料的，支付的服务费用不得税前扣除

39. 企业从县级以上各级人民政府财政部门及其他部门取得的应计入收入总额的财政性资金，若作为不征税收入，应同时符合的条件有（　　）。

A. 企业能够提供规定资金专项用途的资金拨付文件

B. 资金使用的具体情况每年必须报上级主管部门备案

C. 企业对该资金以及以该资金发生的支出单独进行核算

D. 该资金不得用于资本性支出

E. 对该资金有专门的资金管理办法或具体管理要求

40. 根据企业所得税相关规定，下列企业取得的境外所得中，已在境外缴纳的企业所得税税款，可以从其当期应纳税额中抵免的有（　　）。

A. 居民企业来源于中国境外的应税所得

B. 非居民企业取得的与其在境内所设机构、场所有实际联系的境外应税所得

C. 非居民企业取得的与其在境内所设机构、场所无实际联系的境外所得

D. 居民企业从其直接控制的外国企业分得的股息等权益性投资所得

E. 未在我国境内设立机构、场所的非居民企业转让境外房产取得的所得

41. 根据企业所得税相关规定，关于一般企业研发费用加计扣除的说法，正确的有（　　）。

A. 企业研发机构同时承担生产经营任务的，研发费用不得加计扣除

B. 企业共同合作开发项目的合作各方就自身承担的研发费分别按照规定计算加计扣除

C. 企业委托外单位开发的符合条件的研发费用，可由委托方与受托方协商确定加计扣除额度

D. 企业在一个纳税年度内有多个研发项目的，应按不同项目分别归集加计扣除研发费用

E. 一般企业研发费用未形成无形资产的，可按其当年研发费用实际发生额的175%在税前扣除

42. 企业发生下列情形，适用居民企业核定征收企业所得税的有（　　）。

A. 擅自销毁账簿或者拒不提供纳税资料的

B. 依照法律、行政法规的规定可以不设置账簿的

C. 发生纳税义务，未按照规定的期限办理纳税申报的

D. 依照法律、行政法规的规定应当设置但未设置账簿的

E. 虽设置账簿，但成本资料、收入凭证、费用凭证残缺不全，难以查账的

三、计算题

（一）

某市一家居民企业为增值税一般纳税人，主要生产销售彩色电视机，假定2021年度的销售（营业）收入为8800万元，会计利润为852.36万元。其中部分信息如下：

（1）销售费用1650万元，其中广告费1400万元；

（2）管理费用850万元，其中业务招待费90万元；

（3）财务费用80万元，其中含向非金融企业借款500万元所支付的年利息40万元（金融企业同期同类贷款的年利率为5.8%）；

（4）实发工资540万元，拨缴工会经费15万元、实际发生职工福利费82万元、职工教育经费47.7万元，均已计入相关的成本、费用；

（5）营业外支出300万元，其中包括通过公益性社会组织向希望小学的捐款150万元。

要求：根据上述资料，回答下列问题。

1. 该企业2021年业务招待费应调增的应纳税所得额为（　　）万元。

A. 44　　B. 46

C. 54　　D. 40

2. 该企业2021年工会经费、职工福利费、职工教育经费应调增的应纳税所得额合计（　　）万元。

A. 16　　B. 15.4

C. 15.2　　D. 15.1

3. 该企业2021年公益性捐赠支出应调增的应纳税所得额为（　　）万元。

A. 47.72　　B. 53.26

C. 45.6　　D. 47.36

4. 该企业2021年度应缴纳的企业所得税为（　　）万元。

A. 263.05　　B. 113.68

C. 120　　D. 98

（二）

某机械制造公司在北京设立总机构A，在武汉、成都分别设有B、C两个二级分支机构，该公司实行按季度预缴分摊企业所得税的办法。

（1）2021年度B机构全年营业收入、职工薪酬、资产总额分别为9000万元、220万元和3000万元，C机构全年营业收入、职工薪酬、资产总额分别为5000万元、130万元和3000万元。A、B、C三家机构的所得税税率均为25%。

（2）假设2022年第一、二季度汇总后的实际利润均为1000万元、不存在纳税调整事项，会计人员自行计算的B、C机构分摊比例为55%和45%。第二季度预缴税款时，税务机关发现该公司的分摊比例存在问题，并责令其按照税法相关规定进行了调整。

要求：根据上述资料，回答下列问题。

1. 对于以下二级分支机构分摊预缴2022年第一季度企业所得税比例表述正确的是（　　）。

A. C机构应该按60%比例预缴

B. B机构应该按59.5%比例预缴

C. B机构应该按55%比例预缴

D. C机构应该按45%比例预缴

2. 2022年A机构第一季度应分摊预缴企业所得税（　　）万元。

A. 150　　B. 125

C. 100　　D. 50

3. B 分支机构分摊预缴 2022 年第二季度企业所得税时，实际预缴的税款为（　　）万元。

A. 68.75　　B. 74.38

C. 80.01　　D. 5.63

4. C 分支机构分摊预缴 2022 年第二季度企业所得税时，实际预缴的税款为（　　）万元。

A. 5.63　　B. 45.01

C. 50.63　　D. 56.25

四、综合分析题

（一）

某县化妆品生产企业为增值税一般纳税人，适用企业所得税税率为 25%。2021 年生产经营情况如下：

（1）当年销售化妆品给商场，开具增值税专用发票，取得不含税销售收入 6500 万元，销项税额合计为 845 万元，对应的销售成本为 2240 万元。

（2）将自产化妆品销售给本企业职工，该批化妆品不含税市场价 50 万元（增值税税率为 13%），成本 20 万元。

（3）当年购进原材料取得增值税专用发票，注明价款合计 2200 万元、增值税合计 286 万元；12 月购置并实际使用符合规定的安全生产专用设备一台，取得普通发票，注明金额 150 万元。（该企业未选择一次性在税前扣除）

（4）当年发生管理费用 600 万元，其中含新技术开发费用 100 万元、业务招待费 80 万元。

（5）当年发生销售费用 700 万元，其中含广告费 230 万元；全年发生财务费用 300 万元，其中支付银行借款的逾期罚息 20 万元、向非金融企业借款利息超银行同期同类贷款利息 18 万元。

（6）取得国债利息收入 160 万元。

（7）全年计入成本、费用的实发工资总额 200 万元（属合理范围），实际发生职工工会经费 6 万元、职工福利费 20 万元、职工教育经费 25 万元。

（8）营业外支出共计 120 万元，其中税收滞纳金 10 万元，通过当地人民政府向目标脱贫地区捐款 70 万元。

（其他相关资料：该企业生产的化妆品为高档化妆品，适用的消费税税率为 15%，该企业当年缴纳除消费税、城建税及附加外的其他准予在企业所得税前扣除的相关税费为 1080.75 万元；相关发票均合规并在当年抵扣）

要求：根据上述资料，回答下列问题。

1. 2021 年企业缴纳的下列税费，正确的是（　　）。

A. 全年应缴纳增值税 565.5 万元

B. 全年应缴纳消费税 1965 万元

C. 全年应缴纳城市维护建设税、教育费附加和地方教育附加 253.05 万元

D. 全年可直接在企业所得税前扣除的税费为 2783.55 万元

2. 2021 年该企业实现的会计利润为（　　）万元。

A. 0　　B. 511.95

C. 481.95　　D. 523.69

3. 下列支出项目在计算企业所得税应纳税所得额时，其实际发生额可扣除的有（　　）。

A. 支付的广告费 230 万元

B. 支付银行借款的逾期罚息 20 万元

C. 支付新技术开发费100万元
D. 支付给目标脱贫地区的捐款70万元
E. 支付给非金融企业借款利息超银行同期同类的贷款利息18万元

4. 计算企业所得税应纳税所得额时，下列说法正确的有（ ）。
A. 实际发生的职工福利费无须调整应纳税所得额
B. 实际发生的业务招待费应调增应纳税所得额32万元
C. 实际发生的职工工会经费应调增应纳税所得额2万元
D. 实际发生的职工教育经费应调增应纳税所得额9万元
E. 实际发生的职工教育经费无须调整应纳税所得额

5. 2021年该企业的应纳税所得额是（ ）万元。
A. 338.2　　B. 323.2
C. 356.2　　D. 346.2

6. 2021年该企业应缴纳企业所得税（ ）万元。
A. 69.55　　B. 74.05
C. 80.8　　D. 84.55

（二）

某市甲电器生产企业（以下简称“甲企业”），为增值税一般纳税人。2021年度取得销售收入40000万元、投资收益1000万元。发生销售成本28900万元，可以扣除的相关税金及附加1800万元，管理费用3500万元、销售费用4200万元、财务费用1300万元，营业外支出200万元，甲企业自行计算实现年度利润总额1100万元。

2022年年初聘请乙税务师事务所进行审核，发现以下问题：

（1）因转让原材料而缴纳除增值税以外的税金及附加共计245.4万元未在账面上体现。

（2）8月中旬购买安全生产专用设备（属于企业所得税优惠目录规定范围）一台，取得增值税专用发票注明金额600万元，增值税78万元，当月投入使用，甲企业将其费用一次性计入了成本扣除。

（3）接受非股东单位捐赠原材料一批，取得增值税专用发票注明金额30万元，增值税3.9万元，直接记入了“资本公积”账户核算。

（4）管理费用中含业务招待费用130万元。

（5）成本、费用中含实发工资总额1200万元、职工福利费180万元、职工工会经费28万元、职工教育经费106万元。

（6）投资收益中含直接投资境内非上市公司取得的股息、红利所得10万元。

（7）营业外支出中含通过当地环保部门向环保设施建设捐款180万元并取得合法票据。

（其他相关资料：假设税法规定安全生产专用设备折旧年限为10年，不考虑残值）

要求：根据上述资料，回答下列问题。

1. 甲企业2021年度的会计利润总额为（ ）万元。
A. 1468.5　　B. 1488.5
C. 1464.6　　D. 1434.6

2. 甲企业的业务招待费应调整的应纳税所得额为（ ）万元。
A. 70　　B. 52
C. 0　　D. 122

3. 甲企业职工福利费、职工工会经费、职工教育经费共应调整的应纳税所得额为（　　）万元。

A. 12　　B. 14

C. 26　　D. 0

4. 甲企业公益性捐赠应调整的应纳税所得额为（　　）万元。

A. 3.78　　B. 0

C. 1.38　　D. 4.25

5. 甲企业 2021 年度的应纳税所得额为（　　）万元。

A. 1100.00　　B. 1557.88

C. 1550.28　　D. 1540.28

6. 甲企业 2021 年度应缴纳的企业所得税为（　　）万元。

A. 327.57　　B. 325.07

C. 385.07　　D. 329.47

（三）

甲碳酸饮料生产企业（简称“甲企业”）自行核算 2021 年主营业务收入 9000 万元、其他业务收入 400 万元、营业外收入 300 万元，主营业务成本 4800 万元、其他业务成本 300 万元、营业外支出 210 万元、税金及附加 420 万元、管理费用 550 万元、销售费用 900 万元、财务费用 180 万元，投资收益 120 万元。经税务师检查发现如下问题：

（1）当年 11 月从一般纳税人处购入的一批原材料因管理不善被盗，该批材料成本为 20 万元，进项税额已抵扣。甲企业未对上述业务进行处理。

（2）将 12 月购入小汽车缴纳的车辆购置税 3 万元计入到税金及附加中。

（3）取得经批准的财政补贴款 200 万元并已全额计入营业外收入，企业能提供对该资金规定专项用途的拨付文件，财政部门对该资金有专门的资金管理办法，企业能对该资金及支出单独进行核算，当年该笔资金对应的费用支出 160 万元已计入营业外支出。

（4）销售费用中，100 万元为支付给某中介单位的销售佣金，该佣金在税法规定的扣除限额内，但是佣金中的 40% 为现金支付，取得了相关发票；600 万元为广告费用，以前年度累计结转至本年的广告费为 200 万元。

（5）管理费用中，80 万元为与企业生产经营业务相关的业务招待费支出。

（6）单独核算的技术转让收入 800 万元，与之配比的技术转让成本费用 100 万元。

（7）实发工资 5000 万元。其中，为本企业残疾职工所发放工资为 100 万元。拨缴职工工会经费 110 万元，发生职工福利费 750 万元、职工教育经费 140 万元。上述金额已计入相关成本费用。

要求：根据上述资料，回答下列问题。

1. 对于该企业取得的财政补贴，下列说法中正确的有（　　）。

A. 该笔财政补贴为不征税收入

B. 该笔财政补贴为免税收入

C. 该笔财政补贴为应税收入

D. 该笔财政补贴对应的支出可以税前扣除

E. 该笔财政补贴对应的支出不得税前扣除

2. 甲企业当年的会计利润总额为（　　）万元。

A. 3143　　B. 3140.4

C. 3143.4　　D. 3163

3. 甲企业销售费用应调整的应纳税所得额为（　　）万元。

A. 40　　B. 160

C. 200　　D. 240

4. 甲企业管理费用应调整的应纳税所得额为（　　）万元。

A. 48　　B. 32

C. 33　　D. 47

5. 甲企业工资薪金及三项经费支出应调整的应纳税所得额为（　　）万元。

A. 0　　B. 60

C. 140　　D. 40

6. 甲企业当年应缴纳企业所得税（　　）万元。

A. 583.35　　B. 538.35

C. 564.1　　D. 564

同步强化练习题参考答案及解析

使用“会计云课堂”App或“微信”扫码对答案、看解析、掌握解题思路，开启轻松过关之旅。

一、单项选择题

1. C　【解析】居民企业是指依法在中国境内成立，或者依照外国（地区）法律成立但实际管理机构在中国境内的企业。

2. D　【解析】由于该居民企业申报的成本费用支出核算准确而收入总额不确定，因此该企业应纳税所得额=成本费用支出÷（1-应税所得率）×应税所得率=127.5÷（1-25%）×25%=42.5（万元），该居民企业2021年应纳所得税额=应纳税所得额×25%=42.5×25%=10.63（万元）。

3. C　【解析】选项ABD：均属于企业以清单申报的方式向税务机关申报扣除的损失。

4. A　【解析】选项A：权益性投资资产转让所得按照被投资企业所在地确定。

5. D　【解析】选项A：销售货物所得，按照交易活动发生地确定；选项B：权益性投资所得，按照分配所得的企业所在地确定；选项C：动产转让所得，按照转让动产的企业或者机构、场所所在地确定；选项D：特许权使用费所得，按照负担、支付所得的企业或者机构、场所所在地确定，或者按照负担、支付所得的个人的住所地确定。

6. D　【解析】租金所得，按照负担、支付所得的企业或者机构、场所所在地确定所得来源地，选项D负担、支付所得的企业所在地为美国，属于来源于美国的所得。

7. D　【解析】选项D：申请入会或加入会员，只允许取得会籍，所有其他服务或商品都要另行收费的，在取得该会员费时确认收入。申请入会或者加入会员后，会员在会员期内不再付费就可得到各种服务或商品，或者以低于非会员的价格销售商品或提供服务的，该会员费应在整个受益期内分期确认收入。

8. B

9. A　【解析】改造后年折旧额＝（1000－1000÷10×8－30＋350＋100）÷（2＋3）＝124（万元）。
变价收入应冲减在建工程成本，自产货物用于在建工程，增值税不视同销售，不用计算增值税销项税额。

10. A　【解析】利润分割法是指根据企业与其关联方对关联交易合并利润的贡献计算各自应该分配的利润额。

11. C　【解析】再销售价格法是指以关联方购进商品再销售给非关联方的价格减去可比非关联交易毛利后的金额作为关联方购进商品的公平成交价格。

12. C　【解析】职工福利费扣除限额＝500×14%＝70（万元），实际发生 72 万元，准予扣除 70 万元，纳税调增 2 万元；工会经费扣除限额＝500×2%＝10（万元），实际拨缴 14 万元，准予扣除 10 万元，纳税调增 4 万元；职工教育经费扣除限额＝500×8%＝40（万元），实际发生 28.5 万元，可以据实扣除。应调整的应纳税所得额＝2＋4＝6（万元）。

13. B　【解析】企业购置并实际使用规定的安全生产专用设备的，该专用设备投资额的 10%可以从企业当年应纳税额中抵免。
当年应纳税额＝［60－（40－20）］×25%＝10（万元），实际应纳税额＝10－11.3×10%＝8.87（万元）。

14. D　【解析】2015 年的亏损，到 2020 年年末 5 年弥补期已满，2021 年不能再弥补 2015 年的亏损。纳税人购置并实际使用税法规定的环境保护专用设备的，该专用设备投资额的 10%可以从企业当年应纳税额中抵免；所以该企业购置环保设备可以抵免的应纳税额＝10×10%＝1（万元）。
应纳税额＝100×12.5%×20%＋（200－100）×50%×20%＝12.5（万元），大于 1 万元，所以环保设备投资额的 10%可以在 2021 年全部抵免。抵免后实际应缴纳的企业所得税＝12.5－1＝11.5（万元）。

15. B　【解析】（1）对内地企业投资者通过深港通投资香港联交所上市股票取得的转让差价所得，计入其收入总额，依法征收企业所得税。（2）对内地企业投资者通过深港通投资香港联交所上市股票取得的股息红利所得，计入其收入总额，依法计征企业所得税。其中，内地居民企业连续持有 H 股满 12 个月取得的股息红利所得，依法免征企业所得税。

16. B　【解析】选项 A：属于不征税收入；选项 C：应作为应税收入计征企业所得税；选项 D：县级以上人民政府将国有资产无偿划入企业，凡指定专门用途并按规定进行管理的，企业可作为不征税收入进行企业所得税处理。

17. A　【解析】企业在筹建期间，发生的与筹办活动有关的业务招待费支出可按实际发生额的60%计入企业筹办费，并按有关规定在税前扣除。所以可以税前扣除的筹办费中的业务招待费=10×60%=6（万元），筹办费中的业务招待费应纳税调增4万元。

2021年业务招待费的扣除：由于20×60%=12（万元）<2500×5‰=12.5（万元），只能税前扣除业务招待费12万元，应纳税调增=20-12=8（万元）。则该公司2021年应纳税所得额=2500-2300-100+4+8=112（万元）。

18. C 【解析】居民企业以非货币性资产对外投资确认的非货币性资产转让所得，可在不超过5年期限内，分期均匀计入相应年度的应纳税所得额，按规定计算缴纳企业所得税。

19. A 【解析】撤回或减少投资时，相当于被投资企业累计盈余公积和累计未分配利润按减少实收资本比例计算的部分：（5000+5000）×40%=4000（万元），应确认为股息所得，是免税的；相当于初始出资的部分，应确认为投资收回；投资资产转让所得=12000-4000-4000=4000（万元），应按规定纳税，投资资产转让所得应缴纳企业所得税=4000×25%=1000（万元）。

20. A 【解析】汇总纳税企业应纳企业所得税中，50%在各分支机构间分摊，各分支机构根据分摊税款就地办理缴库或退库；50%由总机构分摊缴纳，其中25%就地办理缴库或退库，25%就地全额缴入中央国库或退库。

21. D 【解析】A企业以自产货物抵债应视同销售确认销售货物所得=130-100=30（万元），债务重组所得=160-（130+130×13%）=13.1（万元），A企业该项重组业务应纳企业所得税=（30+13.1）×25%=10.78（万元）。

22. C 【解析】企业发生的与生产经营活动有关的业务招待费支出，按照发生额的60%扣除，但最高不得超过当年销售（营业）收入的5‰；企业发生的广告费和业务宣传费，不超过当年销售（营业）收入15%的部分，准予扣除。业务招待费扣除限额1=（2900+80）×5‰=14.9（万元），业务招待费扣除限额2=20×60%=12（万元），业务招待费扣除限额为两者较小值，即12万元。广告费和业务宣传费扣除限额=（2900+80）×15%=447（万元），实际发生额超标准部分=（300+160+50）-447=63（万元），非广告性赞助支出不得在企业所得税前扣除，准予在企业所得税前扣除的金额=（110-20+12）+（595-63）+200=834（万元）。

23. D 【解析】县级以上人民政府（包括政府有关部门）将国有资产明确以股权投资方式投入企业，企业应作为国家资本金(包括资本公积）处理。

24. A 【解析】选项A：转让国债收入属于应税收入；选项BD：属于免税收入；选项C：属于不征税收入。

25. A 【解析】选项A：事业单位从事经营活动取得的收入应当征收企业所得税；选项C：软件生产企业实行增值税即征即退政策所退还的税款，由企业用于研究开发软件产品和扩大再生产，不作为企业所得税应税收入，不予征收企业所得税；选项 BD：属于符合条件的非营利组织取得的免税收入。

26. B 【解析】企业发生的除企业所得税和允许抵扣的增值税以外的各项税金及附加准予在税前扣除，扣除方式有两种：一是在发生当期扣除，如消费税、房产税、城镇土地使用税等；二是发生当期计入相关资产的成本，在以后各期分摊扣除，如契税等。

27. C 【解析】该企业在税前可以扣除的损失 = 100×（1+13%）−7−3 = 103（万元）。

28. B 【解析】根据规定，职工福利费超过标准的部分不能结转到以后纳税年度扣除，即 2020 年职工福利费超过扣除限额部分不能结转到 2021 年及以后年度扣除。2021 年职工福利费扣除限额 = 1100×14% = 154（万元），实际发生 120 万元，未超过扣除限额，可以据实扣除。

29. B 【解析】非金融企业向金融企业借款的利息支出可据实扣除；向本公司职工借入生产用资金 120 万元，利息费用扣除限额 = 120×5%÷12×5 = 2.5（万元），实际支付 5.5 万元，税前可以扣除 2.5 万元；应纳税所得额 = 30+5.5−2.5 = 33（万元）。

30. C 【解析】根据企业所得税的规定，计算业务招待费扣除限额的基数为销售（营业）收入，包括主营业务收入、其他业务收入和视同销售收入。接受捐赠收入、投资收益不作为计算扣除限额的基数。业务招待费扣除限额 1 =（16700+330）×5‰ = 85.15（万元）>业务招待费扣除限额 2 = 100×60% = 60（万元），所以税前允许扣除的业务招待费为 60 万元。

31. B 【解析】企业为建造固定资产发生借款的，在建造期间发生的合理借款费用，应予以资本化。本年费用化的时间为 5 个月（3、9~12）。税前可直接扣除的利息费用 = 500×10%÷12×5 = 20.83（万元）。

32. B 【解析】企业因雇用季节工、临时工等人员所实际发生的费用，应区分为工资、薪金支出和职工福利费支出，按规定在企业所得税前扣除。生产车间 4 名工人和 2 名办公室行政职员的工资为工资薪金支出；职工浴池工作人员的工资为职工福利费支出；该公司 2021 年实际发生的合理的工资薪金总额 = 1000+0.2×6×12 = 1014.4（万元），工会经费的扣除限额 = 1014.4×2% = 20.29（万元），当年拨缴工会经费 21 万元>20.29 万元，因此纳税调整额 = 21−20.29 = 0.71（万元）。

33. A 【解析】企业以前年度发生的实际资产损失，未能在当年税前扣除的，准予追补至该损失发生年度扣除，其追补确认期限一般不得超过 5 年。2019 年的 12 万元损失，在 2019 年追补确认，确认后 2019 年实际的应纳税所得额为 −3 万元，这样 2019 年多缴纳了企业所得税 = 9×25% = 2.25（万元），2019 年的亏损 3 万元可以用 2020 年的税前盈利弥补，2020 年弥补亏损后应纳税所得额为4-3=1（万元），2020年多缴纳了企业所得税=3×25%=0.75（万元），甲企业2019年和2020年共多缴纳的企业所得税=2.25+0.75=3（万元），可以在2021年的应纳所得税额中抵减，2021年应缴纳企业所得税=13×25%=3.25（万元），抵减后实际应缴纳企业所得税=3.25-3=0.25（万元）。

34. C 【解析】拆迁补偿费支出=5000×8000÷10000=4000（万元）；视同销售收入=5000×8000÷10000=4000（万元）；单位可售面积计税成本=（20000+8000+4000）÷80000=0.4（万元/平方米）；视同销售成本=0.4×5000=2000（万元）；需要确认视同销售所得2000万元（4000-2000）。

35. D 【解析】选项D：对于被投资企业赎回的投资，投资双方应于赎回时将赎价与投资成本之间的差额确认为债务重组损益，分别计入当期应纳税所得额。

36. C 【解析】自2021年1月1日至2022年12月31日，对小型微利企业年应纳税所得额不超过100万元的部分，减按12.5%计入应纳税所得额，按20%的税率缴纳企业所得税。

37. D 【解析】选项A：被投资企业发生的经营亏损，由被投资企业按规定结转弥补，不能用投资方所得弥补；选项B：企业境外分支机构的亏损，不可以用境内总机构的所得弥补；选项C：境内总机构发生的亏损，可以用境外分支机构的所得弥补。

38. B 【解析】企业发生的职工教育经费支出不超过工资、薪金总额8%的部分准予扣除，超过部分，准予结转以后纳税年度扣除，属于暂时性差异。

39. B 【解析】选项A：核力发电企业为培养核电厂操纵员发生的培养费用作为发电成本扣除；选项CD：均应作为航空企业运输成本扣除，并不作为职工教育经费扣除。

40. B 【解析】企业之间支付的管理费、企业内营业机构之间支付的租金和特许权使用费，以及非银行企业内营业机构之间支付的利息，不得在税前扣除。

41. A 【解析】生物资产分为消耗性生物资产、生产性生物资产和公益性生物资产。其中生产性生物资产可计提折旧在税前扣除。生产性生物资产，是指为产出农产品、提供劳务或出租等目的而持有的生物资产，包括经济林、薪炭林、产畜和役畜等。

42. C 【解析】无形资产的摊销，采用直线法计算。则当年摊销无形资产费用的最高金额=60÷2=30（万元）。

43. C 【解析】除特殊情况外，企业为投资者或职工支付的商业保险费不得在税前扣除。

44. A 【解析】能正确核算（查实）收入总额，但不能正确核算（查实）成本费用总额的居民企业，应核定其应税所得率征收企业所得税。

45. A 【解析】允许税前扣除的捐赠支出（非用于目标脱贫地区的扶贫捐赠、应对新冠疫情的捐赠），除了不超过规定限额外，还必须是通过公益性社会组织或县级以上人民政府及其部门进行的捐赠。该企业的各项捐赠支出中只有通过当地民政部门向灾区捐赠的15万元属于公益性捐赠支出，捐赠扣除限额=200×12%=24（万元）>15万元，则该企业当年税前可扣除的捐赠支出为15万元。

46. D 【解析】由于该居民企业申报的成本费用总额核算准确而收入总额无法核实，因此该企业应纳税所得额=成本费用支出额÷（1-应税所得率）×应税所得率=370÷（1-8%）×8%=32.17（万元）。应纳所得税额=应纳税所得额×25%=32.17×25%=8.04（万元）。

47. D 【解析】企业在一个纳税年度的中间开业，或者终止经营活动，使该纳税年度的实际经营期不足12个月的，应当以其实际经营期为1个纳税年度；企业清算时，应当以清算期间作为1个纳税年度；因此共有2019年4月18日~2019年12月31日、2020年1月1日~2020年12月31日、2021年1月1日~2021年5月19日，2021年5月20日~2021年6月20日四个纳税年度。

48. A 【解析】选项A：除委托个人代理外，企业以现金等非转账方式支付的手续费及佣金不得在企业所得税税前扣除。

49. C 【解析】选项A：税收滞纳金不得在税前扣除；选项B：未经核定的准备金支出，不允许在税前扣除；选项D：除另有规定外，企业为投资者或职工支付的商业保险费，不允许在税前扣除。

50. A 【解析】企业发生的合理的工资、薪金支出准予据实扣除。合理的工资、薪金，是指企业按规定实际发放给员工的工资、薪金。

51. B 【解析】根据企业所得税法的规定，A国所得税税率30%高于25%，不需要在我国补税；B国所得税税率20%低于25%，应当在我国补税。2021年该企业在中国境内实际应缴纳企业所得税=1000×25%+600×（25%-20%）=280（万元）。

52. D 【解析】企业转让股权收入，应于股权转让协议生效且完成股权变更手续时，确认收入的实现。

53. B 【解析】企业投资者在规定期限内未缴足其应缴资本额的，该企业对外借款所发生的利息，相当于投资者实缴资本额与在规定期限内应缴资本额的差额应计付的利息，其不属于企业合理的支出，应由企业投资者负担，不得在计算企业应纳税所得额时扣除。计算公式为：

企业每一计算期不得扣除的借款利息=该期间借款利息额×该期间未缴足注册资本额÷该期间借款额

（1）3月1日至5月31日不得扣除的借款利息 = 18×3×200÷2000 = 5.4（万元）
（2）6月1日至8月31日不得扣除的借款利息 = 18×3×100÷2000 = 2.7（万元）
（3）2021年度内不得扣除的借款利息总额 = 5.4+2.7 = 8.1（万元）。

54. D　【解析】个人独资企业和合伙企业不属于企业所得税的纳税人。

55. C　【解析】向银行借款支付的利息6万元可以据实在企业所得税税前扣除；向关联企业借款的利息支出允许在2021年企业所得税税前扣除的金额 = 900×2×8% = 144（万元）；该企业可在2021年企业所得税税前扣除的利息费用 = 6+144 = 150（万元）。

56. A　【解析】选项BCD：不作为一般企业业务招待费税前扣除限额的计算基数。

57. C　【解析】选项C：企业安置残疾人员的，在按照支付给残疾职工工资据实扣除的基础上，按照支付给残疾职工工资的100%加计扣除。选项A：广告费当年未扣完的可以结转以后年度扣除，但不能加计扣除。选项B：非银行企业内营业机构之间支付的利息，不得在税前扣除。选项D：提取的符合规定的环保专项资金可以在税前扣除，但是没有加计扣除的规定。

58. A　【解析】林木类和畜类生产性生物资产计算折旧的最低年限分别是10年、3年。

59. C　【解析】企业固定资产达到或超过使用年限而正常报废清理的损失，属于企业应以清单申报方式向税务机关申报扣除的损失。

60. B　【解析】企业的搬迁收入包括：（1）对被征用资产价值的补偿；（2）因搬迁、安置而给予的补偿；（3）对停产停业形成的损失而给予的补偿；（4）资产搬迁过程中遭到毁损而取得的保险赔款；（5）其他补偿收入。选项B：企业由于搬迁处置存货而取得的收入，应按正常经营活动取得的收入进行所得税处理，不作为搬迁收入。

61. D　【解析】西部地区包括内蒙古自治区、广西壮族自治区、重庆市、四川省、贵州省、云南省、西藏自治区、陕西省、甘肃省、青海省、宁夏回族自治区、新疆维吾尔自治区和新疆生产建设兵团。湖南省湘西土家族苗族自治州、湖北省恩施土家族苗族自治州、吉林省延边朝鲜族自治州和江西省赣州市，可以比照西部地区的企业所得税政策执行。

二、多项选择题

1. AB　【解析】根据企业所得税相关规定，划分居民企业和非居民企业管辖权的标准为地域管辖权和居民管辖权。

2. BE　【解析】选项A：企业所得税的纳税人分为居民企业和非居民企业，个体工商户不属于企业所得税纳税人，因此不属于居民企业；选项 BCDE：居民企业是指依法在中国境内成立，或者依照外国（地区）法律成立但实际管理机构在中国境内的企业。

3. CDE

4. AD　【解析】选项 AD：财政拨款，依法收取并纳入财政管理的行政事业性收费、政府性基金均属于不征税收入（而不是免税收入）；选项 C：逾期未退包装物押金收入属于应当征税的其他收入；选项 BE：地方政府债券利息收入、符合条件的非营利组织收入，均属于免税收入。

5. ACD

6. ABE

7. ACD　【解析】选项 B：广告的制作费，应根据制作广告的完工进度确认收入。选项 E：销售商品需要安装和检验的，在购买方接受商品以及安装和检验完毕时确认收入的实现。如果安装程序比较简单，可在发出商品时确认收入的实现。

8. BCE　【解析】不得在企业所得税税前扣除的税金包括企业所得税和允许抵扣的增值税，即选项 AD；而选项 BCE 可以当期直接或分期在企业所得税税前扣除。

9. BCD　【解析】选项 BCD：属于核定应税所得率征收企业所得税的情形；选项 AE：属于核定征收企业所得税情形，但具体是按核定应税所得率方法还是按核定应纳所得税额的方法征税，要看具体情形而定。

10. ADE

11. BDE

12. ABCE　【解析】选项 D：商业零售企业存货因风、火、雷、震等自然灾害，仓储、运输失事，重大案件等非正常因素形成的损失，为存货非正常损失，应当以专项申报形式进行企业所得税纳税申报。

13. AD

14. ABCD　【解析】选项 E：利息所得、租金所得、特许权使用费所得，按照负担、支付所得的企业或者机构、场所所在地确定，或者按照负担、支付所得的个人的住所地确定所得来源地。

15. ABCE　【解析】选项 D：支付给车间临时工的工资应属于工资薪金的范畴，不属于职工福利费。

16. BC　【解析】企业接收股东划入资产（包括股东赠予资产、上市公司在股权分置改革过程中接收原非流通股股东和新非流通股股东赠予的资产、股东放弃本企业的股权），凡合同、协议约定作为资本金（包括资本公积）且在会计上已作实际处理的，不计入企业的收入总额，企业应按公允价值确定该项资产的计税基础。

17. BC 【解析】选项A：企业购买农产品后直接进行销售的贸易活动产生的所得，不能享受农、林、牧、渔业项目的税收优惠；选项D：企业根据委托合同，受托对符合规定的农产品进行初加工服务，其所收取的加工费，可以按照农产品初加工的免税项目处理；选项E：企业种植花卉作物的所得，应该减半征收企业所得税。

18. CD 【解析】选项A：居民企业从直接或间接持有股权之和达到100%的关联方取得的技术转让所得，不享受技术转让减免企业所得税优惠政策；选项B：境内的技术转让须经省级以上（含省级）科技部门认定登记；选项E：跨境的技术转让须经省级以上（含省级）商务部门认定登记。

19. ABCD 【解析】选项E：股息、红利等权益性投资收益，除另有规定外，应以被投资企业作出利润分配或转股决定的日期确认收入的实现。

20. ADE 【解析】选项B：企业销售未完工开发产品取得的收入，应先按预计计税毛利率分季（或月）计算出预计毛利额，计入当期应纳税所得额，开发产品完工后，企业应及时结算其计税成本并计算此前销售收入的实际毛利额，同时将其实际毛利额与其对应的预计毛利额之间的差额，计入当年度企业本项目与其他项目合并计算的应纳税所得额；选项C：经济适用房开发项目，计税毛利率不得低于3%。

21. ACD 【解析】选项B：可计入加计扣除的研发费用指专门用于研发活动的仪器、设备的折旧费或租赁费，房屋的折旧和租赁费不在加计扣除范围内；选项E：从事研发活动直接消耗的材料、燃料和动力费用可以加计扣除，但间接耗用的材料费用不得加计扣除。

22. ACD 【解析】选项B：为职工个人支付的家庭财产保险费，与企业生产经营无关，不得在企业所得税税前扣除；选项E：为股东支付的商业保险费，也不得在企业所得税税前扣除。

23. ABD 【解析】选项C：技术转让的免征额度是技术转让所得的500万元以内。选项E：企业购置并实际使用规定的环境保护、节能节水、安全生产等专用设备的，该专用设备的投资额的10%可以从企业当年的应纳税额中抵免；当年不足抵免的，可以在以后5个纳税年度结转抵免。

24. ADE 【解析】选项A：企业计提的无形资产减值准备不可以在企业所得税税前扣除；选项D：企业以转账形式支付的手续费和佣金可以在企业所得税税前按规定扣除；选项E：烟草企业的烟草广告费和业务宣传费支出，一律不得在企业所得税税前扣除，但酒类企业的广告费和业务宣传费支出，不超过当年销售（营业）收入15%的部分，可以在当年税前扣除。

25. BDE 【解析】选项A：已足额提取折旧的固定资产的改建支出，应作为长期待摊费用，按照固定资产预计尚可使用年限分期摊销；如果尚未足额提取折旧，以改建过程中发生的改建支出增加计税基础。选项B：改建后固定资产的计税基础=2000-380+220+300=2140（万元）。选项C：改建中领用自产产品，增值税不需要视同销售，而且企业所得税属于内部处置资产，不缴纳企业所得税。

26. BC 【解析】选项B：自创商誉，不能计算摊销费用在税前扣除；选项C：除房屋、建筑物以外未投入使用的固定资产，不得计提折旧在税前扣除；选项E：奶牛属于生产性生物资产，可以计提折旧在税前扣除。

27. ABCD 【解析】选项E：企业根据自身生产经营核算需要，可自行选择享受一次性税前扣除政策。未选择享受一次性税前扣除政策的，以后年度不得再变更。

28. ABD 【解析】选项C：已销开发产品的计税成本，按当期已实现销售的可售面积和可售面积单位工程成本确认。可售面积单位工程成本和已销开发产品的计税成本按下列公式计算确定：可售面积单位工程成本=成本对象总成本÷成本对象总可售面积；已销开发产品的计税成本=已实现销售的可售面积×可售面积单位工程成本。选项E：委托境外机构销售开发产品的，其支付境外机构的销售费用不超过委托销售收入10%的部分，准予据实扣除。

29. AD 【解析】选项B：企业因国家无偿收回土地使用权而形成的损失，可作为财产损失按有关规定在税前扣除；选项C：企业采取银行按揭方式销售开发产品，凡约定企业为购买方的按揭贷款提供担保的，其销售开发产品时向银行提供的保证金（担保金）不得从销售收入中减除，也不得作为费用在当期税前扣除，但实际发生损失时可据实扣除；选项E：企业开发产品转为自用的，其实际使用时间累计未超过12个月又销售的，不得在税前扣除折旧费用。

30. ACD 【解析】选项A：在中华人民共和国境内的企业和其他取得收入的组织为企业所得税的纳税人；选项B：依据中国法律、行政法规的规定成立的个人独资企业和合伙企业，不适用企业所得税法，不属于企业所得税的纳税人；选项E：境内个体工商户不属于企业所得税的纳税人。

31. ADE 【解析】选项B：除另有规定外，企业某一纳税年度发生的亏损，准予向以后年度结转弥补，但最长不得超过5年；选项C：企业在汇总计算缴纳企业所得税时，境外营业机构的亏损不能抵减境内营业机构的盈利，但境外营业机构的盈利，可以弥补境内营业机构的亏损。

32. ACDE 【解析】选项B：企业在年度中间终止经营活动的，应当自实际经营终止之日起60日内，向税务机关办理当期企业所得税汇算清缴。

33. BDE 【解析】选项A：投资企业转让股权，确认财产转让所得；选项C：被投资企业将股权（票）溢价所形成的资本公积转为股本的，不作为投资方企业的股息、红利收入。

34. BC　|　【解析】企业为购置、建造固定资产、无形资产和经过12个月以上的建造才能达到预定可销售状态的存货发生借款的，在有关资产购置、建造期间发生的合理的借款费用，应予以资本化，作为资本性支出计入有关资产的成本。

35. ADE　|　【解析】选项AD：按照税法规定，企业经批准发行债券的利息支出，以及固定资产建造之前和竣工结算并交付后发生的符合规定的借款利息支出，准予在企业所得税税前扣除。选项B：居民企业建造、购置固定资产过程中所发生的借款利息支出应予以资本化计入固定资产成本，在企业所得税前分期计提折旧扣除。选项C：向关联企业借款且超过关联债资比例部分的利息支出，不能在企业所得税税前扣除。选项E：银行企业内营业机构之间支付的利息可以在税前扣除。

36. ABDE　|　【解析】认定为高新技术企业须同时满足的条件：

（1）企业申请认定时须注册成立一年以上；

（2）企业通过自主研发、受让、受赠、并购等方式，获得对其主要产品（服务）在技术上发挥核心支持作用的知识产权的所有权；

（3）对企业主要产品（服务）发挥核心支持作用的技术属于《国家重点支持的高新技术领域（2016年修订）》规定的范围；

（4）企业从事研发和相关技术创新活动的科技人员占企业当年职工总数的比例不低于10%；

（5）企业近三个会计年度（实际经营期不满三年的按实际经营时间计算）的研究开发费用总额占同期销售收入总额的比例符合规定的要求。

37. ACDE　|　【解析】转让定价方法主要包括可比非受控价格法、再销售价格法、成本加成法、交易净利润法、利润分割法和其他符合独立交易原则的方法。

38. BDE　|　【解析】选项A：母公司以管理费形式向子公司提取费用，子公司因此支付给母公司的管理费，不得在企业所得税税前扣除。选项C：由居民企业或者由居民企业和中国居民控制的设立在实际税负明显低于25%的税率水平50%的国家（地区）的企业，并非由于合理的经营需要而对利润不作分配或者减少分配的，上述利润中应归属于该居民企业的部分，应当计入该居民企业的当期收入。

39. ACE　|　【解析】企业从县级以上各级人民政府财政部门及其他部门取得的应计入收入总额的财政性资金，凡同时符合以下条件的，可以作为不征税收入：（1）企业能够提供规定资金专项用途的资金拨付文件；（2）财政部门或其他拨付资金的政府部门对该资金有专门的资金管理办法或具体管理要求；（3）企业对该资金以及以该资金发生的支出单独进行核算。

40. ABD　|　【解析】选项CE：未在境内设立机构、场所的非居民企业转让境外房产取得的所得和非居民企业取得的与其境内所设机构、场所无实际联系的境外所得，不属于我国的应税所得，不存在在我国征税问题，更不存在抵免所得税问题。

41. BDE　【解析】选项A不正确，企业研发机构同时承担生产经营任务的，应对研发费用和生产经营费用进行区分核算，划分不清的，不允许加计扣除；选项C不正确，对于企业委托外单位进行开发的研发费用，符合条件的，按规定由委托方加计扣除，受托方不得再进行加计扣除，而不是协商确定。

42. ABDE　【解析】居民企业具有下列情形之一的，核定征收企业所得税：(1) 依照法律、行政法规的规定可以不设置账簿的；(2) 依照法律、行政法规的规定应当设置但未设置账簿的；(3) 擅自销毁账簿或者拒不提供纳税资料的；(4) 虽设置账簿，但账目混乱或者成本资料、收入凭证、费用凭证残缺不全，难以查账的；(5) 发生纳税义务，未按规定期限办理纳税申报，经税务机关责令限期申报，逾期仍不申报的；(6) 申报的计税依据明显偏低，又无正当理由的。

三、计算题

(一)

1. B　【解析】业务招待费支出×60%＝90×60%＝54（万元），销售（营业）收入×0.5%＝8800×0.5%＝44（万元），应在税前扣除44万元；业务招待费应调增应纳税所得额＝90－44＝46（万元）。

2. D　【解析】工会经费扣除限额＝540×2%＝10.8（万元），应调增应纳税所得额＝15－10.8＝4.2（万元）；职工福利费扣除限额＝540×14%＝75.6（万元），应调增应纳税所得额＝82－75.6＝6.4（万元）；职工教育经费扣除限额＝540×8%＝43.2（万元），应调增应纳税所得额＝47.7－43.2＝4.5（万元）；工会经费、职工福利费、职工教育经费应调增应纳税所得额＝4.2＋6.4＋4.5＝15.1（万元）。

3. A　【解析】公益性捐赠支出应调增的应纳税所得额＝150－852.36×12%＝47.72（万元）。

4. A　【解析】广告费应调增的应纳税所得额＝1400－8800×15%＝80（万元）；财务费用应调增的应纳税所得额＝40－500×5.8%＝11（万元）；企业所得税的应纳税所得额＝852.36＋80＋46＋11＋15.1＋47.72＝1052.18（万元）。应缴纳企业所得税＝1052.18×25%＝263.05（万元）。

(二)

1. B　【解析】B机构的分摊比例＝［0.35×9000÷（9000＋5000）＋0.35×220÷（220＋130）＋0.3×3000÷（3000＋3000）］×100%＝59.5%；C机构的分摊比例＝［0.35×5000÷（9000＋5000）＋0.35×130÷（220＋130）＋0.3×3000÷（3000＋3000）］×100%＝40.5%。

2. B　【解析】汇总纳税企业应预缴的税款，50%在各分支机构间分摊，各分支机构根据分摊税款就地办理缴库，50%由总机构分摊缴纳。A机构第一季度应分摊预缴企业所得税＝1000×50%×25%＝125（万元）。

3. C 【解析】会计人员自行计算的B机构分摊比例为55%，则B机构第一季度预缴税款＝1000×50%×55%×25%＝68.75（万元）。B机构第一季度实际应预缴的企业所得税＝1000×50%×59.5%×25%＝74.38（万元），则B机构第一季度少缴税款＝74.38－68.75＝5.63（万元），应在第二季度预缴时补缴。第二季度B机构应预缴税款为74.38万元加上应补缴的税款。则B分支机构第二季度实际预缴的税款＝74.38＋5.63＝80.01（万元）。

4. B 【解析】会计人员自行计算的C机构分摊比例为45%，则C机构第一季度预缴税款＝1000×50%×45%×25%＝56.25（万元）。C机构第一季度实际应预缴的企业所得税＝1000×50%×40.5%×25%＝50.63（万元），则C机构第一季度多缴税款＝56.25－50.63＝5.62（万元），应在第二季度预缴时扣减。第二季度C机构预缴税款应为50.63万元减去第一季度多预缴的税款5.62万元。则C分支机构第二季度实际预缴的税款＝50.63－5.62＝45.01（万元）。

四、综合分析题

（一）

1. A 【解析】应缴纳增值税＝845＋50×13%－286＝565.5（万元）；应缴纳消费税＝（6500＋50）×15%＝982.5（万元）；应缴纳城建税、教育费附加和地方教育附加＝（565.5＋982.5）×（5%＋3%＋2%）＝154.8（万元）；可直接在企业所得税税前扣除的税费＝982.5＋154.8＋1080.75＝2218.05（万元）。

2. B 【解析】会计利润＝6500（业务1的销售收入）＋50（业务2的销售收入）－2240（业务1的销售成本）－20（业务2的销售成本）－2218.05（第1问计算出来的可以在企业所得税前扣除的税费）－600（业务4管理费用）－700（业务5销售费用）－300（业务5财务费用）＋160（业务6国债利息收入）－120（业务8营业外支出）＝511.95（万元）。其中，工资及三项经费已经计入成本费用，在计算会计利润时不单独扣除。

3. ABCD 【解析】选项A：广告费扣除限额＝（6500＋50）×30%＝1965（万元），实际发生了230万元，可以据实扣除；选项D：自2019年1月1日至2025年12月31日，企业通过公益性社会组织或者县级（含）以上人民政府及其组成部门和直属机构，用于目标脱贫地区的扶贫捐赠支出，准予在计算企业所得税应纳税所得额时据实扣除；选项E：支付给非金融企业借款利息超银行同期同类的贷款利息18万元不得税前扣除。

4. ACD 【解析】职工教育经费扣除限额＝200×8%＝16（万元），实际发生了25万元，需要调增应纳税所得额9万元；职工福利费扣除限额＝200×14%＝28（万元），实际发生了20万元，不需要调整应纳税所得额；职工工会经费扣除限额 = 200×2% = 4（万元），实际发生了6万元，需要调增应纳税所得额2万元；业务招待费扣除限额1 =（6500+50）×5‰ = 32.75（万元），业务招待费扣除限额2 = 实际发生额的60% = 80×60% = 48（万元），两者比较，孰低扣除，可以税前扣除的业务招待费为32.75万元，应调增应纳税所得额 = 80−32.75 = 47.25（万元）。

5. A　|【解析】可以加计扣除的新技术开发费用 = 100×100% = 100（万元）。应纳税所得额 = 511.95−160+2+9+47.25+18+10−100 = 338.2（万元）。

6. A　|【解析】2021年该企业应纳企业所得税 = 338.2×25%−150×10% = 69.55（万元）。

（二）

1. A　|【解析】转让原材料缴纳的税金及附加245.4万元，漏记账，应在会计利润中减掉；

折旧费用 = 600÷10÷12×4 = 20（万元）；

购买安全生产专用设备作为固定资产核算，不可以将600万元一次性在会计利润中减除，而应分期计提折旧，在会计利润中减掉折旧费用；

企业接受的捐赠，应作为营业外收入处理，其会计处理为：

借：原材料　30

　　应交税费——应交增值税（进项税额）　3.9

　贷：营业外收入　33.9

而营业外收入影响会计利润，需要在会计利润中加上（30+3.9）万元。

利润总额 = 1100−245.4−20+600+30+3.9 = 1468.5（万元）。

2. B　|【解析】业务招待费扣除限额1 = 40000×5‰ = 200（万元）；业务招待费扣除限额2 = 130×60% = 78（万元），调增应纳税所得额 = 130−78 = 52（万元）。

3. C　|【解析】职工福利费扣除限额 = 1200×14% = 168（万元），调增应纳税所得额 = 180−168 = 12（万元）。

工会经费扣除限额 = 1200×2% = 24（万元），调增应纳税所得额 = 28−24 = 4（万元）。

职工教育经费扣除限额 = 1200×8% = 96（万元），调增应纳税所得额 = 106−96 = 10（万元）。

共计调增应纳税所得额 = 12+4+10 = 26（万元）。

4. A　|【解析】捐赠扣除限额 = 1468.5×12% = 176.22（万元），实际支出180万元，应调增应纳税所得额 = 180−176.22 = 3.78（万元）；3.78万元不得在当年税前扣除，但是可以结转以后3个纳税年度内扣除。

5. D　|【解析】甲企业应纳税所得额 = 1468.5+52+26−10+3.78 = 1540.28（万元）。

6. B　|【解析】甲企业应缴纳企业所得税 = 1540.28×25%−600×10% = 325.07（万元）。

（三）

1. AE　【解析】企业从县级以上各级人民政府财政部门及其他部门取得的应计入收入总额的财政性资金，凡同时符合以下条件的，可以作为不征税收入，在计算应纳税所得额时从收入总额中减除：①企业能够提供规定资金专项用途的资金拨付文件；②财政部门或其他拨付资金的政府部门对该资金有专门的资金管理办法或具体管理要求；③企业对该资金以及以该资金发生的支出单独进行核算。企业的不征税收入用于支出所形成的费用，不得在计算企业所得税应纳税所得额时扣除。

2. B　【解析】企业发生的损失准予在会计利润中减除，车辆购置税应计入相关车辆的成本中。甲企业当年的会计利润总额＝9000＋400＋300－4800－300－210－420－550－900－180＋120＋800－100－20×（1＋13%）＋3＝3140.4（万元）。

3. B　【解析】以现金方式向中介机构支付的佣金不得税前扣除，应调增应纳税所得额＝100×40%＝40（万元）。广告费税前扣除限额＝（9000＋400）×30%＝2820（万元）＞待扣除金额＝600＋200＝800（万元），上年结转的 200 万元可以全部在本年扣除，应调减应纳税所得额 200 万元。销售费用应调减的应纳税所得额＝200－40＝160（万元）。

4. C　【解析】业务招待费税前扣除限额 1＝（9000＋400）×0.5%＝47（万元）＜税前扣除限额 2＝80×60%＝48（万元），按照 47 万元在税前扣除，应调增应纳税所得额＝80－47＝33（万元）。

5. D　【解析】残疾职工工资加计扣除 100%，应调减应纳税所得额 100 万元。工会经费税前扣除限额＝5000×2%＝100（万元），应调增应纳税所得额＝110－100＝10（万元）；职工福利费税前扣除限额＝5000×14%＝700（万元），应调增应纳税所得额＝750－700＝50（万元）；职工教育经费税前扣除限额＝5000×8%＝400（万元），未超标，无须调整应纳税所得额。共应调减应纳税所得额＝100－10－50＝40（万元）。

6. A　【解析】财政补贴应调减应纳税所得额＝200－160＝40（万元）；技术转让所得应调减应纳税所得额＝500＋（800－100－500）×50%＝600（万元）。甲企业当年应缴纳企业所得税＝（3140.4－40－160＋33－600－40）×25%＝583.35（万元）。

第二章　个人所得税

本章学习指南

一、考情概况

本章是税法（Ⅱ）考试的重点章节之一，在全书中与企业所得税共同占有主导地位，是能否通过税法（Ⅱ）考试的关键。本章可考核单项选择题、多项选择题、计算题、综合分析题。根据历年考试情况来看，本章分值一般在 34 分左右。

本章的计算题、综合分析题主要考查方向有三大类：居民个人综合所得和分类所得应纳个人所得税的计算；居民个人经营所得应纳个人所得税的计算；非居民个人多项所得应纳个人所得税的计算。其中，居民个人综合所得的预扣预缴与汇算清缴可以考查各种题型；分类所得应纳个人所得税的计算可与增值税、城市维护建设税、教育费附加、地方教育附加、房产税、印花税、城镇土地使用税结合考查计算题；居民个人经营所得应纳个人所得税的计算可以和增值税、企业所得税结合考查综合分析题；税收优惠、征收管理可考查文字型题目，也可考查计算型题目。

二、2022 年教材主要变化

1. 新增个体工商户年应纳税所得额不超过 100 万元的部分在现行优惠政策基础上再减半征收个人所得税的政策。

2. 新增 3 岁以下婴幼儿照护专项附加扣除政策。

3. 新增个人独资企业、合伙企业权益性投资经营所得税收征管。

4. 新增上市公司股权激励税收政策。

5. 调整取得综合所得需要办理年度汇算清缴纳税申报的情形。

6. 延长外籍个人有关津补贴优惠政策、中央企业负责人任期激励单独计税优惠政策执行时间。

7. 延长全年一次性奖金单独计税优惠政策、上市公司股权激励单独计税优惠政策执行时间。

8. 调整创业投资企业和天使投资个人投资初创科技型企业执行时间及条件。

9. 调整取得境外所得纳税申报的相关规定。

10. 调整综合所得汇算清缴管理办法。

11. 删除过期或现已不适用政策。

三、基本结构框架

- 第二章 个人所得税
  - 概述
    - 个人所得税的概念和特点 ★
    - 个人所得税的立法原则 ★
  - 征税对象
    - 工资薪金所得的范围 ★★★
    - 劳务报酬所得的范围 ★★★
    - 稿酬所得的范围 ★★★
    - 特许权使用费所得的范围 ★★★
    - 经营所得的范围 ★★★
    - 利息、股息、红利所得的范围 ★★★
    - 财产租赁所得的范围 ★★★
    - 财产转让所得的范围 ★★★
    - 偶然所得的范围 ★★★
  - 纳税人、税率与应纳税所得额的确定
    - 居民个人和非居民个人的判定标准、纳税义务范围 ★★★
    - 所得来源的确定、扣缴义务人相关规定 ★★
    - 适用税率的具体规定、预扣率的具体规定 ★★★
    - 应纳税所得额的一般规定、特殊规定 ★★★
  - 减免税优惠
    - 法定免税的项目 ★★★
    - 法定减税的项目 ★★★
    - 其他减免税的项目 ★★
  - 应纳税额的计算
    - 居民个人综合所得的计税方法 ★★★
    - 非居民个人四项所得的计税方法 ★★★
    - 无住所个人适用税收协定的计税方法 ★★
    - 经营所得的计税方法 ★★★
    - 分类所得的计税方法 ★★★
    - 特殊情形下个人所得税的计税方法 ★★★
    - 公益慈善事业捐赠的个人所得税政策 ★★★
    - 取得境外所得的个人所得税政策 ★★★
  - 征收管理
    - 扣缴申报管理方法 ★★
    - 自行纳税申报管理方法 ★★★
    - 专项附加扣除操作办法 ★★★
    - 反避税规定 ★★
    - 综合所得汇算清缴管理办法 ★★★
    - 无住所个人所得税征管相关规定 ★★
    - 个人财产对外转移提交税收证明或完税证明的规定 ★★

本章核心考点精讲

第一单元　概　述

查看本单元视频，快速 GET 知识点
使用"会计云课堂"App 或"微信"扫码

01 个人所得税的概念和特点（★）

1. 个人所得税是以个人（含个体工商户、个人独资企业、合伙企业中的个人投资者、承租承包者个人）取得的各项应税所得为征税对象所征收的一种税。

2. 个人所得税的特点

（1）实行混合征收；

（2）超额累进税率与比例税率并用；

（3）费用扣除额较宽；

（4）采取源泉扣缴和自行申报纳税。

02 个人所得税的立法原则（★）

1. 调节收入分配，体现社会公平。

2. 增强纳税意识，树立义务观念。

3. 扩大聚财渠道，增加财政收入。

第二单元　征税对象

查看本单元视频，快速 GET 知识点
使用"会计云课堂"App 或"微信"扫码

- 个人所得税应税所得项目
  - 居民个人综合所得（非居民个人四项所得）
    - 工资、薪金所得
    - 劳务报酬所得
    - 稿酬所得
    - 特许权使用费所得
  - 经营所得
  - 分类所得
    - 利息、股息、红利所得
    - 财产租赁所得
    - 财产转让所得
    - 偶然所得

经典题解

【例题1·单选题】居民个人的下列所得，不并入综合所得计税的是（　　）。（2019年）

A. 稿酬所得　　B. 劳务报酬所得

C. 财产租赁所得　　D. 工资薪金所得

【答案】C

03 工资薪金所得的范围（★★★）

项目	内容
一般规定	（1）工资、薪金所得，是指个人因任职或者受雇而取得的工资、薪金、奖金、年终加薪、劳动分红、津贴、补贴以及与任职或者受雇有关的其他所得 （2）年终加薪、劳动分红不分种类和取得情况，一律按“工资、薪金所得”项目征税
特殊规定	（1）出租汽车经营单位对出租车驾驶员采取单车承包或承租方式运营，出租车驾驶员从事客货运营取得的收入，按“工资、薪金所得”项目征税 【考点提示】在这里出租车的车辆所有权属于出租汽车经营单位 （2）对商品营销活动中，企业和单位对营销业绩突出的雇员以培训班、研讨会、工作考察等名义组织旅游活动，通过免收差旅费、旅游费对个人实行的营销业绩奖励（包括实物、有价证券等），应根据所发生费用的全额并入该营销人员当期的工资、薪金所得，按照“工资、薪金所得”项目征收个人所得税 （3）个人因公务用车和通讯制度改革而取得的公务用车、通讯补贴收入，扣除一定标准的公务费用后，按照“工资、薪金所得”项目计征个人所得税 （4）个人按照规定领取的税收递延型商业养老保险的养老金收入，其中25%部分予以免税，其余75%部分按照10%的比例税率计算缴纳个人所得税，税款计入“工资、薪金所得”项目 （5）根据我国目前个人收入的构成情况，税法规定对于一些不属于工资、薪金性质的补贴、津贴或者不属于纳税人本人工资、薪金所得项目的收入，不予征税： ①独生子女补贴 ②执行公务员工资制度未纳入基本工资总额的补贴、津贴差额和家属成员的副食品补贴 ③托儿补助费 ④差旅费津贴、误餐补助 【解释】误餐补助是指按照财政部门规定，个人因公在城区、郊区工作，不能在工作单位或返回就餐，根据实际误餐顿数，按规定的标准领取的误餐费

经典题解

【例题2·单选题】下列各项所得，应缴纳个人所得税的是（　　）。（2018年）

A. 托儿补助费　　B. 保险赔款

C. 退休人员再任职收入　　D. 差旅费津贴

【解析】选项 AD：不属于工资、薪金性质的补贴、津贴，不予征收个人所得税。选项 B：免征个人所得税。选项 C：退休人员再任职取得的收入，在减除税法规定的费用扣除标准后，按工资、薪金所得应税项目缴纳个人所得税。

【答案】C

【例题 3 · 单选题】个人取得的下列所得，应按照“工资、薪金所得”缴纳个人所得税的是（　　）。（2017 年）

A. 股东取得股份制公司为其购买并登记在该股东名下的小轿车

B. 因公务用车制度改革个人以现金、报销等形式取得的所得

C. 杂志社财务人员在本单位的报刊上发表作品取得的所得

D. 员工因拥有股权而参与企业税后利润分配取得的所得

【解析】选项 AD：按“利息、股息、红利所得”缴纳个人所得税；选项 C：按“稿酬所得”缴纳个人所得税。

【答案】B

【例题 4 · 多选题】下列行为中，企业应按照“工资、薪金所得”扣缴个人所得税的有（　　）。（2017 年）

A. 支付给在本公司任职人员的董事费

B. 个人独资企业支付给业主本人的工资

C. 支付给职工的过节费和旅游费

D. 支付给本单位销售人员的全年一次性奖金

E. 支付给职工的差旅费津贴

【解析】选项 B：按“经营所得”计税；选项 E：差旅费津贴不属于工资、薪金所得项目的收入，不征收个人所得税。

【答案】ACD

04 劳务报酬所得的范围（★★★）

项目	内容
一般规定	劳务报酬所得，是指个人从事设计、装潢、安装、制图、化验、测试、医疗、法律、会计、咨询、讲学、翻译、审稿、书画、雕刻、影视、录音、录像、演出、表演、广告、展览、技术服务、介绍服务、经纪服务、代办服务以及其他劳务取得的所得 【考点提示】工资、薪金所得与劳务报酬所得的区别：工资、薪金所得是个人从事非独立劳动，从所在单位领取的报酬，个人与用人单位之间存在雇佣与被雇佣的关系；而劳务报酬所得是个人独立从事某种技艺，独立提供某种劳务而取得的所得，个人与单位之间不存在雇佣和被雇佣关系
特殊规定	（1）在校学生因参与勤工俭学活动而取得属于《个人所得税法》规定的应税所得项目的所得，按照“劳务报酬所得”项目征收个人所得税 （2）关于“董事费、监事费”征税的问题 ①个人担任董事、监事，且不在公司任职、受雇的，属于劳务报酬性质，按“劳务报酬所得”项目征收个人所得税 ②个人在公司（包括关联公司）任职、受雇，同时兼任董事、监事的，应将董事费、监事费与个人工资收入合并，统一按“工资、薪金所得”项目征收个人所得税 （3）对商品营销活动中，企业和单位对营销业绩突出的非雇员以培训班、研讨会、工作考察等名义组织旅游活动，通过免收差旅费、旅游费对个人实行的营销业绩奖励（包括实物、有价证券等），应根据所发生费用的全额作为该营销人员当期的劳务收入，按照“劳务报酬所得”项目征收个人所得税，并由提供上述费用的企业和单位扣缴 【易错易混】如果是企业“雇员”，则按照“工资、薪金所得”项目计征个人所得税 （4）个人兼职取得的收入，按照“劳务报酬所得”项目征收个人所得税

经典题解

【例题5·单选题】下列所得，不属于个人所得税“工资、薪金所得”应税项目的是（　　）。

A. 个人兼职取得的所得

B. 退休人员再任职取得的所得

C. 任职于杂志社的记者在本单位杂志上发表作品取得的所得

D. 个人在公司任职并兼任董事取得的董事费所得

【解析】选项A：应按“劳务报酬所得”项目计算个人所得税。

【答案】A

【例题6·多选题】下列各项所得中，应按“劳务报酬所得”项目征收个人所得税的有（　　）。

A. 个人举办书法展览取得的所得

B. 个人提供著作权的使用权取得的所得

C. 个人将国外的作品翻译出版取得的所得

D. 高校教师受出版社委托进行审稿取得的所得

E. 个人将承包、承租的企事业单位转包、转租取得的所得

【解析】 选项 B：按照“特许权使用费所得”项目征税；选项 C：按照“稿酬所得”项目征税；选项 E：按照“经营所得”项目征税。

【答案】 AD

【例题 7 · 多选题】 根据个人所得税的有关规定，下列选项中，说法正确的有（　　）。

A. 个人在公司任职、受雇，同时兼任监事取得的监事费收入，按照“劳务报酬所得”项目征收个人所得税

B. 演员自己走穴演出取得的收入，按照“劳务报酬所得”项目征收个人所得税

C. 在校大学生勤工俭学取得的收入，按照“劳务报酬所得”项目征收个人所得税

D. 个人兼职取得的收入，应当按照“工资、薪金所得”项目征收个人所得税

E. 个人担任独立董事，取得的董事费收入，按照“劳务报酬所得”项目征收个人所得税

【解析】 选项 A：个人在公司任职、受雇，同时兼任董事、监事的，应将董事费、监事费与个人工资收入合并，统一按“工资、薪金所得”项目缴纳个人所得税；选项 D：个人兼职取得的收入，应当按照“劳务报酬所得”项目征收个人所得税。

【答案】 BCE

05 稿酬所得的范围（★★★）

项目	内容
一般规定	稿酬所得，是指个人因其作品以图书、报刊等形式出版、发表而取得的所得。将稿酬所得独立划归为一个征税项目，而对不以图书、报刊等形式出版、发表的翻译、审稿、书画所得划归为劳务报酬所得，主要是考虑了出版、发表作品的特殊性 【考点提示】稿酬所得强调的是“出版、发表”而取得的收入
特殊规定	（1）作者去世后，财产继承人取得的遗作稿酬，按照“稿酬所得”项目征收个人所得税 （2）除任职、受雇于报纸、杂志等单位的记者、编辑等专业人员以外，其他人员在本单位的报纸、杂志上发表作品取得的所得，应按“稿酬所得”项目征收个人所得税 【易错易混】任职、受雇于报纸、杂志等单位的记者、编辑等专业人员，因在本单位的报纸、杂志上发表作品取得的所得，属于因任职、受雇而取得的所得，应与其当月工资收入合并，按“工资、薪金所得”项目征收个人所得税 （3）出版社的专业作者撰写、编写或翻译的作品，由本社以图书形式出版而取得的稿酬收入，应按“稿酬所得”项目征收个人所得税

经典题解

【例题 8 · 单选题】 个人取得的下列报酬，应按“稿酬所得”缴纳个人所得税的是（　　）。（2017 年）

A. 出版社的专业作者翻译的小说由该出版社出版取得的报酬

B. 演员在企业的广告制作过程中提供形象取得的报酬

C. 杂志社记者在本社刊物发表文章取得的报酬

D. 高校教授为某杂志社审稿取得的报酬

【解析】选项 BD：按劳务报酬所得缴纳个人所得税；选项 C：按工资、薪金所得缴纳个人所得税。

【答案】A

06 特许权使用费所得的范围（★★★）

项目	内容
一般规定	特许权使用费所得，是指个人提供专利权、商标权、著作权、非专利技术以及其他特许权的使用权取得的所得 【考点提示】提供著作权的使用权取得的所得，不包括稿酬所得
特殊规定	（1）对于作者将自己的文字作品手稿原件或复印件公开拍卖（竞价）取得的所得，属于提供著作权的使用所得，故应按“特许权使用费所得”项目征收个人所得税 【易错易混】只有拍卖“自己的”“文字作品手稿原件或复印件”才属于“特许权使用费所得”，除此以外的拍卖均按“财产转让所得”计征个人所得税 （2）个人取得特许权的经济赔偿收入，应按“特许权使用费所得”项目计征个人所得税 （3）编剧从电视剧的制作单位取得的剧本使用费，不再区分剧本的使用方是否为其任职单位，统一按“特许权使用费所得”项目计征个人所得税

经典题解

【例题 9·单选题】下列各项中，应当按照“特许权使用费所得”项目征收个人所得税的是（　　）。

A. 作者去世后，财产继承人取得的遗作稿酬

B. 个人取得特许权的经济赔偿收入

C. 个人出租土地使用权取得的收入

D. 个人发表摄影作品取得的所得

【解析】选项 A：按照“稿酬所得”项目计征个人所得税；选项 C：按照“财产租赁所得”项目计征个人所得税；选项 D：按照“稿酬所得”项目计征个人所得税。

【答案】B

【例题 10·多选题】下列各项中，应按照“工资、薪金所得”项目征收个人所得税的有（　　）。（2018 年）

A. 企业支付给营销人员的年终奖金

B. 企业支付给职工的过节费

C. 个体工商户业主的工资

D. 电视剧制作单位支付给本单位编剧的剧本使用费

E. 企业支付给在本企业任职董事的董事费

【解析】选项 C：应按照“经营所得”征收个人所得税；选项 D：应按照“特许权使用费所得”征收个人所得税。

【答案】ABE

07　经营所得的范围（★★★）

<table>
<tr><th>项目</th><th>内容</th></tr>
<tr><td>一般规定</td><td>（1）个体工商户从事生产、经营活动取得的所得，个人独资企业投资人、合伙企业的个人合伙人来源于境内注册的个人独资企业、合伙企业生产、经营的所得
【考点提示】个体工商户以业主为个人所得税纳税义务人
（2）个人依法从事办学、医疗、咨询以及其他有偿服务活动取得的所得
（3）个人对企业、事业单位承包经营、承租经营以及转包、转租取得的所得
（4）个人从事其他生产、经营活动取得的所得</td></tr>
<tr><td>特殊规定</td><td>（1）个人因从事彩票代销业务而取得所得，应按照“经营所得”项目计征个人所得税
（2）从事个体出租车运营的出租车驾驶员取得的收入，按“经营所得”项目缴纳个人所得税
【考点提示】在这里出租车的车辆所有权属于个人
（3）个人独资企业、合伙企业的个人投资者以企业资金为本人、家庭成员及其相关人员支付与企业生产经营无关的消费性支出及购买汽车、住房等财产性支出，视为企业对个人投资者利润分配，并入投资者个人的生产经营所得，依照“经营所得”项目计征个人所得税
【易错易混】关注企业类型是否属于“个人独资企业、合伙企业”。如果企业类型属于“有限责任公司、股份有限公司”，则该行为按“利息、股息、红利所得”项目计征个人所得税
（4）个体工商户和从事生产、经营的个人，取得与生产、经营活动无关的其他各项应税所得，应分别按照其他应税项目的有关规定，计算征收个人所得税。如：个人独资企业对外投资取得的股息所得，应按“利息、股息、红利所得”税目的规定单独计征个人所得税
（5）个体工商户或个人专营种植业、养殖业、饲养业、捕捞业，不征收个人所得税；不属于原农业税、牧业税征税范围的，应对其所得计征个人所得税；同时对进入各类市场销售自产农产品的农民取得的所得暂不征收个人所得税
（6）关于承包、承租经营所得征税的问题
<table>
<tr><th>承包、承租经营后
工商变更登记情况</th><th>被承包、承租方
企业所得税纳税情况</th><th>承包、承租人个人所得税
纳税情况</th></tr>
<tr><td>变更为个体工商户</td><td>不再缴纳企业所得税</td><td>按“经营所得”项目征收个人所得税</td></tr>
<tr><td rowspan="2">不发生变更登记
仍为企业</td><td rowspan="2">按规定缴纳企业所得税</td><td>对企业经营成果不拥有所有权，仅按合同（协议）规定取得一定所得的，其所得按“工资、薪金所得”项目征税</td></tr>
<tr><td>按合同（协议）的规定只向发包方、出租人缴纳一定费用后，企业经营成果归其所有的，承包、承租人取得的所得按“经营所得”项目征税</td></tr>
</table>
</td></tr>
</table>

经典题解

【例题11·多选题】下列关于个人所得税适用税目的表述中，正确的有（　　）。

A. 个人独资企业对外投资分回的股息、红利所得，应计入企业的收入，按照“经营所得”项目计征个人所得税

B. 个人独资企业投资者以企业资金为本人购买汽车，应按照“经营所得”项目计征个人所得税

C. 合伙企业的个人投资者以企业资金为家庭成员购买住房，应按照“经营所得”项目计征个人所得税

D. 个人对企事业单位承包、承租经营后，工商登记改变为个体工商户的，取得的生产、经营所得，应按照“经营所得”项目征收个人所得税

E. 个人对企事业单位承包、承租经营后，工商登记仍为企业的，承包、承租人对企业经营成果不拥有所有权，仅按合同规定取得一定所得的，应按“经营所得”项目征收个人所得税

【解析】选项A：个人独资企业对外投资分回的股息、红利，不并入企业的收入，而应单独作为投资者个人取得的股息、红利所得，按“利息、股息、红利所得”应税项目计算缴纳个人所得税；选项E：个人对企事业单位承包、承租经营后，工商登记仍为企业的，承包、承租人对企业经营成果不拥有所有权，仅按合同规定取得一定所得的，应按“工资、薪金所得”项目征收个人所得税。

【答案】BCD

【例题12·多选题】根据个人所得税的有关规定，下列各项中，应按照“经营所得”项目计算缴纳个人所得税的有（　　）。

A. 个人专营种植业、养殖业、饲养业取得的收入

B. 从事个体出租车运营的出租车驾驶员取得的收入

C. 个体工商户对外投资取得的股息所得

D. 出租车属于个人所有，但挂靠出租汽车经营单位或企事业单位，驾驶员向挂靠单位缴纳管理费的，出租车驾驶员从事客货运营取得的收入

E. 出租汽车经营单位对出租车驾驶员采取单车承包或承租方式运营，出租车驾驶员从事客货运营取得的收入

【解析】选项A：不征收个人所得税；选项C：按照“利息、股息、红利所得”项目征收个人所得税；选项E：按照“工资、薪金所得”项目征收个人所得税。

【答案】BD

08 利息、股息、红利所得的范围（★★★）

项目	内容
一般规定	利息、股息、红利所得，是指个人拥有债权、股权而取得的利息、股息、红利所得
特殊规定	（1）自2008年10月9日起，对储蓄存款利息所得暂免征收个人所得税 （2）纳税年度内个人投资者从其投资企业（个人独资企业、合伙企业除外）借款，在该纳税年度终了后既不归还又未用于企业生产经营的，其未归还的借款可视为企业对个人投资者的红利分配，依照“利息、股息、红利所得”项目计征个人所得税 （3）个人投资者以企业资金为本人、家庭成员及其相关人员购买汽车、住房等财产性支出，视为企业对个人投资者的利润或红利分配： ①个人独资企业和合伙企业投资者依照“经营所得”项目计征个人所得税 ②其他企业的个人投资者依照“利息、股息、红利所得”项目计征个人所得税 （4）企业出资购买房屋及其他财产，将所有权登记为投资者个人、投资者家庭成员或企业其他人员的，不论所有权人是否将财产无偿或有偿交付企业使用，其实质均为企业对个人进行了实物性质的分配： ①个人独资企业、合伙企业的个人投资者或其家庭成员取得的上述所得，视为企业对个人投资者的利润分配，按照“经营所得”项目计征个人所得税 ②对除个人独资企业、合伙企业之外的其他企业的个人投资者或其家庭成员取得的上述所得，视为企业对个人投资者的红利分配，按照“利息、股息、红利所得”项目计征个人所得税 ③对企业其他人员取得的上述所得，按照“工资、薪金所得”项目计征个人所得税

经典题解

【例题13·单选题】个人取得的下列所得，按“经营所得”项目计征个人所得税的是（　　）。（2021年）

A. 个人独资企业对外投资分得的股息、红利

B. 合伙个人获得合伙企业购买且所有权办理在合伙个人名下的住房

C. 个人股东获得居民企业购买且所有权办理在股东个人名下的车辆

D. 合伙企业的个人投资者对外投资分得的股息、红利

【解析】选项ACD：按“利息、股息、红利所得”项目计征个人所得税。

【答案】B

【例题14·多选题】下列情形中，按“利息、股息、红利所得”项目缴纳个人所得税的有（　　）。

A. 个人独资企业为个人投资者购买汽车并将汽车所有权登记到个人名下

B. 个人独资企业和合伙企业对外投资分回的利息、股息、红利

C. 股份有限公司为投资者家庭成员购买房产并将房产所有权登记到其名下

D. 个人从任职的上市公司取得的股票增值权所得和限制性股票所得

E. 集体所有制企业在改制为股份合作制企业时，对职工个人以股份形式取得的不拥有所有权的企业量化资产

【解析】 选项A：按照“经营所得”项目缴纳个人所得税。选项D：按照“工资、薪金所得”项目缴纳个人所得税。选项E：不征收个人所得税。

【答案】 BC

09 财产租赁所得的范围（★★★）

项目	内容
一般规定	财产租赁所得，是指个人出租不动产、机器设备、车船以及其他财产取得的所得
特殊规定	（1）个人取得的财产转租收入，属于“财产租赁所得”的征税范围，由财产转租人缴纳个人所得税 （2）产权所有人死亡，在未办理产权继承手续期间，该财产出租而有租金收入的，以领取租金的个人为纳税义务人

经典题解

【例题15·多选题】 下列收入中，应按“财产租赁所得”缴纳个人所得税的有（　　）。

A. 个人房产转租收入

B. 个人将房产提供给债权人使用而放弃的租金收入

C. 个人将非专利技术的使用权让渡给他人使用的收入

D. 具有法人性质的私营企业将企业仓库对外出租而获得的租金收入

E. 个体工商户业主将私有住房对外出租而获得的租金收入

【解析】 选项C：应按“特许权使用费所得”缴纳个人所得税；选项D：具有法人性质的私营企业属于企业所得税的纳税义务人。

【答案】 ABE

10 财产转让所得的范围（★★★）

项目	内容
一般规定	财产转让所得，是指个人转让有价证券、股权、合伙企业中的财产份额、不动产、机器设备、车船以及其他财产取得的所得

项目	内容
特殊规定	（1）股票转让所得 ①经国务院批准，对个人转让境内上市公司的股票转让所得免征个人所得税 ②对内地个人投资者通过沪港通、深港通投资香港联交所上市股票取得的转让差价所得，自 2019 年 12 月 5 日至 2022 年 12 月 31 日，继续暂免征收个人所得税 ③对香港市场投资者（包括企业和个人）投资上海证券交易所上市 A 股取得的转让差价所得，暂免征收所得税 （2）职工个人取得的量化资产 ①个人在形式上取得企业量化资产（取得的仅作为分红依据，不拥有所有权的企业量化资产）：不征个人所得税 ②个人在实质上取得企业量化资产（以股份形式取得的拥有所有权的企业量化资产）：暂缓征收个人所得税 ③个人取得量化资产的分红（以股份形式取得企业量化资产参与企业分配而获得的股息、红利）：按“利息、股息、红利所得”项目征收个人所得税 ④个人转让量化资产：按“财产转让所得”项目计征个人所得税 【考点提示】关于量化资产的征税问题，把握三个要点：①取得不征税；②持有获得的收益按利息、股息、红利所得计征个人所得税；③转让按照财产转让所得计征个人所得税 （3）对个人转让自用5 年以上，并且是家庭唯一生活用房取得的所得，继续免征个人所得税

经典题解

【例题 16 · 多选题】 下列各项所得中，应按照“财产转让所得”项目征收个人所得税的有（　　）。

A. 个人转让公司债券取得的所得

B. 个人在杂志上发表散文取得的所得

C. 个人将收藏多年的古董拍卖取得的所得

D. 个人将自己的文字作品手稿原件拍卖取得的所得

E. 个人将自己的商业用房转让取得的所得

【解析】 选项 B：按照“稿酬所得”项目征税；选项 D：按照“特许权使用费所得”项目征税。

【答案】 ACE

11　偶然所得的范围（★★★）

1. 一般规定

偶然所得，是指个人得奖、中奖、中彩以及其他偶然性质的所得。

2. 特殊规定

（1）个人为单位或他人提供担保获得收入，按照“偶然所得”项目计算缴纳个人所得税。

（2）关于房屋产权赠与的征税问题

赠与行为	是否征税
①房屋产权所有人将房屋产权无偿赠与配偶、父母、子女、祖父母、外祖父母、孙子女、外孙子女、兄弟姐妹 ②房屋产权所有人将房屋产权无偿赠与对其承担直接抚养或者赡养义务的抚养人或者赡养人 ③房屋产权所有人死亡，依法取得房屋产权的法定继承人、遗嘱继承人或者受遗赠人	当事人双方不征收个人所得税
房屋产权所有人将房屋产权无偿赠与他人的（除上述情形以外的赠与）	受赠人因无偿受赠房屋取得的受赠所得，按照“偶然所得”项目缴纳个人所得税

（3）企业促销展业赠送礼品个人所得税的规定

类型	内容
企业在销售商品（产品）和提供服务过程中向个人赠送礼品，属于右侧情形之一的，不征收个人所得税	①企业通过价格折扣、折让方式向个人销售商品（产品）和提供服务 ②企业在向个人销售商品（产品）和提供服务的同时给予赠品 ③企业对累积消费达到一定额度的个人按消费积分反馈礼品
企业向个人赠送礼品，属于右侧情形之一的，取得该项所得的个人应依法缴纳个人所得税	①企业在业务宣传、广告等活动中，随机向本单位以外的个人赠送礼品，对个人取得的礼品所得，按照“偶然所得”项目缴纳个人所得税 ②企业在年会、座谈会、庆典以及其他活动中向本单位以外的个人赠送礼品，对个人取得的礼品所得，按照“偶然所得”项目缴纳个人所得税，但企业赠送的具有价格折扣或折让性质的消费券、代金券、抵用券、优惠券等礼品除外 ③企业对累积消费达到一定额度的顾客，给予额外抽奖机会，个人的获奖所得，按照“偶然所得”项目缴纳个人所得税

经典题解

【例题17·单选题】根据个人所得税法的规定，下列情形中，个人获赠的礼品应征收个人所得税的是（　　）。

A. 企业通过价格折扣、折让方式向个人销售商品（产品）和提供服务

B. 通信企业对个人购买手机赠话费、入网费，或者购话费赠手机

C. 企业对累积消费达到一定额度的个人按消费积分反馈礼品

D. 企业对累积消费达到一定额度的顾客，给予额外抽奖机会，个人的获奖所得

【答案】D

【例题 18·单选题】某商场对累积消费达到一定额度的消费者给予额外抽奖的机会，消费者个人因此而获得的中奖所得，其正确的税务处理是（　　）。（2018 年）

A. 属于劳务报酬所得，但免征个人所得税

B. 属于红利所得，全额征收个人所得税

C. 属于偶然所得，不超过 1 万元的，免征个人所得税

D. 属于偶然所得，按 20% 的税率征收个人所得税

【答案】D

【例题 19·多选题】下列所得，应按“偶然所得”项目征收个人所得税的有（　　）。（2018 年）

A. 个人购买福利彩票中奖 2 万元

B. 个人获得父母无偿赠送的房产

C. 个人购买商品的中奖奖金

D. 个人因购物达到一定数量而获得抽奖机会的中奖所得

E. 个人参加有奖竞答活动取得的奖金

【解析】选项 B：不征收个人所得税。

【答案】ACDE

第三单元　纳税人、税率与应纳税所得额的确定

查看本单元视频，快速 GET 知识点
使用“会计云课堂”App或“微信”扫码

12 居民个人和非居民个人的判定标准、纳税义务范围（★★★）

（一）纳税人

1. 个人所得税的纳税义务人，包括中国公民、个体工商户、个人独资企业、合伙企业个人投资者、在中国境内有所得的外籍人员和香港、澳门、台湾同胞。

2. 纳税义务人依据住所和居住时间两个标准，区分为居民个人和非居民个人，分别承担不同的纳税义务。

纳税人分类	纳税人判定标准	纳税义务	主要人群
居民个人	①在中国境内有住所 ②无住所而一个纳税年度（公历 1 月 1 日～12 月 31 日）在中国境内居住累计满 183 天	负有无限纳税义务，其取得的应纳税所得，无论来源于境内还是境外，都在中国缴纳个人所得税	①在中国境内定居的中国公民和外国侨民。但不包括虽具有中国国籍，却没有在中国大陆定居，而是侨居海外的华侨和居住在香港、澳门、台湾的同胞 ②一个纳税年度内，在中国境内累计居住满 183 天的外国人、海外侨胞和香港、澳门、台湾同胞

纳税人分类	纳税人判定标准	纳税义务	主要人群
非居民个人	不符合居民个人判定标准	承担有限纳税义务，仅就来源于境内的所得，在中国缴纳个人所得税	在中国境内无住所，且在一个纳税年度中，没有在中国境内居住，或者在中国境内居住天数累计不满183天的外籍人员、华侨或香港、澳门、台湾同胞

（1）在中国境内有住所的个人，是指因户籍、家庭、经济利益关系，而在中国境内习惯性居住的个人。

【案例精析】某纳税人因学习、工作、探亲、旅游等原因在中国境外居住，但是在这些原因消除之后，如果必须回到中国境内居住的，则中国为该纳税人的习惯性居住地。尽管该纳税人在一个纳税年度内，甚至连续几个纳税年度都未在中国境内居住过一天，但他仍是中国的居民个人，应就其来自全球的应纳税所得向中国缴纳个人所得税。

（2）一个纳税年度在境内居住累计满183天，是指在一个纳税年度内，在中国境内居住天数累计满183天。在计算居住天数时，按其一个纳税年度内在境内的实际居住天数确定，即境内无住所的纳税人在一个纳税年度内无论出境多少次，只要在我国境内累计住满183天，就可以判定为我国的居民个人。

【案例精析】某外籍人员从2020年10月起到中国境内的公司任职，在2021年纳税年度内，虽然曾多次离境回国，但由于该外籍个人在我国境内的居住时间累计达206天，已经超过了一个纳税年度内在境内累计居住满183天的标准，因此2021年该外籍个人应为居民个人。

（3）在中国境内无住所的个人居住时间判定标准

无住所个人一个纳税年度内在中国境内累计居住天数，按照个人在中国境内累计停留的天数计算。在中国境内停留的当天满24小时的，计入中国境内居住天数，在中国境内停留的当天不足24小时的，不计入中国境内居住天数。

经典题解

【例题20·单选题】根据个人所得税法的相关规定，在中国境内无住所但取得境内所得的下列外籍个人中，属于居民个人的是（　　）。

A. M国甲，从未来过中国但因持有中国某企业股权而取得分配的股息

B. N国乙，2021年1月10日入境，2021年5月10日离境

C. X国丙，2021年1月10日入境，2021年10月10日离境，期间未离境

D. Y国丁，2021年1月10日入境，2021年10月10日离境，期间离境100天

【解析】选项ABD：在中国境内无住所又不居住，或者无住所而一个纳税年度内在中国境内居住累计不满183天的个人，为非居民个人；选项C：在中国境内无住所而一个纳税年度内（公历1月1日至12月31日）在中国境内居住累计满183天的个人，为居民个人。

【答案】C

【例题 21 · 单选题】下列个人中，属于非居民个人的是（　　）。

A. 在中国境内有住所的甲

B. 在中国境内无住所，于 2020 年 9 月 1 日入境、2021 年 3 月 31 日离境的乙

C. 在中国境内无住所，丁 2021 年 3 月 1 日入境、2021 年 10 月 31 日离境的丙

D. 在中国境内无住所，于 2021 年 2 月 1 日入境、2021 年 10 月 31 日离境，期间 5 月 1 日回国探亲、5 月 20 日返回的丁

【解析】在中国境内有住所，或者无住所而一个纳税年度内在中国境内居住累计满 183 天的个人，为居民个人。在中国境内无住所又不居住，或者无住所而一个纳税年度内在中国境内居住累计不满 183 天的个人，为非居民个人。

【答案】B

（二）纳税人的纳税义务

1. 一般规定

（1）居民个人应就其来源于中国境内和境外的所得，向我国政府履行全面纳税义务，依法缴纳个人所得税。

（2）非居民个人只就其来源于中国境内的所得，向我国政府履行有限纳税义务，依法缴纳个人所得税。

2. 在境内无住所的个人纳税义务的特殊规定

（1）在中国境内无住所的个人，在中国境内居住累计满 183 天的年度连续不满六年的，经向主管税务机关备案，其来源于中国境外且由境外单位或者个人支付的所得，免予缴纳个人所得税。

考点提示

在中国境内居住累计满 183 天的任一年度中有一次离境超过 30 天的，其在中国境内居住累计满 183 天的年度的连续年限重新起算。

（2）在中国境内无住所的个人，在一个纳税年度内在中国境内居住累计不超过 90 天的，其来源于中国境内的所得，由境外雇主支付并且不由该雇主在中国境内的机构、场所负担的部分，免予缴纳个人所得税。

境内无住所个人划分（非高管）		境内所得		境外所得	
		境内支付	境外支付	境内支付	境外支付
非居民个人	境内累计居住不超过 90 天	征税	免税	不征税	
	境内累计居住超过 90 天不满 183 天	征税			
居民个人	境内累计居住超过 183 天的年度连续不满 6 年	征税			免税
	境内累计居住超过 183 天的年度连续满 6 年	征税			

经典题解

【例题22·单选题】下列关于个人所得税的表述中，错误的是（　　）。

A. 在中国境内无住所，且一个纳税年度内在中国境内居住累计满183天的个人，为居民个人

B. 在中国境内无住所的个人，在一个纳税年度内在中国境内居住累计不超过183天的，其来源于中国境内的所得，由境外雇主支付并且不由该雇主在中国境内的机构、场所负担的部分免税

C. 在中国境内无住所的个人，在中国境内居住累计满183天的任一年度中有一次离境超过30天的，其在中国境内居住累计满183天的年度的连续年限重新起算

D. 在中国境内无住所的个人，在中国境内居住累计满183天的年度连续不满6年的，经向主管税务机关备案，其来源于中国境外且由境外单位或者个人支付的所得免税

【解析】选项B：在中国境内无住所的个人，在一个纳税年度内在中国境内居住累计不超过90天的，其来源于中国境内的所得，由境外雇主支付并且不由该雇主在中国境内的机构、场所负担的部分免税。

【答案】B

13 所得来源的确定（★★）

（一）来源于境内所得

除国务院财政、税务主管部门另有规定外，下列所得，不论支付地点是否在中国境内，均为来源于中国境内的所得：

（1）因任职、受雇、履约等在中国境内提供劳务取得的所得；

（2）将财产出租给承租人在中国境内使用而取得的所得；

（3）许可各种特许权在中国境内使用而取得的所得；

（4）转让中国境内的不动产等财产或者在中国境内转让其他财产取得的所得；

（5）从中国境内企业、事业单位、其他组织以及居民个人取得的利息、股息、红利所得。

经典题解

【例题23·多选题】非居民个人取得的下列所得中，属于来源于中国境内所得的有（　　）。（2019年）

A. 在境外通过网上指导获得境内机构支付的培训所得

B. 转让其在中国境内的房产而取得的财产转让所得

C. 持有中国境内公司债券取得的利息所得

D. 将专利权转让给中国境内公司在境内使用而取得的特许权使用费所得

E. 将施工机械出租给中国公民在美国使用而取得的租金所得

【答案】BCD

【例题 24·多选题】根据个人所得税的有关规定，下列所得，不论支付地点是否在中国境内，均为来源于中国境内所得的有（ ）。

A. 外籍个人在中国境内任职、受雇而取得的工资、薪金所得

B. 中国公民转让位于境外的房产取得的所得

C. 外籍个人将小汽车出租给承租人在中国境内使用而取得的所得

D. 外籍个人许可在中国境内使用的专利权而取得的所得

E. 中国公民因持有中国境内上市公司发行的债券，取得的债券利息所得

【解析】选项 A：因任职、受雇、履约等在中国境内提供劳务取得的所得，属于来源于中国境内的所得；选项 B：转让中国境内的不动产等财产或者在中国境内转让其他财产取得的所得，属于来源于中国境内的所得，转让中国境外的房产取得的所得，属于来源于中国境外的所得；选项 C：将财产出租给承租人在中国境内使用而取得的所得，属于来源于中国境内的所得；选项 D：许可各种特许权在中国境内使用而取得的所得，属于来源于中国境内的所得；选项 E：从中国境内企业、事业单位、其他组织以及居民个人取得的利息、股息、红利所得，属于来源于中国境内的所得。

【答案】ACDE

（二）来源于境外所得

下列所得，为来源于中国境外的所得：

（1）因任职、受雇、履约等在中国境外提供劳务取得的所得；

（2）中国境外企业以及其他组织支付且负担的稿酬所得；

（3）许可各种特许权在中国境外使用而取得的所得；

（4）在中国境外从事生产、经营活动而取得的与生产、经营活动相关的所得；

（5）从中国境外企业、其他组织以及非居民个人取得的利息、股息、红利所得；

（6）将财产出租给承租人在中国境外使用而取得的所得；

（7）转让中国境外的不动产、转让对中国境外企业以及其他组织投资形成的股票、股权以及其他权益性资产（以下称“权益性资产”）或者在中国境外转让其他财产取得的所得。但转让对中国境外企业以及其他组织投资形成的权益性资产，该权益性资产被转让前三年（连续 36 个公历月份）内的任一时间，被投资企业或其他组织的资产公允价值 50%以上直接或间接来自位于中国境内的不动产的，取得的所得为来源于中国境内的所得；

（8）中国境外企业、其他组织以及非居民个人支付且负担的偶然所得；

（9）财政部、税务总局另有规定的，按照相关规定执行。

经典题解

【例题 25·单选题】下列在中国境内无住所且不居住的个人中，应向我国缴纳个人所得税的是（ ）。（2021 年）

A. 从境内的外商投资企业取得特许权使用费收入的个人

B. 为境内单位的境外派出机构修理机器设备的个人

C. 将住房出租给境内公司在境外分支机构使用的个人

D. 担任境外企业的董事、监事和高层管理职务的个人

【解析】选项A：许可各种特许权在中国境内使用而取得的所得，属于来源于中国境内的所得，应向我国缴纳个人所得税。选项BCD：均为来源于中国境外的所得。

【答案】A

14 扣缴义务人相关规定（★★）

我国个人所得税实行代扣代缴和个人申报纳税相结合的征收管理制度。个人所得税采取代扣代缴办法，有利于控制税源，保证税收收入，简化征纳手续，加强个人所得税管理。

个人所得税以所得人为纳税人，以支付所得的单位或个人为扣缴义务人。扣缴义务人在向纳税人支付应税款项时，应当依照《个人所得税法》规定预扣或者代扣税款，按时缴库，并专项记载备查。

15 适用税率的具体规定、预扣率的具体规定（★★★）

（一）税率

<table>
<tr><th colspan="2" rowspan="2">所得项目</th><th colspan="2">适用税率</th></tr>
<tr><th>居民个人</th><th>非居民个人</th></tr>
<tr><td colspan="2">工资、薪金所得</td><td rowspan="4">3%~45%七级超额累进税率（税率表一）</td><td rowspan="4">3%~45%七级超额累进税率（税率表三）</td></tr>
<tr><td colspan="2">劳务报酬所得</td></tr>
<tr><td colspan="2">稿酬所得</td></tr>
<tr><td colspan="2">特许权使用费所得</td></tr>
<tr><td colspan="2">经营所得</td><td colspan="2">5%~35%五级超额累进税率（税率表二）</td></tr>
<tr><td rowspan="4">分类所得</td><td>利息、股息、红利所得</td><td colspan="2" rowspan="4">20%
【考点提示】个人按市场价格出租的居民住房取得的所得，暂减按10%的税率</td></tr>
<tr><td>财产租赁所得</td></tr>
<tr><td>财产转让所得</td></tr>
<tr><td>偶然所得</td></tr>
</table>

个人所得税税率表一
（居民个人综合所得适用）

级数	全年应纳税所得额	税率（%）	速算扣除数（元）
1	不超过36000元的	3	0
2	超过36000元至144000元的部分	10	2520
3	超过144000元至300000元的部分	20	16920

续表

级数	全年应纳税所得额	税率（%）	速算扣除数（元）
4	超过 300000 元至 420000 元的部分	25	31920
5	超过 420000 元至 660000 元的部分	30	52920
6	超过 660000 元至 960000 元的部分	35	85920
7	超过 960000 元的部分	45	181920

个人所得税税率表二

（经营所得适用）

级数	全年应纳税所得额	税率（%）	速算扣除数（元）
1	不超过 30000 元的	5	0
2	超过 30000 元至 90000 元的部分	10	1500
3	超过 90000 元至 300000 元的部分	20	10500
4	超过 300000 元至 500000 元的部分	30	40500
5	超过 500000 元的部分	35	65500

个人所得税税率表三

（非居民个人工资、薪金所得，劳务报酬所得，稿酬所得，特许权使用费所得适用）

级数	应纳税所得额	税率（%）	速算扣除数（元）
1	不超过 3000 元的	3	0
2	超过 3000 元至 12000 元的部分	10	210
3	超过 12000 元至 25000 元的部分	20	1410
4	超过 25000 元至 35000 元的部分	25	2660
5	超过 35000 元至 55000 元的部分	30	4410
6	超过 55000 元至 80000 元的部分	35	7160
7	超过 80000 元的部分	45	15160

经典题解

【例题 26·多选题】根据个人所得税法的相关规定，下列所得中，适用超额累进税率的有（　　）。

A. 经营所得

B. 非居民个人的劳务报酬所得

C. 居民个人的综合所得

D. 偶然所得

E. 财产租赁所得

【解析】 选项DE：除另有规定外，适用20%的比例税率。

【答案】 ABC

（二）预扣率

居民个人分月或分次取得工资、薪金所得，劳务报酬所得，稿酬所得，特许权使用费所得（四项综合所得）时，支付单位应预扣预缴个人所得税。

综合所得项目	适用预扣率
工资、薪金所得	3%~45%的七级超额累进预扣率（预扣率表一）
劳务报酬所得	20%~40%的三级超额累进预扣率（预扣率表二）
稿酬所得	20%
特许权使用费所得	

个人所得税预扣率表一（同税率表一）

（居民个人工资、薪金所得预扣预缴适用）

级数	累计预扣预缴应纳税所得额	预扣率（%）	速算扣除数（元）
1	不超过36000元的	3	0
2	超过36000元至144000元的部分	10	2520
3	超过144000元至300000元的部分	20	16920
4	超过300000元至420000元的部分	25	31920
5	超过420000元至660000元的部分	30	52920
6	超过660000元至960000元的部分	35	85920
7	超过960000元的部分	45	181920

个人所得税预扣率表二

（居民个人劳务报酬所得预扣预缴适用）

级数	预扣预缴应纳税所得额	预扣率（%）	速算扣除数（元）
1	不超过20000元的	20	0
2	超过20000元至50000元的部分	30	2000
3	超过50000元的部分	40	7000

16 应纳税所得额的规定（★★★）

（一）个人所得税的征税方法

- 个人所得税征税方法
  - 按年计征
    - 居民个人综合所得
    - 经营所得
  - 按月计征——非居民个人工资、薪金所得
  - 按次计征
    - 非居民个人
      - 劳务报酬所得
      - 稿酬所得
      - 特许权使用费所得
    - 利息、股息、红利所得
    - 财产租赁所得
    - 财产转让所得
    - 偶然所得

所得类型	按次计征的规定
劳务报酬所得	属于一次性收入的，以取得该项收入为一次 属于同一项目连续性收入的，以一个月内取得的收入为一次
稿酬所得	
特许权使用费所得	
利息、股息、红利所得	以支付利息、股息、红利时取得的收入为一次
财产租赁所得	以一个月内取得的收入为一次
财产转让所得	以每次取得该项收入为一次
偶然所得	

经典题解

【例题 27 · 单选题】 个人取得的下列所得，按“月”计征个人所得税的是（　　）。（2021 年）

A. 财产租赁所得　　B. 经营所得

C. 特许权使用费所得　　D. 利息所得

【解析】 选项 B：按年计征。选项 C：非居民个人取得特许权使用费所得，按次计征。属于一次性收入的，以取得该项收入为一次；属于同一项目连续性收入的，以一个月内取得的收入为一次。居民个人取得综合所得，按年计征。选项 D：按次计征。

【答案】 A

【例题 28 · 单选题】 根据个人所得税法的相关规定，下列关于每次收入的确定，说法不正确的是（　　）。

A. 劳务报酬所得，属于同一项目连续性收入的，以一个月内取得的收入为一次

B. 财产租赁所得，以一个月内取得的收入为一次

C. 偶然所得，以每次取得该项收入为一次

D. 利息、股息、红利所得，以每月取得的收入为一次

【解析】 选项D：以支付利息、股息、红利时取得的收入为一次。

【答案】 D

【例题29·多选题】 根据个人所得税法的相关规定，下列各项中，按年计征个人所得税的有（　　）。

A. 非居民个人的工资、薪金所得　　B. 居民个人的综合所得

C. 财产租赁所得　　D. 经营所得

E. 财产转让所得

【解析】 选项A：按月由扣缴义务人代扣代缴税款；选项CE：按次由扣缴义务人代扣代缴税款。

【答案】 BD

（二）应纳税所得额的基本规定

<table>
<tr><th colspan="2">所得类型</th><th>计征方法</th><th>应纳税所得额的计算</th></tr>
<tr><td colspan="2">综合所得
（居民个人）</td><td>按年</td><td>每年收入额-60000元-专项扣除-专项附加扣除-依法确定的其他扣除
【考点提示】
1. 工资、薪金所得全额计入年收入额
2. 劳务报酬所得、特许权使用费所得的收入额按取得劳务报酬、特许权使用费收入减除20%计算
3. 稿酬所得的收入额为在稿酬收入减除20%的基础上减按70%计算（收入额为实际取得稿酬收入的56%）
4. 专项扣除包括居民个人按照国家规定的范围和标准缴纳的基本养老保险、基本医疗保险、失业保险等社会保险费和住房公积金等
5. 专项附加扣除包括3岁以下婴幼儿照护、子女教育、继续教育、大病医疗、住房贷款利息或者住房租金、赡养老人等支出
6. 依法确定的其他扣除包括个人缴付符合国家规定的企业年金、职业年金，个人购买符合国家规定的商业健康保险、税收递延型商业养老保险的支出，以及国务院规定可以扣除的其他项目</td></tr>
<tr><td rowspan="4">非居民个人</td><td>工资薪金所得</td><td>按月</td><td>每月收入额-5000元</td></tr>
<tr><td>劳务报酬所得</td><td rowspan="3">按次</td><td rowspan="2">每次收入×（1-20%）</td></tr>
<tr><td>特许权使用费所得</td></tr>
<tr><td>稿酬所得</td><td>每次收入×（1-20%）×70%</td></tr>
</table>

所得类型	计征方法	应纳税所得额的计算	
经营所得	按年	每一纳税年度的收入总额-成本、费用以及损失等	
财产租赁所得	按次	每次收入≤4000 元	每次收入-800 元
		每次收入>4000 元	每次收入×（1-20%）
财产转让所得		转让财产的收入额-财产原值和合理费用	
利息、股息、红利所得		每次收入全额（除另有规定外，不得扣除任何费用）	
偶然所得			

（三）应纳税所得额的特殊规定

1. 两个以上的个人共同取得同一项目收入的，应当对每个人取得的收入分别按照个人所得税法的规定计算纳税。

2. 关于公益慈善事业捐赠扣除的规定

捐赠扣除比例	扣除事项
30%	个人将其所得对教育、扶贫、济困等公益慈善事业进行捐赠，捐赠额未超过纳税人申报的应纳税所得额 30%的部分，可以从其应纳税所得额中扣除
100%	下列公益性捐赠准予在应纳税所得额中全额扣除： ①个人通过非营利性的社会团体和政府部门，对公益性青少年活动场所（包括新建）的捐赠 ②个人通过非营利性的社会团体和国家机关（包括中国红十字会），向红十字事业的捐赠 ③个人通过非营利性的社会团体和政府部门，向福利性、非营利性的老年服务机构的捐赠 ④个人通过非营利的社会团体和国家机关，向农村义务教育的捐赠 ⑤个人向中华健康快车基金会和孙冶方经济科学基金会、中华慈善总会、中国法律援助基金会和中华见义勇为基金会的捐赠 ⑥纳税人通过中国境内非营利的社会团体、国家机关，向教育事业的捐赠 ⑦个人通过宋庆龄基金会、中国福利会、中国残疾人福利基金会、中国扶贫基金会、中国煤矿尘肺病治疗基金会、中华环境保护基金会、中国老龄事业发展基金会、中国华文教育基金会、中国绿化基金会、中国妇女发展基金会、中国关心下一代健康体育基金会、中国生物多样性保护基金会、中国儿童少年基金会、中国光彩事业基金会、中国医药卫生事业发展基金会、中国教育发展基金会，用于公益救济性的捐赠 ⑧对地震灾区的捐赠

经典题解

【例题 30 · 单选题】 个人下列公益救济性捐赠，以其申报的应纳税所得额 30%为限额扣除的是（　　）。（2019 年）

A. 通过县政府对贫困地区的捐赠

B. 对中国教育发展基金会的捐赠

C. 对公益性青少年活动场所的捐赠

D. 对中国老龄事业发展基金会的捐赠

【解析】 选项 BCD：准予在个人所得税税前 100%（全额）扣除。

【答案】 A

【例题 31 · 多选题】 根据个人所得税的有关规定，下列捐赠支出中，准予在个人所得税税前全额扣除的有（　　）。

A. 个人通过非营利性社会团体对公益性青少年活动场所的捐赠

B. 个人直接对某学校的捐赠

C. 个人通过国家机关向遭受严重水灾地区的捐赠

D. 个人通过非营利性的社会团体向福利性老年服务机构的捐赠

E. 个人通过国家机关向农村义务教育的捐赠

【解析】 选项 B：除另有规定外，个人直接对受赠方的捐赠，不属于公益性捐赠，不得在个人所得税税前扣除；选项 C：个人将其所得通过中国境内的公益性社会组织、国家机关向教育和其他社会公益事业以及遭受严重自然灾害地区、贫困地区的捐赠，捐赠额未超过纳税人申报的应纳税所得额 30% 的部分，可以从应纳税所得额中扣除，超过部分不得扣除。

【答案】 ADE

第四单元　减免税优惠

查看本单元视频，快速 GET 知识点
使用“会计云课堂”App 或“微信”扫码

17 法定免税的项目（★★★）

1. 省级人民政府、国务院部委和中国人民解放军军以上单位，以及外国组织、国际组织颁发的科学、教育、技术、文化、卫生、体育、环境保护等方面的奖金。

2. 国债和国家发行的金融债券利息。

3. 按照国家统一规定发给的补贴、津贴。

4. 福利费、抚恤金、救济金。

5. 保险赔款。

6. 军人的转业费、复员费、退役金。

7. 按照国家统一规定发给干部、职工的安家费、退职费、基本养老金或者退休费、离休费、离休生活补助费。

8. 依照我国有关法律规定应予免税的各国驻华使馆、领事馆的外交代表、领事官员和其他人员的所得。

9. 中国政府参加的国际公约以及签订的协议中规定免税的所得。

10. 国务院规定的其他免税所得。

18 法定减税的项目（★★★）

有下列情形之一的，可以减征个人所得税，具体幅度和期限，由省、自治区、直辖市人民政府规定，并报同级人民代表大会常务委员会备案：

1. 残疾、孤老人员和烈属的所得。

2. 因自然灾害遭受重大损失的。

考点提示

国务院可以规定其他减税情形，报全国人民代表大会常务委员会备案。

19 其他减免税的项目（★★）

1. 外籍个人以非现金形式或实报实销形式取得的住房补贴、伙食补贴、搬迁费、洗衣费，免征个人所得税。

2. 外籍个人按合理标准取得的境内、境外出差补贴，免征个人所得税。

3. 外籍个人取得的探亲费、语言训练费、子女教育费等经当地税务机关审核批准为合理的部分，免征个人所得税。

考点提示

2019年1月1日至2023年12月31日，符合居民个人条件的外籍个人，取得上述三项所得，可以选择享受个人所得税专项附加扣除，也可以选择享受住房补贴、语言训练费、子女教育费等津补贴免税优惠政策，但不得同时享受。外籍个人一经选择，在一个纳税年度内不得变更。（调整）

4. 符合条件的外籍专家取得的工资、薪金所得，可免征个人所得税。

5. 个人举报、协查各种违法、犯罪行为而获得的奖金，免征个人所得税。

6. 个人办理代扣代缴税款手续，按规定取得的扣缴手续费，免征个人所得税。

7. 个人转让自用达5年以上并且是唯一的家庭生活用房取得的所得，免征个人所得税。

8. 个人购买社会福利有奖募捐奖券、体育彩票一次中奖收入≤10000元的暂免征收个人所得税，对一次中奖收入>10000元的，应按税法规定全额征税。

9. 达到离休、退休年龄，但确因工作需要，适当延长离休、退休年龄的高级专家（指享受国家发放的政府特殊津贴的专家、学者），其在延长离休、退休期间的工资、薪金所得，视同离休费、退休费免征个人所得税。

10. 对个人取得的教育储蓄存款利息所得以及国务院财政部门确定的其他专项储蓄存款或者储蓄型专项基金存款的利息所得，免征个人所得税。

11. 居民个人按照国家规定的范围和标准缴纳的基本养老保险、基本医疗保险、失业保险等社会保险费和住房公积金，允许在个人应纳税所得额中扣除，免予征收个人所得税。

12. 个人实际领（支）取原提存的基本养老保险金、基本医疗保险金、失业保险金和住房公积金时，免征个人所得税。

13. 生育妇女按照县级以上人民政府根据国家有关规定制定的生育保险办法，取得的生育津贴、生育医疗费或其他属于生育保险性质的津贴、补贴，免征个人所得税。

14. 对工伤职工及其近亲属按照《工伤保险条例》规定取得的一次性伤残保险待遇，免征个人所得税。

15. 对退役士兵按照《退役士兵安置条例》规定取得的一次性退役金以及地方政府发放的一次性经济补助，免征个人所得税。

16. 对个人取得的2012年及以后年度发行的地方政府债券利息收入，免征个人所得税。

17. 对个人投资者持有2019~2023年发行的铁路债券取得的利息收入，减按50%计入应纳税所得额计算征收个人所得税。

18. 职工从依照国家有关法律规定宣告破产的企业取得的一次性安置费收入，免征个人所得税。

19. 沪港、深港股票市场交易互联互通和内地与香港基金互认的税收优惠

（1）对内地个人投资者通过沪港通、深港通投资香港联交所上市股票取得的转让差价所得和通过基金互认买卖香港基金份额取得的转让差价所得，自2019年12月5日起至2022年12月31日止，继续暂免征收个人所得税。

（2）对香港市场投资者（包括企业和个人）投资上海证券交易所上市A股取得的转让差价所得，暂免征收所得税。

20. 自2018年11月1日（含）起，对个人转让全国中小企业股份转让系统（新三板）挂牌公司非原始股取得的所得，暂免征收个人所得税。

21. 创新企业境内发行存托凭证试点阶段的税收优惠

（1）自2019年4月3日起，对个人投资者转让创新企业CDR取得的差价所得，三年（36个月，下同）内暂免征收个人所得税。

（2）自2019年4月3日起，对个人投资者持有创新企业CDR取得的股息红利所得，三年内实施股息红利差别化个人所得税政策，由创新企业在其境内的存托机构代扣代缴税款，并向存托机构所在地税务机关办理全员全额明细申报。

22. 对国际奥委会及其相关实体的外籍雇员、官员、教练员、训练员以及其他代表在2019年6月1日至2022年12月31日期间临时来华，从事与北京冬奥会相关的工作，取得由北京冬奥组委支付或认定的收入，免征增值税和个人所得税。

23. 支持新型冠状病毒感染的肺炎疫情防控的税收优惠

自2020年1月1日至2023年12月31日，下列所得免征个人所得税：

（1）对参加疫情防治工作的医务人员和防疫工作者按照政府规定标准取得的临时性工作补助和奖金，免征个人所得税。政府规定标准包括各级政府规定的补助和奖金标准。对省级及省级以上人民政府规定的对参与疫情防控人员的临时性工作补助和奖金，比照执行。

（2）单位发给个人用于预防新型冠状病毒感染的肺炎的药品、医疗用品和防护用品等实物（不包括现金），不计入工资、薪金收入，免征个人所得税。

经典题解

【例题32·单选题】 个人取得的下列所得，免征个人所得税的是（　　）。（2017年）

A. 转让国债的所得　　B. 提前退休发放的一次性补贴

C. 按国家统一规定发放的补贴、津贴　　D. 县级人民政府颁发的教育方面奖金

【解析】选项 A：国债利息收入免征个人所得税，转让国债收入照章纳税。选项 B：机关、企事业单位对未达到法定退休年龄、正式办理提前退休手续的个人，按照统一标准向提前退休工作人员支付一次性补贴，不属于免税的离退休工资收入，应按照“工资、薪金所得”项目征收个人所得税。选项 D：“省级”人民政府、国务院部委和中国人民解放军军以上单位，以及外国组织、国际组织颁发的科学、教育、技术、文化、卫生、体育、环境保护等方面的奖金，免征个人所得税。

【答案】C

【例题 33 · 单选题】下列各项中，可以减征个人所得税的是（　　）。

A. 军人的转业费

B. 按照国家统一规定发给职工的退休工资

C. 残疾人员的所得

D. 外籍个人以现金形式取得的住房补贴和伙食补贴

【解析】选项 AB：免征个人所得税；选项 D：外籍个人以非现金形式或实报实销形式取得的住房补贴和伙食补贴，免征个人所得税，但外籍个人以现金形式取得的住房补贴和伙食补贴不属于免征个人所得税的项目。

【答案】C

【例题 34 · 单选题】下列工资、薪金所得，免征个人所得税的是（　　）。（2019 年）

A. 年终加薪

B. 劳动分红

C. 退休人员再任职收入

D. 外籍人员取得任职单位的非现金住房补贴

【解析】外籍个人以非现金形式或实报实销形式取得的住房补贴和伙食补贴，免征个人所得税。

【答案】D

【例题 35 · 多选题】根据个人所得税的有关规定，下列各项个人所得中，免征个人所得税的有（　　）。

A. 国债利息

B. 教育储蓄存款利息

C. 保险赔款

D. 个人提前退休取得的一次性补贴收入

E. 按照国家统一规定发给的政府特殊津贴

【解析】选项 D：个人提前退休取得的一次性补贴收入，不属于免税的离退休工资收入，应按照“工资、薪金所得”项目征收个人所得税。

【答案】ABCE

【例题 36 · 多选题】根据个人所得税的有关规定，下列表述正确的有（　　）。

A. 个人在上海证券交易所转让从上市公司取得的公开发行的股票所得，暂免征收个人所得税

B. 达到离休、退休年龄，但确因工作需要，适当延长离休、退休年龄的高级专家，其在延长离休、退休期间的工资、薪金所得，应按照“工资、薪金所得”项目计算缴纳个人所得税

C. 职工从依照国家有关法律规定宣告破产的企业取得的一次性安置费收入，免予征收个人所得税

D. 省级人民政府、国务院部委和中国人民解放军军以上单位，以及外国组织、国际组织颁发的科学、教育、技术、文化、卫生、体育、环境保护等方面的奖金，免征个人所得税

E. 个人领取原提存的住房公积金、基本医疗保险金、基本养老保险金，免予征收个人所得税

【解析】选项 B：达到离休、退休年龄，但确因工作需要，适当延长离休、退休年龄的高级专家，在延长离休、退休期间取得的工资、薪金所得，视同离休费、退休费免征个人所得税。

【答案】ACDE

【例题 37 · 多选题】下列各项行为，应计算缴纳个人所得税的有（　　）。（2016 年）

A. 取得财产转租收入

B. 离婚析产分割房屋产权

C. 领取企业年金

D. 转让境外上市公司的股票

E. 外籍个人取得合理标准的境外出差补贴

【解析】选项 B：通过离婚析产的方式分割房屋产权是夫妻双方对共同共有财产的处置，个人因离婚办理房屋产权过户手续，不征收个人所得税；选项 E：外籍个人取得合理标准的境外出差补贴，免征个人所得税。

【答案】ACD

查看本单元视频，快速 GET 知识点

使用“会计云课堂”App 或“微信”扫码

第五单元　应纳税额的计算

20 居民个人综合所得的计税方法（★★★）

（一）综合所得（年度）应纳税额的计算

应纳税额 =（全年收入总额 - 60000 元 - 专项扣除 - 专项附加扣除 - 依法确定的其他扣除）×适用税率 - 速算扣除数

1. 综合所得全年收入总额的计算

综合所得项目	计入全年收入总额的金额
工资、薪金所得	全额计入全年收入总额
劳务报酬所得	实际取得收入×（1-20%）
特许权使用费所得	
稿酬所得	实际取得收入×（1-20%）×70%

2. 专项扣除

- 专项扣除
  - 社会保险费
    - 基本养老保险
    - 基本医疗保险
    - 失业保险等
  - 住房公积金

3. 专项附加扣除

个人所得税专项附加扣除，是指个人所得税法规定的3岁以下婴幼儿照护、子女教育、继续教育、大病医疗、住房贷款利息或者住房租金、赡养老人等支出。

- 专项附加扣除
  - 3岁以下婴幼儿照护
  - 子女教育
  - 继续教育
  - 大病医疗
  - 住房贷款利息或住房租金
  - 赡养老人

专项附加扣除项目	项目扣除要求
3岁以下婴幼儿照护 （新增）	（1）纳税人照护3岁以下婴幼儿子女的相关支出，按照每个婴幼儿每月1000元的标准定额扣除 （2）父母可以选择由其中一方按扣除标准的100%扣除，也可以选择由双方分别按扣除标准的50%扣除，具体扣除方式在一个纳税年度内不能变更 （3）3岁以下婴幼儿照护个人所得税专项附加扣除自2022年1月1日起实施 **【案例精析】**某纳税人的子女在2021年10月出生，自2022年1月1日起，该纳税人即符合专项附加扣除享受条件 （4）纳税人需要将子女的出生医学证明等资料留存备查
子女教育	（1）纳税人年满3周岁的子女接受学前教育和全日制学历教育的相关支出，按照每个子女每月1000元的标准定额扣除 【解释1】学前教育包括年满3周岁至小学入学前教育 【解释2】学历教育包括义务教育（小学、初中教育）、高中阶段教育（普通高中、中等职业、技工教育）、高等教育（大学专科、大学本科、硕士研究生、博士研究生教育） （2）父母可以选择由其中一方按扣除标准的100%扣除，也可以选择由双方分别按扣除标准的50%扣除，具体扣除方式在一个纳税年度内不能变更 （3）纳税人子女在中国境外接受教育的，纳税人应当留存境外学校录取通知书、留学签证等相关教育的证明资料备查

专项附加扣除项目	项目扣除要求
继续教育	（1）纳税人在中国境内接受学历（学位）继续教育的支出，在学历（学位）教育期间按照每月400元定额扣除 （2）同一学历（学位）继续教育的扣除期限不能超过48个月 （3）个人接受本科及以下学历（学位）继续教育，符合规定扣除条件的，可以选择由其父母（按子女教育）扣除，也可以选择由本人扣除 （4）纳税人接受技能人员职业资格继续教育、专业技术人员职业资格继续教育的支出，在取得相关证书的当年，按照3600元定额扣除 【考点提示】2021年11月，人力资源社会保障部会同国务院有关部门修订了《国家职业资格目录（2021年版）》，修订后的目录共计72项职业资格。其中，专业技术人员职业资格59项（准入类33项，水平评价类26项），技能人员职业资格13项。纳税人享受职业资格继续教育支出以此目录为准 （5）纳税人接受技能人员职业资格继续教育、专业技术人员职业资格继续教育的，应当留存相关证书等资料备查
大病医疗	（1）在一个纳税年度内，纳税人发生的与基本医保相关的医药费用支出，扣除医保报销后个人负担（指医保目录范围内的自付部分）累计超过15000元的部分，由纳税人在办理年度汇算清缴时，在80000元限额内据实扣除 （2）纳税人发生的医药费用支出可以选择由本人或者其配偶扣除；未成年子女发生的医药费用支出可以选择由其父母一方扣除 （3）纳税人及其配偶、未成年子女发生的医药费用支出，按前述规定分别计算扣除额 （4）纳税人应当留存医药服务收费及医保报销相关票据原件（或者复印件）等资料备查。医疗保障部门应当向患者提供在医疗保障信息系统记录的本人年度医药费用信息查询服务
住房贷款利息	（1）纳税人本人或者配偶单独或者共同使用商业银行或者住房公积金个人住房贷款为本人或者其配偶购买中国境内住房，发生的首套住房贷款利息支出，在实际发生贷款利息的年度，按照每月1000元的标准定额扣除，扣除期限最长不超过240个月 （2）纳税人只能享受一次首套住房贷款的利息扣除 【解释】首套住房贷款是指购买住房享受首套住房贷款利率的住房贷款 （3）经夫妻双方约定，可以选择由其中一方扣除，具体扣除方式在一个纳税年度内不能变更 （4）夫妻双方婚前分别购买住房发生的首套住房贷款，其贷款利息支出，婚后可以选择其中一套购买的住房，由购买方按扣除标准的100%扣除，也可以由夫妻双方对各自购买的住房分别按扣除标准的50%扣除，具体扣除方式在一个纳税年度内不能变更 （5）纳税人应当留存住房贷款合同、贷款还款支出凭证备查

专项附加扣除项目	项目扣除要求
住房租金	（1）纳税人在主要工作城市没有自有住房而发生的住房租金支出，可以按照以下标准定额扣除： ①直辖市、省会（首府）城市、计划单列市以及国务院确定的其他城市，扣除标准为每月 1500 元 ②除上述所列城市以外，市辖区户籍人口超过 100 万的城市，扣除标准为每月 1100 元；市辖区户籍人口不超过 100 万的城市，扣除标准为每月 800 元 【考点提示】目前全国仅有 5 个计划单列市，分别为大连、青岛、宁波、厦门和深圳 （2）纳税人的配偶在纳税人的主要工作城市有自有住房的，视同纳税人在主要工作城市有自有住房 【解释】主要工作城市是指纳税人任职受雇的直辖市、计划单列市、副省级城市、地级市（地区、州、盟）全部行政区域范围；纳税人无任职受雇单位的，为受理其综合所得汇算清缴的税务机关所在城市 （3）夫妻双方主要工作城市相同的，只能由一方扣除住房租金支出 （4）住房租金支出由签订租赁住房合同的承租人扣除 （5）纳税人及其配偶在一个纳税年度内不能同时分别享受住房贷款利息和住房租金专项附加扣除 （6）纳税人应当留存住房租赁合同、协议等有关资料备查
赡养老人	（1）纳税人赡养一位及以上被赡养人的赡养支出，统一按照以下标准定额扣除： ①纳税人为独生子女的，按照每月 2000 元的标准定额扣除 ②纳税人为非独生子女的，由其与兄弟姐妹分摊每月 2000 元的扣除额度，每人分摊的额度不能超过每月 1000 元。可以由赡养人均摊或者约定分摊，也可以由被赡养人指定分摊。约定或者指定分摊的须签订书面分摊协议，指定分摊优先于约定分摊。具体分摊方式和额度在一个纳税年度内不能变更 （2）被赡养人是指年满 60 周岁的父母，以及子女均已去世的年满 60 周岁的祖父母、外祖父母

经典题解

【例题 38 · 多选题】 下列关于各专项附加扣除项目的扣除金额的表述中，正确的有（　　）。

A. 纳税人的子女接受全日制学历教育的相关支出，按照每个子女每月 1000 元的标准定额扣除

B. 纳税人在中国境内接受学历（学位）继续教育的支出，在学历（学位）教育期间按照每月 400 元定额扣除

C. 在一个纳税年度内，纳税人发生的与基本医保相关的医药费用支出，全额按照 80000 元的标准定额扣除

D. 纳税人为独生子女的赡养老人支出，按照每月 2000 元的标准定额扣除

E. 纳税人在主要工作城市（属于直辖市）没有自有住房而发生的住房租金支出，按照每月 1500 元的标准定额扣除

【解析】 选项 C：在一个纳税年度内，纳税人发生的与基本医保相关的医药费用支出，扣除医保报销后个人负担（指医保目录范围内的自付部分）累计超过 15000 元的部分，由纳税人在办理年度汇算清缴时，在 80000 元限额内据实扣除。

【答案】 ABDE

【例题 39 · 多选题】 下列关于专项附加扣除的说法，符合个人所得税相关规定的有（　　）。（2019 年）

A. 住房贷款利息扣除的期限最长不得超过 240 个月

B. 直辖市的住房租金支出的扣除标准是每月 1500 元

C. 同一学历的继续教育扣除期限不得超过 36 个月

D. 赡养老人专项附加扣除的起始时间为被赡养人年满 60 周岁的当月

E. 职业资格继续教育在取得相关证书的当年，按照 3600 元标准定额扣除

【解析】 选项 C：同一学历（学位）继续教育的扣除期限不能超过 48 个月。

【答案】 ABDE

【例题 40 · 单选题】 2020 年居民张某发生大病医药费 21.5 万元，其中医保报销 12 万元，其余均为医保目录范围内的个人自付。张某大病医疗的税前扣除金额是（　　）万元。（2021 年）

A. 9.5　　　　B. 8.0

C. 6.5　　　　D. 1.5

【解析】 在一个纳税年度内，纳税人发生的与基本医保相关的医药费用支出，扣除医保报销后个人负担（指医保目录范围内的自付部分）累计超过 15000 元的部分（21.5－12－1.5＝8 万元），由纳税人在办理年度汇算清缴时，在 80000 元限额内据实扣除。故张某大病医疗的税前扣除金额为 8 万元。

【答案】 B

【例题 41 · 单选题】 张先生及其妻子在 2021 年均发生了与基本医保相关的医药费用支出。张先生的医药费用支出扣除医保报销后个人负担（医保目录范围内的自付部分，下同）12000 元，其妻子的医药费用支出扣除医保报销后个人负担 90000 元。张先生夫妇选择在张先生一方扣除大病医疗支出。则张先生在汇算清缴其个人所得税时，一共可以扣除的大病医疗支出为（　　）元。

A. 75000　　　　B. 80000

C. 87000　　　　D. 92000

【解析】 纳税人发生的与基本医保相关的医药费用支出扣除医保报销后个人负担（指医保目录范围内的自付部分）累计超过 15000 元的部分，由纳税人在办理年度汇算清缴时，在 80000 元限额内据实扣除。张先生个人负担支出 12000 元，未超过 15000 元，不能扣除；其

妻子个人负担支出超出15000元的部分=90000-15000=75000（元）<80000元限额，所以张先生可以扣除的大病医疗支出为75000元。

【答案】A

4. 依法确定的其他扣除

- 依法确定的其他扣除
  - 个人缴付符合国家规定的企业年金、职业年金
  - 个人购买符合国家规定的商业健康保险
  - 个人购买符合国家规定的税收递延型商业养老保险

经典题解

【例题42·单选题】计算个人所得税综合所得应纳税所得额时，下列支出不得扣除的是（　　）。（2019年）

A. 个人购买的互助型医疗保险支出

B. 个人购买符合国家规定的税收递延型商业养老保险支出

C. 个人缴付符合国家规定的企业年金支出

D. 个人购买符合国家规定的商业健康保险支出

【解析】选项BCD：属于依法确定的其他扣除，可以在计算个人所得税综合所得应纳税所得额时扣除。

【答案】A

（1）企业年金、职业年金个人所得税的规定

项目	要求
年金缴费	①企业和事业单位（统称“单位”）根据国家有关政策规定的办法和标准，为在本单位任职或者受雇的全体职工缴付的年金单位缴费部分，在计入个人账户时，个人暂不缴纳个人所得税 ②个人根据国家有关政策规定缴付的年金个人缴费部分，在不超过本人缴费工资计税基数的4%标准内的部分，暂从个人当期的应纳税所得额中扣除 ③超过上述规定的标准缴付的年金单位缴费和个人缴费部分，应并入个人当期的工资、薪金所得，依法计征个人所得税。税款由建立年金的单位代扣代缴，并向主管税务机关申报解缴 ④企业年金个人缴费工资计税基数为本人上一年度月平均工资。月平均工资按国家统计局规定列入工资总额统计的项目计算。月平均工资超过职工工作地所在设区城市上一年度职工月平均工资300%以上的部分，不计入个人缴费工资计税基数 ⑤职业年金个人缴费工资计税基数为职工岗位工资和薪级工资之和。职工岗位工资和薪级工资之和超过职工工作地所在设区城市上一年度职工月平均工资300%以上的部分，不计入个人缴费工资计税基数
年金收益	年金基金投资运营收益分配计入个人账户时，个人暂不缴纳个人所得税

项目	要求
年金领取	①个人达到国家规定的退休年龄，领取的企业年金、职业年金，符合相关规定的，不并入综合所得，全额单独计算应纳税款。其中按月领取的，适用月度税率表（税率表三）计算纳税；按季领取的，平均分摊计入各月，按每月领取额适用月度税率表计算纳税；按年领取的，适用综合所得税率表计算纳税 ②个人因出境定居而一次性领取的年金个人账户资金，或个人死亡后，其指定的受益人或法定继承人一次性领取的年金个人账户余额，适用综合所得税率表计算纳税。对个人除上述特殊原因外一次性领取年金个人账户资金或余额的，适用月度税率表计算纳税

经典题解

【例题 43・单选题】个人领取年金的下列方式，适用税率错误的是（　　）。（2019 年）

A. 年金按月领取的，适用月度税率表

B. 年金按季领取的，适用月度税率表

C. 年金按年领取的，适用综合所得税率表

D. 因出国定居一次性领取年金的，适用月度税率表

【解析】选项 D：个人因出境定居而一次性领取的年金个人账户资金，或个人死亡后，其指定的受益人或法定继承人一次性领取的年金个人账户余额，适用综合所得税率表计算纳税。对个人除上述特殊原因外一次性领取年金个人账户资金或余额的，适用月度税率表计算纳税。

【答案】D

【例题 44・单选题】个人领取原缴存的下列社会保险和企业年金时，应缴纳个人所得税的是（　　）。（2018 年）

A. 企业年金　　B. 失业保险金

C. 基本养老保险金　　D. 基本医疗保险金

【解析】选项 A：个人达到国家规定的退休年龄，按规定领取的年金，按照“工资、薪金所得”项目计征个人所得税。选项 BCD：个人领取原提存的住房公积金、基本医疗保险金、基本养老保险金，以及具备规定条件的失业人员领取的失业保险金，免予征收个人所得税。

【答案】A

【例题 45・单选题】下列关于年金的个人所得税处理中，正确的是（　　）。（2017 年）

A. 年金的企业缴费计入个人账户的部分，应视为个人一个月的工资缴纳个人所得税

B. 个人按本人缴费工资计税基数的 5%缴纳的年金，在计算个人所得税时可全额扣除

C. 按年缴纳年金的企业缴费部分，应按照全年一次性奖金的计税方法缴纳个人所得税

D. 企业根据国家有关政策规定的办法和标准，为本企业全体职工缴付的企业年金单位缴费部分，在计入个人账户时，暂不缴纳个人所得税

【解析】选项 ACD：企业和事业单位（统称“单位”）根据国家有关政策规定的办法和标准，为在本单位任职或者受雇的全体职工缴付的年金单位缴费部分，在计入个人账户时，个人暂不缴纳个人所得税。选项 B：个人根据国家有关政策规定缴付的年金个人缴费部分，

在不超过本人缴费工资计税基数的4%标准内的部分，暂从个人当期的应纳税所得额中扣除。

【答案】D

（2）关于商业健康保险的个人所得税规定

项目	要求
扣除政策	①对个人购买符合规定的商业健康保险产品的支出，允许在计算应纳税所得额时予以税前扣除，扣除限额为2400元/年（200元/月） ②单位统一为员工购买符合规定的商业健康保险产品的支出，应分别计入员工个人工资薪金，视同个人购买，按上述限额予以扣除
适用对象	①取得工资薪金所得、连续性劳务报酬所得的个人 【解释】取得连续性劳务报酬所得，是指个人连续3个月以上（含3个月）为同一单位提供劳务而取得的所得 ②取得经营所得的个体工商户业主、个人独资企业投资者、合伙企业个人合伙人和承包承租经营者
征管要求	①单位统一组织为员工购买或者单位和个人共同负担购买符合规定的商业健康保险产品，单位负担部分应当实名计入个人工资薪金明细清单，视同个人购买，并自购买产品次月起，在不超过200元/月的标准内按月扣除。一年内保费金额超过2400元的部分，不得税前扣除。以后年度续保时，按上述规定执行。个人自行退保时，应及时告知扣缴单位。个人相关退保信息保险公司应及时传递给税务机关 ②取得工资薪金所得或连续性劳务报酬所得的个人，自行购买符合规定的商业健康保险产品的，应当及时向代扣代缴单位提供保单凭证。扣缴单位自个人提交保单凭证的次月起，在不超过200元/月的标准内按月扣除。一年内保费金额超过2400元的部分，不得税前扣除。以后年度续保时，按上述规定执行。个人自行退保时，应及时告知扣缴义务人 ③个体工商户业主、企事业单位承包承租经营者、个人独资和合伙企业投资者自行购买符合条件的商业健康保险产品的，在不超过2400元/年的标准内据实扣除。一年内保费金额超过2400元的部分，不得税前扣除。以后年度续保时，按上述规定执行

（二）综合所得预扣预缴税款的基本规定

1. 居民个人工资、薪金所得预扣预缴税款的计算方法

扣缴义务人向居民个人支付工资、薪金所得时，需要按照“累计预扣法”计算预扣预缴税款。

（1）计算累计预扣预缴应纳税所得额

对居民个人，按照其在本单位截至当前月份工资、薪金所得累计收入减除累计免税收入、累计减除费用、累计专项扣除、累计专项附加扣除和累计依法确定的其他扣除后的余额为累计预扣预缴应纳税所得额。具体公式为：

累计预扣预缴应纳税所得额＝累计收入－累计免税收入－累计减除费用－累计专项扣除－累计专项附加扣除－累计依法确定的其他扣除

①累计减除费用，按照5000元/月乘以纳税人当年截至本月在本单位的任职受雇月份数计算。

【案例精析】某居民个人如果2021年5月份入职（之前月份在其他公司任职），则扣缴义务人发放其5月份工资扣缴税款时，减除费用按5000元计算；6月份发工资扣缴税款时，减除费用按10000元计算，以此类推。

②上述公式中累计可扣除的专项附加扣除金额，为该员工在本单位截至当前月份符合政策条件的扣除金额。

【案例精析1】某员工2021年3月份向单位首次报送其正在上幼儿园的4岁女儿相关信息。则3月份该员工可在本单位发工资时扣除子女教育支出3000元（1000元/月×3个月）。如果另一员工2021年3月份向单位首次报送其正在上幼儿园的女儿相关信息，且其女儿3月份刚满3周岁，则可以扣除子女教育支出仅为1000元（1000元/月×1个月）。

【案例精析2】某员工2021年3月新入职某单位开始领工资，其5月份才首次向单位报送正在上幼儿园的4岁女儿相关信息。则5月份该员工可在该单位发工资时扣除的子女教育支出金额为3000元（1000元/月×3个月）。

③居民个人向扣缴义务人提供有关信息并依法要求办理专项附加扣除的，扣缴义务人应当按照规定在工资、薪金所得按月预扣预缴税款时予以扣除，不得拒绝。

（2）计算本期应预扣预缴税额

根据累计预扣预缴应纳税所得额，对照《个人所得税预扣率表一》，查找适用预扣率和速算扣除数，据此计算累计应预扣预缴税额，再减除累计减免税额和累计已预扣预缴税额，其余额为本期应预扣预缴税额。具体公式：

本期应预扣预缴税额＝累计预扣预缴应纳税所得额×预扣率－速算扣除数－累计减免税额－累计已预扣预缴税额

如果计算本期应预扣预缴税额为负值时，暂不退税。纳税年度终了后余额仍为负值时，由纳税人通过办理综合所得年度汇算清缴，税款多退少补。

【案例精析1】某职员2015年入职，2021年每月应发工资均为10000元，每月减除费用5000元、"三险一金"等专项扣除1500元，从1月起享受子女教育专项附加扣除1000元/月，假设没有免税收入及减免税额等情况。以前三个月为例，应当按照以下方法计算各月应预扣预缴税额：

1月份：（10000－5000－1500－1000）×3%＝75（元）；

2月份：（10000×2－5000×2－1500×2－1000×2）×3%－75＝75（元）；

3月份：（10000×3－5000×3－1500×3－1000×3）×3%－（75＋75）＝75（元）；

进一步计算可知，该纳税人全年累计预扣预缴应纳税所得额为30000元，一直适用3%的预扣率，因此各月应预扣预缴的税款相同。

【案例精析2】某职员2015年入职，2021年每月应发工资均为30000元，每月减除费用5000元、"三险一金"等专项扣除4500元，享受子女教育、赡养老人两项专项附加扣除共计2000元/月，假设没有免税收入及减免税额等情况。以前三个月为例，应当按照以下方法计算各月应预扣预缴税额：

1月份：（30000－5000－4500－2000）×3%＝555（元）；

2月份：（30000×2－5000×2－4500×2－2000×2）×10%－2520－555＝625（元）；

3 月份：（30000×3－5000×3－4500×3－2000×3）×10%－2520－（555+625）= 1850（元）；

上述计算结果表明，由于 2 月份累计预扣预缴应纳税所得额为 37000 元，适用 10% 的预扣率，因此 2 月份和 3 月份应预扣预缴税款有所增加。

经典题解

【例题 46 · 单选题】 根据个人所得税法的相关规定，下列关于扣缴义务人向居民个人支付工资、薪金所得时预扣预缴个人所得税的表述中，错误的是（　　）。

A. 按季度扣缴其个人所得税

B. 采用累计预扣法进行预扣预缴

C. 本期应预扣预缴税额为负数时，暂不退税

D. 预扣预缴甲某 2019 年的个人所得税时，累计减除费用按照 5000 元/月乘以纳税人当年截至本月在本单位的任职受雇月份数计算

【解析】 选项 A：扣缴义务人向居民个人支付工资、薪金所得时，应当按照累计预扣法计算预扣税款，并按月办理扣缴申报。

【答案】 A

2. 居民个人劳务报酬所得、稿酬所得、特许权使用费所得预扣预缴税款的计算方法

扣缴义务人向居民个人支付劳务报酬所得、稿酬所得、特许权使用费所得时（以下简称“三项综合所得”），按以下方法按月或者按次预扣预缴个人所得税：

（1）计算预扣预缴应纳税所得额

“三项综合所得”（按月或按次预扣预缴）	预扣预缴应纳税所得额的计算	
	每次收入≤4000 元	每次收入>4000 元
劳务报酬所得	每次收入－800 元	每次收入×（1－20%）
特许权使用费所得	每次收入－800 元	每次收入×（1－20%）
稿酬所得	（每次收入－800 元）×70%	每次收入×（1－20%）×70%

（2）计算预扣预缴应纳税额

根据预扣预缴应纳税所得额乘以适用预扣率计算应预扣预缴税额。其中，劳务报酬所得适用《个人所得税预扣率表二》，稿酬所得、特许权使用费所得适用 20% 的比例预扣率。

【案例精析 1】 假如某居民个人取得劳务报酬所得 2000 元，则这笔所得应预扣预缴税额计算过程为：预扣预缴应纳税所得额 = 2000－800 = 1200（元）；应预扣预缴税额 = 1200×20% = 240（元）。

【案例精析 2】 假如某居民个人取得稿酬所得 40000 元，则这笔所得应预扣预缴税额计算过程为：预扣预缴应纳税所得额 = 40000×（1－20%）×70% = 22400（元）；应预扣预缴税额 = 22400×20% = 4480（元）。

易错易混

“三项综合所得”预扣预缴税款的计算和年度汇算清缴税款的计算是有区别的：

区别	预扣预缴	年度汇算清缴
收入额的计算方法不同	预扣预缴时，收入额为每次收入减除费用后的余额，其中“每次收入不超过4000元的，费用按800元计算，每次收入4000元以上的，费用按20%计算”，稿酬所得收入额再减按70%计算	年度汇算清缴时，收入额为收入减除20%的费用后的余额，稿酬所得收入额再减按70%计算
可扣除的项目不同	“三项综合所得”日常预扣预缴税款时暂不减除专项附加扣除	“三项综合所得”和工资、薪金所得属于综合所得，年度汇算清缴时以四项所得的合计收入额减除费用60000元以及专项扣除、专项附加扣除和依法确定的其他扣除后的余额，为应纳税所得额
适用税率/预扣率不同	预扣预缴时，劳务报酬所得适用《个人所得税预扣率表二》，稿酬所得、特许权使用费所得适用20%的比例预扣率	年度汇算清缴时，四项所得合并适用3%～45%的超额累进税率

经典题解

【例题47·单选题】居民纳税人方某一次性取得稿酬收入20000元，按现行个人所得税的相关规定，其预扣预缴个人所得税的应纳税所得额是（　　）元。（2019年）

A. 10000　　B. 11200　　C. 16000　　D. 20000

【解析】（1）居民个人取得稿酬所得，以收入减除费用后的余额为收入额，稿酬所得的收入额减按70%计算，以每次收入额为预扣预缴应纳税所得额。（2）每次收入4000元以上的，减除费用按照20%计算。（3）预扣预缴的应纳税所得额＝20000×（1−20%）×70%＝11200（元）。

【答案】B

【例题48·单选题】中国公民郑某为某上市公司独立董事。2021年2月取得董事费5万元，郑某的董事费应被预扣预缴个人所得税（　　）元。

A. 10000　　B. 12400　　C. 16900　　D. 18520

【解析】郑某的董事费应被预扣预缴个人所得税＝50000×（1−20%）×30%−2000＝10000（元）。

【答案】A

（三）个人所得税预扣预缴的其他规定

1. 自2020年7月1日起，对一个纳税年度内首次取得工资、薪金所得的居民个人，扣缴义务人在预扣预缴个人所得税时，可按照5000元/月乘以纳税人当年截至本月月份数计算累计减除费用。

【解释】 首次取得工资、薪金所得的居民个人，是指自纳税年度首月起至新入职时，未取得工资、薪金所得或者未按照累计预扣法预扣预缴过连续性劳务报酬所得个人所得税的居民个人。

【案例精析 1】 某应届毕业生李某 2021 年 7 月毕业后进入某公司工作，公司发放 7 月份工资、计算当期应预扣预缴的个人所得税时，可减除费用 35000 元（7 个月×5000 元/月）。

【案例精析 2】 纳税人赵某 2021 年 1 月到 8 月份一直未找到工作，没有取得过工资、薪金所得，仅有过一笔 8000 元的劳务报酬且按照单次收入适用 20%的预扣率预扣预缴了税款。9 月初找到新工作并开始领薪，那么新入职单位在为赵某计算并预扣 9 月份工资、薪金所得个人所得税时，可以扣除自年初开始计算的累计减除费用 45000 元（9 个月×5000 元/月）。

2. 自 2020 年 7 月 1 日起，正在接受全日制学历教育的学生因实习取得劳务报酬所得的，扣缴义务人预扣预缴个人所得税时，可按照规定的累计预扣法计算并预扣预缴税款。根据个人所得税法及其实施条例有关规定，累计预扣法预扣预缴个人所得税的具体计算公式为：

本期应预扣预缴税额＝（累计收入额－累计减除费用）×预扣率－速算扣除数－累计减免税额－累计已预扣预缴税额

其中，累计减除费用按照 5000 元/月乘以纳税人在本单位开始实习月份起至本月的实习月份数计算。上述公式中的预扣率、速算扣除数，按照《个人所得税预扣率表一》执行。

【案例精析】 某大学在校本科生张某 7 月份在某公司实习取得劳务报酬 3000 元。扣缴单位在为其预扣预缴劳务报酬所得个人所得税时，可采取累计预扣法预扣预缴税款。那么张某 7 月份劳务报酬扣除 5000 元减除费用后则无须预缴税款，比预扣预缴方法完善调整前少预缴 440 元。如张某年内再无其他综合所得，也就无须办理年度汇算退税。

3. 简便优化部分纳税人个人所得税预扣预缴方法

（1）自 2021 年 1 月 1 日起，对上一完整纳税年度内每月均在同一单位预扣预缴工资、薪金所得个人所得税且全年工资、薪金收入不超过 6 万元的居民个人，扣缴义务人在预扣预缴本年度工资、薪金所得个人所得税时，累计减除费用自 1 月份起直接按照全年 6 万元计算扣除。即，在纳税人累计收入不超过 6 万元的月份，暂不预扣预缴个人所得税；在其累计收入超过 6 万元的当月及年内后续月份，再预扣预缴个人所得税。

考点提示

具体来说需同时满足三个条件：①上一纳税年度 1～12 月均在同一单位任职且预扣预缴申报了工资薪金所得个人所得税；②上一纳税年度 1～12 月的累计工资薪金收入（包括全年一次性奖金等各类工资薪金所得，且不扣减任何费用及免税收入）不超过 6 万元；③本纳税年度自 1 月起，仍在该单位任职受雇并取得工资薪金所得。

（2）扣缴义务人应当按规定办理全员全额扣缴申报，并在《个人所得税扣缴申报表》相应纳税人的备注栏注明“上年各月均有申报且全年收入不超过 6 万元”字样。

（3）对按照累计预扣法预扣预缴劳务报酬所得个人所得税的居民个人，扣缴义务人比照上述规定执行。

【案例精析 1】 张某为 A 单位员工，2020 年 1～12 月在 A 单位取得工资薪金 50000 元，单位为其办理了2020年1~12月的工资薪金所得个人所得税全员全额明细申报。2021年，A单位1月给其发放10000元工资，2~12月每月发放4000元工资。在不考虑“三险一金”等各项扣除情况下，按照原预扣预缴方法，张某1月需预缴个税=（10000-5000）×3%=150（元），其他月份无须预缴个税；全年算账，因其年收入不足6万元，故通过汇算清缴可退税150元。采用上述规定的新预扣预缴方法后，张某自1月份起即可直接扣除全年累计减除费用6万元而无须预缴税款，年度终了也就不用办理汇算清缴。

【案例精析2】周某为A单位员工，2020年1~12月在A单位取得工资薪金50000元，单位为其办理了2020年1~12月的工资薪金所得个人所得税全员全额明细申报。2021年，A单位每月给其发放工资8000元，个人按国家标准缴付“三险一金”2000元。在不考虑其他扣除情况下，按照原预扣预缴方法，周某每月需预缴个税30元。采用上述规定的新预扣预缴方法后，1~7月份，周某因其累计收入（8000元/月×7个月=56000元）不足6万元而无须预缴；从8月份起，周某累计收入超过6万元，每月需要预扣预缴的税款计算如下：

8月预扣预缴税款=（8000×8-2000×8-60000）×3%-0=0（元）；

9月预扣预缴税款=（8000×9-2000×9-60000）×3%-0=0（元）；

10月预扣预缴税款=（8000×10-2000×10-60000）×3%-0=0（元）；

11月预扣预缴税款=（8000×11-2000×11-60000）×3%-0=180（元）；

12月预扣预缴税款=（8000×12-2000×12-60000）×3%-180=180（元）。

经典题解

【例题49·单选题】中国居民邹某为某单位雇员，2020年1~12月从单位取得工资55000元，2021年1~3月每月的工资收入为8000元，2021年3月份计算邹某工资、薪金所得预扣预缴税款时，累计减除费用是（　　）元。（2021年）

A. 10000　　B. 15000　　C. 5000　　D. 60000

【解析】对上一完整纳税年度内每月均在同一单位预扣预缴工资、薪金所得个人所得税且全年工资、薪金收入不超过6万元的居民个人，扣缴义务人在预扣预缴本年度工资、薪金所得个人所得税时，累计减除费用自1月份起直接按照全年6万元计算扣除。

【答案】D

21 非居民个人四项所得的计税方法（★★★）

所得类型	应纳税所得额	适用税率
工资、薪金所得	每月收入额-5000元	个人所得税税率表三
劳务报酬所得	每次收入×（1-20%）	
特许权使用费所得		
稿酬所得	每次收入×（1-20%）×70%	

【案例精析1】假如某非居民个人取得劳务报酬所得20000元，则这笔所得应扣缴税额为：20000×（1-20%）×20%-1410=1790（元）。

【案例精析 2】 假如某非居民个人取得稿酬所得 10000 元，则这笔所得应扣缴税额为：10000×（1-20%）×70%×10%-210=350（元）。

经典题解

【例题 50·单选题】 美国公民约翰在中国无住所也不居住。2022 年 5 月将其一项特许权提供给中国甲企业在境内使用，甲企业向约翰支付不含税特许权使用费 200000 元，则甲企业应该代扣代缴个人所得税（　　）元。

A. 15080　　B. 29840　　C. 32000　　D. 56840

【解析】 扣缴义务人向非居民个人支付特许权使用费所得时，应当按以下方法按次代扣代缴个人所得税：非居民个人的特许权使用费所得，以每次收入额（以收入减除 20% 的费用后的余额为收入额）为应纳税所得额，适用月度税率表计算应纳税额。应纳税额=应纳税所得额×税率-速算扣除数=200000×（1-20%）×45%-15160=56840（元）。

【答案】 D

22 非居民个人和无住所居民个人有关个人所得税政策（★★）

（一）所得来源地的确定

1. 关于工资薪金所得来源地的规定

个人取得归属于中国境内工作期间的工资薪金所得为来源于境内的工资薪金所得。境内工作期间按照个人在境内工作天数计算，包括其在境内的实际工作日以及境内工作期间在境内、境外享受的公休假、个人休假、接受培训的天数。在境内、境外单位同时担任职务或者仅在境外单位任职的个人，在境内停留的当天不足 24 小时的，按照半天计算境内工作天数。

无住所个人在境内、境外单位同时担任职务或者仅在境外单位任职，且当期同时在境内、境外工作的，按照工资薪金所属境内、境外工作天数占当期公历天数的比例计算确定来源于境内、境外工资薪金所得的收入额。境外工作天数按照当期公历天数减去当期境内工作天数计算。

2. 关于数月奖金以及股权激励所得来源地的规定

无住所个人取得的数月奖金或者股权激励所得按照上述“1. 关于工资薪金所得来源地的规定”确定所得来源地的，无住所个人在境内履职或者执行职务时收到的数月奖金或者股权激励所得，归属于境外工作期间的部分，为来源于境外的工资薪金所得；无住所个人停止在境内履约或者执行职务离境后收到的数月奖金或者股权激励所得，对属于境内工作期间的部分，为来源于境内的工资薪金所得。具体计算方法为：数月奖金或者股权激励乘以数月奖金或者股权激励所属工作期间境内工作天数与所属工作期间公历天数之比。

无住所个人一个月内取得的境内外数月奖金或者股权激励包含归属于不同期间的多笔所得的，应当先分别按照规定计算不同归属期间来源于境内的所得，然后再加总计算当月来源于境内的数月奖金或者股权激励收入额。

3. 关于董事、监事及高层管理人员取得报酬所得来源地的规定

对于担任境内居民企业的董事、监事及高层管理职务的个人，无论是否在境内履行职

务，取得由境内居民企业支付或者负担的董事费、监事费、工资薪金或者其他类似报酬，属于来源于境内的所得。

4. 关于稿酬所得来源地的规定

由境内企业、事业单位、其他组织支付或者负担的稿酬所得，为来源于境内的所得。

（二）无住所个人工资薪金所得收入额计算

<table>
<tr><th colspan="2" rowspan="2">境内无住所个人划分（非高管）</th><th colspan="2">境内所得</th><th colspan="2">境外所得</th></tr>
<tr><th>境内支付</th><th>境外支付</th><th>境内支付</th><th>境外支付</th></tr>
<tr><td rowspan="2">非居民个人</td><td>境内累计居住不超过 90 天</td><td>征税</td><td>免税</td><td colspan="2" rowspan="2">不征税</td></tr>
<tr><td>境内累计居住超过 90 天不满 183 天</td><td colspan="2">征税</td></tr>
<tr><td rowspan="2">居民个人</td><td>境内累计居住超过 183 天的年度连续不满 6 年</td><td colspan="3">征税</td><td>免税</td></tr>
<tr><td>境内累计居住超过 183 天的年度连续满 6 年</td><td colspan="4">征税</td></tr>
</table>

1. 非居民个人境内居住时间累计不超过 90 天的情形

在一个纳税年度内，在境内累计居住不超过 90 天的非居民个人，仅就归属于境内工作期间并由境内雇主支付或者负担的工资薪金所得计算缴纳个人所得税。当月工资薪金收入额的计算公式如下（公式一）：

$$\text{当月工资薪金收入额}=\text{当月境内外工资薪金总额}\times\frac{\text{当月境内支付工资薪金数额}}{\text{当月境内外工资薪金总额}}\times\frac{\text{当月工资薪金所属工作期间境内工作天数}}{\text{当月工资薪金所属工作期间公历天数}}$$

2. 非居民个人境内居住时间累计超过 90 天不满 183 天的情形

在一个纳税年度内，在境内累计居住超过 90 天但不满 183 天的非居民个人，取得归属于境内工作期间的工资薪金所得，均应当计算缴纳个人所得税；其取得归属于境外工作期间的工资薪金所得，不征收个人所得税。当月工资薪金收入额的计算公式如下（公式二）：

$$\text{当月工资薪金收入额}=\text{当月境内外工资薪金总额}\times\frac{\text{当月工资薪金所属工作期间境内工作天数}}{\text{当月工资薪金所属工作期间公历天数}}$$

3. 无住所居民个人在境内居住累计满 183 天的年度连续不满六年的情形

在境内居住累计满 183 天的年度连续不满六年的无住所居民个人，符合实施条例第四条优惠条件的，其取得的全部工资薪金所得，除归属于境外工作期间且由境外单位或者个人支付的工资薪金所得部分外，均应计算缴纳个人所得税。工资薪金所得收入额的计算公式如下（公式三）：

$$\text{当月工资薪金收入额}=\text{当月境内外工资薪金总额}\times\left(1-\frac{\text{当月境外支付工资薪金数额}}{\text{当月境内外工资薪金总额}}\times\frac{\text{当月工资薪金所属工作期间境外工作天数}}{\text{当月工资薪金所属工作期间公历天数}}\right)$$

4. 无住所居民个人在境内居住累计满 183 天的年度连续满六年的情形

在境内居住累计满 183 天的年度连续满六年后，不符合实施条例第四条优惠条件的无住所居民个人，其从境内、境外取得的全部工资薪金所得均应并入收入额计算缴纳个人所得税。

5. 无住所个人为高管人员的情形

情形	要求
高管人员在境内居住时间累计不超过 90 天	①在一个纳税年度内，在境内累计居住不超过 90 天的高管人员，其取得由境内雇主支付或者负担的工资薪金所得应当计算缴纳个人所得税；不是由境内雇主支付或者负担的工资薪金所得，不缴纳个人所得税 ②当月工资薪金收入额为当月境内支付或者负担的工资薪金收入额： $当月工资薪金收入额=当月境内外工资薪金总额\times\frac{当月境内支付工资薪金数额}{当月境内外工资薪金总额}$
高管人员在境内居住时间累计超过 90 天不满 183 天	①在一个纳税年度内，在境内居住累计超过 90 天但不满 183 天的高管人员，其取得的工资薪金所得，除归属于境外工作期间且不是由境内雇主支付或者负担的部分外，应当计算缴纳个人所得税 ②当月工资薪金收入额计算适用（公式三）

经典题解

【例题 51 · 单选题】外籍人士约翰在中国境内无住所。由于工作需要约翰 2022 年 5 月 1 日来华，6 月 28 日离开。境内企业每月支付约翰工资 10000 元，境外企业每月支付约翰工资 12000 元。则约翰 2022 年 6 月份应在中国缴纳个人所得税（　　）元。

A. 206.67　　　　B. 0

C. 275　　　　D. 223.33

【解析】在一个纳税年度内，在境内累计居住不超过 90 天的非居民个人，仅就归属于境内工作期间并由境内雇主支付或者负担的工资薪金所得计算缴纳个人所得税。当月工资薪金收入额=当月境内外工资薪金总额×（当月境内支付工资薪金数额÷当月境内外工资薪金总额）×（当月工资薪金所属工作期间境内工作天数÷当月工资薪金所属工作期间公历天数）=（10000+12000）×10000÷（10000+12000）×27.5÷30=9166.67（元），约翰 2022 年 6 月份应在中国缴纳个人所得税=（9166.67−5000）×10%−210=206.67（元）。

【答案】A

【例题 52 · 单选题】外籍人士杰克在中国境内无住所。由于工作需要杰克 2022 年 1 月 1 日来华，5 月 15 日离开。境内企业每月支付杰克工资 10000 元，境外企业每月支付杰克工资 12000 元。则杰克 2022 年 5 月份应在中国缴纳个人所得税（　　）元。

A. 158.71　　B. 0　　C. 354.52　　D. 319.03

【解析】在一个纳税年度内，在境内累计居住超过 90 天但不满 183 天的非居民个人，取得归属于境内工作期间的工资薪金所得，均应当计算缴纳个人所得税；其取得归属于境外工作期间的工资薪金所得，不征收个人所得税。当月工资薪金收入额=当月境内外工资薪金总额×（当月工资薪金所属工作期间境内工作天数÷当月工资薪金所属工作期间公历天数）=

（10000+12000）×14.5÷31=10290.32（元）。杰克2022年5月份应在中国缴纳个人所得税=（10290.32-5000）×10%-210=319.03（元）。

【答案】D

（三）无住所个人税款计算

1. 无住所居民个人税款计算的规定

无住所居民个人取得综合所得，年度终了后，应按年计算个人所得税；有扣缴义务人的，由扣缴义务人按月或者按次预扣预缴税款；需要办理汇算清缴的，按照规定办理汇算清缴，年度综合所得应纳税额计算公式如下（公式四）：

年度综合所得应纳税额=（年度“四项”综合所得收入额-减除费用-专项扣除-专项附加扣除-依法确定的其他扣除）×适用税率-速算扣除数

考点提示

无住所居民个人在计算综合所得应纳税所得额时，可以享受专项附加扣除。其中，无住所个人为外籍个人的，2023年12月31日前可以选择享受住房补贴、子女教育费、语言训练费等津补贴优惠政策，也可以选择享受专项附加扣除政策，但二者不可同时享受。

2. 非居民个人税款计算的规定

（1）非居民个人当月取得工资薪金所得，以按照规定计算的当月收入额，减去税法规定的减除费用后的余额，为应纳税所得额，适用按月换算后的综合所得税率表（月度税率表）计算应纳税额。

（2）非居民个人一个月内取得数月奖金，单独按照规定计算当月收入额，不与当月其他工资薪金合并，按6个月分摊计税，不减除费用，适用月度税率表计算应纳税额，在一个公历年度内，对每一个非居民个人，该计税办法只允许使用一次。计算公式如下（公式五）：

$$当月数月奖金应纳税额=（\frac{数月奖金收入额}{6}×适用税率-速算扣除数）×6$$

【案例精析】2022年中国境内某公司聘请境外科研人员杰克参与公司项目研发，2022年1~6月杰克在境内公司履职（累计居住天数不足90天）。基于研发已完成，6月境内公司拟向其分别发放2022年一季度和二季度的奖金90000元和91000元。已知杰克第一季度境内工作天数40天，第二季度境内工作天数45天，请依照现行税法规定，分析计算杰克2022年6月对中国的纳税义务。（不考虑税收协定因素）

境内公司在向杰克发放季度奖金时应按非居民个人一个月内取得数月奖金计算扣缴个人所得税。具体计算过程如下：

第一步：计算杰克6月来源于境内的奖金所得

无住所个人一个月内取得的境内外数月奖金包含归属于不同期间的多笔所得的，应当先分别计算不同归属期间来源于境内的所得，然后再加总计算当月来源于境内的所得总额。

$$90000元中归属于境内的所得=90000×\frac{40}{31+28+31}=40000（元）$$

$$91000元中归属于境内的所得=91000×\frac{45}{30+31+30}=45000（元）$$

来源于境内的奖金所得合计 = 40000+45000 = 85000（元）

第二步：计算当月来源于境内的奖金中应计税的收入额

在一个纳税年度内，在境内累计居住不超过 90 天的非居民个人，仅就归属于境内工作期间并由境内雇主支付或者负担的工资、薪金所得计算缴纳个人所得税，所以，杰克数月奖金应计税的收入额为 85000 元。

第三步：按六个月平均计算应纳税额

非居民个人一个月内取得数月奖金，单独计算当月收入额，不与当月其他工资、薪金合并，按 6 个月分摊计税，不减除费用，适用月度税率表计算应纳税额。计算方法如下：

$$当月数月奖金应纳税额 = (\frac{数月奖金收入额}{6} \times 适用税率 - 速算扣除数) \times 6$$

$$= (\frac{85000}{6} \times 20\% - 1410) \times 6$$

$$= 8540（元）$$

（3）非居民个人一个月内取得股权激励所得，单独按照规定计算当月收入额，不与当月其他工资薪金合并，按6 个月分摊计税（一个公历年度内的股权激励所得应合并计算），不减除费用，适用月度税率表计算应纳税额，计算公式如下（公式六）：

$$当月股权激励所得应纳税额 = (\frac{本公历年度内股权激励所得合计额}{6} \times 适用税率 - 速算扣除数) \times 6 - 本公历年度内股权激励所得已纳税额$$

【案例精析】A 先生为中国境内无住所个人，假设 2022 年境内居住天数为 82 天。2022 年 1 月，A 先生取得境内履职公司支付的股权激励所得 40 万元，其中归属于境内工作期间的所得为 12 万元；2022 年 5 月，再次取得境内履职公司支付的股权激励所得 70 万元，其中归属于境内工作期间的所得为 18 万元。请依照现行税法规定，分析计算 A 先生境内股权激励所得应纳税额。（不考虑税收协定因素）

$$2022 年 1 月，A 先生应纳税额 = (\frac{120000}{6} \times 20\% - 1410) \times 6 = 15540（元）$$

$$2022 年 5 月，A 先生应纳税额 = (\frac{120000+180000}{6} \times 30\% - 4410) \times 6 - 15540 = 48000（元）。$$

（4）非居民个人取得来源于境内的劳务报酬所得、稿酬所得、特许权使用费所得，以税法规定的每次收入额为应纳税所得额，适用月度税率表计算应纳税额。

23 无住所个人适用税收协定的计税方法（★★）

按照我国政府签订的避免双重征税协定、内地与香港、澳门签订的避免双重征税安排（以下称“税收协定”）居民条款规定为缔约对方税收居民的个人（以下称“对方税收居民个人”），可以按照税收协定及财政部、国家税务总局有关规定享受税收协定待遇，也可以选择不享受税收协定待遇计算纳税。

所得类型		享受政策
受雇所得	境外受雇所得	（1）无住所个人为对方税收居民个人，其取得的工资薪金所得可享受境外受雇所得协定待遇的，可不缴纳个人所得税。工资薪金收入额计算适用“非居民个人（非高管）境内居住时间累计超过90天不满183天的情形”的计算公式（公式二） （2）无住所居民个人为对方税收居民个人，可在预扣预缴和汇算清缴时按前款规定享受协定待遇；非居民个人为对方税收居民个人的，可在取得所得时按前款规定享受协定待遇
	境内受雇所得	（1）税收协定规定的期间内境内停留天数不超过183天的对方税收居民个人，在境内从事受雇活动取得受雇所得，不是由境内居民雇主支付或者代其支付的，也不是由雇主在境内常设机构负担的，可不缴纳个人所得税 （2）无住所个人为对方税收居民个人，其取得的工资薪金所得可享受境内受雇所得协定待遇的，可不缴纳个人所得税。工资薪金收入额计算适用“非居民个人（非高管）境内居住时间累计不超过90天的情形”的计算公式（公式一） （3）无住所居民个人为对方税收居民个人的，可在预扣预缴和汇算清缴时按前款规定享受协定待遇；非居民个人为对方税收居民个人的，可在取得所得时按前款规定享受协定待遇
独立个人劳务或营业利润		（1）对方税收居民个人取得的独立个人劳务所得或者营业利润符合税收协定规定条件的，可不缴纳个人所得税 （2）无住所居民个人为对方税收居民个人，其取得的劳务报酬所得、稿酬所得可享受独立个人劳务或者营业利润协定待遇的，在预扣预缴和汇算清缴时，可不缴纳个人所得税 （3）非居民个人为对方税收居民个人，其取得的劳务报酬所得、稿酬所得可享受独立个人劳务或者营业利润协定待遇的，在取得所得时可不缴纳个人所得税
董事费		对方税收居民个人为高管人员，该个人取得的高管人员报酬按照税收协定董事费条款规定可以在境内征收个人所得税的，应按照有关工资薪金所得或者劳务报酬所得规定缴纳个人所得税
特许权使用费或技术服务费		（1）无住所居民个人为对方税收居民个人，其取得的特许权使用费所得、稿酬所得或者劳务报酬所得可享受特许权使用费或者技术服务费协定待遇的，可不纳入综合所得，在取得当月按照税收协定规定的计税所得额和征税比例计算应纳税额，并预扣预缴税款。年度汇算清缴时，该个人取得的已享受特许权使用费或者技术服务费协定待遇的所得不纳入年度综合所得，单独按照税收协定规定的计税所得额和征税比例计算年度应纳税额及补退税额 （2）非居民个人为对方税收居民个人，其取得的特许权使用费所得、稿酬所得或者劳务报酬所得可享受特许权使用费或者技术服务费协定待遇的，可按照税收协定规定的计税所得额和征税比例计算应纳税额

24 经营所得的计税方法（★★★）

应纳税额＝（全年收入－成本、费用以及损失等）×适用税率－速算扣除数

考点提示

同时取得综合所得和经营所得的纳税人，可在综合所得或经营所得中申报减除费用 6 万元、专项扣除、专项附加扣除以及依法确定的其他扣除但不得重复申报减除。（新增）

经典题解

【例题 53·单选题】在一个纳税年度内仅取得经营所得的个人，在计算个人所得税应纳税所得额时，只能在办理汇算清缴时减除的项目是（　　）。（2021 年）

A. 专项扣除　　B. 专项附加扣除

C. 费用扣除　　D. 依法规定的其他扣除

【解析】取得经营所得的个人，没有综合所得的，计算其每一纳税年度的应纳税所得额时，应当减除费用 6 万元、专项扣除、专项附加扣除以及依法确定的其他扣除。专项附加扣除在办理汇算清缴时减除。

【答案】B

（一）个体工商户应纳税额的计算

项目	内容
计税基本规定	1. 个体工商户的生产、经营所得，以每一纳税年度的收入总额，减除成本、费用、税金、损失、其他支出以及允许弥补的以前年度亏损后的余额，为应纳税所得额 2. 个体工商户发生的支出应当区分收益性支出和资本性支出。收益性支出在发生当期直接扣除；资本性支出应当分期扣除或者计入有关资产成本，不得在发生当期直接扣除 3. 个体工商户下列支出不得扣除： （1）个人所得税税款 （2）税收滞纳金 （3）罚金、罚款和被没收财物的损失 （4）不符合扣除规定的捐赠支出 （5）赞助支出 （6）用于个人和家庭的支出 （7）与取得生产经营收入无关的其他支出 （8）国家税务总局规定不准扣除的支出 4. 个体工商户生产经营活动中，应当分别核算生产经营费用和个人、家庭费用。对于生产经营与个人、家庭生活混用难以分清的费用，其40%视为与生产经营有关费用，准予扣除 5. 个体工商户纳税年度发生的亏损，准予向以后年度结转，用以后年度的生产经营所得弥补，但结转年限最长不得超过 5 年 6. 个体工商户和从事生产、经营的个人，取得与生产、经营活动无关的各项应税所得，应按规定分别计算征收个人所得税（如对外投资取得的股息所得，应按“利息、股息、红利所得”项目征收个人所得税）

项目	内容
扣除项目及标准	1. 个体工商户实际支付给从业人员的、合理的工资薪金支出，准予扣除。个体工商户业主的工资薪金支出不得税前扣除 2. 个体工商户按照国务院有关主管部门或者省级人民政府规定的范围和标准为其业主和从业人员缴纳的基本养老保险费、基本医疗保险费、失业保险费、生育保险费、工伤保险费和住房公积金，准予扣除 【考点提示】 ①个体工商户为从业人员缴纳的补充养老保险费、补充医疗保险费，分别在不超过从业人员工资总额5%标准内的部分据实扣除；超过部分，不得扣除 ②个体工商户业主本人缴纳的补充养老保险费、补充医疗保险费，以当地（地级市）上年度社会平均工资的3倍为计算基数，分别在不超过该计算基数5%标准内的部分据实扣除；超过部分，不得扣除 3. 除个体工商户依照国家有关规定为特殊工种从业人员支付的人身安全保险费和财政部、国家税务总局规定可以扣除的其他商业保险费外，个体工商户业主本人或者为从业人员支付的商业保险费，不得扣除 4. 个体工商户在生产经营活动中发生的合理的不需要资本化的借款费用，准予扣除 5. 个体工商户在生产经营活动中发生的下列利息支出，准予扣除： （1）向金融企业借款的利息支出 （2）向非金融企业和个人借款的利息支出，不超过按照金融企业同期同类贷款利率计算的数额的部分 6. 个体工商户向当地工会组织拨缴的工会经费、实际发生的职工福利费支出、职工教育经费支出分别在工资薪金总额的2%、14%、2.5%的标准内据实扣除。职工教育经费的实际发生数额超出规定比例当期不能扣除的数额，准予在以后纳税年度结转扣除 7. 个体工商户发生的与生产经营活动有关的业务招待费，按照实际发生额的60%扣除，但最高不得超过当年销售（营业）收入的5‰ 【考点提示】业主自申请营业执照之日起至开始生产经营之日止所发生的业务招待费，按照实际发生额的60%计入个体工商户的开办费 8. 个体工商户每一纳税年度发生的与其生产经营活动直接相关的广告费和业务宣传费不超过当年销售（营业）收入15%的部分，可以据实扣除；超过部分，准予在以后纳税年度结转扣除 9. 个体工商户代其从业人员或者他人负担的税款，不得税前扣除 10. 个体工商户参加财产保险，按照规定缴纳的保险费，准予扣除 11. 个体工商户发生的合理的劳动保护支出，准予扣除 12. 个体工商户通过公益性社会团体或者县级以上人民政府及其部门，用于《中华人民共和国公益事业捐赠法》规定的公益事业的捐赠，捐赠额不超过其应纳税所得额30%的部分可以据实扣除。财政部、国家税务总局规定可全额扣除的捐赠支出，按规定扣除。个体工商户直接对受益人的捐赠不得扣除，另有规定除外 13. 个体工商户按照规定缴纳的摊位费、行政性收费、协会会费等，按实际发生数额扣除

经典题解

【例题 54·单选题】某个体工商户 2015 年为其从业人员实际发放工资 105 万元，业主领取劳动报酬 20 万元。2015 年该个体工商户允许税前扣除的从业人员补充养老保险限额为（　　）万元。（2016 年）

A. 7.35　　B. 5.25　　C. 3.15　　D. 1.05

【解析】允许扣除的从业人员的补充养老保险限额 = 105×5% = 5.25（万元）。

【答案】B

【例题 55·单选题】依据个人所得税的相关规定，下列关于个体工商户税前扣除的说法，正确的是（　　）。（2017 年）

A. 个体工商户按照规定缴纳的行政性收费，按实际发生额在税前扣除

B. 个体工商户发生的经营费用与生活费用划分不清的，可全额在税前扣除

C. 个体工商户被税务机关加收的税收滞纳金，可以在税前扣除

D. 个体工商户为业主本人支付的商业保险金，可以在税前扣除

【解析】选项 B：对于个体工商户生产经营与个人、家庭生活混用难以分清的费用，其 40% 视为与生产经营有关的费用，准予税前扣除。选项 C：不得在税前扣除。选项 D：除另有规定外，不得税前扣除。

【答案】A

【例题 56·多选题】在计算个体工商户应纳税所得额时，下列支出不得在税前扣除的有（　　）。（2017 年考题改编）

A. 业主的工资薪金支出　　B. 直接赞助贫困生学费支出

C. 业主的体检费支出　　D. 固定资产的经营性租赁支出

E. 向税务机关缴纳的税收滞纳金

【解析】个体工商户下列支出不得扣除：（1）个人所得税税款；（2）税收滞纳金；（3）罚金、罚款和被没收财物的损失；（4）不符合扣除规定的捐赠支出；（5）赞助支出；（6）用于个人和家庭的支出；（7）与取得生产经营收入无关的其他支出；（8）国家税务总局规定不准扣除的支出。

【答案】ABCE

（二）关于个体工商户个人所得税减半政策有关事项（新增）

1. 本项政策的享受主体仅包括个体工商户，并非适用个人所得税"经营所得"计税方式的全部纳税人。

2. 优惠内容：

2021 年 1 月 1 日至 2022 年 12 月 31 日，对个体工商户经营所得年应纳税所得额不超过 100 万元的部分，在现行优惠政策基础上，再减半征收个人所得税。

3. 享受条件

（1）不区分征收方式，均可享受。

（2）在预缴税款时即可享受。

4. 按照以下公式计算减免税额：

减免税额＝（个体工商户经营所得应纳税所得额不超过100万元部分的应纳税额－其他政策减免税额×$\frac{\text{个体工商户经营所得应纳税所得额不超过100万元部分}}{\text{经营所得应纳税所得额}}$）×（1－50%）

【案例精析1】纳税人李某经营个体工商户A，2021年应纳税所得额为80000元，适用税率10%、速算扣除数1500元，同时可以享受残疾人政策减免税额2000元，那么李某该项政策的减免税额＝［（80000×10%－1500）－2000］×（1－50%）＝2250（元）。

【案例精析2】纳税人吴某经营个体工商户B，2021年年应纳税所得额为1200000元，适用税率35%、速算扣除数65500元，同时可以享受残疾人政策减免税额6000元，那么吴某该项政策的减免税额＝［（1000000×35%－65500）－6000×1000000÷1200000］×（1－50%）＝139750（元）。

（三）个人独资企业和合伙企业投资者应纳税额的计算

征收类型	内容
查账征收	1. 自2019年1月1日起，个人独资企业和合伙企业个人投资者的生产经营所得依法计征个人所得税时，个人独资企业和合伙企业个人投资者本人的费用扣除标准统一确定为60000元/年，即5000元/月。投资者的工资不得在税前扣除 2. 投资者及其家庭发生的生活费用不允许在税前扣除。投资者及其家庭发生的生活费用与企业生产经营费用混合在一起，并且难以划分的，全部视为投资者个人及其家庭发生的生活费用，不允许在税前扣除 【考点提示】“个体工商户生产经营活动中，应当分别核算生产经营费用和个人、家庭费用。对于生产经营与个人、家庭生活混用难以分清的费用，其40%视为与生产经营有关费用，准予扣除”。考生需要在此注意区分比较 3. 企业向其从业人员实际支付的合理的工资、薪金支出，允许在税前据实扣除 4. 企业拨缴的工会经费、发生的职工福利费、职工教育经费支出分别在工资薪金总额2%、14%、2.5%的标准内据实扣除 5. 每一纳税年度发生的与其生产经营业务直接相关的广告费和业务宣传费不超过当年销售（营业）收入15%的部分，可据实扣除；超过部分，准予在以后纳税年度结转扣除 6. 每一纳税年度发生的与其生产经营业务直接相关的业务招待费支出，按照实际发生额的60%扣除，但最高不得超过当年销售（营业）收入的5‰ 7. 企业计提的各种准备金不得扣除 8. 投资者兴办两个或两个以上企业，并且企业性质全部都是独资的，年度终了后汇算清缴时，应纳税款的计算按以下方法进行：汇总其投资兴办的所有企业的经营所得作为应纳税所得额，以此确定适用税率，计算出全年经营所得的应纳税额，再根据每个企业的经营所得占所有企业经营所得的比例，分别计算出每个企业的应纳税额和应补缴税额。计算公式如下： （1）应纳税所得额＝∑各个企业的经营所得 （2）应纳税额＝应纳税所得额×税率－速算扣除数 （3）本企业应纳税额＝应纳税额×$\frac{\text{本企业的经营所得}}{\sum \text{各个企业的经营所得}}$ （4）本企业应补缴的税款＝本企业应纳税额－本企业预缴的税款

<table>
<tr><th>征收类型</th><th>内容</th></tr>
<tr><td>查账征收</td><td>9. 个人独资企业和合伙企业因在纳税年度中间开业、合并、注销及其他原因，导致该纳税年度的实际经营期不足1年的，对个人独资企业投资者和合伙企业自然人合伙人的生产经营所得计算个人所得税时，以其实际经营期为1个纳税年度。投资者本人的费用扣除标准，应按照其实际经营月份数，以每月5000元的减除标准确定。计算公式如下：
应纳税所得额=该年度收入总额-成本、费用及损失-当年投资者本人的费用扣除额
当年投资者本人的费用扣除额=月减除费用（5000元/月）×当年实际经营月份数
应纳税额=应纳税所得额×税率-速算扣除数（新增）</td></tr>
<tr><td>核定征收</td><td>1. 核定征收方式，包括定额征收、核定应税所得率征收以及其他合理的征收方式。实行核定应税所得率征收方式的，应纳所得税额的计算公式如下：
应纳税额=应纳税所得额×适用税率-速算扣除数
应纳税所得额=收入总额×应税所得率，或 $=\frac{\text{成本费用支出额}}{1-\text{应税所得率}}\times$应税所得率
2. 实行核定征税的投资者，不能享受个人所得税的优惠政策
3. 实行查账征税方式的个人独资企业和合伙企业改为核定征税方式后，在查账征税方式下认定的年度经营亏损未弥补完的部分，不得再继续弥补</td></tr>
<tr><td>个人独资企业、合伙企业权益性投资经营所得税收征管</td><td>自2022年1月1日起，对权益性投资经营所得个人所得税征收管理有关问题按以下规定执行：（新增）
1. 持有股权、股票、合伙企业财产份额等权益性投资的个人独资企业、合伙企业（以下简称“独资合伙企业”），一律适用查账征收方式计征个人所得税
2. 独资合伙企业应自持有上述权益性投资之日起30日内，主动向税务机关报送持有权益性投资的情况；公告实施前独资合伙企业已持有权益性投资的，应当在2022年1月30日前向税务机关报送持有权益性投资的情况
3. 税务机关接到核定征收独资合伙企业报送持有权益性投资情况的，调整其征收方式为查账征收</td></tr>
</table>

经典题解

【例题57·单选题】 根据个人所得税相关规定，计算合伙企业生产经营所得时准予扣除的是（　　）。（2018年）

A. 合伙企业留存的利润　　B. 分配给合伙人的利润

C. 合伙个人缴纳的个人所得税　　D. 支付的工商业联合会会费

【解析】 合伙企业投资者个人所得税的扣除项目比照个体工商户的相关规定执行。个体工商户按照规定缴纳的摊位费、行政性收费、协会会费等，按实际发生数额扣除。

【答案】 D

【例题58·单选题】 根据个人所得税相关规定，个人独资企业的投资者及其家庭发生的生活费用与企业生产经营费用混合在一起且难以划分的，其正确的税务处理是（　　）。（2018年）

A. 实际发生额不得在税前扣除

B. 按实际发生额的10%在税前扣除

C. 按实际发生额的60%在税前扣除

D. 按实际发生额的40%在税前扣除

【解析】个人独资企业投资者及其家庭发生的生活费用与企业生产经营费用混合在一起，并且难以划分的，全部视为投资者个人及其家庭发生的生活费用，不允许在税前扣除。

【答案】A

【例题59·单选题】2016年度某个人独资企业发生生产经营费用30万元，经主管税务机关审核，与其家庭生活费用无法划分。依据个人所得税的相关规定，该个人独资企业允许税前扣除的生产经营费用为（　　）万元。（2017年）

A. 18　　B. 12

C. 30　　D. 0

【解析】个人独资企业投资者及其家庭发生的生活费用与经营费用混在一起，并且难以划分的，一律不能扣除。

【答案】D

【例题60·多选题】关于个人独资企业和合伙企业个人所得税核定征收管理的说法，正确的有（　　）。（2019年）

A. 核定征收可采用定额征收、核定应税所得率征收以及其他合理的征收方式

B. 实行核定征税的合伙企业投资者，不能享受个人所得税的优惠政策

C. 企业经营多业的，根据其主营项目确定其适用的应税所得率

D. 纳税人依照国家有关规定应当设置但未设置账簿的应采取核定征收

E. 查账征税方式改为核定征税方式后，在查账征税方式下认定的年度经营亏损未弥补完的部分，可以继续弥补

【解析】选项E：实行查账征税方式的个人独资企业和合伙企业改为核定征税方式后，在查账征税方式下认定的年度经营亏损未弥补完的部分，不得再继续弥补。

【答案】ABCD

【例题61·多选题】下列税务处理中，符合个人独资企业所得税相关规定的有（　　）。（2017年）

A. 个人独资企业发生的与生产经营有关的业务招待费，可按规定扣除

B. 投资者兴办两个或两个以上企业的，其年度经营亏损不可跨企业弥补

C. 个人独资企业支付给生态环境主管部门的罚款允许税前扣除

D. 个人独资企业计提的各种准备金不得税前扣除

E. 个人独资企业用于家庭的支出不得税前扣除

【解析】选项C：不得在个人所得税前扣除。

【答案】ABDE

【例题62·单选题】李某持有某合伙企业50%的份额，2021年该企业经营利润30万元（未扣投资者费用），企业留存利润20万元，李某分得利润5万元。假设李某当年无综

合所得，不考虑专项扣除、专项附加扣除及其他扣除，2021 年李某应缴纳个人所得税（ ）元。

A. 6250　　B. 12245

C. 58050　　D. 7500

【解析】合伙企业生产经营所得和其他所得采取“先分后税”的原则。生产经营所得、其他所得，包括合伙企业分配给所有合伙人的所得和企业当年留存的所得（利润）。李某应缴纳的个人所得税＝（300000×50%－60000）×10%－1500＝7500（元）。

【答案】D

（四）对企业事业单位承包、承租经营所得应纳税额的计算

对企事业单位承包经营、承租经营所得是以每一纳税年度的收入总额，减除必要费用后的余额，为应纳税所得额。其中收入总额是指纳税人按照承包经营、承租经营合同规定分得的经营利润和工资、薪金性质的所得。

（五）建筑安装业从业人员的个人所得税政策

承包建筑安装业各项工程作业的承包人取得的所得，应区别不同情况计征个人所得税：

1. 经营成果归承包人个人所有的所得，或按照承包合同（协议）规定，将一部分经营成果留归承包人个人的所得，按“经营所得”项目征税；以其他方式取得的所得，按“工资、薪金所得”项目征税。

2. 从事建筑安装业的个体工商户和未领取营业执照承揽建筑安装业工程作业的建筑安装队和个人，以及建筑安装企业实行个人承包后工商登记改变为个体经济性质的，其从事建筑安装业取得的收入应依照“经营所得”项目计征个人所得税。

3. 从事建筑安装业工程作业的其他人员取得的所得，分别按照“工资、薪金所得”项目和“劳务报酬所得”项目计征个人所得税。

25 分类所得的计税方法（★★★）

（一）利息、股息、红利所得的计税方法

1. 基本规定

应纳税额＝应纳税所得额（每次收入额）×20%

（1）利息、股息、红利所得以个人每次取得的收入额为应纳税所得额，不得从收入额中扣除任何费用，另有规定除外。

（2）对于股份制企业在分配股息、红利时，以股票形式向股东个人支付应得的股息、红利（派发红股），应以派发红股的股票票面金额为收入额，计算征收个人所得税。

（3）企业购买车辆并将车辆所有权办到股东个人名下，其实质为企业对股东进行了红利性质的实物分配，应按照“利息、股息、红利所得”项目征收个人所得税。考虑到该股东个人名下的车辆，同时也为企业经营使用的实际情况，在计算收入额时允许合理减除部分所得，减除的具体数额由主管税务机关根据车辆的实际使用情况合理确定。

2. 上市公司股息、红利差别化的个人所得税政策

（1）个人从公开发行和转让市场取得的上市公司股票，持股期限超过 1 年的，股息红利所得暂免征收个人所得税。个人从公开发行和转让市场取得的上市公司股票，持股期限在 1 个月以内（含 1 个月）的，其股息红利所得全额计入应纳税所得额；持股期限在 1 个月以上至 1 年（含 1 年）的，暂减按 50%计入应纳税所得额；上述所得统一适用 20%的税率计征个人所得税。

持股期限	应纳税所得额	税率
持股期限≤1 个月	全额	20%
1 个月<持股期限≤1 年	暂减按 50%	
持股期限>1 年	暂免征收个人所得税	

（2）对个人持有的上市公司限售股，解禁后取得的股息红利，按照上述规定计算纳税，持股时间自解禁日起计算；解禁前取得的股息红利继续暂减按 50%计入应纳税所得额，适用 20%的税率计征个人所得税。

（3）证券投资基金从上市公司取得的股息红利所得，按照上述规定计征个人所得税。

经典题解

【例题 63·单选题】王某 2021 年 3 月购买某上市公司的股票 10000 股，2021 年 5 月该上市公司确定的利润分配方案为每 10 股送 3 股，并于 2021 年 6 月实施并进行分配，该股票的面值为每股 1 元。假设王某将该股票于 2021 年 8 月全部抛售。2021 年 9 月王某另从非上市公司取得股息 7000 元。王某取得上述所得合计应缴纳的个人所得税为（　　）元。

A. 1700　　B. 1600

C. 1550　　D. 3000

【解析】王某取得上市公司股息、红利所得＝10000÷10×3×1＝3000（元），取得股票股利应纳个人所得税＝3000×50%×20%＝300（元），从非上市公司取得股息应纳个人所得税＝7000×20%＝1400（元），合计应缴纳个人所得税＝300+1400＝1700（元）。

【答案】A

3. 中小企业股份转让系统挂牌公司股息、红利的个人所得税政策

（1）个人持有挂牌公司的股票，持股期限超过 1 年的，对股息红利所得暂免征收个人所得税。个人持有挂牌公司的股票，持股期限在 1 个月以内（含 1 个月）的，其股息红利所得全额计入应纳税所得额；持股期限在 1 个月以上至 1 年（含 1 年）的，其股息红利所得暂减按 50%计入应纳税所得额；上述所得统一适用 20%的税率计征个人所得税。

（2）对证券投资基金从挂牌公司取得的股息红利所得，按照上述规定计征个人所得税。

（3）对个人和证券投资基金从全国中小企业股份转让系统挂牌的原 STAQ、NET 系统挂牌公司以及全国中小企业股份转让系统挂牌的退市公司取得的股息红利所得，按照上述规定计征个人所得税。

4. 沪深港股票市场交易互联互通机制试点的税收政策

纳税人	交易途径	所得项目	税收政策
内地个人投资者	沪港通 深港通	投资香港联交所上市股票转让差价所得	自 2019 年 12 月 5 日至 2022 年 12 月 31 日止，继续暂免征收个人所得税
	基金互认	买卖香港基金份额取得的转让差价所得	
	沪港通 深港通	投资香港联交所上市股票的股息红利所得	①H 股：由 H 股公司按照 20% 的税率代扣个人所得税 ②非 H 股：由中国结算按照 20% 的税率代扣个人所得税
香港投资者（包括企业和个人）	沪港通 深港通	投资上交所、深交所上市 A 股取得的转让差价所得	暂免征收所得税
		投资上交所、深交所上市 A 股取得的股息红利所得	在不具备相关条件之前，暂不执行股息红利差别化政策，由上市公司按照 10% 的税率代扣所得税

经典题解

【例题 64 · 多选题】 下列关于沪港股票市场交易互联互通机制试点有关税收政策的理解，不正确的有（　　）。

A. 对内地个人投资者通过沪港通投资香港联交所上市股票取得的转让差价所得，自 2019 年 12 月 5 日起至 2022 年 12 月 31 日止，继续暂免征收个人所得税

B. 对内地个人投资者通过沪港通投资香港联交所上市 H 股取得的股息红利，H 股公司应向中国证券登记结算有限责任公司提出申请，由中国结算向 H 股公司提供内地个人投资者名册，H 股公司按照 20% 的税率代扣个人所得税

C. 内地个人投资者通过沪港通投资香港联交所上市的非 H 股取得的股息红利，由中国结算按照 10% 的税率代扣个人所得税

D. 对香港市场投资者个人投资上交所上市 A 股取得的转让差价所得，应按规定征收个人所得税

E. 对香港市场投资者个人投资上交所上市 A 股取得的股息红利所得，在香港中央结算有限公司不具备向中国结算提供投资者的身份及持股时间等明细数据的条件之前，暂不执行按持股时间实行差别化征税政策，由上市公司按照 10% 的税率代扣所得税

【解析】 选项 C：内地个人投资者通过沪港通投资香港联交所上市的非 H 股取得的股息红利，由中国结算按照 20% 的税率代扣个人所得税；选项 D：对香港市场投资者个人投资上交所上市 A 股取得的转让差价所得，暂免征收个人所得税。

【答案】 CD

（二）财产租赁所得的计税方法

个人出租财产取得的财产租赁收入，在计算缴纳个人所得税时，应依次扣除以下费用：

扣除项目（依次）	扣除要求
财产租赁过程中缴纳的税金、教育费附加等	需提供完税（缴费）凭证
由纳税人负担的该出租财产实际开支的修缮费用	①需提供有效、准确凭证 ②允许扣除的修缮费用，以每次 800 元为限，一次扣除不完的，准予在下一次继续扣除，直到扣完为止
税法规定的费用扣除标准	①每次收入≤4000 元，定额减除 800 元 ②每次收入>4000 元，定率扣减 20%

应纳税额=［每次（月）收入额-准予扣除项目-修缮费用（每次 800 元为限）-税法规定的费用扣除标准］×20%（或 10%）

考点提示

1. 对个人按市场价格出租的居民住房取得的所得，暂减按 10%的税率征收个人所得税。

2. 个人将承租房屋转租取得的租金收入，属于个人所得税应税所得，应按“财产租赁所得”项目计算缴纳个人所得税。取得转租收入的个人向房屋出租方支付的租金，凭房屋出租合同和合法支付凭证允许从该项转租收入中税前扣除。

经典题解

【例题 65 · 单选题】计算商铺租赁所得个人所得税时，不得在税前扣除的是（　　）。（2018 年）

A. 缴纳的印花税　　B. 违章租赁的行政罚款

C. 缴纳的城市维护建设税　　D. 经核准的修缮费用

【解析】个人出租房产取得的财产租赁收入（不含增值税）扣除费用范围和顺序：税费（出租房产过程中缴纳的城建税、房产税、印花税和教育费附加等）+租金（只适用于转租的情况）+修缮费+法定费用扣除标准。不包括违章租赁的行政罚款。

【答案】B

【例题 66 · 单选题】李某按市场价格出租住房，2021 年 7 月取得不含增值税的租金收入 4000 元，当月发生的准予扣除项目金额合计为 160 元，修缮费用 1300 元，均取得合法票据。李某当月应缴纳个人所得税为（　　）元。

A. 400　　B. 304

C. 224　　D. 174

【解析】李某当月应缴纳个人所得税=（4000-160-800-800）×10%=224（元）。

【答案】C

（三）财产转让所得的计税方法

1. 一般规定

应纳税额 =（每次收入额 - 财产原值 - 合理费用）×20%

其中，财产原值按照下列方法确定：

（1）有价证券，为买入价以及买入时按照规定缴纳的相关费用。

考点提示

转让债券，采用**加权平均法**确定其应予减除的财产原值和合理费用。即：以纳税人购进的同一种类债券买入价和买进过程中缴纳的税费总和，除以纳税人购进的该种类债券数量之和，乘以纳税人卖出的该种类债券数量，再加上卖出的该种类债券过程中缴纳的税费：

一次卖出某一种类债券允许扣除的买入价和费用

$$=\frac{\text{纳税人购进的该种类债券买入价和买进过程中缴纳的税费总和}}{\text{纳税人购进的该种类债券总数量}}\times \text{一次卖出的该种类债券数量}+\text{卖出的该种类债券过程中缴纳的税费}$$

【案例精析】张某 2022 年 1 月购入债券 1000 份，每份买入价 10 元，支付购入债券的税费共计 150 元。5 月将买入的债券一次卖出 600 份，每份卖出价 12 元，支付卖出债券的税费共计 110 元。则本次卖出债券应扣除的买价及费用 $=\frac{1000\times10+150}{1000}\times600+110=6200$（元）。

（2）建筑物，为建造费或者购进价格以及其他有关税费。

（3）土地使用权，为取得土地使用权所支付的金额、开发土地的费用以及其他有关税费。

（4）机器设备、车船，为购进价格、运输费、安装费，以及其他有关费用。

（5）其他财产，参照以上方法确定财产原值。

2. 个人终止投资经营收回款项征收个人所得税的规定

个人因各种原因终止投资、联营、经营合作等行为，从被投资企业或合作项目、被投资企业的其他投资者以及合作项目的经营合作人取得股权转让收入、违约金、补偿金、赔偿金及以其他名目收回的款项等，均属于个人所得税应税收入，应按照“财产转让所得”项目适用的规定计算缴纳个人所得税。

应纳税所得额 = 个人取得的股权转让收入、违约金、补偿金、赔偿金及以其他名目收回款项合计数 - 原实际出资额（投入额）及相关税费

3. 个人转让上市公司限售股的所得税政策

（1）对个人转让限售股取得的所得，按照“财产转让所得”，适用 20% 的比例税率征收个人所得税。

（2）个人转让限售股，以每次限售股转让收入，减除股票原值和合理税费后的余额，为应纳税所得额。即：

应纳税所得额 = 限售股转让收入 -（限售股原值 + 合理税费）

应纳税额 = 应纳税所得额 ×20%

（3）如果纳税人未能提供完整、真实的限售股原值凭证的，不能准确计算限售股原值

的，主管税务机关一律按限售股转让收入的15%核定限售股原值及合理税费。

（4）纳税人同时持有限售股及该股流通股的，其股票转让所得，按照限售股优先原则，即：转让股票视同为先转让限售股，按规定计算缴纳个人所得税。

（5）对个人在上海证券交易所、深圳证券交易所转让从上市公司公开发行和转让市场取得的上市公司股票所得，继续免征个人所得税。

经典题解

【例题67·单选题】2018年5月公民方某将持有的境内上市公司限售股转让，取得转让收入20万元。假设该限售股原值无法确定。方某转让限售股应缴纳个人所得税（　　）万元。（2018年）

A. 0　　B. 2.0　　C. 4.0　　D. 3.4

【解析】对个人转让限售股取得的所得，按照“财产转让所得”项目适用20%的比例税率征收个人所得税。以每次限售股转让收入，减除限售股原值和合理税费后的余额为应纳税所得额。如果纳税人未能提供完整、真实的限售股原值凭证，不能准确计算限售股原值的，一律按限售股转让收入的15%核定限售股原值及合理税费。方某转让限售股应缴纳个人所得税=20×（1-15%）×20%=3.4（万元）。

【答案】D

【例题68·单选题】居民个人方某2018年1月开始持有上市公司50万份限售股，限售期间取得股息、红利20万元。2021年2月28日转让限售股，取得转让收入600万元。由于历史原因该限售股成本原值无法准确计算，方某应缴纳个人所得税（　　）万元。（2021年）

A. 22　　B. 20

C. 106　　D. 104

【解析】对个人持有的上市公司限售股，解禁前取得的股息红利暂减按50%计入应纳税所得额，适用20%的税率计征个人所得税。对个人转让限售股取得的所得，按照“财产转让所得”项目适用20%的比例税率征收个人所得税。如果纳税人未能提供完整、真实的限售股原值凭证，不能准确计算限售股原值的，一律按限售股转让收入的15%核定限售股原值及合理税费。方某应缴纳个人所得税=20×50%×20%+600×（1-15%）×20%=104（万元）。

【答案】D

4. 个人转让“新三板”挂牌公司股票的所得税政策

（1）自2018年11月1日起，对个人转让新三板挂牌公司非原始股取得的所得，暂免征收个人所得税。

（2）对个人转让新三板挂牌公司原始股取得的所得，按照“财产转让所得”，适用20%的比例税率征收个人所得税。

5. 个人住房转让的个人所得税政策

应纳税额=（转让收入-房屋原值-转让住房过程中缴纳的税金-合理费用）×20%

（1）个人住房转让应以实际成交价格为转让收入（不含增值税）。纳税人申报的住房成交价格明显低于市场价格且无正当理由的，征收机关依法有权根据有关信息核定其转让收入，但必须保证各税种计税价格一致。

（2）房屋原值

房屋类型	原值
商品房	购置该房屋时实际支付的房价款及缴纳的相关税费
自建住房	实际发生的建造费用及建造和取得产权时实际缴纳的相关税费
经济适用房（含集资合作建房、安居工程住房）	原购房人实际支付的房价款及相关税费，以及按规定缴纳的土地出让金
已购公有住房	原购公有住房标准面积按当地经济适用房价格计算的房价款，加上原购公有住房超标准面积实际支付的房价款以及按规定向财政部门（或原产权单位）缴纳的所得收益及相关税费
城镇拆迁安置住房	①房屋拆迁取得货币补偿后购置房屋的，为购置该房屋实际支付的房价款及缴纳的相关税费 ②房屋拆迁采取产权调换方式的，所调换房屋原值为《房屋拆迁补偿安置协议》注明的价款及缴纳的相关税费 ③房屋拆迁采取产权调换方式，被拆迁人除取得所调换房屋，又取得部分货币补偿的，所调换房屋原值为《房屋拆迁补偿安置协议》注明的价款和缴纳的相关税费，减去货币补偿后的余额 ④房屋拆迁采取产权调换方式，被拆迁人取得所调换房屋，又支付部分货币的，所调换房屋原值为《房屋拆迁补偿安置协议》注明的价款，加上所支付的货币及缴纳的相关税费

（3）转让住房过程中缴纳的税金

纳税人在转让住房时实际缴纳的城市维护建设税、教育费附加、土地增值税（免）、印花税（免）等税金。

（4）合理费用

合理费用是指纳税人按照规定实际支付的住房装修费用、住房贷款利息、手续费、公证费等费用。

①支付的住房装修费用

纳税人能提供实际支付装修费用的税务统一发票，并且发票上所列付款人姓名与转让房屋产权人一致的，经税务机关审核，其转让的住房在转让前实际发生的装修费用，可在以下规定比例内扣除：

a. 已购公有住房、经济适用房：最高扣除限额为房屋原值的15%；

b. 商品房及其他住房：最高扣除限额为房屋原值的10%。

考点提示

纳税人原购房为装修房，即合同注明房价款中含有装修费（铺装了地板，装配了洁具、厨具等）的，不得再重复扣除装修费用。

②支付的住房贷款利息

纳税人出售以按揭贷款方式购置的住房的，其向贷款银行实际支付的住房贷款利息，凭贷款银行出具的有效证明据实扣除。

③纳税人按照有关规定实际支付的手续费、公证费等，凭有关部门出具的有效证明据实扣除。

6. 个人转让离婚析产房屋的所得税政策

（1）通过离婚析产的方式分割房屋产权是夫妻双方对共同共有财产的处置，个人因离婚办理房屋产权过户手续，不征收个人所得税。

（2）个人转让离婚析产房屋所取得的收入，允许扣除其相应的财产原值和合理费用后，余额按照规定的税率缴纳个人所得税；其相应的财产原值，为房屋初次购置全部原值和相关税费之和乘以转让者占房屋所有权的比例。

（3）个人转让离婚析产房屋所取得的收入，符合家庭生活自用五年以上唯一住房的，可以申请免征个人所得税。

7. 个人因购买和处置债权取得所得征收个人所得税的方法

（1）根据《个人所得税法》及有关规定，个人通过招标、竞拍或者其他方式购置债权以后，通过相关司法或行政程序主张债权而取得的所得，应按照"财产转让所得"项目缴纳个人所得税。

（2）个人通过上述方式取得"打包"债权，只处置部分债权的，其应纳税所得额按以下方式确定：

①以每次处置部分债权的所得，作为一次财产转让所得征税；

②其应税收入按照个人取得的货币资产和非货币资产的评估价值或市场价值的合计数确定；

③所处置债权成本费用（财产原值），按下列公式计算：

当次处置债权成本费用

$$=\text{个人购置“打包”债权的实际支出}\times\frac{\text{当次处置债权账面价值（或拍卖机构公布价值）}}{\text{“打包”债权账面价值（或拍卖机构公布价值）}}$$

④个人购买和处置债权过程中发生的拍卖招标手续费、诉讼费、审计评估费以及缴纳的税金等合理税费，在计算个人所得税时允许扣除。

经典题解

【例题69·单选题】赵某购买某"打包"债权实际支出为40万元，2022年1月处置该债权的40%，处置收入25万元，在债权处置过程中发生评估费用2万元。赵某处置"打包"债权应缴纳个人所得税（　　）万元。

A. 1.20　　B. 1.40　　C. 1.56　　D. 1.80

【解析】赵某处置"打包"债权应缴纳个人所得税＝（25－40×40%－2）×20%＝1.40（万元）。

【答案】B

8. 个人取得拍卖收入征收个人所得税政策

（1）作者将自己的文字作品手稿原件或复印件拍卖取得的所得，按照"特许权使用费所得"项目缴纳个人所得税。

（2）个人拍卖除自己的文字作品原稿及复印件外的其他财产，应以其转让收入额减除财产原值和合理费用后的余额为应纳税所得额，按照“财产转让所得”项目适用 20%税率缴纳个人所得税。

（3）对个人财产拍卖所得征收个人所得税时，以该项财产最终拍卖成交价格为其转让收入额。

①财产原值，是指售出方个人取得该拍卖品的价格（以合法有效凭证为准）。

拍品取得方式	拍品原值确定
商店、画廊等途径购买	购买该拍卖品时实际支付的价款
拍卖行拍得	拍得该拍卖品实际支付的价款及缴纳的相关税费
祖传收藏	收藏该拍卖品而发生的费用
赠送取得	受赠该拍卖品时发生的相关税费
其他形式取得	参照以上原则确定财产原值

②拍卖财产过程中缴纳的税金，是指在拍卖财产时纳税人实际缴纳的相关税金及附加。

③有关合理费用，是指拍卖财产时纳税人按照规定实际支付的拍卖费（佣金）、鉴定费、评估费、图录费、证书费等费用。

（4）纳税人如不能提供合法、完整、准确的财产原值凭证，不能正确计算财产原值的，按转让收入额的3%征收率计算缴纳个人所得税；拍卖品为经文物部门认定是海外回流文物的，按转让收入额的2%征收率计算缴纳个人所得税。

经典题解

【例题 70 · 单选题】2022 年 5 月王某通过拍卖行将一幅珍藏多年的字画拍卖，取得拍卖收入 600000 元，拍卖过程中缴纳相关税费 20000 元，经文物部门鉴定，该字画为海外回流文物，王某无法提供完整的财产原值凭证。王某取得的拍卖收入应缴纳个人所得税（　　）元。

A. 12000　　　　B. 9600

C. 18000　　　　D. 116000

【解析】王某取得的拍卖收入应缴纳个人所得税 = 600000×2% = 12000（元）。

【答案】A

9. 个人以非货币性资产投资的所得税政策

个人以非货币性资产投资，属于个人转让非货币性资产和投资同时发生。对个人转让非货币性资产的所得，应按照“财产转让所得”项目，依法计算缴纳个人所得税。

个人以非货币性资产投资，应按评估后的公允价值确认非货币性资产转让收入。非货币性资产转让收入减除该资产原值及合理税费后的余额为应纳税所得额。

（四）偶然所得的计税方法

1. 一般规定

偶然所得以个人每次取得的收入额为应纳税所得额，除特殊规定外，不扣除任何费用。以每次取得该项收入为一次：

应纳税额=应纳税所得额（每次收入额）×20%

2. 个人无偿受赠房屋产权的个人所得税政策

（1）以下情形的房屋产权无偿赠与，对当事人双方不征收个人所得税：

①房屋产权所有人将房屋产权无偿赠与配偶、父母、子女、祖父母、外祖父母、孙子女、外孙子女、兄弟姐妹；

②房屋产权所有人将房屋产权无偿赠与对其承担直接抚养或者赡养义务的抚养人或者赡养人；

③房屋产权所有人死亡，依法取得房屋产权的法定继承人、遗嘱继承人或者受遗赠人。

（2）除上述情形以外，房屋产权所有人将房屋产权无偿赠与他人的，受赠人因无偿受赠房屋取得的受赠所得，按照“偶然所得”项目缴纳个人所得税，税率为 20%。

对受赠人无偿受赠房屋计征个人所得税时，其应纳税所得额为房地产赠与合同上标明的赠与房屋价值减除赠与过程中受赠人支付的相关税费后的余额。赠与合同标明的房屋价值明显低于市场价格或房地产赠与合同未标明赠与房屋价值的，税务机关可依据受赠房屋的市场评估价格或采取其他合理方式确定受赠人的应纳税所得额。

应纳税所得额=房地产赠与合同上标明的赠与房屋价值-受赠人支付的相关税费

（3）受赠人转让受赠房屋的，以其转让受赠房屋的收入减除原捐赠人取得该房屋的实际购置成本以及赠与和转让过程中受赠人支付的相关税费后的余额，为受赠人的应纳税所得额，依照“财产转让所得”项目计征个人所得税。受赠人转让受赠房屋价格明显偏低且无正当理由的，税务机关可以依据该房屋的市场评估价格或其他合理方式确定的价格核定其转让收入。

应纳税所得额=转让受赠房屋的收入-原捐赠人取得该房屋的实际购置成本-赠与和转让过程中受赠人支付的相关税费

26 特殊情形下个人所得税的计税方法（★★★）

（一）居民个人全年一次性奖金的计税方法

1. 居民个人取得全年一次性奖金，在 2023 年 12 月 31 日前，可选择不并入当年综合所得，以全年一次性奖金收入除以 12 个月得到的数额，按照按月换算后的综合所得税率表（简称“月度税率表”），确定适用税率和速算扣除数，单独计算纳税。计算过程为：

第一步：$\frac{\text{全年一次性奖金收入}}{12}$→确定适用税率和速算扣除数；

第二步：应纳税额=全年一次性奖金收入×适用税率-速算扣除数。

按月换算后的综合所得税率表
（简称“月度税率表”，同税率表三）

级数	应纳税所得额	税率（%）	速算扣除数（元）
1	不超过 3000 元的	3	0
2	超过 3000 元至 12000 元的部分	10	210
3	超过 12000 元至 25000 元的部分	20	1410
4	超过 25000 元至 35000 元的部分	25	2660
5	超过 35000 元至 55000 元的部分	30	4410
6	超过 55000 元至 80000 元的部分	35	7160
7	超过 80000 元的部分	45	15160

考点提示

1. 居民个人取得全年一次性奖金，也可以选择并入当年综合所得计算纳税。自 2024 年 1 月 1 日起，居民个人取得全年一次性奖金，应并入当年综合所得计算缴纳个人所得税。

2. 实行年薪制和绩效工资的单位，居民个人取得年终兑现的年薪和绩效工资按上述方法执行。

3. 居民个人取得除全年一次性奖金以外的其他各种名目奖金，如半年奖、季度奖、加班奖、先进奖、考勤奖等，一律与当月工资、薪金收入合并，按税法规定缴纳个人所得税。

4. 在一个纳税年度内，对每一个纳税人，该计税方法只允许采用一次。

经典题解

【例题 71 · 单选题】 中国公民王先生 2022 年 1 月份取得当月工资 9600 元，另取得全年一次性奖金 28000 元。针对全年一次性奖金王先生选择单独计税，则王先生就全年一次性奖金应缴纳个人所得税（　　）元。

A. 834　　B. 840　　C. 984　　D. 4340

【解析】 居民个人取得全年一次性奖金，在 2023 年 12 月 31 日前，可选择不并入当年综合所得，以全年一次性奖金收入除以 12 个月得到的数额，查找月度税率表，确定适用税率和速算扣除数，单独计算纳税。28000÷12＝2333.33（元），适用 3%的税率，王先生就全年一次性奖金应缴纳个人所得税＝28000×3%＝840（元）。

【答案】 B

2. 中央企业负责人取得年度绩效薪金延期兑现收入和任期奖励的规定

中央企业负责人取得年度绩效薪金延期兑现收入和任期奖励，符合相关规定的，在 2023 年 12 月 31 日前，参照居民个人取得全年一次性奖金的过渡期政策执行。

【解释】 中央企业负责人薪酬由基薪、绩效薪金和任期奖励构成，其中基薪和绩效薪金的 60%在当年度发放，绩效薪金的 40%和任期奖励于任期结束后发放。

（二）居民个人取得股权激励的计税方法

居民个人取得股票期权、股票增值权、限制性股票、股权奖励等股权激励（简称“股权激励”），符合规定的相关条件的，在2022年12月31日前，不并入当年综合所得，全额单独适用综合所得税率表（税率表一），计算纳税。计算公式为：

应纳税额=股权激励收入×适用税率-速算扣除数

考点提示

居民个人一个纳税年度内取得两次以上（含两次）股权激励的，应合并按上述规定计算纳税。

易错易混

非居民个人一个月内取得股权激励，应按照有关规定计算境内计税的工资、薪金收入额，不与当月其他工资、薪金收入合并，按6个月分摊，不减除费用，用月度税率表计算应纳税额。

经典题解

【例题72·单选题】在2022年12月31日前，居民个人取得股票期权等股权激励的个人所得税处理正确的是（　　）。（2019年考题改编）

A. 并入当年综合所得计算纳税

B. 不作为应税所得征收个人所得税

C. 不并入当年综合所得，全额单独适用综合所得税率计算纳税

D. 不并入当年综合所得，单独适用综合所得税率按月份数分摊计算纳税

【解析】居民个人取得股票期权、股票增值权、限制性股票、股权奖励等股权激励，符合规定的相关条件的，在2022年12月31日前，不并入当年综合所得，全额单独适用综合所得税率表，计算纳税。

【答案】C

【例题73·单选题】杨先生为某上市公司的员工，公司2018年实行雇员股票期权计划。2018年7月31日，该公司授予杨先生股票期权80000股，授予价3元/股；该期权无公开市场价格，并约定2021年8月1日起可以行权，行权前不得转让。2021年8月1日杨先生将股票80000股全部行权，当日该股票的公开市场价格8元/股。杨先生股票期权行权所得应缴纳个人所得税（　　）元。

A. 0　　B. 68080　　C. 97960　　D. 164840

【解析】居民个人取得股票期权，在2022年12月31日前，不并入当年综合所得，全额单独适用综合所得税率表，计算纳税。计算公式为：应纳税额=股权激励收入×适用税率-速算扣除数=80000×（8-3）×25%-31920=68080（元）。

【答案】B

（三）远洋船员的个人所得税政策

自2019年1月1日起至2023年12月31日，远洋船员执行如下个人所得税政策：

1. 一个纳税年度内在船航行时间累计满 183 天的远洋船员，其取得的工资薪金收入减按 50% 计入应纳税所得额，依法缴纳个人所得税。

2. 远洋船员可选择在当年预扣预缴税款或者次年个人所得税汇算清缴时享受上述优惠政策。

（四）保险营销员、证券经纪人佣金收入的计税方法

1. 保险营销员、证券经纪人取得的佣金收入，属于劳务报酬所得，以不含增值税的收入减除 20% 的费用后的余额为收入额，收入额减去展业成本以及附加税费后，并入当年综合所得，计算缴纳个人所得税。保险营销员、证券经纪人展业成本按照收入额的 25% 计算。

并入综合所得的金额 = 不含增值税收入 ×（1−20%）×（1−25%）−附加税费

经典题解

【例题 74 · 单选题】 2019 年某保险营销员取得不含税佣金收入 375000 元，假定不考虑其他附加税费、专项扣除和专项附加扣除，2019 年该营销员应缴纳个人所得税（　　）元。（2019 年）

A. 9480　　B. 16080　　C. 19080　　D. 28080

【解析】（1）收入额 = 375000 ×（1−20%）= 300000（元）；展业成本 = 300000 × 25% = 75000（元）；并入综合所得的金额 = 300000 − 75000 = 225000（元）。（2）应缴纳个人所得税 =（225000 − 60000）× 20% − 16920 = 16080（元）。

【答案】 B

2. 扣缴义务人向保险营销员、证券经纪人支付佣金收入时，应按照规定的累计预扣法计算预扣税款。

考点提示

保险营销员、证券经纪人取得的佣金收入虽然属于劳务报酬所得，但是并不按照劳务报酬所得一般的预扣预缴方法预缴个人所得税。主要原因在于，对于大部分纳税人而言主要收入是工资、薪金，而对于保险营销员和证券经纪人，他们的主要收入，甚至全部收入都是佣金收入，所以按照累计预扣法预缴个人所得税，预扣预缴的税款与年度应纳税款差额相对较小，不会占用纳税人过多资金。

本期应预扣预缴税额 =（累计预扣预缴应纳税所得额 × 预扣率 − 速算扣除数）− 累计减免税额 − 累计已预扣预缴税额

累计预扣预缴应纳税所得额 = 累计收入额 − 累计减除费用 − 累计其他扣除

其中，其他扣除按照展业成本、附加税费和依法确定的其他扣除之和计算。

【案例精析】 张某是保险公司营销人员，2022 年 1 月和 2 月分别取得不含增值税保险营销佣金收入 30000 元和 35000 元，假设不考虑附加税费：

（1）1 月收入额 = 30000 ×（1−20%）= 24000（元）

1 月展业成本 = 24000 × 25% = 6000（元）

1 月预扣预缴应纳税所得额 = 24000 − 5000 − 6000 = 13000（元）

1月应预扣预缴税额＝13000×3%＝390（元）

（2）2月累计收入额＝（30000+35000）×（1−20%）＝52000（元）

2月累计展业成本＝52000×25%＝13000（元）

2月累计预扣预缴应纳税所得额＝52000−5000×2−13000＝29000（元）

2月应预扣预缴税额＝29000×3%−390＝480（元）。

经典题解

【例题75·单选题】张某是保险公司经纪人，与保险公司签订劳务合同。2022年1月从保险公司取得不含增值税佣金50000元。张某1月应预缴个人所得税（　　）元。（不考虑附加税费）

A. 750　　B. 900　　C. 975　　D. 1230

【解析】收入额＝50000×（1−20%）＝40000（元），展业成本＝40000×25%＝10000（元），累计预扣预缴应纳税所得额＝累计收入额−累计减除费用−累计其他扣除＝40000−5000−10000＝25000（元），张某1月应预缴个人所得税＝25000×3%＝750（元）。

【答案】A

（五）关于单位低价向职工售房的政策

1. 根据住房制度改革政策的有关规定，国家机关、企事业单位及其他组织在住房制度改革期间，按照所在地县级以上人民政府规定的房改成本价格向职工出售公有住房，职工因支付的房改成本价格低于房屋建造成本价格或市场价格而取得的差价收益，免征个人所得税。

2. 除上述规定情形外，单位按低于购置或建造成本价格出售住房给职工，职工因此而少支出的差价部分，不并入当年综合所得，以差价收入除以12个月得到的数额，按照月度税率表确定适用税率和速算扣除数，单独计算纳税。计算公式为：

应纳税额＝职工实际支付的购房价款低于该房屋的购置或建造成本价格的差额×适用税率−速算扣除数

（六）外籍个人有关津贴补贴的个人所得税政策（调整）

2019年1月1日至2023年12月31日，外籍个人符合居民个人条件的，可以选择享受个人所得税专项附加扣除，也可以选择按照有关规定，享受住房补贴、语言训练费、子女教育费等津补贴免税优惠政策，但不得同时享受。一经选择，在一个纳税年度内不得变更。外籍个人可以享受的免税优惠具体包括：

1. 外籍个人以非现金形式或实报实销形式取得的住房补贴、伙食补贴、搬迁费、洗衣费；外籍个人按合理标准取得的境内外出差补贴；外籍个人取得的探亲费、语言训练费、子女教育费等经当地税务机关审核批准为合理的部分。

2. 受雇于我国境内企业的外籍个人（不包括香港、澳门居民个人），因家庭等原因居住在香港、澳门，每个工作日往返于内地与香港、澳门等地区，由此境内企业（包括其关联企业）给予在香港或澳门住房、伙食、洗衣、搬迁等非现金形式或实报实销形式的补贴，凡能提供有效凭证的且经主管税务机关审核确认的。

3. 受雇于我国境内企业的外籍个人（不包括香港、澳门居民个人），就其在香港或澳门进行语言培训、子女教育而取得的费用补贴，凡能提供有效支出凭证等材料的，经主管税务机关审核确认为合理的部分。

（七）解除劳动关系、提前退休、内部退养的一次性补偿收入的个人所得税政策

1. 个人与用人单位解除劳动关系取得一次性补偿收入（包括用人单位发放的经济补偿金、生活补助费和其他补助费），在当地上年职工平均工资3倍数额以内的部分，免征个人所得税；超过3倍数额的部分，不并入当年综合所得，单独适用综合所得税率表（税率表一），计算纳税。

经典题解

【例题76·单选题】中国公民李某2021年12月底与中国境内的甲公司解除了劳动关系，从甲公司取得了一次性补偿收入360000元。李某当年工资以及当地上年职工平均工资均为6000元/月，李某应就其取得的补偿收入缴纳个人所得税（　　）元。

A. 11880　　B. 14280

C. 43080　　D. 74880

【解析】李某取得的补偿收入中216000元（6000×12×3）免征个人所得税，应纳税所得额＝360000－216000＝144000（元），查找“综合所得税率表”，确定税率为10%，速算扣除数为2520元，李某应就其取得的补偿收入缴纳个人所得税＝144000×10%－2520＝11880（元）。

【答案】A

2. 个人办理提前退休手续而取得的一次性补贴收入，应按照办理提前退休手续至法定离退休年龄之间实际年度数平均分摊，确定适用税率和速算扣除数，单独适用综合所得税率表（税率表一），计算纳税。计算公式：

$$\text{应纳税额}=\left(\frac{\text{一次性补贴收入}}{\text{办理提前退休手续至法定退休年龄的实际年度数}}-\text{费用扣除标准}\right)\times\text{适用税率}-\text{速算扣除数}\times\text{办理提前退休手续至法定退休年龄的实际年度数}$$

经典题解

【例题77·单选题】2022年5月李某正式办理了提前退休手续，距法定退休年龄还有2年，取得一次性补贴收入154000元。李某就一次性补贴收入应缴纳的个人所得税为（　　）元。

A. 510　　B. 1020

C. 4380　　D. 4680

【解析】应纳税额＝｛［（一次性补贴收入÷办理提前退休手续至法定退休年龄的实际年度数）－费用扣除标准］×适用税率－速算扣除数｝×办理提前退休手续至法定退休年龄的实际年度数＝（154000÷2－60000）×3%×2＝1020（元）。

【答案】B

3. 个人办理内部退养手续而取得的一次性补贴收入

（1）个人办理内部退养手续后从原任职单位取得一次性补贴收入，不需纳入综合所得进行年度汇算。计税时，按照办理内部退养手续后至法定离退休年龄之间的所属月份进行平均后的商数，先与领取当月的工资、薪金所得合并后减除当月费用扣除标准，以余额为基数确定适用税率（适用月度税率表），再将当月工资、薪金加上取得的一次性收入，减去费用扣除标准，按适用税率计算税额，再减除当月工资收入应缴的税额，即为该项补贴收入应纳税额。

（2）发放一次性补贴收入当月取得的工资收入，仍需要并入综合所得计算缴税。在年终汇算时，正常按照税法规定扣除基本减除费用。

【案例精析】李某2021年每月取得工资7000元。2021年5月李某办理了内部退养手续，从单位取得了一次性内部退养收入100000元。李某离正式退休时间还有20个月，假定李某2021年度没有其他综合所得，享受1名子女教育专项附加扣除，无其他扣除项目。

（1）李某离正式退休时间还有20个月，平均分摊一次性收入=100000÷20=5000（元）；

（2）5000元与当月工资7000元合并，减除当月费用扣除标准5000元，以其余额为基数按照月度税率表，确定适用税率和速算扣除数：（5000+7000）-5000=7000（元），应适用税率10%，速算扣除数210元；

（3）将当月工资7000元加上当月取得的一次性收入100000元，减去费用扣除标准5000元，计算税款（7000+100000-5000）×10%-210=9990（元）；

模拟计算单月工资应缴纳的税款=（7000-5000）×3%=60（元）；

内部退养一次性补贴收入应缴纳的税款=9990-60=9930（元）；

（4）李某2021年度工资累计预扣预缴税款（7000×12-5000×12-1000×12）×3%=360（元）；

（5）李某2021年全年应缴纳个人所得税=9930+360=10290（元）。

经典题解

【例题78·单选题】按公司减员增效政策，曲某在距法定退休还有4年的2021年3月办理内部退养手续。当月领取工资4500元及一次性补贴120000元。曲某当月应缴纳个人所得税（　　）元。（2021年）

A. 3585　　B. 3600

C. 3735　　D. 2880

【解析】（1）曲某距离法定退休时间还有4年（48个月），平均分摊一次性收入=120000÷48=2500（元）；2500元与当月工资4500元合并，减除当月费用扣除标准5000元，以其余额为基数确定适用税率（月度税率表）和速算扣除数：（2500+4500）-5000=2000（元），应适用税率3%，速算扣除数0。（2）将当月工资4500元加上当月取得的一次性收入120000元，减去费用扣除标准5000元，应缴纳的税款=（4500+120000-5000）×3%=3585（元）。

【答案】A

（八）个人转让股权的所得税政策

项目	内容
计税规则	应纳税所得额=股权转让收入-股权原值-合理费用 （1）合理费用是指股权转让时按照规定支付的有关税费 （2）按“财产转让所得”项目缴纳个人所得税 （3）以股权转让方为纳税人，以受让方为扣缴义务人 （4）扣缴义务人应于股权转让相关协议签订后5个工作日内，将股权转让的有关情况报告主管税务机关
股权转让收入	（1）股权转让收入是指转让方因股权转让而获得的现金、实物、有价证券和其他形式的经济利益 （2）转让方取得与股权转让相关的各种款项，包括违约金、补偿金以及其他名目的款项、资产、权益等，均应当并入股权转让收入 （3）纳税人按照合同约定，在满足约定条件后取得的后续收入，应当作为股权转让收入
股权转让收入核定的情形	（1）申报的股权转让收入明显偏低且无正当理由的 （2）未按照规定期限办理纳税申报，经税务机关责令限期申报，逾期仍不申报的 （3）转让方无法提供或拒不提供股权转让收入的有关资料 （4）其他应核定股权转让收入的情形
股权转让收入明显偏低的情形	（1）申报的股权转让收入低于股权对应的净资产份额的 （2）申报的股权转让收入低于初始投资成本或低于取得该股权所支付的价款及相关税费的 （3）申报的股权转让收入低于相同或类似条件下同一企业同一股东或其他股东股权转让收入的 （4）申报的股权转让收入低于相同或类似条件下同类行业的企业股权转让收入的 （5）不具合理性的无偿让渡股权或股份 （6）主管税务机关认定的其他情形
股权转让收入明显偏低视为有正当理由的	（1）能出具有效文件，证明被投资企业因国家政策调整，生产经营受到重大影响，导致低价转让股权 （2）继承或将股权转让给其能提供具有法律效力身份关系证明的配偶、父母、子女、祖父母、外祖父母、孙子女、外孙子女、兄弟姐妹以及对转让人承担直接抚养或者赡养义务的抚养人或者赡养人 （3）相关法律、政府文件或企业章程规定，并有相关资料充分证明转让价格合理且真实的本企业员工持有的不能对外转让股权的内部转让 （4）股权转让双方能够提供有效证据证明其合理性的其他合理情形

项目	内容
股权原值的确定	（1）以现金出资方式取得的股权，按照实际支付的价款与取得股权直接相关的合理税费之和确认股权原值 （2）以非货币性资产出资方式取得的股权，按照税务机关认可或核定的投资入股时非货币性资产价格与取得股权直接相关的合理税费之和确认股权原值 （3）通过无偿让渡方式取得股权，具备规定情形的，按取得股权发生的合理税费与原持有人的股权原值之和确认股权原值 （4）被投资企业以资本公积、盈余公积、未分配利润转增股本，个人股东已依法缴纳个人所得税的，以转增额和相关税费之和确认其新转增股本的股权原值 （5）除以上情形外，由主管税务机关按照避免重复征收个人所得税的原则合理确认股权原值 （6）对个人多次取得同一被投资企业股权的，转让部分股权时，采用“加权平均法”确定其股权原值
纳税申报	（1）个人股权转让所得个人所得税以被投资企业所在地税务机关为主管税务机关 （2）扣缴义务人、纳税人应当依法在次月15日内向主管税务机关申报纳税 （3）被投资企业应当在董事会或股东会结束后5个工作日内，向主管税务机关报送与股权变动事项相关的董事会或股东会决议、会议纪要等资料

经典题解

【例题79·单选题】对个人多次取得同一被投资企业股权的，计算部分股权转让的应纳税所得额时，确定转让股权原值采用的方法是（　　）。（2021年）

A. 先进先出法　　B. 加权平均法

C. 后进先出法　　D. 移动平均法

【解析】对个人多次取得同一被投资企业股权的，转让部分股权时，采用“加权平均法”确定其股权原值。

【答案】B

【例题80·单选题】对个人股权转让所得，征收个人所得税的主管税务机关是（　　）。（2017年）

A. 股权转让合同签署地的税务机关　　B. 被投资企业所在地的税务机关

C. 转让方经常居住地的税务机关　　D. 受让方户籍所在地的税务机关

【解析】个人股权转让所得个人所得税以被投资企业所在地税务机关为主管税务机关。

【答案】B

（九）个人收回转让股权的所得税政策

1. 根据有关规定，股权转让合同履行完毕、股权已作变更登记，且所得已经实现的，转让人取得的股权转让收入应当依法缴纳个人所得税。转让行为结束后，当事人双方签订并执行解除原股权转让合同、退回股权的协议，是另一次股权转让行为，对前次转让行为征收的个人所得税款不予退回。

2. 股权转让合同未履行完毕，因执行仲裁委员会作出的解除股权转让合同及补充协议的裁决、停止执行原股权转让合同，并原价收回已转让股权的，由于其股权转让行为尚未完成、收入未完全实现，随着股权转让关系的解除，股权收益不复存在，根据有关规定，以及从行政行为合理性原则出发，纳税人不应缴纳个人所得税。

（十）律师事务所从业人员的个人所得税政策

1. 律师个人出资兴办的独资和合伙性质的律师事务所的年度经营所得，从2000年1月1日起停止征收企业所得税，作为出资律师的个人经营所得，比照“经营所得”项目征收个人所得税。在计算其经营所得时，出资律师本人的工资、薪金不得扣除。

2. 律师事务所支付给雇员的所得，按“工资、薪金所得”项目征收个人所得税。

3. 作为律师事务所雇员的律师与律师事务所按规定的比例对收入分成，律师事务所不负担律师办理案件支出的费用（如交通费、资料费、通讯费及聘请人员等费用），律师当月的分成收入扣除办理案件支出的费用后，余额与律师事务所发给的工资合并，按“工资、薪金所得”项目计征个人所得税。

考点提示

律师从其分成收入中扣除办理案件支出费用的标准，由各省税务局根据当地律师办理案件费用支出的一般情况、律师与律师事务所之间的收入分成比例及其他相关参考因素，在律师当月分成收入的30%比例内确定。

4. 兼职律师从律师事务所取得工资、薪金性质的所得，律师事务所在扣缴其个人所得税时，不再减除个人所得税法规定的费用扣除标准，以收入全额（取得分成收入的为扣除办理案件支出费用后的余额）直接确定适用税率，计算扣缴个人所得税。

5. 律师以个人名义再聘请其他人员为其工作而支付的报酬，应由该律师按“劳务报酬所得”项目负责扣缴个人所得税。

经典题解

【例题81·多选题】下列说法符合律师事务所及其从业人员个人所得税征收规定的有（　　）。

A. 兼职律师从律师事务所取得工资、薪金性质的所得，事务所在扣缴其个人所得税时，应扣除税法规定的费用扣除标准

B. 计算律师事务所经营所得时，出资律师本人的工资、薪金不得扣除

C. 律师事务所向该所作为律师的投资者支付的所得，应按工资、薪金所得扣缴个人所得税

D. 受雇于律师事务所的律师从事务所取得的分成收入，应单独作为一个月的工资薪金，扣除办案费用后缴纳个人所得税

E. 律师从接受法律事务服务的当事人处取得的法律顾问费，应并入该律师从事务所取得的其他收入，按规定计算缴纳个人所得税

【解析】选项 A：兼职律师从律师事务所取得工资、薪金性质的所得，事务所在扣缴其个人所得税时，不再减除税法规定的费用扣除标准。选项 C：律师事务所向该所作为律师的投资者支付的所得，不得按工资、薪金所得应税项目征收个人所得税，应按照经营所得项目征收个人所得税。选项 D：受雇于律师事务所的律师从事务所取得的分成收入按规定扣除办理案件支出的费用后，余额与律师事务所发给的工资合并，按工资、薪金所得应税项目计征个人所得税。选项 E：律师从接受法律事务服务的当事人处取得的法律顾问费，应并入该律师从事务所取得的其他收入，投资者律师比照“经营所得”应税项目征收个人所得税；雇员律师按照“工资、薪金所得”应税项目征收个人所得税。

【答案】BE

（十一）企业转增股本的个人所得税政策

<table>
<tr><th>企业类型</th><th>转增股本的相关政策</th></tr>
<tr><td>股份制企业</td><td>股份制企业用资本公积金转增股本，不属于股息、红利性质的分配，对个人取得的转增股本数额，不作为个人所得，不征收个人所得税
【考点提示】资本公积金，是指股份制企业股票溢价发行收入所形成的资本公积金</td></tr>
<tr><td>非上市及未在“新三板”挂牌的中小高新技术企业</td><td>（1）个人股东获得转增的股本，应按照“利息、股息、红利所得”项目，适用 20%税率征收个人所得税
（2）自 2016 年 1 月 1 日起，全国范围内的中小高新技术企业以未分配利润、盈余公积、资本公积向个人股东转增股本时，个人股东一次缴纳个人所得税确有困难的，可根据实际情况自行制定分期缴税计划，在不超过5 个公历年度内（含）分期缴纳，并将有关资料报主管税务机关备案
（3）股东转让股权并取得现金收入的，该现金收入应优先用于缴纳尚未缴清的税款
（4）在股东转让该部分股权之前，企业依法宣告破产，股东进行相关权益处置后没有取得收益或收益小于初始投资额的，主管税务机关对其尚未缴纳的个人所得税可不予追征</td></tr>
<tr><td>上市公司</td><td rowspan="2">向个人股东转增股本（不含以股票发行溢价形成的资本公积转增股本），股东应纳的个人所得税，继续按照现行有关股息红利差别化个人所得税政策执行：持股期限在 1 个月以内（含 1 个月）的，其股息红利所得全额计入应纳税所得额；持股期限在 1 个月以上至 1 年（含 1 年）的，暂减按50%计入应纳税所得额；上述所得统一适用 20%的税率计征个人所得税</td></tr>
<tr><td>上市或在“新三板”挂牌的中小高新技术企业</td></tr>
<tr><td>其他企业</td><td>非上市及未在全国中小企业股份转让系统挂牌的其他企业转增股本，应及时代扣代缴个人所得税</td></tr>
</table>

（十二）个人投资者收购企业股权后将盈余积累转增股本的所得税政策

一名或多名个人投资者以股权收购方式取得被收购企业100%股权，股权收购前，被收购企业原账面金额中的“资本公积、盈余公积、未分配利润”等盈余积累未转增股本，而在股权交易时将其一并计入股权转让价格并履行了所得税纳税义务。股权收购后，企业将原账面金额中的盈余积累向个人投资者（新股东，下同）转增股本，有关个人所得税问题的处理：

1. 新股东以不低于净资产价格收购股权的，企业原盈余积累已全部计入股权交易价格，新股东取得盈余积累转增股本的部分，不征收个人所得税。

2. 新股东以低于净资产价格收购股权的，企业原盈余积累中，对于股权收购价格减去原股本的差额部分已经计入股权交易价格，新股东取得盈余积累转增股本的部分，不征收个人所得税；对于股权收购价格低于原所有者权益的差额部分未计入股权交易价格，新股东取得盈余积累转增股本的部分，应按照“利息、股息、红利所得”项目征收个人所得税。

3. 新股东将所持股权转让时，其财产原值为其收购企业股权实际支付的对价及相关税费。

4. 企业发生股权交易及转增股本等事项后，应在次月15日内，将股东及其股权变化情况、股权交易前原账面记载的盈余积累数额、转增股本数额及扣缴税款情况报告主管税务机关。

【案例精析】甲企业原账面资产总额8000万元，负债3000万元，所有者权益5000万元，其中：实收资本（股本）1000万元，资本公积、盈余公积、未分配利润等盈余积累合计4000万元。假定多名自然人投资者（新股东）向甲企业原股东购买该企业100%股权，股权收购价4500万元，新股东收购企业后，甲企业将资本公积、盈余公积、未分配利润等盈余积累4000万元向新股东转增实收资本。在新股东4500万元股权收购价格中，除了实收资本1000万元外，实际上相当于以3500万元购买了原股东4000万元的盈余积累，即：4000万元盈余积累中，有3500万元计入了股权交易价格，剩余500万元未计入股权交易价格。甲企业向新股东转增实收资本时，其中所转增的3500万元不征收个人所得税，所转增的500万元应按“利息、股息、红利所得”项目缴纳个人所得税。

经典题解

【例题82·多选题】个人投资者收购企业股权后将原盈余积累转增股本，被收购企业应在规定的时间内向主管税务机关报送的资料有（　　）。（2018年）

A. 公司章程的变化

B. 扣缴税款情况

C. 转增股本数额

D. 股权交易前原账面记载的盈余积累数额

E. 股东及其股权变化情况

【解析】企业发生股权交易及转增股本等事项后，应在次月15日内，将股东及其股权变化情况、股权交易前原账面记载的盈余积累数额、转增股本数额及扣缴税款情况报告主管税务机关。

【答案】BCDE

（十三）创业投资企业和天使投资个人的税收政策

投资主体	政策
公司制创业投资企业	公司制创业投资企业采取股权投资方式直接投资于种子期、初创期科技型企业满2年（24个月，下同）的，可以按照投资额的70%在股权持有满2年的当年抵扣该公司制创业投资企业的应纳税所得额；当年不足抵扣的，可以在以后纳税年度结转抵扣
有限合伙制创业投资企业	有限合伙制创业投资企业采取股权投资方式直接投资于初创科技型企业满2年的，该合伙创投企业的合伙人分别按以下方式处理： （1）法人合伙人可以按照对初创科技型企业投资额的70%抵扣法人合伙人从合伙创投企业分得的所得；当年不足抵扣的，可以在以后纳税年度结转抵扣 （2）个人合伙人可以按照对初创科技型企业投资额的70%抵扣个人合伙人从合伙创投企业分得的经营所得；当年不足抵扣的，可以在以后纳税年度结转抵扣
天使投资个人	（1）天使投资个人采取股权投资方式直接投资于初创科技型企业满2年的，可以按照投资额的70%抵扣转让该初创科技型企业股权取得的应纳税所得额；当期不足抵扣的，可以在以后取得转让该初创科技型企业股权的应纳税所得额时结转抵扣 （2）天使投资个人投资多个初创科技型企业的，对其中办理注销清算的初创科技型企业，天使投资个人对其投资额的70%尚未抵扣完的，可自注销清算之日起36个月内抵扣天使投资个人转让其他初创科技型企业股权取得的应纳税所得额

（十四）创业投资企业个人合伙人的所得税政策

自2019年1月1日起至2023年12月31日，创投企业可以选择按单一投资基金核算或者按创投企业年度所得整体核算两种方式之一，对其个人合伙人来源于创投企业的所得计算个人所得税应纳税额：

1. 创投企业选择按单一投资基金核算的，其个人合伙人从该基金应分得的股权转让所得和股息红利所得，按照20%税率计算缴纳个人所得税。

2. 创投企业选择按年度所得整体核算的，其个人合伙人应从创投企业取得的所得，按照“经营所得”项目、以5%～35%的超额累进税率计算缴纳个人所得税。

（十五）、股权激励和技术入股的所得税政策

1. 非上市公司授予本公司员工的股票期权、股权期权、限制性股票和股权奖励，符合规定条件的，经向主管税务机关备案，可实行递延纳税政策，即员工在取得股权激励时可暂不纳税，递延至转让该股权时纳税；股权转让时，按照股权转让收入减除股权取得成本以及合理税费后的差额，适用“财产转让所得”项目，按照20%的税率计算缴纳个人所得税。

考点提示

股权转让时，股票（权）期权取得成本按行权价确定，限制性股票取得成本按实际出资额确定，股权奖励取得成本为零。

2. 上市公司授予个人的股票期权、限制性股票和股权奖励，经向主管税务机关备案，个人可自股票期权行权、限制性股票解禁或取得股权奖励之日起，在不超过12个月的期限内缴纳个人所得税。

3. 企业或个人以技术成果投资入股到境内居民企业，被投资企业支付的对价全部为股票（权）的，企业或个人可选择继续按现行有关税收政策执行，也可选择适用递延纳税优惠政策。

选择技术成果投资入股递延纳税政策的，经向主管税务机关备案，投资入股当期可暂不纳税，允许递延至转让股权时，按股权转让收入减去技术成果原值和合理税费后的差额计算缴纳所得税。

经典题解

【例题83·单选题】 非上市公司授予本公司员工的股票期权，符合规定条件并向主管税务机关备案的，可享受个人所得税的（　　）。（2017年、2019年）

A. 免税政策　　B. 减税政策

C. 不征税政策　　D. 递延纳税政策

【解析】 非上市公司授予本公司员工的股票期权、股权期权、限制性股票和股权奖励，符合规定条件的，经向主管税务机关备案，可实行递延纳税政策，即员工在取得股权激励时可暂不纳税，递延至转让该股权时纳税。

【答案】 D

易错易混

上市公司及新三板挂牌公司在税收政策适用中易混淆的几个问题：

情形	上市公司	新三板挂牌公司
股权激励	**【原则】** 适用上市公司股权激励政策（新增） （1）授权时一般不征税 （2）行权时按工资、薪金所得征税 员工行权（指不可公开交易的股票期权）时，其从企业取得股票的实际购买价（施权价）低于购买日公平市场价（指该股票当日的收盘价）的差额，是因员工在企业的表现和业绩情况而取得的与任职、受雇有关的所得，应按“工资、薪金所得”适用的规定计算缴纳个人所得税	**【原则】** 适用非上市公司股权激励政策 在新三板或其他产权交易所挂牌的企业，属于非上市公司，应按照非上市公司股权激励相关税收政策执行 对符合条件的非上市公司股票期权、股权期权、限制性股票和股权奖励实行递延纳税政策。非上市公司授予本公司员工的股票期权、股权期权、限制性股票和股权奖励，符合规定条件的，经向主管税务机关备案，可实行递延纳税政策，即员工在取得股权激励时可暂不纳税，递延至转让该股权时纳税；股权转让时，按照股权转让收入减除股权取得成本以及合理税费后的差额，适用“财产转让所得”项目，按照20%的税率计算缴纳个人所得税

情形	上市公司	新三板挂牌公司
股息、红利分配	【原则】适用股息、红利差别化政策 个人从公开发行和转让市场取得的上市公司股票或持有挂牌公司的股票，持股期限在1个月以内（含1个月）的，其股息红利所得全额计入应纳税所得额；持股期限在1个月以上至1年（含1年）的，暂减按50%计入应纳税所得额；持股期限超过1年的，暂免征收个人所得税。上述所得统一适用20%的税率计征个人所得税	
股票溢价形成的资本公积转增股本的个人所得税	不征	

（十六）促进科技成果转化取得奖励的所得税政策

奖励形式	政策
股权奖励	（1）科研机构、高等学校转化职务科技成果以股份或出资比例等股权形式给予科技人员个人奖励，暂不征收个人所得税 （2）在获奖人按股份、出资比例获得分红时，对其所得按“利息、股息、红利所得”应税项目征收个人所得税 （3）获奖人转让股权、出资比例，对其所得按“财产转让所得”应税项目征收个人所得税，财产原值为零
现金奖励	依法批准设立的非营利性研究开发机构和高等学校，根据《中华人民共和国促进科技成果转化法》规定，从职务科技成果转化收入中给予科技人员的现金奖励，可减按50%计入科技人员当月“工资、薪金所得”，依法缴纳个人所得税

27 公益慈善事业捐赠的个人所得税政策（★★★）

1. 个人通过中华人民共和国境内公益性社会组织、县级以上人民政府及其部门等国家机关，向教育、扶贫、济困等公益慈善事业的捐赠（简称“公益捐赠”），捐赠额未超过纳税人申报的应纳税所得额30%的部分，可以从其应纳税所得额中扣除；国务院规定对公益慈善事业捐赠实行全额税前扣除的，从其规定。

2. 个人发生的公益捐赠支出金额，按照以下规定确定：

（1）捐赠货币性资产的，按照实际捐赠金额确定；

（2）捐赠股权、房产的，按照个人持有股权、房产的财产原值确定；

（3）捐赠除股权、房产以外的其他非货币性资产，按照非货币性资产的市场价格确定。

经典题解

【例题 84 · 单选题】 个人捐赠的下列非货币性资产中，应按财产原值确定个人捐赠支出额的是（　　）。（2021 年）

A. 专利技术　　B. 房产

C. 土地使用权　　D. 机器设备

【解析】 捐赠股权、房产的，其捐赠支出金额按照个人持有股权、房产的财产原值确定。捐赠除股权、房产以外的其他非货币性资产，按照非货币性资产的市场价格确定。

【答案】 B

3. 居民个人按照以下规定扣除公益捐赠支出：

项目	内容
扣除原则	(1) 居民个人发生的公益捐赠支出可以在财产租赁所得、财产转让所得、利息股息红利所得、偶然所得（以下统称“分类所得”）、综合所得或者经营所得中扣除。在当期一个所得项目扣除不完的公益捐赠支出，可以按规定在其他所得项目中继续扣除 (2) 居民个人发生的公益捐赠支出，在综合所得、经营所得中扣除的，扣除限额分别为当年综合所得、当年经营所得应纳税所得额的 30%；在分类所得中扣除的，扣除限额为当月分类所得应纳税所得额的 30% (3) 居民个人根据各项所得的收入、公益捐赠支出、适用税率等情况，自行决定在综合所得、分类所得、经营所得中扣除的公益捐赠支出的顺序 (4) 个人同时发生按 30% 扣除和全额扣除的公益捐赠支出，自行选择扣除次序
在综合所得中扣除公益捐赠支出	(1) 居民个人取得工资薪金所得的，可以选择在预扣预缴时扣除，也可以选择在年度汇算清缴时扣除。居民个人选择在预扣预缴时扣除的，应按照累计预扣法计算扣除限额，其捐赠当月的扣除限额为截至当月累计应纳税所得额的 30%（全额扣除的从其规定）。个人从两处以上取得工资薪金所得，选择其中一处扣除，选择后当年不得变更 (2) 居民个人取得劳务报酬所得、稿酬所得、特许权使用费所得的，预扣预缴时不扣除公益捐赠支出，统一在汇算清缴时扣除 (3) 居民个人取得全年一次性奖金、股权激励等所得，且按规定采取不并入综合所得而单独计税方式处理的，公益捐赠支出扣除比照分类所得的扣除规定处理
在经营所得中扣除公益捐赠支出	(1) 个体工商户发生的公益捐赠支出，在其经营所得中扣除 (2) 个人独资企业、合伙企业发生的公益捐赠支出，其个人投资者应当按照捐赠年度合伙企业的分配比例（个人独资企业分配比例为 100%），计算归属于每一个人投资者的公益捐赠支出，个人投资者应将其归属的个人独资企业、合伙企业公益捐赠支出和本人需要在经营所得扣除的其他公益捐赠支出合并，在其经营所得中扣除 (3) 在经营所得中扣除公益捐赠支出的，可以选择在预缴税款时扣除，也可以选择在汇算清缴时扣除 (4) 经营所得采取核定征收方式的，不扣除公益捐赠支出

项目	内容
在分类所得中扣除公益捐赠支出	（1）居民个人发生的公益捐赠支出，可在捐赠当月取得的分类所得中扣除 （2）当月分类所得应扣除未扣除的公益捐赠支出，可以按照以下规定追补扣除： ①扣缴义务人已经代扣但尚未解缴税款的，居民个人可以向扣缴义务人提出追补扣除申请，退还已扣税款 ②扣缴义务人已经代扣且解缴税款的，居民个人可以在公益捐赠之日起90日内提请扣缴义务人向征收税款的税务机关办理更正申报追补扣除，税务机关和扣缴义务人应当予以办理 ③居民个人自行申报纳税的，可以在公益捐赠之日起90日内向主管税务机关办理更正申报追补扣除 （3）居民个人捐赠当月有多项多次分类所得的，应先在其中一项一次分类所得中扣除。已经在分类所得中扣除的公益捐赠支出，不再调整到其他所得中扣除

4. 非居民个人发生的公益捐赠支出，未超过其在公益捐赠支出发生的当月应纳税所得额30%的部分，可以从其应纳税所得额中扣除。扣除不完的公益捐赠支出，可以在经营所得中继续扣除。

经典题解

【例题85·多选题】 根据公益慈善事业捐赠个人所得税的相关政策，下列说法正确的有（　　）。

A. 捐赠股权、房产的，其捐赠支出金额按照个人持有股权、房产的公允价值确定

B. 非居民个人发生的公益捐赠支出，未超过其在公益捐赠支出发生的当月应纳税所得额30%的部分，可以从其应纳税所得额中扣除

C. 居民个人取得工资薪金所得的，其发生的捐赠支出可以选择在预扣预缴时扣除，也可以选择在年度汇算清缴时扣除

D. 居民个人取得劳务报酬所得、稿酬所得、特许权使用费所得的，其发生的捐赠支出可以在预扣预缴时扣除，也可以选择在年度汇算清缴时扣除

E. 居民个人发生的公益捐赠支出可以在财产租赁所得、财产转让所得、利息股息红利所得、偶然所得、综合所得或者经营所得中扣除。在当期一个所得项目扣除不完的公益捐赠支出，可以按规定在其他所得项目中继续扣除

【解析】 选项A：捐赠股权、房产的，其捐赠支出金额按照个人持有股权、房产的财产原值确定。选项D：居民个人取得劳务报酬所得、稿酬所得、特许权使用费所得的，预扣预缴时不扣除公益捐赠支出，统一在汇算清缴时扣除。

【答案】 BCE

【例题86·单选题】 王某于2022年1月初入职某上市公司，每月工资薪金收入为15000元，每月自行负担三险一金1500元。2月王某通过公益性社会组织向希望小学捐款2000元，就该笔捐赠支出王某选择在工资薪金预扣预缴时扣除。已知王某1月已被预扣预缴个人所得税255元。不考虑其他扣除项目，2月王某需预缴个人所得税（　　）元。

A. 195　　B. 450　　C. 510　　D. 540

【解析】 居民个人取得工资薪金所得的，其发生的公益捐赠支出，可以选择在预扣预缴时扣除，也可以选择在年度汇算清缴时扣除。居民个人选择在预扣预缴时扣除的，应按照累计预扣法计算扣除限额，其捐赠当月的扣除限额为截至当月累计应纳税所得额的30%。2月累计预扣预缴应纳税所得额＝15000×2－1500×2－5000×2＝17000（元），公益性捐赠税前扣除限额＝17000×30%＝5100（元）＞捐赠支出2000元，准予全额在税前扣除。2月王某需预缴个人所得税＝（17000－2000）×3%－255＝195（元）。

【答案】 A

28 取得境外所得的个人所得税政策（★★★）

1. 个人境外所得税额扣除原则

（1）居民个人从中国境外取得所得，可以从其应纳税额中抵免已在境外缴纳的个人所得税税额，但抵免额不得超过该纳税人境外所得依照规定计算的应纳税额。

【解释】 已在境外缴纳的个人所得税税额，是指居民个人来源于中国境外的所得，依照该所得来源国家（地区）的法律应当缴纳并且实际已经缴纳的所得税税额。

（2）纳税人境外所得依照我国规定计算的应纳税额，是居民个人抵免已在境外缴纳的综合所得、经营所得以及分类所得的所得税税额的限额（简称"抵免限额"）。除国务院财政、税务主管部门另有规定外，来源于中国境外一个国家（地区）的综合所得抵免限额、经营所得抵免限额以及分类所得抵免限额之和，为来源于该国家（地区）所得的抵免限额。

（3）居民个人在中国境外一个国家（地区）实际已经缴纳的个人所得税税额，低于依照规定计算出的来源于该国家（地区）所得的抵免限额的，应当在中国缴纳差额部分的税款；超过来源于该国家（地区）所得的抵免限额的，其超过部分不得在本纳税年度的应纳税额中抵免，但是可以在以后纳税年度来源于该国家（地区）所得的抵免限额的余额中补扣。补扣期限最长不得超过5年。

（4）居民个人申请抵免已在境外缴纳的个人所得税税额，应当提供境外税务机关出具的税款所属年度的有关纳税凭证。

2. 个人境外所得税额扣除方法

（1）居民个人应当依照个人所得税法及其实施条例规定，按照以下方法计算当期境内和境外所得应纳税额：

来源于境外所得类型	境内和境外所得应纳税额的计算方法
综合所得	与境内综合所得合并计算应纳税额
经营所得	与境内经营所得合并计算应纳税额 **【考点提示】** 居民个人来源于境外的经营所得，按照个人所得税法及其实施条例的有关规定计算的亏损，不得抵减其境内或他国（地区）的应纳税所得额，但可以用来源于同一国家（地区）以后年度的经营所得按中国税法规定弥补
分类所得	不与境内所得合并，应当分别单独计算应纳税额

（2）居民个人在一个纳税年度内来源于中国境外的所得，依照所得来源国家（地区）税收法律规定在中国境外已缴纳的所得税税额允许在抵免限额内从其该纳税年度应纳税额中抵免。

居民个人来源于一国（地区）的综合所得、经营所得以及其他分类所得项目的应纳税额为其抵免限额，按照下列公式计算：

所得类型	抵免限额计算公式
综合所得	来源于一国（地区）综合所得抵免限额＝中国境内和境外综合所得应纳税额×$\frac{\text{来源于该国（地区）的综合所得收入额}}{\text{中国境内和境外综合所得收入额合计}}$
经营所得	来源于一国（地区）经营所得抵免限额＝中国境内和境外经营所得应纳税额×$\frac{\text{来源于该国（地区）的经营所得应纳税所得额}}{\text{中国境内和境外经营所得应纳税所得额合计}}$
分类所得	来源于一国（地区）其他分类所得抵免限额＝该国（地区）的其他分类所得计算的应纳税额
一国（地区）全部所得	来源于一国（地区）所得抵免限额＝来源于该国（地区）综合所得抵免限额+来源于该国（地区）经营所得抵免限额+来源于该国（地区）其他分类所得抵免限额

考点提示

个人计算境外税款抵免限额的方法采用的是“分国分项、分国加总”的方法，不同于企业境外税款抵免限额“分国（地区）不分项”和“不分国（地区）不分项”的计算方法。

（3）居民个人从中国境外取得所得的，应当在取得所得的次年3月1日至6月30日内申报纳税。

【案例精析】居民个人张先生2021年度在中国境内工作期间取得工资薪金收入300000元，在A国工作期间取得工资薪金收入200000元，无其他综合所得，需要合并计算其在境内、境外的综合所得。已知其综合所得可扣除基本减除费用60000元、专项扣除30000元、专项附加扣除40000元，还可税前扣除公益性捐赠20000元。同时，张先生当年取得来源于A国的股息红利收入100000元，已按A国税法规定缴纳个人所得税10000元。假设张先生来源于中国境内的工资薪金没有进行预扣预缴，从A国取得的工资薪金收入已经在A国缴纳个人所得税60000元。在不考虑税收协定因素的情况下：

（1）张先生2021年度取得的全部境内、境外综合所得的应纳税所得额＝300000+200000−60000−30000−40000−20000＝350000（元）；

（2）按我国税法规定，张先生2021年度的境内、境外综合所得应纳税额＝350000×25%−31920＝55580（元），股息红利所得应纳税额＝100000×20%＝20000（元），境内、境外所得应纳税额合计＝55580+20000＝75580（元）；

（3）张先生取得的A国综合所得抵免限额＝55580×$\frac{200000}{300000+200000}$＝22232（元）；来源于A国其他分类所得的抵免限额＝100000×20%＝20000（元）；来源于A国所得的税收抵免限额合计＝22232+20000＝42232（元）；

（4）张先生在A国实际已缴纳个人所得税税款为70000元，大于其可抵免的境外所得税收抵免限额42232元，按照孰低原则，张先生在2021年来源于A国的境外所得仅可抵免42232元，尚未抵免完毕的27768（70000-42232）元可在以后五个纳税年度申报从A国取得的境外所得抵免限额的余额中结转抵免；

（5）张先生2021年应在境内缴纳税款=55580+20000-42232=33348（元）。

经典题解

【例题87·单选题】中国公民李某2021年在A国取得偶然所得8000元，按A国税法规定缴纳了个人所得税2000元。假设李某当年在国内外无其他所得项目，李某当年在中国应补缴个人所得税（　　）元。

A. 600　　B. 1000　　C. 0　　D. 2000

【解析】李某取得的偶然所得在我国的抵免限额=8000×20%=1600（元）<2000元（境外实际已纳税额），无须在我国补税。

【答案】C

第六单元　征收管理

查看本单元视频，快速GET知识点
使用“会计云课堂”App或“微信”扫码

29 扣缴申报管理方法（★★）

1. 扣缴义务人应当依法办理全员全额扣缴申报。

考点提示

全员全额扣缴申报，是指扣缴义务人应当在代扣税款的次月15日内，向主管税务机关报送其支付所得的所有个人的有关信息、支付所得数额、扣除事项和数额、扣缴税款的具体数额和总额以及其他相关涉税信息资料。

2. 实行个人所得税全员全额扣缴申报的应税所得包括：

（1）工资、薪金所得；

（2）劳务报酬所得；

（3）稿酬所得；

（4）特许权使用费所得；

（5）利息、股息、红利所得；

（6）财产租赁所得；

（7）财产转让所得；

（8）偶然所得。

3. 税务机关对扣缴义务人按照规定扣缴的税款（不包括税务机关、司法机关等查补或者责令补扣的税款），按年付给2%的手续费，扣缴义务人领取的扣缴手续费可用于提升办税能力、奖励办税人员。

30 自行纳税申报管理方法（★★★）

办理纳税申报情形	纳税申报具体适用情形	申报时间	申报地点
取得综合所得需要办理汇算清缴的纳税申报（调整）	取得综合所得且符合下列情形之一的纳税人，应当依法办理汇算清缴： ①已预缴税额大于年度汇算应纳税额且申请退税的 ②纳税年度内取得的综合所得收入超过12万元且需要补税金额超过400元的 ③因适用所得项目错误或者扣缴义务人未依法履行扣缴义务，造成纳税年度内少申报或者未申报综合所得的，纳税人应当依法据实办理年度汇算	应当在取得所得的次年3月1日至6月30日内	①向任职、受雇单位所在地主管税务机关办理纳税申报 ②有两处以上任职、受雇单位的，选择向其中一处任职、受雇单位所在地主管税务机关办理纳税申报 ③没有任职、受雇单位的，向户籍所在地、经常居住地或主要收入来源地主管税务机关办理纳税申报 ④单位为纳税人代办年度汇算的，向单位的主管税务机关申报
取得应税所得没有扣缴义务人的纳税申报	取得经营所得，没有扣缴义务人	按年计算个人所得税，由纳税人在月度或季度终了后15日内预缴，在取得所得的次年3月31日前汇算清缴	①向经营管理所在地主管税务机关办理预缴纳税申报 ②向经营管理所在地主管税务机关办理汇算清缴；从两处以上取得经营所得的，选择向其中一处经营管理所在地主管税务机关办理年度汇总申报
取得应税所得，扣缴义务人未扣缴税款的纳税申报	居民个人取得综合所得，扣缴义务人未扣缴税款的	按综合所得汇算清缴的相关规定办理	
	非居民个人取得工资、薪金所得，劳务报酬所得，稿酬所得，特许权使用费所得的，扣缴义务人未扣缴税款的	①应当在取得所得的次年6月30日前 ②非居民个人在次年6月30日前离境（临时离境除外）的，应当在离境前办理纳税申报	①向扣缴义务人所在地主管税务机关办理纳税申报 ②有两个以上扣缴义务人均未扣缴税款的，选择向其中一处扣缴义务人所在地主管税务机关办理纳税申报
	纳税人取得利息、股息、红利所得，财产租赁所得，财产转让所得和偶然所得，扣缴义务人未扣缴税款的	①应当在取得所得的次年6月30日前 ②税务机关通知限期缴纳的，纳税人应当按照期限缴纳税款	按相关规定向主管税务机关办理纳税申报

办理纳税申报情形	纳税申报具体适用情形	申报时间	申报地点
取得境外所得的纳税申报	居民个人从中国境外取得所得的	应当在取得所得的次年 3 月 1 日至 6 月 30 日内	①向中国境内任职、受雇单位所在地主管税务机关办理纳税申报；有两处及以上任职、受雇单位的，可自行选择向其中一处申报 ②在中国境内没有任职受雇单位的，向户籍所在地、中国境内经常居住地或者主要收入来源地主管税务机关办理纳税申报
因移居境外注销中国户籍的纳税申报	①纳税人在注销户籍年度取得综合所得的 ②纳税人在注销户籍年度取得经营所得的 ③纳税人在注销户籍当年取得利息、股息、红利所得，财产租赁所得，财产转让所得和偶然所得的 ④纳税人有未缴或者少缴税款的	应当在**申请注销户籍前**	向户籍所在地主管税务机关办理纳税申报
非居民个人在中国境内从两处以上取得工资、薪金所得的纳税申报	非居民个人在中国境内从两处以上取得工资、薪金所得的	应当在取得所得的次月 15 日内	向其中一处任职、受雇单位所在地主管税务机关办理纳税申报

经典题解

【例题 88 · 多选题】 根据个人所得税法的相关规定，下列关于纳税申报的表述中，错误的有（　　）。

A. 非居民个人取得工资、薪金所得，有扣缴义务人的，由扣缴义务人代扣代缴税款，不办理汇算清缴

B. 纳税人取得经营所得，按年计算个人所得税，由纳税人在月度或者季度终了后 15 日内向税务机关报送纳税申报表，并预缴税款，在取得所得的次年 3 月 1 日至 6 月 30 日内办理汇算清缴

C. 非居民个人在中国境内从两处以上取得工资、薪金所得的，应当在取得所得的次月 15 日内申报纳税

D. 居民个人从中国境外取得所得的，应当在取得所得的次年3月31日前申报纳税

E. 纳税人取得财产租赁所得，按次计算个人所得税，有扣缴义务人的，由扣缴义务人按次代扣代缴税款

【解析】选项B：纳税人取得经营所得，按年计算个人所得税，由纳税人在月度或者季度终了后15日内向税务机关报送纳税申报表，并预缴税款，在取得所得的次年3月31日前办理汇算清缴；选项D：居民个人从中国境外取得所得的，应当在取得所得的次年3月1日至6月30日内申报纳税。

【答案】BD

31 专项附加扣除操作办法（★★★）

（一）专项附加扣除享受时间

专项附加扣除项目	扣除享受时间
3岁以下婴幼儿照护（新增）	为婴幼儿出生的当月至年满3周岁的前一个月
子女教育	①学前教育阶段，为子女年满3周岁当月至小学入学前一月 ②学历教育，为子女接受全日制学历教育入学的当月至全日制学历教育结束的当月 【考点提示】学历教育的期间，包含因病或其他非主观原因休学但学籍继续保留的休学期间，以及施教机构按规定组织实施的寒暑假等假期
继续教育	①学历（学位）继续教育，为在中国境内接受学历（学位）继续教育入学的当月至学历（学位）继续教育结束的当月，同一学历（学位）继续教育的扣除期限最长不得超过48个月 【考点提示】学历（学位）继续教育的期间，包含因病或其他非主观原因休学但学籍继续保留的休学期间，以及施教机构按规定组织实施的寒暑假等假期 ②技能人员职业资格继续教育、专业技术人员职业资格继续教育，为取得相关证书的当年
大病医疗	为医疗保障信息系统记录的医药费用实际支出的当年
住房贷款利息	为贷款合同约定开始还款的当月至贷款全部归还或贷款合同终止的当月，扣除期限最长不得超过240个月
住房租金	①为租赁合同（协议）约定的房屋租赁期开始的当月至租赁期结束的当月 ②提前终止合同（协议）的，以实际租赁期限为准
赡养老人	为被赡养人年满60周岁的当月至赡养义务终止的年末

（二）专项附加扣除办理时间

专项附加扣除项目	扣除办理时间
3岁以下婴幼儿照护 子女教育 继续教育 住房贷款利息 住房租金 赡养老人	①自符合条件开始，可以向支付工资、薪金所得的扣缴义务人提供专项附加扣除有关信息，由扣缴义务人在预扣预缴税款时，按其在本单位本年可享受的累计扣除额办理扣除 ②也可以在次年3月1日至6月30日内，向汇缴地主管税务机关办理汇算清缴申报时扣除 ③纳税人同时从两处以上取得工资、薪金所得，并由扣缴义务人办理专项附加扣除的，对同一专项附加扣除项目，一个纳税年度内，纳税人只能选择从其中一处扣除
大病医疗	在次年3月1日至6月30日内，自行向汇缴地主管税务机关办理汇算清缴申报时扣除

经典题解

【例题89·多选题】根据个人所得税法的相关规定，下列各专项附加扣除在综合所得中扣除时，居民个人可以选择在预扣预缴时扣除，也可以选择在办理汇算清缴申报时扣除的有（　　）。

A. 子女教育支出

B. 学历（学位）继续教育支出

C. 大病医疗支出

D. 赡养老人支出

E. 住房贷款利息支出

【解析】选项C：只能在次年3月1日至6月30日内，自行向汇缴地主管税务机关办理汇算清缴申报时扣除。考生可以这样理解，没有人会按时按点的准时生病，只有一年过去了，才会知道这一年中是否发生准予扣除的大病医疗支出及其金额；但是，3岁以下婴幼儿照护、子女教育、继续教育、住房贷款利息或者住房租金、赡养老人支出，这些是一个持续的过程，所以可以在预扣预缴时扣除。

【答案】ABDE

（三）专项附加扣除报送信息及留存资料

专项附加扣除项目	报送信息	留存资料
3岁以下婴幼儿照护（新增）	应当填报配偶及子女的姓名、身份证件类型（如居民身份证、子女出生医学证明等）及号码以及本人与配偶之间扣除分配比例等信息	子女的出生医学证明等资料

专项附加扣除项目	报送信息	留存资料
子女教育	应当填报配偶及子女的姓名、身份证件类型及号码、子女当前受教育阶段及起止时间、子女就读学校以及本人与配偶之间扣除分配比例等信息	子女在境外接受教育的，应当留存境外学校录取通知书、留学签证等境外教育佐证资料
继续教育	①接受学历（学位）继续教育的，应当填报教育起止时间、教育阶段等信息 ②接受技能人员或者专业技术人员职业资格继续教育的，应当填报证书名称、证书编号、发证机关、发证（批准）时间等信息	纳税人接受技能人员职业资格继续教育、专业技术人员职业资格继续教育的，应当留存职业资格相关证书等资料
大病医疗	应当填报患者姓名、身份证件类型及号码、与纳税人关系、与基本医保相关的医药费用总金额、医保目录范围内个人负担的自付金额等信息	大病患者医药服务收费及医保报销相关票据原件或复印件，或者医疗保障部门出具的纳税年度医药费用清单等资料
住房贷款利息	①应当填报住房权属信息、住房坐落地址、贷款方式、贷款银行、贷款合同编号、贷款期限、首次还款日期等信息 ②纳税人有配偶的，填写配偶姓名、身份证件类型及号码	住房贷款合同、贷款还款支出凭证等资料
住房租金	①应当填报主要工作城市、租赁住房坐落地址、出租人姓名及身份证件类型和号码或者出租方单位名称及纳税人识别号（社会统一信用代码）、租赁起止时间等信息 ②纳税人有配偶的，填写配偶姓名、身份证件类型及号码	住房租赁合同或协议等资料
赡养老人	①应当填报纳税人是否为独生子女、月扣除金额、被赡养人姓名及身份证件类型和号码、与纳税人关系 ②有共同赡养人的，需填报分摊方式、共同赡养人姓名及身份证件类型和号码等信息	约定或指定分摊的书面分摊协议等资料

32 反避税规定（★★）

1. 有下列情形之一的，税务机关有权按照合理方法进行纳税调整：

（1）个人与其关联方之间的业务往来不符合独立交易原则而减少本人或者其关联方应纳税额，且无正当理由；

（2）居民个人控制的，或者居民个人和居民企业共同控制的设立在实际税负明显偏低的国家（地区）的企业，无合理经营需要，对应当归属于居民个人的利润不作分配或者减少分配；

（3）个人实施其他不具有合理商业目的的安排而获取不当税收利益。

2. 补税及加收利息

（1）税务机关依照规定作出纳税调整，需要补征税款的，应当补征税款，并依法加收利息。

（2）依法加收的利息，应当按照税款所属纳税申报期最后一日中国人民银行公布的与补税期间同期的人民币贷款基准利率计算，自税款纳税申报期满次日起至补缴税款期限届满之日止按日加收。纳税人在补缴税款期限届满前补缴税款的，利息加收至补缴税款之日。

33 综合所得汇算清缴管理办法（★★★）（调整）

项目	内容
2021 年度汇算的内容	2021 年度终了后，居民个人需要汇总 2021 年 1 月 1 日至 12 月 31 日取得的工资薪金、劳务报酬、稿酬、特许权使用费等四项所得的收入额，减除费用 6 万元以及专项扣除、专项附加扣除、依法确定的其他扣除和符合条件的公益慈善事业捐赠后，适用综合所得个人所得税税率并减去速算扣除数，计算本年度最终应纳税额，再减去 2021 年度已预缴税额，得出应退或应补税额，向税务机关申报并办理退税或补税 【考点提示】依据税法规定，年度汇算不涉及财产租赁等分类所得，以及纳税人按规定选择不并入综合所得计算纳税的全年一次性奖金等所得
无须办理年度汇算的纳税人	纳税人在纳税年度内已依法预缴个人所得税且符合下列情形之一的，无须办理年度汇算： （1）年度汇算需补税但综合所得收入全年不超过 12 万元的 （2）年度汇算需补税金额不超过 400 元的 （3）已预缴税额与年度汇算应纳税额一致的 （4）符合年度汇算退税条件但不申请退税的
需要办理年度汇算的纳税人	（1）已预缴税额大于年度汇算应纳税额且申请退税的 （2）纳税年度内取得的综合所得收入超过 12 万元且需要补税金额超过 400 元的 （3）因适用所得项目错误或者扣缴义务人未依法履行扣缴义务，造成纳税年度内少申报或者未申报综合所得的，纳税人应当依法据实办理年度汇算
可享受的税前扣除	下列在纳税年度发生的且未申报扣除或未足额扣除的税前扣除项目，纳税人可在年度汇算期间办理扣除或补充扣除： （1）纳税人及其配偶、未成年子女符合条件的大病医疗支出 （2）纳税人符合条件的子女教育、继续教育、住房贷款利息或住房租金、赡养老人专项附加扣除，以及减除费用、专项扣除、依法确定的其他扣除 （3）纳税人符合条件的捐赠支出 【考点提示】同时取得综合所得和经营所得的纳税人，可在综合所得或经营所得中申报减除费用 6 万元、专项扣除、专项附加扣除以及依法确定的其他扣除，但不得重复申报减除（新增）

项目	内容
办理时间	（1）年度汇算时间为2022年3月1日至6月30日 （2）在中国境内无住所的纳税人在2022年3月1日前离境的，可以在离境前办理年度汇算
办理方式	（1）自行办理年度汇算 （2）通过任职受雇单位（含按累计预扣法预扣预缴其劳务报酬所得个人所得税的单位）代为办理 （3）委托涉税专业服务机构或其他单位及个人办理，受托人需与纳税人签订授权书

经典题解

【例题90·单选题】根据办理2021年度个人所得税综合所得汇算清缴的规定，下列各项中，说法不正确的是（　　）。

A. 在中国境内无住所的纳税人在2022年3月1日前离境的，可以在离境前办理年度汇算

B. 需要办理综合所得汇算清缴的纳税人，只能自行办理，不能委托涉税专业服务机构代为办理

C. 纳税人办理2021年度汇算的时间为2022年3月1日至6月30日

D. 2021年度汇算仅计算并结清本年度综合所得的应退或应补税款，不涉及以前或往后年度，也不涉及财产租赁等分类所得，以及纳税人按规定选择不并入综合所得计算纳税的全年一次性奖金等所得

【解析】纳税人可自主选择下列办理方式：（1）自行办理年度汇算。（2）通过任职受雇单位（含按累计预扣法预扣预缴其劳务报酬所得个人所得税的单位）代为办理。（3）委托涉税专业服务机构或其他单位及个人办理。

【答案】B

34 无住所个人所得税征管相关规定（★★）

（一）关于无住所个人预计境内居住时间的规定

无住所个人在一个纳税年度内首次申报时，应当根据合同约定等情况预计一个纳税年度内境内居住天数以及在税收协定规定的期间内境内停留天数，按照预计情况计算缴纳税款。实际情况与预计情况不符的，分别按照以下规定处理：

1. 无住所个人预先判定为非居民个人，因延长居住天数达到居民个人条件的，一个纳税年度内税款扣缴方法保持不变，年度终了后按照居民个人有关规定办理汇算清缴，但该个人在当年离境且预计年度内不再入境的，可以选择在离境之前办理汇算清缴。

2. 无住所个人预先判定为居民个人，因缩短居住天数不能达到居民个人条件的，在不能达到居民个人条件之日起至年度终了15天内，应当向主管税务机关报告，按照非居民个人

重新计算应纳税额，申报补缴税款，不加收税收滞纳金。需要退税的，按照规定办理。

3. 无住所个人预计一个纳税年度境内居住天数累计不超过 90 天，但实际累计居住天数超过 90 天的，或者对方税收居民个人预计在税收协定规定的期间内境内停留天数不超过 183 天，但实际停留天数超过 183 天的，待达到 90 天或者 183 天的月度终了后 15 天内，应当向主管税务机关报告，就以前月份工资薪金所得重新计算应纳税款，并补缴税款，不加收税收滞纳金。

（二）关于境内雇主报告无住所个人境外关联方支付工资薪金所得的规定

无住所个人在境内任职、受雇取得来源于境内的工资薪金所得，凡境内雇主与境外单位或者个人存在关联关系，将本应由境内雇主支付的工资薪金所得，部分或者全部由境外关联方支付的，无住所个人可以自行申报缴纳税款，也可以委托境内雇主代为缴纳税款。无住所个人未委托境内雇主代为缴纳税款的，境内雇主应当在相关所得支付当月终了后15 天内向主管税务机关报告相关信息，包括境内雇主与境外关联方对无住所个人的工作安排、境外支付情况以及无住所个人的联系方式等信息。

35 个人财产对外转移提交税收证明或完税证明的规定（★★）

1. 税务机关对申请人缴纳税款情况进行证明。税务机关在为申请人开具税收证明时，应当按其收入或财产不同类别、来源，由收入来源地或者财产所在地税务局开具。

2. 申请人拟转移的财产已取得完税凭证的，可直接向外汇管理部门提供完税凭证，无须向税务机关另外申请税收证明。

3. 申请人拟转移的财产总价值在人民币 15 万元以下的，无须向税务机关申请税收证明。

4. 申请人向税务机关申请税收证明时，应当提交的资料分别为：代扣代缴单位报送的含有申请人明细资料的《个人所得税扣缴申报表》复印件，《个体工商户所得税年度申报表》《个人承包承租经营所得税年度申报表》原件，有关合同、协议原件，取得有关所得的凭证，以及税务机关要求报送的其他有关资料。

5. 税务机关必须按照申请人实际入库税额如实开具证明，并审查其有无欠税情况，严禁开具虚假证明。

经典题解

【例题 91 · 多选题】根据个人所得税的有关规定，下列关于个人财产对外转移提交税收证明的表述中，正确的有（　　）。

A. 申请人拟转移的财产已取得完税凭证的，可直接向外汇管理部门提供完税凭证，无须向税务机关另外申请税收证明

B. 申请人拟转移的财产总价值在人民币 15 万元以上的，无须向税务机关申请税收证明

C. 申请人资料齐全的，税务机关应当在 15 日内开具税收证明

D. 税务机关有根据认为申请人有偷税、骗税等情形，需要立案稽查的，在稽查结案并完税后可开具税收证明

E. 申请人与纳税人姓名、名称不一致的，税务机关只对纳税人出具证明，申请人应向

外汇管理部门提供其与纳税人关系的证明

【解析】选项 B：申请人拟转移的财产总价值在人民币“15 万元以下”的，无须向税务机关申请税收证明。

【答案】ACDE

本章小结

用“会计云课堂”App 扫码学习

您已成功完成“第二章”的学习，本章共 35 个考点，您都学会了吗？

为了让您对本章有更清晰的理解，加倍巩固。本书作者张泉春老师将通过“电台音频课”的方式，带您回顾重要考点。

名师点拨，高效提分。

※ 欢迎扫码免费学习。

同步强化练习题

使用“会计云课堂”App 或“微信”扫码快速做题、对答案、看解析、掌握解题思路，开启轻松过关之旅。

一、单项选择题

1. 下列各项中，应当按照“工资、薪金所得”项目征收个人所得税的是（　　）。
   A. 个人兼职取得的收入
   B. 个人因从事彩票代销业务而取得的所得
   C. 退休人员再任职取得的收入
   D. 编剧从其任职的电视剧制作单位取得的剧本使用费收入

2. 下列各项所得中，属于劳务报酬所得的是（　　）。
   A. 在报刊上发表论文取得的报酬
   B. 转让商标权的使用权而取得的报酬
   C. 将国外的作品翻译出版取得的报酬
   D. 高校教师受出版社委托进行审稿取得的报酬

3. 居民个人取得的下列应税所得中，按次计征个人所得税的是（　　）。
   A. 劳务报酬所得
   B. 稿酬所得
   C. 工资、薪金所得
   D. 财产转让所得

4. 根据个人所得税法的相关规定，下列各项中，属于专项扣除的是（　　）。
A. 基本医疗保险支出
B. 继续教育支出
C. 符合规定的商业健康保险支出
D. 符合规定的企业年金支出

5. 张某 2022 年 2 月从乙公司离职并于 2022 年 3 月初在甲公司入职，甲公司发放其 5 月工资扣缴税款时，累计减除费用按（　　）元计算。
A. 5000　　B. 10000
C. 15000　　D. 25000

6. 中国公民张某的大女儿在美国读全日制研究生，小女儿在某学校的高中二年级就读。2021 年 4 月其小女儿因病休学一个月但学籍继续保留，当年张某的两个女儿各自有 3 个月的寒暑假期。经与妻子约定，子女教育支出在张某一方 100% 扣除。2021 年张某申报缴纳个人所得税时，可以扣除的子女教育支出为（　　）元。
A. 12000　　B. 17000
C. 23000　　D. 24000

7. 根据个人所得税法的相关规定，下列各项中，不属于纳税人（非独生子女）赡养老人支出的扣除方式的是（　　）。
A. 不分摊全额扣除
B. 均摊
C. 约定分摊
D. 被赡养人指定分摊

8. 根据个人所得税法的相关规定，下列各专项附加扣除项目中，只能在办理汇算清缴时扣除的是（　　）。
A. 继续教育支出　　B. 大病医疗支出
C. 赡养老人支出　　D. 住房租金支出

9. 2022 年 1 月某企业职工张某工资 6300 元，企业代扣社会统筹的基本养老保险费、基本医疗保险费和住房公积金合计 260 元，失业保险费 10 元（超过规定标准 2 元），张某当月工资被预扣预缴个人所得税（　　）元。
A. 39　　B. 39.06
C. 30.9　　D. 30.96

10. 王某为 A 有限责任公司的投资者，2021 年 12 月从甲公司取得董事费收入 8 万元（王某在甲公司并未任职）；以投资者的名义向 A 有限责任公司借款 3 万元用于非生产经营，年末未偿还借款。上述业务王某应被扣缴的个人所得税合计为（　　）元。
A. 11200　　B. 18800
C. 23200　　D. 24600

11. 某出版社向王教授约稿，王教授与其妻子刘教授合作编写，在文章发表后，共获得出版社支付的稿费 7000 元，其中王教授获得稿酬 5000 元，妻子刘教授分得 2000 元，王教授为写稿发生各种资料支出总计 3000 元。则该出版社共应预扣预缴王教授和刘教授的个人所得税为（　　）元。
A. 800　　B. 728
C. 560　　D. 680

12. 国内某作家的一篇小说在一家日报上连载一个月，月末报社共支付稿酬 7000 元。该作家所获稿酬被预扣预缴的个人所得税为（　　）元。
A. 728　　B. 784
C. 812　　D. 868

13. 王某个人承揽一项房屋的装修工程，合同约定工程一个月完工，完工之后，一次性支付不含增值税工程款 60000 元。不考虑除个人所得税外的其他相关税费，王某取得的装修收入应被预扣预缴个人所得税（ ）元。

A. 7674 B. 8074.76

C. 12400 D. 11937.76

14. 某作家指控某杂志社侵犯其著作权，法院裁定作家胜诉，该作家取得杂志社的经济赔偿款30000元，该作家取得的赔偿收入应被预扣预缴个人所得税（ ）元。

A. 0 B. 3360

C. 4800 D. 5200

15. 王先生2022年2月退休，每月按国家统一规定领取退休工资2300元，4月被一家公司聘用，月工资6600元。不考虑专项扣除、专项附加扣除以及其他扣除，2022年4月王先生被预扣预缴个人所得税（ ）元。

A. 117 B. 48

C. 0 D. 267

16. 外籍专家约翰逊先生（境内无住所）受英国某机构委托到中国境内某企业工作，于2022年3月10日来华，6月1日回国。在华工作期间，中国企业每月向约翰逊先生支付工资10000元，境外机构不支付工资；5月约翰逊先生取得境内某出版社支付的审稿报酬2000元。约翰逊先生5月应就其全部所得被扣缴义务人扣缴个人所得税（ ）元。

A. 610 B. 490

C. 338 D. 530

17. 2022年1月张某从任职的律师事务所取得工资8000元，办理业务分成收入25000元，在分成收入案件办理过程中，张某支付资料费、交通费等费用共计4000元。已知分成收入扣除办案费用比例为30%。不考虑专项扣除、专项附加扣除以及其他扣除，1月该事务所应预扣预缴张某个人所得税（ ）元。

A. 30 B. 615

C. 720 D. 840

18. 下列关于个体工商户生产、经营所得征收个人所得税的说法，不正确的是（ ）。

A. 个体工商户按规定缴纳的摊位费不得在税前扣除

B. 个体工商户将其所得经市政府部门向贫困地区的捐赠，捐赠额不超过其应纳税所得额30%的部分可以据实扣除

C. 个体工商户发生的合理的劳动保护支出，准予扣除

D. 个体工商户研究开发新产品、新技术而购置的测试仪器单台价值在10万元以下的，可以直接在税前扣除

19. 下列关于个体工商户的生产、经营所得的计税方法，正确的是（ ）。

A. 为业主缴纳的补充养老保险、补充医疗保险，分别在不超过其工资总额5%标准内的部分据实扣除

B. 生产经营费用、个人家庭费用难以分清的，60%视为生产经营费用准予扣除

C. 公益性捐赠，不超过其应纳税所得额12%的部分可以据实扣除

D. 个体工商户代其从业人员或者他人负担的税款，不得税前扣除

20. 张某为熟食加工个体户，假定2021年取得生产经营收入20万元，生产经营成本为18万元（含购买一辆非经营用小汽车支出8万元）；另取得个人文物拍卖收入30万元，不能提供原值凭证，该文物经文物部门认定为海外回流文物。不考虑专项扣除、专项附加扣除以及其他扣除，下列关于张某2021年个人所得税纳税事项的表述中，正确的是（ ）。（张某当年无综合所得）

A. 小汽车支出可以在税前扣除

B. 生产经营所得应纳个人所得税的计税依据为 4 万元

C. 文物拍卖所得按拍卖收入额的 3%计算缴纳个人所得税

D. 文物拍卖所得应并入生产经营所得一并缴纳个人所得税

21. 下列关于个人独资企业、合伙企业征收个人所得税的表述中，错误的是（　　）。

A. 合伙企业生产经营所得和其他所得采取“先分后税”的原则

B. 合伙企业的个人投资者以企业资金为家庭成员支付与企业生产经营无关的消费性支出及购买汽车、住房等财产性支出，视为企业对个人投资者利润分配，并入投资者个人的生产经营所得，依照“经营所得”项目计征个人所得税

C. 以合伙企业名义对外投资分回利息或者股息、红利的，应按比例确定各个投资者的利息、股息、红利所得，分别按“利息、股息、红利所得”项目计征个人所得税

D. 实行查账征税方式的个人独资企业和合伙企业改为核定征税方式后，在查账征税方式下认定的年度经营亏损未弥补完的部分可以逐年延续弥补

22. 依据个人所得税的相关规定，计算财产转让所得的个人所得税应纳税所得额时，下列各项准予扣除的是（　　）。

A. 定额 800 元

B. 定率 20%

C. 财产净值

D. 财产原值和合理费用

23. 王先生有一商铺，2021 年 1 月 1 日将商铺出租，租期 2 年，每月取得不含增值税租金收入 4800 元，出租过程中每月缴纳可在税前扣除的相关税费 576 元。2021 年 7 月，王先生对出租商铺维修花费了 4800 元并能提供相应合法票据。王先生 2021 年度的租赁所得应缴纳个人所得税（　　）元。

A. 4016. 64　　B. 7203. 84

C. 8079. 36　　D. 8110. 08

24. 下列关于居民个人公益性捐赠扣除的相关表述中，错误的是（　　）。

A. 纳税人取得劳务报酬所得的，预扣预缴时不扣除公益捐赠支出

B. 在经营所得中扣除的公益性捐赠支出，可以选择在预缴税款时扣除，也可以选择在汇算清缴时扣除

C. 经营所得采取核定征收方式的，以核定的应纳税所得额的 30%为限额扣除公益性捐赠支出

D. 纳税人在当期一个所得项目扣除不完的公益捐赠支出，可以按规定在其他所得项目中继续扣除

25. 下列行为应计算缴纳个人所得税的是（　　）。

A. 房屋产权所有人将房屋产权无偿赠与兄弟

B. 房屋产权所有人将房屋产权无偿赠与赡养人

C. 房屋产权所有人死亡，依法取得房屋产权的受遗赠人

D. 房屋产权所有人将房屋产权无偿赠与侄女

26. 琼斯为外籍个人，在中国境内无住所，同时在中国境内、境外机构担任职务，2021 年 3 月 6 日来华，12 月 20 日离开。期间琼斯因工作原因，曾于 6 月 8 日离境，6 月 14 日返回。在计算个人所得税时，琼斯在中国境内工作天数为（　　）天。

A. 282　　B. 283
C. 284　　D. 285

27. 外籍个人约翰在中国境内无住所，于2021年年初被其在美国任职的A公司外派来中国的甲公司工作，于6月25日离开中国。在华期间，甲公司每月支付约翰20000元工资，A公司每月支付其10000元工资，同时约翰每月以实报实销形式取得住房补贴1500元。甲公司6月应扣缴约翰个人所得税（　　）元。
A. 750　　B. 1590
C. 1954.55　　D. 2490

28. 约翰（境内无住所）2021年7月2日入境，11月25日离境，为我国的非居民个人。11月约翰取得境内单位支付的工资20000元，同时取得境内单位支付的10月~11月奖金30000元。就上述收入，约翰应在我国缴纳个人所得税（　　）元。
A. 923.33　　B. 2392.84
C. 2663.33　　D. 3605.67

29. 韩国居民崔先生（境内无住所）2022年3月15日受其任职的境外公司委派，来华从事设备安装调试工作，在华停留60天。2022年4月取得境外公司支付的工资折合人民币40000元，当月取得中国体育彩票中奖收入20000元。崔先生2022年4月应在中国缴纳个人所得税（　　）元。
A. 4000　　B. 5650
C. 9650　　D. 10250

30. 中国公民张某在A公司任职，月工资8000元。2022年3月A公司以68万元（不含增值税，下同）的价格向其出售一套100平方米的住房，房屋的市场价格为90万元，该住房系公司2017年以80万元的价格购置。3月A公司应扣缴张某个人所得税合计（　　）元。
A. 9570　　B. 11880
C. 27170　　D. 42680

31. 中国公民张某2021年10月底与中国境内的甲公司解除了劳动关系，甲公司一次性支付张某经济补偿金250000元、生活补助费50000元。已知张某所在地上年职工平均工资为5000元/月，张某应就其取得的补偿收入缴纳个人所得税（　　）元。
A. 0　　B. 4480
C. 9480　　D. 73080

32. 中国公民张某为某事业单位的职员，2021年10月初办理了提前退休手续，取得一次性补贴收入360000元，张某办理提前退休手续时还有3年到法定退休年龄。张某应就其一次性补贴收入缴纳个人所得税（　　）元。
A. 10800　　B. 10440
C. 28440　　D. 57480

33. 退休公民张某在2021年每月领取基本养老保险金3600元、年金500元，该年金缴付时未缴纳个人所得税。2021年张某应缴纳个人所得税（　　）元。
A. 0　　B. 180
C. 305　　D. 72

34. 有关企业年金领取的个人所得税处理，下列表述中正确的是（　　）。
A. 个人领取的企业年金，一律适用月度税率表计算纳税
B. 个人按年领取的企业年金，可以选择适用综合所得税率表计算纳税，也可以选择平均分摊计入各月，按每月领取额适用月度税率表计算纳税
C. 个人按季领取的企业年金，平均分摊计入各月，按每月领取额适用月度税率表计算纳税

D. 个人按月领取的企业年金，减除法定减除费用后适用月度税率表计算纳税

35. 北京市公民张某是一名证券经纪人，2021 年全年取得不含增值税的佣金收入 240000 元，缴纳附加税费合计为 864 元。办理年度综合所得汇算清缴时，全年佣金收入计入综合所得的金额为（　　）元。

A. 131136　　B. 144000

C. 143136　　D. 171936

36. 甲公司是境内上市公司，2019 年 10 月 31 日授予张某不可公开交易的股票期权，承诺张某在工作满 1 年后可以以每股 8 元的价格购买该公司的股票 10000 股。假设张某行权日为 2021 年 1 月 8 日和 2 月 25 日，每次行权 5000 股。1 月 8 日的市价和 2 月 25 日的市价分别为每股 18 元和每股 20 元。2021 年 5 月 10 日，张某以每股 21 元的价格将 10000 股股票全部卖出。上述业务中张某应缴纳个人所得税（　　）元。

A. 2480　　B. 8480

C. 42000　　D. 54680

37. 上市公司授予个人的股票期权、限制性股票和股权奖励，经向主管税务机关备案，个人可自股票期权行权、限制性股票解禁或取得股权奖励之日起，在不超过（　　）的期限内缴纳个人所得税。

A. 6 个月　　B. 12 个月

C. 36 个月　　D. 5 年

38. 下列关于个人转让离婚析产房屋的税务处理，说法正确的是（　　）。

A. 个人因离婚办理房屋产权过户手续，应征收个人所得税

B. 个人转让离婚析产房屋所取得的收入，以扣除其相应的财产原值和合理费用后的余额缴纳个人所得税

C. 个人转让离婚析产房屋的财产原值，为房屋初次购置全部原值和相关税费之和

D. 个人转让离婚析产房屋所取得的收入，符合家庭生活自用 3 年以上唯一住房的，免征个人所得税

39. 下列关于个人取得拍卖收入征收个人所得税的说法正确的是（　　）。

A. 纳税人不能提供合法、完整、准确的财产原值凭证，不能正确计算财产原值的，按转让收入额的 2% 征收率计算缴纳个人所得税

B. 纳税人不能提供合法、完整、准确的财产原值凭证，不能正确计算财产原值的，且拍卖品为经文物部门认定是海外回流文物的，按转让收入额的 3% 征收率计算缴纳个人所得税

C. 个人财产拍卖所得应纳的个人所得税税款，应由拍卖单位负责代扣代缴，并按规定向拍卖单位所在地主管税务机关办理纳税申报

D. 个人财产拍卖所得按照“特许权使用费所得”项目计算缴纳个人所得税

40. 王某通过拍卖行拍卖一件藏品，取得转让收入 50 万元，该藏品经文物部门认定属于海外回流文物，王某不能提供合法、完整、准确的财产原值凭证，则王某上述收入应缴纳的个人所得税为（　　）万元。

A. 0　　B. 0.4

C. 0.3　　D. 1

41. 我国公民李某 2021 年 8 月买进某公司债券 20000 份，每份买入价 8 元，另支付手续费 800 元，11 月卖出 10000 份，每份卖出价 8.3 元，另支付手续费 415 元，

12月末，李某取得企业债券利息收入2700元。李某上述收入应缴纳个人所得税（　　）元。

A. 977　　B. 940

C. 697　　D. 600

42. 2021年2月，张某通过股票交易账户在二级市场购进境内甲上市公司股票100000股，成交价格为每股12元。同年4月因甲上市公司进行利润分配取得35000元分红所得。同年7月张某以每股12.8元的价格将股票全部转让。下列关于张某纳税事项的表述中，正确的是（　　）。

A. 2月购进股票时应缴纳的印花税为1200元

B. 7月转让股票时应缴纳的印花税为2560元

C. 取得分红所得应缴纳的个人所得税为3500元

D. 7月转让股票时应缴纳的个人所得税为8000元

43. 张三向A公司（非上市公司）投资100万元，取得A公司100%的股权。两年后，张三将股份转让给李四，转让价格仍为100万元。转让时A公司的净资产为150万元，转让给李四后，A公司分配股利50万元。则张三和李四合计需要缴纳的个人所得税为（　　）万元。（不考虑其他相关税费）

A. 50　　B. 20

C. 10　　D. 40

44. 方某接受房产赠与，手续齐全、合法，赠与合同上注明该房产原值25万元，方某支付相关税费2.5万元。经税务机关评估，该房产市场价格为35万元。方某获赠房产应缴纳个人所得税（　　）万元。

A. 2　　B. 1.5

C. 7　　D. 6.5

45. 某高校教师2021年12月所取得的下列收入中，应计算缴纳个人所得税的是（　　）。

A. 国债利息收入

B. 任职高校发放的误餐补助

C. 为某企业开设讲座取得的酬金

D. 任职高校为其缴付的规定标准的住房公积金

46. 居民个人取得的下列所得中，按照规定应计算缴纳个人所得税的是（　　）。

A. 取得储蓄存款利息5000元

B. 取得的体育彩票中奖收入5000元

C. 转让美国上市公司股票取得的所得1000元

D. 因解除劳动合同而取得的相当于当地上年职工年平均工资3倍数额的一次性补偿收入150000元

47. 下列项目中，不属于免征个人所得税的是（　　）。

A. 灾区发放的抚恤金

B. 个人获得的车险赔款

C. 个人购买体育彩票，一次中奖收入1.2万元

D. 个人储蓄存款利息所得

48. 根据个人所得税法的相关规定，对扣缴义务人按照规定扣缴的税款，付给（　　）的手续费。

A. 1%　　B. 2%

C. 3%　　D. 5%

49. 扣缴义务人每月或者每次预扣、代扣的税款，应当在次月（　　）内缴入国库，并向税务机关报送《个人所得税扣缴申报表》。

A. 10日　　B. 15日

C. 30日　　D. 60日

二、多项选择题

1. 下列各项中，属于我国个人所得税纳税人的有（　　）。
   A. 中国公民
   B. 合伙企业的法人投资者
   C. 在中国有所得的外籍人员
   D. 个体工商业户
   E. 一人有限责任公司

2. 下列关于个人所得税的表述中，正确的有（　　）。
   A. 在中国境内无住所，但在一个纳税年度内在中国境内居住累计满 183 天的个人，为居民个人
   B. 在中国境内无住所，且在一个纳税年度内在中国境内居住累计不满 183 天的个人，为非居民个人
   C. 在中国境内无住所的个人，在中国境内居住累计满 183 天的年度连续不满 6 年的，就全部境内、境外所得缴纳个人所得税
   D. 在中国境内无住所的个人，在一个纳税年度内在中国境内居住累计不超过 90 天的，免予缴纳个人所得税
   E. 在中国境内无住所的个人，在中国境内居住累计满 183 天的任一年度中有一次离境超过 30 天的，其在中国境内居住累计满 183 天的年度的连续年限重新起算

3. 依据个人所得税相关规定，下列关于“每次收入”确定的说法，正确的有（　　）。
   A. 偶然所得，以取得该项收入为一次
   B. 财产租赁所得，以一个月内取得的收入为一次
   C. 一次性劳务报酬所得，以取得该项收入为一次
   D. 利息所得，以合同约定的应取得利息收入的时间为一次
   E. 连载作品稿酬所得，以一个月内取得的收入为一次

4. 根据个人所得税法的相关规定，居民个人取得的下列各项所得中，属于综合所得的有（　　）。
   A. 工资、薪金所得
   B. 稿酬所得
   C. 财产转让所得
   D. 经营所得
   E. 特许权使用费所得

5. 下列各项中，应按“工资、薪金所得”项目缴纳个人所得税的有（　　）。
   A. 公司职工取得的奖金
   B. 个人担任非任职公司独立董事职务取得的董事费收入
   C. 出租汽车经营单位对出租车驾驶员采取单车承包或承租方式运营，出租车驾驶员从事客货运营取得的收入
   D. 城镇事业单位为职工个人缴纳失业保险费超过规定比例的部分
   E. 个人担任任职公司董事职务取得的董事费收入

6. 个人取得的下列所得中，不属于按“稿酬所得”项目缴纳个人所得税的有（　　）。
   A. 画家拍卖其人物画作取得的收入
   B. 李某为某产品说明书进行翻译取得的收入
   C. 某高校教授为出版社审稿取得的收入
   D. 某杂志记者在其任职单位的杂志上发表文章取得的收入
   E. 出版社的专业作者撰写作品由本社以图书形式出版取得的收入

7. 下列收入中，应按照“特许权使用费所得”项目缴纳个人所得税的有（　　）。
A. 个人取得特许权的经济赔偿收入
B. 某作家将其文字作品手稿复印件公开拍卖取得的收入
C. 个人从电视剧制作中心获得的剧本使用费收入
D. 个人转让土地使用权取得的收入
E. 出版社专业作者翻译作品后，由本社以图书形式出版而取得的收入

8. 个人取得的下列收入中，应按“特许权使用费所得”项目计征个人所得税的有（　　）。
A. 作者将自己的文字作品手稿原件公开拍卖取得的收入
B. 作者去世后，财产继承人取得的遗作稿酬收入
C. 摄影记者在本单位杂志上发表摄影作品取得的收入
D. 个人取得著作权的经济赔偿收入
E. 编剧从电视剧的制作单位取得的剧本使用费收入

9. 下列各项中，应按“利息、股息、红利所得”项目征收个人所得税的有（　　）。
A. 法人企业为其股东购买小汽车，将汽车办理在股东名下
B. 个人取得的国债转让所得
C. 个人独资企业个人投资者用企业资金进行个人消费
D. 职工因拥有股票期权且在行权后取得企业税后利润分配收益
E. 个人独资企业的留存利润

10. 下列情形中，按照“利息、股息、红利”缴纳个人所得税的有（　　）。
A. 个人独资企业的个人投资者以企业资金为其家庭购买的住房
B. 股份有限公司购买并将其所有权办到股东个人名下的车辆
C. 个体工商户对外投资取得的股息红利
D. 个人从任职的上市公司取得的股票期权
E. 股份制企业用盈余公积金对个人派发的红股

11. 下列各项中，按照“偶然所得”项目征收个人所得税的有（　　）。
A. 个人为单位或他人提供担保获得收入
B. 房屋产权所有人将房屋产权无偿赠与其侄子的，其侄子因无偿受赠房屋取得的受赠收入
C. 受赠人转让受赠的房屋
D. 企业在业务宣传、广告等活动中，随机向本单位以外的个人发放网络红包
E. 企业在座谈会等活动中，随机向本单位以外的个人赠送的具有价格折扣性质的消费券

12. 根据个人所得税法的相关规定，下列关于住房租金专项附加扣除的表述中，正确的有（　　）。
A. 纳税人及其配偶主要工作城市相同且在主要工作城市均没有自有住房而发生的住房租金支出，经双方约定，可以选择由双方分别按扣除标准的50%扣除
B. 纳税人应当留存住房租赁合同、协议等有关资料备查
C. 住房租金支出由签订租赁住房合同的承租人扣除
D. 纳税人及其配偶在一个纳税年度内不能同时分别享受住房贷款利息和住房租金专项附加扣除
E. 住房租金支出扣除计算时间为租赁合同（协议）约定的房屋租赁期开始的次月至租赁期结束的次月

13. 下列关于专项附加扣除额度的表述中，正确的有（　　）。
A. 子女教育支出按照每个子女每月1000元的标准定额扣除
B. 专业技术人员职业资格继续教育的支出，按照每年3600元的标准定额扣除
C. 住房贷款利息支出按照每月1000元的标准定额扣除
D. 大病医疗支出按照每年80000元的标准定额扣除
E. 纳税人为非独生子女的赡养老人支出，纳税人可以与其兄弟姐妹每人分别按照每月2000元的标准定额扣除

14. 一个纳税年度内，纳税人在预扣预缴税款环节未足额享受专项附加扣除，下列处理中，表述正确的有（　　）。
A. 可以在当年内向支付工资、薪金的扣缴义务人申请在剩余月份发放工资、薪金时补充扣除
B. 可以在次年3月1日至6月30日内向汇缴地主管税务机关办理汇算清缴时申报扣除
C. 可以结转以后年度在以后年度中发放工资、薪金时补充扣除
D. 不得再扣除
E. 可以在当年内向支付财产租赁所得的扣缴义务人申请在支付财产租赁所得时补充扣除

15. 居民个人取得的下列收入，可以按照累计预扣法预扣预缴个人所得税的有（　　）。
A. 保险营销员取得的佣金收入
B. 证券经纪人取得的佣金收入
C. 员工取得的工资薪金收入
D. 正在接受全日制教育的学生因实习取得的劳务报酬收入
E. 在职博士研究生参与导师课题研究取得的劳务报酬收入

16. 下列有关个体工商户计算缴纳个人所得税的表述，正确的有（　　）。
A. 个体工商户业主的工资、薪金支出，允许税前据实扣除
B. 每一纳税年度发生的与其生产经营活动直接相关的业务招待费支出，均应按照发生额的60%扣除
C. 每一纳税年度发生的与其生产经营活动直接相关的广告费和业务宣传费不超过当年销售（营业）收入15%的部分，可据实扣除，超过部分，准予在以后纳税年度结转扣除
D. 研究开发新产品、新技术、新工艺所发生的开发费用，以及研究开发新产品、新技术而购置的单台价值在10万元以下的测试仪器和试验性装置的购置费，准予扣除
E. 取得经营所得的个体工商户业主，没有综合所得的，计算其每一纳税年度的应纳税所得额时，应当减除费用6万元、专项扣除、专项附加扣除以及依法确定的其他扣除

17. 下列表述中，符合个人独资企业和合伙企业个人所得税相关规定的有（　　）。
A. 个人独资企业和合伙企业每一个纳税年度发生的与生产经营有关的广告费和业务宣传费，不超过当年销售（营业）收入2%的部分可以据实扣除，超过部分可无限期向以后纳税年度结转扣除
B. 个人投资者以个人独资企业或者合伙企业的形式兴办两个或两个以上企业的，年度终了时应分别按每个企业的应纳税所得额确定税率计算缴纳个人所得税
C. 个人独资企业的投资者以企业资金

为本人、家庭成员支付与企业生产经营无关的消费性支出，依照“利息、股息、红利所得”项目征收个人所得税

D. 实行查账征税方式的个人独资企业和合伙企业改为核定征税以后，在原征税方式下认定的年度经营亏损未弥补完的部分，不得再继续弥补

E. 个人独资企业的投资者以企业资金为本人、家庭成员支付与企业生产经营无关的消费性支出，依照“经营所得”项目征收个人所得税

18. 个人独资企业的投资者计算缴纳个人所得税时，下列各项中，应作为个人独资企业生产、经营所得的有（　　）。

A. 个人独资企业当年留存的利润

B. 个人独资企业对外投资分回来的股息

C. 投资者个人从个人独资企业领取的工资

D. 个人独资企业分配给投资者个人的所得

E. 个人独资企业来源于中国境外的生产、经营所得

19. 根据个人所得税法的相关规定，下列关于经营所得的表述中，正确的有（　　）。

A. 取得经营所得的个人，同时有综合所得的，在计算其每一纳税年度的应纳税所得额时可以分别减除费用6万元

B. 个体工商户在纳税年度中间开业，导致纳税年度的实际经营期不足1年的，对经营所得计算个人所得税时，以其实际经营期为1个纳税年度

C. 个体工商户对外投资取得的投资收益，并入经营所得计税

D. 个人对企业、事业单位承包经营取得的所得（对经营成果拥有所有权），属于经营所得

E. 专项附加扣除只能在综合所得中扣除，不能在经营所得中扣除

20. 下列各项说法，符合上市公司股息、红利差别化个人所得税政策的有（　　）。

A. 当个人转让股票时，按照先进先出的原则计算持股期限

B. 持股期限是指个人从公开发行和转让市场取得上市公司股票之日至转让交割该股票之日的持有时间

C. 对个人持有的上市公司限售股解禁前取得的股息红利暂减按50%计入应纳税所得额

D. 个人从公开发行和转让市场取得的上市公司股票，持股期限在1个月以上至1年（含）的，股息红利所得暂减按50%计入应纳税所得额

E. 个人从公开发行和转让市场取得的上市公司股票，持股期限在1个月以上至1年（含）的，股息红利所得暂减按25%计入应纳税所得额

21. 股权转让收入虽明显偏低，但视为有正当理由的情形包括（　　）。

A. 能出具有效文件，证明被投资企业因国家政策调整，生产经营受到重大影响导致低价转让股权

B. 将股权转让给配偶

C. 继承股权

D. 将股权转让给赡养人

E. 将股权转让给侄子

22. 下列关于主管税务机关核定股权转让收入或确认股权转让原值的表述中，正确的有（　　）。

A. 可以采用净资产核定法核定股权转让收入

B. 可以采用类比法核定股权转让收入

C. 被投资企业的土地使用权、房屋、股权等资产占企业总资产比例为30%，主管税务机关可参照纳税人提供的具有法定资质的中介机构出具的资产评估报告核定股权转让收入

D. 对个人多次取得同一被投资企业股权的，转让部分股权时，采用“加权平均法”确定其股权原值

E. 以非货币性资产出资方式取得的股权，按照取得股权直接相关的合理税费确认股权原值

23. 关于解除劳动关系取得一次性补偿收入的个人所得税处理，下列表述中正确的有（　　）。

A. 个人与用人单位解除劳动关系取得一次性补偿收入，全额单独缴纳个人所得税

B. 个人与用人单位解除劳动关系取得一次性补偿收入，全额并入当年综合所得

C. 个人与用人单位解除劳动关系取得一次性补偿收入，在当地上年职工平均工资3倍数额以内的部分，免征个人所得税

D. 个人与用人单位解除劳动关系取得一次性补偿收入，包括用人单位发放的经济补偿金和生活补助费等

E. 个人与用人单位解除劳动关系取得一次性补偿收入，计算个人所得税时适用月度税率表

24. 受赠人转让受赠房屋的，在计算个人所得税应纳税所得额时，允许扣除的项目有（　　）。

A. 房屋捐赠时的评估价格

B. 原捐赠人取得该房屋的实际购置成本

C. 转让过程中受赠人支付的相关税费

D. 受赠人持有房屋时缴纳的房产税

E. 受赠过程中受赠人支付的相关税费

25. 下列说法中，符合个人所得税相关规定的有（　　）。

A. 从事建筑安装业的个体工商户从事建筑安装业取得的收入，依照“经营所得”项目计征个人所得税

B. 演职人员参加任职单位组织的演出取得的报酬，应按“工资、薪金所得”项目计算纳税

C. 纳税人兼职为某动漫公司设计形象而取得的所得，应按“特许权使用费所得”项目计算纳税

D. 单位按低于购置或建造成本价格出售住房给职工，职工因此而少支出的差价部分，属于个人所得税应税所得，应按照“偶然所得”项目缴纳个人所得税

E. 员工因拥有股权而参与企业税后利润分配取得的所得，应按照“利息、股息、红利所得”适用的规定计算缴纳个人所得税

26. 根据个人所得税的有关规定，下列说法正确的有（　　）。

A. 计算利息、股息、红利所得个人所得税的应纳税所得额时，可以扣除相关的交易费用

B. 股份制企业以股票形式向股东个人支付股息、红利时，应以派发红股的股票市值为收入额，计算征收个人所得税

C. 股份制企业以股票形式向股东个人支付股息、红利时，应以派发红股的股票票面金额为收入额，计算征收个人所得税

D. 外籍个人以实报实销形式取得住房补贴暂免征收个人所得税

E. 个人转让股票时，按照先进先出的原则计算持股期限

27. 根据个人所得税的相关规定，下列说法正确的有（　　）。
A. 兼职律师从律师事务所取得工资、薪金性质的所得，律师事务所在扣缴其个人所得税时，不再减除个人所得税法规定的费用扣除标准
B. 单位按低于购置或建造成本价出售住房给职工，职工因此而少支出的差价部分，应按照“工资、薪金所得”项目缴纳个人所得税
C. 个人经批准取得营业执照，开设医院（诊所）而取得的收入，按照“工资、薪金所得”项目计征个人所得税
D. 通过离婚析产的方式分割房屋产权是夫妻双方对共同共有财产的处置，个人因离婚办理房屋产权过户手续，不征收个人所得税
E. 个人转让境内上市公司股票免征个人所得税

28. 下列关于个人转让上市公司限售股计缴个人所得税的表述中，正确的有（　　）。
A. 个人转让限售股取得的所得，按照“财产转让所得”缴纳个人所得税
B. 限售股在解禁前被多次转让的，转让方对每一次转让所得均应按规定缴纳个人所得税
C. 因个人持有限售股中存在部分限售股成本原值不明确，导致无法准确计算全部限售股成本原值的，证券登记结算公司一律以实际转让收入的15%作为限售股成本原值和合理税费
D. 个人转让限售股，以每次限售股转让收入减除股票原值和合理税费后的余额作为应纳税所得额，缴纳个人所得税
E. 个人转让限售股取得的所得，免征个人所得税

29. 某国有企业职工王某，在企业改制为股份制企业过程中以23000元的成本取得了价值30000元拥有所有权的量化股份。3个月后，获得了企业分配的股息3000元。此后，王某以40000元的价格将股份转让。假如不考虑转让过程中的税费，以下有关王某个人所得税计征的表述中，正确的有（　　）。
A. 王某取得量化股份时暂缓计征个人所得税
B. 对王某取得的3000元股息，应按“利息、股息、红利所得”计征个人所得税
C. 对王某转让量化股份应以17000元为计税依据，按“财产转让所得”计征个人所得税
D. 对王某取得的量化股份价值与支付成本的差额7000元，应在取得当月与当月工资薪金合并，按“工资、薪金所得”计征个人所得税
E. 王某取得量化股份时应计征个人所得税

30. 根据个人所得税法的相关规定，外籍个人符合居民个人条件的，可以选择享受个人所得税专项附加扣除，也可以选择按照相关规定，享受特定津补贴免税优惠政策。下列各项中，属于该特定津补贴的有（　　）。
A. 住房补贴　　B. 语言训练费
C. 子女教育费　　D. 供暖费补贴
E. 加班补贴

31. 下列项目中，不得享受个人所得税减免税优惠的有（　　）。
A. 外籍个人以实报实销形式取得的伙食补贴
B. 外籍个人取得搬迁费的现金补贴

C. 个人取得的保险赔款
D. 个人取得的企业债券利息收入
E. 外籍个人取得洗衣费的现金补贴

32. 根据个人所得税法的规定，外籍个人取得的下列所得中，免征个人所得税的有（　　）。
A. 以现金形式取得的住房补贴
B. 以实报实销形式取得的洗衣费
C. 经批准合理的语言训练费
D. 按合理标准取得境内、外出差补贴
E. 经批准合理的探亲费

33. 下列各项中，可以免征或暂免征收个人所得税的有（　　）。
A. 军人的复员费
B. 保险赔款
C. 外籍人员取得的实报实销形式的伙食补贴
D. 职工加班补助费
E. 参加有奖竞猜活动获得的奖金

34. 根据个人所得税的规定，下列说法正确的有（　　）。
A. 个人取得遗作稿酬的，免征个人所得税
B. 个人通过公益性社会组织向贫困山区的捐赠，在计算个人所得税时，可在税前全额扣除
C. 莫某获得了联合国教科文组织给予的科教奖金，免征个人所得税
D. 对职工个人以股份形式取得的不拥有所有权的企业量化资产，不征收个人所得税
E. 个人转让离婚析产房屋所取得的收入，符合家庭生活自用5年以上唯一住房的，可以申请免征个人所得税

35. 现阶段个人取得的股票转让所得，可暂免征收个人所得税的有（　　）。
A. 内地个人投资者转让境内上市公司自由流通股取得的所得
B. 个人转让境内上市公司限售股取得的所得
C. 香港市场投资者通过沪港通投资上交所上市A股取得的转让差价所得
D. 个人转让“新三板”挂牌公司原始股取得的所得
E. 内地个人投资者通过沪港通投资香港联交所上市股票取得的转让差价所得

36. 根据个人所得税法的相关规定，下列关于汇算清缴及申报纳税期限的表述中，说法正确的有（　　）。
A. 居民个人取得综合所得，需要办理汇算清缴的，在取得所得的次年3月31日前办理汇算清缴
B. 经营所得，在取得所得的次年3月31日前办理汇算清缴
C. 居民个人从中国境外取得所得，在取得所得的次年3月1日至6月30日内申报纳税
D. 非居民个人在中国境内从两处以上取得工资、薪金所得，在取得所得的次年3月1日至6月30日内申报纳税
E. 纳税人因移居境外注销中国户籍的，应当在注销中国户籍前办理税款清算

37. 根据个人所得税法的相关规定，下列各项中，属于需办理纳税申报情形的有（　　）。
A. 取得经营所得的
B. 纳税人取得综合所得需办理汇算清缴的
C. 有来源于境外所得的
D. 因移居境外但未注销中国户籍的
E. 非居民个人在中国境内从两处以上取得工资、薪金所得的

三、计算题

（一）

中国公民张某在某省会城市的甲公司任职，取得的收入情况如下：

（1）2021年每月工资收入15000元，张某自行负担的符合规定标准的“三险一金”合计为1500元。

（2）擅长写作的张某于2021年6月出版一本短篇小说，取得稿酬50000元。

（3）由于张某表现优异，甲公司2021年12月以120万元的价格向其出售一套80平方米的住房（位于邻省），房屋的市场价格为200万元，该住房系甲公司2015年以150万元的价格购置。

已知：张某利用工作之余接受专业技术人员职业资格继续教育并于2021年3月取得相关证书，为接受继续教育所发生的支出为5000元；由于2021年在主要工作城市没有住房，张某每月需要支付租金2000元；8月由于生病，扣除医保报销后张某负担符合规定的医药费20000元。张某已向甲公司提供有关信息并依法要求办理专项附加扣除，张某选择在预扣预缴税款时扣除符合规定的专项附加扣除项目。

要求：根据上述资料，回答下列问题。

1. 下列关于各扣除项目可以扣除金额的表述中，正确的是（　　）。
   A. 张某负担符合规定的医药费可以扣除20000元
   B. 张某为接受继续教育所发生的支出可以扣除5000元
   C. 张某的住房租金支出每月可以扣除1500元
   D. 张某自行负担的“三险一金”不得扣除

2. 张某取得工资收入2021年2月被预扣预缴个人所得税（　　）元。
   A. 210　　B. 420
   C. 102　　D. 0

3. 张某取得稿酬所得被预扣预缴个人所得税（　　）元。
   A. 5600　　B. 8000
   C. 840　　D. 1200

4. 甲公司低价向张某出售住房，张某应缴纳个人所得税（　　）元。
   A. 119840　　B. 92540
   C. 58590　　D. 46590

（二）

中国公民张先生为境内A上市公司职工，2021年取得的收入情况如下：

（1）1月取得工资7000元，差旅费津贴500元，加班费300元，独生子女补贴500元。

（2）2月，张先生将2017年贷款购买的房屋按照350万元的价格（不含增值税，下同）出售，该房屋购买价格为165万元，另支付手续费100元，其他符合规定的相关税费22000元；出售房屋时支付各项可在税前扣除的税费12万元（以上税费支出均取得合法票据）。

（3）3月，张先生取得储蓄存款利息收入500元，国债利息300元，公司债券利息900元，B上市公司分配的股息1000元（张先生于2020年10月购入并持有B上市公司股票，于2021年9月将该股票卖出）。

（4）2019年11月，张先生被其任职的A公司授予10000股不可公开交易的股票期权，授予价为6元/股，公司规定行权日为 2021 年 3 月到 2021 年 10 月，张先生于 2021 年 7 月行权 4000 股，当日股票市场价格为 9.6 元/股，然后又在 2021 年 9 月第二次行权 6000 股，当日股票市场价格为 10.8 元/股。

已知：假设不考虑张先生的专项扣除、专项附加扣除以及其他扣除。

要求：根据上述资料，回答下列问题。

1. 2021 年 1 月张先生的工资、薪金所得被预扣预缴的个人所得税为（　　）元。

A. 60　　B. 69

C. 84　　D. 99

2. 张先生出售房屋应缴纳的个人所得税为（　　）元。

A. 300000　　B. 325600

C. 340000　　D. 341580

3. 张先生取得的利息、股息收入应缴纳的个人所得税为（　　）元。

A. 230　　B. 280

C. 330　　D. 480

4. 张先生 2021 年两次行权应缴纳的个人所得税为（　　）元。

A. 1296　　B. 1800

C. 2280　　D. 8550

四、综合分析题

（一）

中国公民张先生是某民营非上市公司的大股东，同时也是一位作家。2021 年 5 月取得的部分实物或现金收入情况如下：

（1）公司为其购买了一辆轿车并将车辆所有权登记到其名下，该轿车购买价为 35 万元。

（2）将本人一部长篇小说手稿的复印件拍卖取得收入 5 万元，同时拍卖一幅名人书法作品取得收入 35 万元。经税务机关确认，所拍卖的书法作品原值及相关合理费用为 20 万元。

（3）受邀为某企业家培训班讲课两天，共取得讲课费 3 万元。

（4）当月 31 日转让上月 1 日购入的境内某上市公司股票，取得转让净收入 5320.56 元。同时当月 20 日因持有该上市公司的股票取得上市公司分配的红利 2000 元。

（5）因有一张体育彩票中奖，取得 1000 元的奖金。

要求：根据上述资料，回答下列问题。

1. 该民营非上市公司为张先生购买轿车应代扣代缴的个人所得税为（　　）元。

A. 70000　　B. 65000

C. 75000　　D. 85000

2. 张先生取得的长篇小说手稿复印件拍卖收入被预扣预缴的个人所得税为（　　）元。

A. 5000　　B. 6500

C. 7500　　D. 8000

3. 张先生取得的书法作品拍卖所得应缴纳的个人所得税为（　　）元。

A. 30000　　B. 32250

C. 35750　　D. 32850

4. 张先生取得的讲课费收入被预扣预缴的个人所得税为（　　）元。

A. 5505　　B. 5500

C. 5200　　D. 8500

5. 张先生取得的股票转让净收入和股票红利共应缴纳的个人所得税为（　　）元。

A. 250　　B. 200

C. 150　　D. 350

6. 张先生取得的体育彩票中奖收入应缴纳的个人所得税为（　　）元。

A. 350　　B. 200

C. 150　　D. 0

（二）

中国公民张先生为国内某企业高级技术人员，2021年1~12月取得的收入情况如下：

（1）每月取得工薪收入18400元。

（2）3月转让其2017年购买的三居室精装修房屋一套，售价230万元（不含增值税，下同），转让过程中支付可在税前扣除的相关税费13.8万元。该套房屋的购进价为100万元，购房过程中支付的相关税费为3万元。所有税费支出均取得合法凭证。

（3）6月因提供重要线索，协助公安部门侦破某重大经济案件，获得公安部门奖金2万元，已取得公安部门提供的获奖证明材料。

（4）9月参加某商场组织的抽奖活动，取得中奖收入30000元。将其中的8000元通过市教育局捐赠给贫困地区。

已知：张先生的独生女就读于某大学二年级；张先生和妻子的首套住房贷款合同于2021年1月底终止（贷款期限20年内）；张先生父母年纪均已过60周岁且张先生为非独生子；张先生当年发生购买保健药品支出20000元（与基本医保不相关）。对公益性捐赠支出，张先生选择在偶然所得中扣除。

要求：根据上述资料，回答下列问题。

1. 下列关于享受符合规定的专项附加扣除的计算时间的表述中，错误的是（　　）。

A. 子女学历教育，为子女接受全日制学历教育入学的当月至全日制学历教育结束的当月

B. 住房贷款利息，为贷款合同约定开始还款的当月至贷款全部归还或贷款合同终止的当月

C. 赡养老人，纳税人为非独生子女的，为被赡养人年满60周岁的当月至赡养义务终止的当月

D. 大病医疗，为医疗保障信息系统记录的医药费用实际支出的当年

2. 下列关于享受符合规定的专项附加扣除的扣除方式的表述中，错误的有（　　）。

A. 子女教育，父母可以选择由其中一方按扣除标准的100%扣除

B. 住房贷款利息，只能由夫妻一方扣除

C. 赡养老人，可以由赡养人均摊或者约定分摊，也可以由被赡养人指定分摊

D. 大病医疗，可以选择由本人或者其配偶扣除

E. 住房贷款利息和住房租金，可以同时享受扣除

3. 下列关于张先生享受符合规定的专项附加扣除的表述中，错误的是（　　）。

A. 针对子女教育支出，张先生每个月最多可以扣除1000元

B. 针对住房贷款利息支出，若约定由张先生扣除，张先生只能在1月扣除1000元

C. 针对赡养老人支出，张先生每个月最多可以扣除2000元

D. 张先生购买保健药品支出，不得扣除

4. 张先生转让房屋所得应缴纳的个人所得税为（　　）元。

A. 226500　　B. 520000

C. 226400　　D. 230000

5. 张先生从公安部门获得的奖金应缴纳的个人所得税为（　　）元。

A. 4500　　B. 5260

C. 0　　D. 705

6. 张先生中奖所得应缴纳的个人所得税为（　　）元。

A. 4500　　B. 4200

C. 4400　　D. 6000

（三）

中国居民张某为天使投资人，2021 年收支情况如下：

(1) 8 月 13 日，以每股 11.5 元转让初创科技型甲股份有限公司股份 100 万股。该股份系张某于 2019 年 1 月 1 日以现金出资 500 万元取得，每股成本 2.5 元；

(2) 9 月 5 日，取得甲股份有限公司转增股本 80 万元，其中来源于股权溢价发行形成的资本公积 50 万元、未分配利润 30 万元；

(3) 从其持股 10% 的境内合伙企业分回经营所得 50 万元。该合伙企业当年实现经营所得 800 万元，合伙协议约定按投资份额进行分配；

(4) 开办的境外个人独资企业当年按我国税法确定的经营所得 48.91 万元，已在境外缴纳个人所得税 2.76 万元；

(5) 通过某市教育局向农村义务教育捐赠 300 万元，选择在股份转让所得中扣除。通过某县民政部门捐赠现金 52 万元用于抗洪救灾，选择在经营所得中扣除；

(6) 张某每月按照规定标准缴纳“三险一金”4400 元，无其他扣除项目。

要求：根据上述资料，回答下列问题。

1. 张某取得的股份转让所得应缴纳个人所得税（　　）万元。

A. 50　　B. 120

C. 56　　D. 126

2. 张某取得的转增股本所得应缴纳个人所得税（　　）万元。

A. 16　　B. 8

C. 10　　D. 6

3. 下列关于个人发生的公益性捐赠税前扣除的说法，正确的有（　　）。

A. 居民个人可以自行选择在综合所得、经营所得、分类所得中扣除公益性捐赠顺序

B. 居民个人发生的公益性捐赠支出，可在捐赠当月取得的分类所得中扣除

C. 个人同时发生限额扣除和全额扣除的公益性捐赠支出，可自行选择税前扣除顺序

D. 在经营所得中扣除的公益性捐赠支出，只能在办理汇算清缴时扣除

E. 居民个人发生的公益性捐赠支出，不可以在取得劳务报酬当期的预扣预缴中扣除

4. 张某取得境内外经营所得的应纳税所得额是（　　）万元。

A. 90.24　　B. 61.34

C. 69.24　　D. 82.34

5. 张某取得的境外经营所得的抵免限额是（　　）万元。

A. 13.23　　B. 11.88

C. 13.57　　D. 12.49

6. 张某境内外经营所得应缴纳个人所得税（　　）万元。

A. 12.15　　B. 19.51

C. 22.27　　D. 14.92

同步强化练习题参考答案及解析

使用“会计云课堂”App 或“微信”扫码对答案、看解析、掌握解题思路，开启轻松过关之旅。

一、单项选择题

1. C 【解析】选项 A：个人兼职取得的收入，按照“劳务报酬所得”项目征收个人所得税；选项 B：个人因从事彩票代销业务而取得的所得，按照“经营所得”项目征收个人所得税；选项 D：编剧从电视剧的制作单位取得的剧本使用费，按“特许权使用费所得”项目征收个人所得税。

2. D 【解析】劳务报酬所得是指个人独立从事设计、装潢、审稿等劳务而取得的报酬。选项 AC：属于稿酬所得；选项 B：属于特许权使用费所得。

3. D 【解析】选项 ABC：居民个人的工资薪金所得、劳务报酬所得、稿酬所得以及特许权使用费所得，属于“综合所得”，按纳税年度合并计算个人所得税。选项 D：财产转让所得按次计征个人所得税。

4. A 【解析】选项 B：属于专项附加扣除；选项 CD：属于依法确定的其他扣除。

5. C 【解析】累计减除费用，按照 5000 元/月乘以纳税人当年截至本月在本单位的任职受雇月份数计算。张某在甲公司入职 3 个月，甲公司发放 5 月工资扣缴税款时，累计减除费用 = 5000×3 = 15000（元）。

6. D 【解析】纳税人的子女接受全日制学历教育的相关支出（包括在中国境外接受教育的支出），按照每个子女每月 1000 元的标准定额扣除。学历教育扣除期间包含因病或其他非主观原因休学但学籍继续保留的休学期间，以及施教机构按规定组织实施的寒暑假等假期。张某 2021 年可以扣除子女教育支出 = 1000×12×2 = 24000（元）。

7. A 【解析】纳税人为非独生子女的，由其与兄弟姐妹分摊每月 2000 元的赡养老人支出扣除额度，每人分摊的额度不能超过每月 1000 元。扣除方式可以由赡养人均摊或者约定分摊，也可以由被赡养人指定分摊。约定或者指定分摊的须签订书面分摊协议，指定分摊优先于约定分摊。具体分摊方式和额度在一个纳税年度内不能变更。

8. B 【解析】子女教育、继续教育、住房贷款利息或者住房租金、赡养老人、3 岁以下婴幼儿照护支出，自符合条件开始，可以向支付工资、薪金所得的扣缴义务人提供相关信息，由扣缴义务人在预扣预缴税款时，按其在本单位本年可享受的累计扣除额办理扣除；也可以在次年3月1日至6月30日内，向汇缴地主管税务机关办理汇算清缴申报时扣除。

9. D 【解析】个人按照规定比例缴付的社会基本养老保险费、基本医疗保险费、住房公积金、失业保险费，允许从个人应纳税所得额中扣除，但是超过规定标准缴付的部分应并入当期的工资、薪金所得征税。张某当月工资被预扣预缴个人所得税＝（6300－5000－260－10+2）×3%＝30.96（元）。

10. D 【解析】个人从非任职公司取得的董事费收入按照“劳务报酬所得”缴纳个人所得税；有限责任公司投资者从其投资的公司借款，在该纳税年度终了后既不归还，又不用于生产经营的，其未归还的借款按“利息、股息、红利所得”缴纳个人所得税。王某应被扣缴的个人所得税＝80000×（1－20%）×40%－7000+30000×20%＝24600（元）。

11. B 【解析】该出版社共应预扣预缴王教授和刘教授个人所得税＝5000×（1－20%）×70%×20%+（2000－800）×70%×20%＝728（元）。

12. B 【解析】该作家所获稿酬被预扣预缴个人所得税＝7000×（1－20%）×70%×20%＝784（元）。

13. C 【解析】王某承揽的房屋装修工程取得收入属于一次性劳务报酬所得。王某取得的装修收入应被预扣预缴个人所得税＝60000×（1－20%）×30%－2000＝12400（元）。

14. C 【解析】个人取得特许权的经济赔偿收入，应按特许权使用费所得应税项目缴纳个人所得税。所以，该作家应被预扣预缴个人所得税＝30000×（1－20%）×20%＝4800（元）。

15. B 【解析】退休人员取得的退休工资免征个人所得税；退休人员再任职取得的收入，按照“工资、薪金所得”缴纳个人所得税。因此，王先生4月被预扣预缴个人所得税＝（6600－5000）×3%＝48（元）。

16. C 【解析】（1）一个纳税年度内在中国境内累计居住不超过90天的无住所外籍个人，应仅就境内所得境内支付部分在我国纳税。工资薪金收入额＝当月境内外工资薪金总额×（当月境内支付工资薪金数额÷当月境内外工资薪金总额）×（当月工资薪金所属工作期间境内工作天数÷当月工资薪金所属工作期间公历天数）＝10000（元），被扣缴个人所得税＝（10000－5000）×10%－210＝290（元）；（2）非居民个人的劳务报酬所得以收入减除20%的费用后的余额为收入额，以每次收入额为应纳税所得额，被扣缴个人所得税＝2000×（1－20%）×3%＝48（元）；（3）合计＝290+48＝338（元）。

17. B 【解析】作为律师事务所雇员的律师与律师事务所按规定的比例对收入分成，

律师事务所不负担律师办理案件支出的费用（如交通费、资料费、通讯费及聘请人员等费用），律师当月的分成收入按规定扣除办理案件支出的费用后，余额与律师事务所发给的工资合并，按“工资、薪金所得”应税项目计征个人所得税。1 月该事务所应预扣预缴张某个人所得税 =（8000+25000−25000×30%−5000）×3% = 615（元）。

18. A　【解析】个体工商户按规定缴纳的协会会费、摊位费等，按实际发生数额扣除。

19. D　【解析】选项 A：个体工商户业主本人缴纳的补充养老保险费、补充医疗保险费，以当地（地级市）上年度社会平均工资的 3 倍为计算基数，分别在不超过该计算基数5%标准内的部分据实扣除；超过部分，不得扣除。选项 B：个体工商户生产经营活动中，应当分别核算生产经营费用、个人家庭费用；难以分清的费用，40%视为生产经营费用准予扣除。选项 C：个体工商户的公益性捐赠，除另有规定外，捐赠额不超过其应纳税所得额 30%的部分可以据实扣除。

20. B　【解析】选项 A：非经营用小汽车支出不得在税前扣除；选项 B：应纳税所得额 = 20−（18−8）−6 = 4（万元）；选项 C：按转让收入额的 2%计算缴纳个人所得税；选项 D：拍卖物品所得属于张某个人财产转让所得，不属于个体工商户的生产经营所得，不能一并征收个人所得税。

21. D　【解析】实行查账征税方式的个人独资企业和合伙企业改为核定征税方式后，在查账征税方式下认定的年度经营亏损未弥补完的部分，不得再继续弥补。

22. D　【解析】财产转让所得以个人每次转让财产取得的收入额减去财产原值和合理费用后的余额为应纳税所得额。

23. B　【解析】王先生 2021 年度的租赁所得应缴纳个人所得税 =（4800−576）×（1−20%）×20%×6+（4800−576−800−800）×20%×6 = 7203.84（元）。修缮费实际发生月份才可以扣除，且每月最多扣除 800 元，直到扣完为止。

24. C　【解析】选项 C：经营所得采取核定征收方式的，不扣除公益捐赠支出。

25. D

26. B　【解析】3 月 6 日、6 月 8 日、6 月 14 日和 12 月 20 日，均按半天计算在华工作天数。琼斯在中国境内工作天数 = 25.5+30+31+24+31+31+30+31+30+19.5 = 283（天）。或者用倒算的方法，1 月、2 月、3 月、6 月、12 月不在华的工作天数分别是 31 天、28 天、5.5 天、6 天、11.5 天，不在华工作天数总共是 82 天，所以在华工作的天数 = 365−82 = 283（天）。

27. D　【解析】在中国境内一个纳税年度内累计居住超过 90 天但是不足 183 天的无住所个人，应就境内所得在我国纳税。约翰工资薪金收入额 = 当月境内外工资薪金总额×（当月工资薪金所属工作期间境内工作天数÷当月工资薪金所属工作期间公历天数）＝（20000＋10000）×24.5÷30＝24500（元），甲公司6月份应扣缴约翰个人所得税＝（24500－5000）×20%－1410＝2490（元）。

28. B　【解析】约翰的工资收入应在我国缴纳个人所得税＝（20000×24.5/30－5000）×10%－210＝923.33（元），约翰一次性取得数月奖金应在我国缴纳个人所得税＝［30000×（24.5＋31）/（30＋31）÷6×10%－210］×6＝1469.51（元），合计应纳税额＝923.33+1469.51＝2392.84（元）。

29. A　【解析】在我国境内无住所而一个纳税年度内在我国境内居住累计不满183天的个人，为非居民个人，就境内所得在我国纳税。同时税法规定，在一个纳税年度内在我国境内居住累计不超过90天的，其来源于中国境内的所得，由境外雇主支付并且不由该雇主在中国境内的机构、场所负担的部分，免予缴纳个人所得税，所以崔先生只就彩票中奖收入在我国缴纳个人所得税，应纳税额＝20000×20%＝4000（元）。

30. B　【解析】单位按低于购置或建造成本价格出售住房给职工，职工因此而少支出的差价部分（80－68＝12万元），符合规定的，不并入当年综合所得，以差价收入除以12个月得到的数额，按照月度税率表确定适用税率和速算扣除数，单独计算纳税。120000÷12＝10000（元），查找“月度税率表”，确定税率为10%，速算扣除数为210元，张某购置住房少支付差价的部分应缴纳个人所得税＝120000×10%－210＝11790（元）。A公司1月预扣预缴张某工资个人所得税＝（8000－5000）×3%＝90（元），2月预扣预缴张某工资个人所得税＝（8000×2－5000×2）×3%－90＝90（元），3月预扣预缴张某工资个人所得税＝（8000×3－5000×3）×3%－90－90＝90（元），3月A公司应合计扣缴张某个人所得税＝11790+90＝11880（元）。

31. C　【解析】个人与用人单位解除劳动关系取得一次性补偿收入，包括用人单位发放的经济补偿金、生活补助费和其他补助费。在当地上年职工平均工资3倍数额以内的部分（5000×12×3＝180000元），免征个人所得税；超过3倍数额的部分（250000+50000－180000＝120000元），不并入当年综合所得，单独适用综合所得税率表，计算纳税。根据120000元查找税率表，确定税率为10%，速算扣除数为2520元，张某应就其取得的补偿收入缴纳个人所得税＝120000×10%－2520＝9480（元）。

32. B　【解析】提前退休取得的一次性补贴收入应纳税额＝｛［（一次性补贴收入÷办理提前退休手续至法定退休年龄的实际年度数）－费用扣除标准］×适用税率－速算扣除数｝×办理提前退休手续至法定退休年龄的实际年度数＝［（360000÷3－60000）×10%－2520］×3＝10440（元）。

33. B　【解析】个人领取原提存的基本养老保险金，免征个人所得税。个人达到国家规定的退休年龄，领取的企业年金，符合规定的，不并入综合所得，全额单独计算应纳税款。其中按月领取的，适用月度税率表计算纳税。2021年张某应缴纳个人所得税＝500×3%×12＝180（元）。

34. C 【解析】选项A：按年领取的以及个人因出境定居而一次性领取的年金个人账户资金，或个人死亡后，其指定的受益人或法定继承人一次性领取的年金个人账户余额，适用综合所得税率表计算纳税；选项B：按年领取的，适用综合所得税率表计算纳税，不可以选择；选项D：个人达到国家规定的退休年龄，领取的企业年金，符合规定的，不并入综合所得，全额单独计算应纳税款。

35. C 【解析】保险营销员、证券经纪人取得的佣金收入，属于劳务报酬所得，以不含增值税的收入减除20%的费用后的余额为收入额，收入额减去展业成本以及附加税费后，并入当年综合所得，计算缴纳个人所得税。保险营销员、证券经纪人展业成本按照收入额的25%计算。（1）收入额＝不含增值税的收入×（1－20%）＝240000×（1－20%）＝192000（元）；（2）展业成本＝收入额×25%＝192000×25%＝48000（元）；（3）全年佣金收入计入综合所得的金额＝192000－48000－864＝143136（元）。

36. B 【解析】居民个人取得股票期权在2022年12月31日前，不并入当年综合所得，全额单独适用综合所得税率表，计算纳税。居民个人一个纳税年度内两次以上（含两次）行权的，应合并计算纳税。应纳税所得额＝（18－8）×5000+（20－8）×5000＝110000（元），应纳税额＝110000×10%－2520＝8480（元）。个人将行权后的境内上市公司股票转让，免征个人所得税。则张某上述业务共计应缴纳的个人所得税为8480元。

37. B

38. B 【解析】选项A：个人因离婚办理房屋产权过户手续，不征收个人所得税；选项C：个人转让离婚析产房屋的财产原值，为房屋初次购置全部原值和相关税费之和乘以转让者占房屋所有权的比例；选项D：个人转让离婚析产房屋所取得的收入，符合家庭生活自用5年以上唯一住房的，可以申请免征个人所得税。

39. C 【解析】选项AB：纳税人不能提供合法、完整、准确的财产原值凭证，不能正确计算财产原值的，按转让收入额的3%征收率计算缴纳个人所得税；拍卖品为经文物部门认定是海外回流文物的，按转让收入额的2%征收率计算缴纳个人所得税。选项D：作者将自己的文字作品手稿原件或复印件拍卖取得的所得，按“特许权使用费所得”项目缴纳个人所得税；个人拍卖其他财产取得的所得，按“财产转让所得”项目计算缴纳个人所得税。

40. D 【解析】纳税人如不能提供合法、完整、准确的财产原值凭证，不能正确计算财产原值的，拍卖品为经文物部门认定是海外回流文物的，按转让收入额的2%征收率计算缴纳个人所得税。则王某应缴纳个人所得税 = 50×2% = 1（万元）。

41. A 【解析】(1) 11月卖出债券应扣除的买价及相关税费 =（20000×8+800）÷20000×10000+415 = 80815（元）；
(2) 转让债券应缴纳的个人所得税 =（10000×8.3−80815）×20% = 437（元）；
(3) 债券利息收入应缴纳的个人所得税 = 2700×20% = 540（元）；
(4) 李某应缴纳个人所得税 = 437+540 = 977（元）。

42. C 【解析】证券交易印花税实行单边征收，由出让方按1‰税率计算缴纳，所以张某购进股票时不缴纳印花税；张某转让股票时应缴纳印花税 = 12.8×100000×1‰ = 1280（元）；取得分红所得应缴纳的个人所得税 = 35000×50%×20% = 3500（元）；个人转让境内上市公司股票免征个人所得税。

43. B 【解析】张三转让股权的价格低于对应净资产份额且无正当理由，应参照每股净资产或纳税人享有的股权比例对应的净资产份额核定股权转让收入，所以张三应缴纳个人所得税 =（150−100）×20% = 10（万元）；李四应缴纳个人所得税 = 50×20% = 10（万元）。张三和李四共计应缴纳个人所得税 20 万元。

44. D 【解析】对受赠人无偿受赠房屋计征个人所得税时，其应纳税所得额为房地产赠与合同上标明的赠与房屋价值减除赠与过程中受赠人支付的相关税费后的余额；赠与合同上标明的房屋价值明显低于市场价格的，税务机关可依据受赠房屋的市场评估价格确定受赠人的应纳税所得额。方某获赠房产应缴纳个人所得税 =（35−2.5）×20% = 6.5（万元）。

45. C 【解析】选项 C：按“劳务报酬所得”缴纳个人所得税。

46. C 【解析】选项 A：自 2008 年 10 月 9 日起，对居民储蓄存款利息所得暂免征收个人所得税；选项 B：个人购买社会福利有奖募捐奖券、体育彩票，一次中奖收入在1万元以下的（含 1 万元）暂免征收个人所得税，超过 1 万元的，全额征收个人所得税；选项 D：职工与用人单位解除劳动关系而取得的一次性补偿收入，其收入在当地上年职工年平均工资 3 倍数额以内的部分，免征个人所得税。

47. C 【解析】对个人购买社会福利有奖募捐奖券、体育彩票，一次中奖收入在 1 万元以下的（含 1 万元），暂免征收个人所得税，超过 1 万元的，全额征收个人所得税。

48. B 【解析】对扣缴义务人按照规定扣缴的税款，付给2%的手续费。

49. B 【解析】扣缴义务人每月或者每次预扣、代扣的税款，应当在次月 15 日内缴入国库，并向税务机关报送《个人所得税扣缴申报表》。

二、多项选择题

1. ACD　【解析】个人所得税的纳税人包括中国公民、个体工商业户、个人独资企业、合伙企业个人投资者以及在中国有所得的外籍人员和港澳台同胞。选项BE：是我国企业所得税的纳税人。

2. ABE　【解析】选项C：在中国境内无住所的个人，在中国境内居住累计满183天的年度连续不满6年的，经向主管税务机关备案，其来源于中国境外且由境外单位或者个人支付的所得，免予缴纳个人所得税；选项D：在中国境内无住所的个人，在一个纳税年度内在中国境内居住累计不超过90天的，其来源于中国境内的所得，由境外雇主支付并且不由该雇主在中国境内的机构、场所负担的部分，免予缴纳个人所得税。

3. ABCE　【解析】选项D：利息、股息、红利所得，以支付利息、股息、红利时取得的收入为一次。选项E：稿酬所得属于同一项目连续性收入的，以一个月内取得的收入为一次。

4. ABE　【解析】居民个人取得工资薪金所得、劳务报酬所得、稿酬所得以及特许权使用费所得，称为"综合所得"，按纳税年度合并计算个人所得税。

5. ACDE　【解析】选项B：属于"劳务报酬所得"。

6. ABCD　【解析】选项A：按照"财产转让所得"项目缴纳个人所得税；选项BC：按照"劳务报酬所得"项目缴纳个人所得税；选项D：按照"工资、薪金所得"项目缴纳个人所得税。

7. ABC　【解析】选项D：按"财产转让所得"项目缴纳个人所得税；选项E：按"稿酬所得"项目缴纳个人所得税。

8. ADE　【解析】选项B：应按"稿酬所得"项目计征个人所得税。选项C：应按"工资、薪金所得"项目计征个人所得税。

9. AD　【解析】选项B：按照"财产转让所得"项目征收个人所得税；选项CE：按照"经营所得"项目征收个人所得税。

10. BCE　【解析】选项A：按照"经营所得"缴纳个人所得税。选项D：按照"工资、薪金所得"缴纳个人所得税。

11. ABD　【解析】选项C：按照"财产转让所得"项目征收个人所得税；选项E：不征收个人所得税。

12. BCD　【解析】选项A：夫妻双方主要工作城市相同的，只能由一方扣除住房租金支出；选项E：住房租金支出扣除计算时间为租赁合同（协议）约定的房屋租赁期开始的当月至租赁期结束的当月。提前终止合同（协议）的，以实际租赁期限为准。

13. AC　【解析】选项 B：专业技术人员职业资格继续教育的支出，在取得相关证书的“当年”，按照 3600 元定额扣除；选项 D：大病医疗支出扣除医保报销后个人负担（指医保目录范围内的自付部分）累计超过 15000 元的部分，由纳税人在办理年度汇算清缴时，在80000 元限额内据实扣除；选项 E：纳税人为非独生子女的，由其与兄弟姐妹分摊每月 2000 元的扣除额度，每人分摊的额度不能超过每月1000 元。

14. AB　【解析】选项 ABDE：一个纳税年度内，纳税人在扣缴义务人预扣预缴税款环节未享受或未足额享受专项附加扣除的，可以在当年内向支付工资、薪金的扣缴义务人申请在剩余月份发放工资、薪金时补充扣除；也可以在次年 3 月 1 日至 6 月 30 日内，向汇缴地主管税务机关办理汇算清缴时申报扣除。选项 C：专项扣除、专项附加扣除和依法确定的其他扣除，以居民个人一个纳税年度的应纳税所得额为限额；一个纳税年度扣除不完的，不结转以后年度扣除。

15. ABCD　【解析】选项 E：按“次”预扣预缴个人所得税。

16. CDE　【解析】选项 A：个体工商户业主的工资支出不得税前扣除；选项 B：个体工商户每一纳税年度发生的与其生产经营活动直接相关的业务招待费支出，按照发生额的 60% 扣除，但最高不得超过当年销售（营业）收入的 5‰。

17. DE　【解析】选项 A：个人独资企业和合伙企业每一纳税年度发生的与生产经营活动直接相关的广告费和业务宣传费不超过当年销售（营业）收入15% 的部分，可据实扣除，超过部分准予在以后纳税年度结转扣除；选项 B：投资者兴办两个或两个以上企业（包括参与兴办），年度终了时应汇总其投资兴办的所有企业取得的应纳税所得额，据此确定适用税率并计算缴纳个人所得税；选项 C：个人独资企业的投资者以企业资金为本人、家庭成员支付与企业生产经营无关的消费性支出，依照“经营所得”项目征税。

18. ACDE　【解析】个人独资企业对外投资分回的利息、股息、红利所得，不并入企业的生产、经营所得，而应单独作为投资者个人取得的利息、股息、红利所得，按“利息、股息、红利所得”应税项目计算缴纳个人所得税。

19. BD　【解析】选项 AE：同时取得综合所得和经营所得的纳税人，可在综合所得或经营所得中申报减除费用 6 万元、专项扣除、专项附加扣除以及依法确定的其他扣除，但不得重复申报减除。选项 C：个体工商户对外投资取得的投资收益，按“利息、股息、红利所得”项目征收个人所得税，不属于经营所得。

20. ACD　【解析】选项 B：持股期限是指个人从公开发行和转让市场取得上市公司股票之日至转让交割该股票之日前一日的持有时间。

21. ABCD　【解析】股权转让收入虽明显偏低，但视为有正当理由的情形：（1）能出具有效文件，证明被投资企业因国家政策调整，生产经营受到重大影响，导致低价转让股权；（2）继承或将股权转让给其能提供具有法律效力身份关系证明的配偶、父母、子女、祖父母、外祖父母、孙子女、外孙子女、兄弟姐妹以及对转让人承担直接抚养或者赡养义务的抚养人或者赡养人；（3）相关法律、政府文件或企业章程规定，并有相关资料充分证明转让价格合理且真实的本企业员工持有的不能对外转让股权的内部转让；（4）股权转让双方能够提供有效证据证明其合理性的其他合理情形。

22. ABCD　【解析】选项AB：主管税务机关有权核定股权转让收入，方法有：（1）净资产核定法；（2）类比法；（3）其他合理方法。选项C：被投资企业的土地使用权、房屋、房地产企业未销售房产、知识产权、探矿权、采矿权、股权等资产占企业总资产比例超过20%的，主管税务机关可参照纳税人提供的具有法定资质的中介机构出具的资产评估报告核定股权转让收入。选项D：对个人多次取得同一被投资企业股权的，转让部分股权时，采用加权平均法确定其股权原值。选项E：以非货币性资产出资方式取得的股权，按照税务机关认可或核定的投资入股时非货币性资产价格与取得股权直接相关的合理税费之和确认股权原值。

23. CD　【解析】个人与用人单位解除劳动关系取得一次性补偿收入（包括用人单位发放的经济补偿金、生活补助费和其他补助费），在当地上年职工平均工资3倍数额以内的部分，免征个人所得税；超过3倍数额的部分，不并入当年综合所得，单独适用综合所得税率表，计算纳税。

24. BCE　【解析】受赠人转让受赠房屋的，以其转让受赠房屋的收入减除原捐赠人取得该房屋的实际购置成本以及赠与和转让过程中受赠人支付的相关税费后的余额，为受赠人的应纳税所得额，依法计征个人所得税。

25. ABE　【解析】选项C：应按“劳务报酬所得”项目计算缴纳个人所得税；选项D：单位按低于购置或建造成本价格出售住房给职工，职工因此而少支出的差价部分，属于个人所得税应税所得，应按照“工资、薪金所得”项目缴纳个人所得税。

26. CDE　【解析】选项A：利息、股息、红利所得，计算个人所得税应纳税所得额时，除另有规定外，不得从收入额中扣除任何费用；选项BC：股份制企业以股票形式向股东个人支付股息、红利时，应以派发红股的股票票面金额为收入额，计算征收个人所得税。

27. ABDE　【解析】选项C：个人经批准取得营业执照，开设医院（诊所）而取得的收入，应依据个人所得税法规定，按照“经营所得”项目计征个人所得税。

28. ABCD

29. ABC

30. ABC　【解析】2019 年 1 月 1 日至 2023 年 12 月 31 日期间，外籍个人符合居民个人条件的，可以选择享受个人所得税专项附加扣除，也可以选择按照相关规定，享受住房补贴、语言训练费、子女教育费等津补贴免税优惠政策，但不得同时享受。外籍个人一经选择，在一个纳税年度内不得变更。自 2024 年 1 月 1 日起，外籍个人不再享受住房补贴、语言训练费、子女教育费津补贴免税优惠政策，应按规定享受专项附加扣除。

31. BDE　【解析】选项 BE：外籍个人以非现金形式或实报实销形式取得的住房补贴、伙食补贴、搬迁费、洗衣费，暂免征收个人所得税；选项 D：个人取得的国债和国家发行的金融债券利息免征个人所得税，企业债券利息照章缴纳个人所得税。

32. BCDE

33. ABC　【解析】选项 D：职工加班补助费应并入工资、薪金收入，按照“工资、薪金所得”缴纳个人所得税；选项 E：参加有奖竞猜活动获得的奖金按照“偶然所得”缴纳个人所得税。

34. CDE　【解析】选项 A：作者去世后，财产继承人取得遗作稿酬的，应按“稿酬所得”征收个人所得税；选项 B：个人将其所得通过中国境内的公益性社会组织、国家机关对教育、扶贫、济困等公益慈善事业进行捐赠，捐赠额未超过纳税人申报的应纳税所得额 30%的部分，可以从其应纳税所得额中扣除。国务院规定对公益慈善事业捐赠实行全额税前扣除的，从其规定。

35. ACE　【解析】选项 BD：按照“财产转让所得”征收个人所得税。

36. BCE　【解析】选项 A：居民个人取得综合所得，需要办理汇算清缴的，应当在取得所得的次年 3 月 1 日至 6 月 30 日内办理汇算清缴；选项 D：非居民个人在中国境内从两处以上取得工资、薪金所得，在取得所得的次月 15 日内申报纳税。

37. ABCE　【解析】有下列情形之一的，纳税人应当依法办理纳税申报：

（1）取得综合所得需要办理汇算清缴。

（2）取得应税所得（如经营所得）没有扣缴义务人。

（3）取得应税所得，扣缴义务人未扣缴税款。

（4）取得境外所得。

（5）因移居境外注销中国户籍。

（6）非居民个人在中国境内从两处以上取得工资、薪金所得。

（7）国务院规定的其他情形。

三、计算题

（一）

1. C

【解析】选项A：在一个纳税年度内，纳税人发生的与基本医保相关的医药费用支出，扣除医保报销后个人负担（指医保目录范围内的自付部分）累计超过15000元的部分，由纳税人在办理年度汇算清缴时，在80000元限额内据实扣除，张某个人负担20000元，其中5000元的部分，应该在汇算清缴时申报扣除；选项B：接受专业技术人员职业资格继续教育，在取得相关证书的当年，按照3600元定额扣除；选项D：符合规定标准的“三险一金”属于专项扣除，可据实扣除。

2. A

【解析】1月：累计预扣预缴应纳税所得额=15000-5000（减除费用）-1500（三险一金）-1500（住房租金专项附加扣除）=7000（元）

甲公司1月应预扣预缴税额=7000×3%=210（元）

2月：累计预扣预缴应纳税所得额=15000×2-5000×2-1500×2-1500×2=14000（元）

甲公司2月应预扣预缴税额=14000×3%-210=210（元）。

3. A

【解析】预扣预缴应纳税所得额=50000×（1-20%）×70%=28000（元）

应预扣预缴税额=28000×20%=5600（元）。

4. C

【解析】单位按低于购置或建造成本价格出售住房给职工，职工因此而少支出的差价部分，符合规定的，不并入当年综合所得。

（1500000-1200000）÷12=25000（元），适用税率为20%，速算扣除数为1410元，张某应缴纳的个人所得税=（1500000-1200000）×20%-1410=58590（元）。

（二）

1. B

【解析】独生子女补贴、差旅费津贴不属于工资、薪金性质的补贴、津贴，不予征收个人所得税。2021年1月张先生被预扣预缴个人所得税税额=（7000+300-5000）×3%=69（元）。

2. D

【解析】财产转让所得以个人每次转让财产取得的收入额减除财产原值和合理费用后的余额为应纳税所得额。张先生出售房屋应纳个人所得税税额=（350-165-0.01-2.2-12）×10000×20%=341580（元）。

3. B

【解析】个人取得的储蓄存款利息、国债利息免征个人所得税；个人从公开发行和转让市场取得的上市公司股票，持股期限在1个月以上至1年（含1年）的，其股息、红利所得暂减按50%计入应纳税所得额。张先生取得的利息、股息收入应缴纳个人所得税=（900+1000×50%）×20%=280（元）。

4. B　【解析】居民个人取得股票期权在2022年12月31日前，不并入当年综合所得，全额单独适用综合所得税率表，计算纳税。居民个人一个纳税年度内两次以上（含两次）行权的，应合并计算纳税。应纳税所得额=（9.6-6）×4000+（10.8-6）×6000=43200（元），应纳税额=43200×10%-2520=1800（元）。

四、综合分析题

（一）

1. A　【解析】该民营非上市公司为张先生购买轿车，应按“利息、股息、红利所得”计征个人所得税，应代扣代缴的个人所得税=350000×20%=70000（元）。

2. D　【解析】张先生取得的长篇小说手稿复印件的拍卖收入，应按“特许权使用费所得”计征个人所得税，被预扣预缴的个人所得税=50000×（1-20%）×20%=8000（元）。

3. A　【解析】张先生取得的书法作品拍卖所得，应按“财产转让所得”计征个人所得税，应缴纳的个人所得税=（350000-200000）×20%=30000（元）。

4. C　【解析】张先生取得的讲课费收入，应按“劳务报酬所得”计征个人所得税，被预扣预缴的个人所得税=30000×（1-20%）×30%-2000=5200（元）。

5. B　【解析】个人转让境内上市公司股票取得的所得免征个人所得税；个人从公开发行和转让市场取得的上市公司股票，持股期限在1个月以上至1年（含1年）的，其股息、红利所得暂减按50%计入应纳税所得额，取得的股票红利应缴纳的个人所得税=2000×50%×20%=200（元）；张先生取得的股票转让净收入和股票红利共应缴纳个人所得税为200元。

6. D　【解析】对个人购买社会福利有奖募捐奖券、体育彩票，一次中奖收入在1万元以下的（含1万元），暂免征收个人所得税，超过1万元的，全额征收个人所得税。

（二）

1. C　【解析】选项C：赡养老人专项附加扣除的计算时间，为被赡养人年满60周岁的当月至赡养义务终止的年末。

2. BE　【解析】住房贷款利息，经夫妻双方约定，可以选择由其中一方扣除，具体扣除方式在一个纳税年度内不能变更。夫妻双方婚前分别购买住房发生的首套住房贷款，其贷款利息支出，婚后可以选择其中一套购买的住房，由购买方按扣除标准的100%扣除，也可以由夫妻双方对各自购买的住房分别按扣除标准的50%扣除，具体扣除方式在一个纳税年度内不能变更。纳税人及其配偶在一个纳税年度内不能同时分别享受住房贷款利息和住房租金专项附加扣除。

3. C　【解析】纳税人为非独生子女的，由其与兄弟姐妹分摊每月2000元的扣除额度，每人分摊的额度不能超过每月1000元。

4. C　【解析】张先生转让房屋所得应缴纳个人所得税＝（230－100－13.8－3）×10000×20%＝226400（元）。

5. C　【解析】个人举报、协查各种违法、犯罪行为而获得的奖金免征个人所得税。

6. C　【解析】公益性捐赠税前扣除限额＝30000×30%＝9000（元）＞实际捐赠金额8000元，所以个人所得税税前可全额扣除。张先生中奖所得应缴纳个人所得税＝（30000－8000）×20%＝4400（元）。

（三）

1. A　【解析】（1）天使投资个人采取股权投资方式直接投资于初创科技型企业满2年的，可以按照投资额的70%抵扣转让该初创科技型企业股权取得的应纳税所得额。（2）通过某市教育局向农村义务教育捐赠支出，税前可以据实扣除。（3）张某取得的股份转让所得应缴纳个人所得税＝［（11.5－2.5）×100－500×70%－300］×20%＝50（万元）。

2. D　【解析】股份制企业用股权溢价发行形成的资本公积转增股本，不属于股息、红利性质的分配，对个人取得的转增股本数额，不作为个人所得，不征收个人所得税。张某取得的转增股本所得应缴纳个人所得税＝30×20%＝6（万元）。

3. ABCE　【解析】选项D：在经营所得中扣除公益捐赠支出的，可以选择在预缴税款时扣除，也可以选择在汇算清缴时扣除。

4. D　【解析】（1）合伙企业的合伙人以合伙企业的生产经营所得和其他所得，按照合伙协议约定的分配比例确定应纳税所得额；生产经营所得和其他所得，包括合伙企业分配给所有合伙人的所得和企业当年留存的所得（利润）。（2）取得经营所得的个人，没有综合所得的，在计算其每一纳税年度的应纳税所得额时，应当减除费用6万元、专项扣除、专项附加扣除以及依法确定的其他扣除。（3）公益性捐赠税前扣除限额＝（800×10%＋48.91－6－0.44×12）×30%＝35.29（万元）＜实际支出额52万元，税前按照35.29万元扣除。（4）张某取得境内外经营所得的应纳税所得额＝800×10%＋48.91－6－0.44×12－35.29＝82.34（万元）。

5. A　【解析】来源于一国（地区）经营所得的抵免限额＝中国境内和境外经营所得依照规定计算的经营所得应纳税额×来源于该国（地区）的经营所得应纳税所得额÷中国境内和境外经营所得应纳税所得额合计。张某取得的境外经营所得的抵免限额＝（82.34×35%－6.55）×48.91÷82.34＝13.23（万元）。

6. B　【解析】张某境内外经营所得应缴纳个人所得税＝82.34×35%－6.55－2.76＝19.51（万元）。